一至十四世纪法宝崇拜视角下的藏经建筑研究

赵献超 ╱ 著

文物出版社

图书在版编目（CIP）数据

二至十四世纪法宝崇拜视角下的藏经建筑研究／赵
献超著 . -- 北京：文物出版社，2025.4
（考古新视野）
ISBN 978-7-5010-8024-3

Ⅰ . ①二… Ⅱ . ①赵… Ⅲ . ①佛教—宗教建筑—文化
遗址—研究—中国—古代 Ⅳ . ①K878.64

中国国家版本馆 CIP 数据核字（2023）第 073954 号

二至十四世纪法宝崇拜视角下的藏经建筑研究

著　　者：赵献超

责任编辑：谷　雨　马晨旭
装帧设计：肖　晓
责任印制：王　芳

出版发行：文物出版社
社　　址：北京市东城区东直门内北小街 2 号楼
邮　　编：100007
网　　址：http://www.wenwu.com
邮　　箱：wenwu1957@126.com
经　　销：新华书店
印　　刷：宝蕾元仁浩（天津）印刷有限公司
开　　本：710mm×1000mm　1/16
印　　张：22
版　　次：2025 年 4 月第 1 版
印　　次：2025 年 4 月第 1 次印刷
书　　号：ISBN 978-7-5010-8024-3
定　　价：118.00 元

内容提要

佛、法、僧三宝中的法宝是信徒供养礼拜的对象，在法宝崇拜的视角下，藏经建筑是如何借助形象传播教义的呢？在这一问题的统摄下，本书选取藏经建筑中主要供信众礼敬瞻仰的经藏、转轮经藏、经目塔和法舍利塔四个具体类别综合予以探讨。

对上述几类藏经建筑的考察表明：在以佛教经典为中心的宗教信仰活动中，"有形有相"的藏经建筑不仅仅是佛经的存放之所，也是传教所凭依的工具和手段。写印经卷的施入使得这些藏经建筑具备了特殊的法力，人们供奉、礼拜佛经希冀得到"消灾免难、延年益寿、时来运转"等济度的时候，目之所及的对象往往是具备华丽外观的藏经建筑。对于这些藏经建筑来说，佛经是建筑宗教性的灵魂，也是建筑成为瞻仰供奉对象的灵力来源；而建筑是法宝形象化的外壳，甚至成为佛法的符号与象征。

作者简介

赵献超，男，1985年生，河南省禹州市人。2008年与2011年于北京大学考古文博学院先后获得学士和硕士学位，后至中国国家博物馆与中国中建设计集团有限公司工作，2015年重回北京大学考古文博学院攻读博士学位，2019年博士毕业。现为首都师范大学历史学院讲师。主要研究方向为古代建筑与佛教考古。

专家推荐意见（一）

赵献超博士的《二至十四世纪法宝崇拜视角下的藏经建筑研究》，重点探讨了藏经建筑与佛经之间的关系。对于信众而言，佛经是阅读的对象，更是应该供奉的"法宝"，所以从佛经传入中国之始，就享有至尊的地位。《洛阳伽蓝记》记白马寺"寺上经函，至今犹存。常烧香供养之，经函时放光明，耀于堂宇。是以道俗礼敬之，如仰真容"。随着佛经翻译的系统化，如何存放包括经、律、论三藏的"一切经"，一定会让佛教徒们殚精竭虑。

在敦煌壁画中，我们可以看到类似佛塔的经台式建筑，庋藏的一帙帙佛经，宛如它们在藏经洞被发现时的模样。在北宋时期的建筑专书《营造法式》中，有专门讨论佛道帐及经藏"制度"和"功限"的内容。迨至宋代，文献中对藏经建筑的记载遍及京畿和地方州县，如日本僧人成寻所著《参天台五台山记》卷四载："（熙宁五年十月廿三日），出（汴梁）东大门。乘马行六里，到启圣禅院……次礼西大殿，金字一切经庄严，不可思议。东西南北壁边有墨字一切经二部，每间经上造楼阁，一间三宇，其下棚置经。"可以看到，《营造法式》所涉及的藏经建筑门类，在当时均有广泛的社会基础。

《二至十四世纪法宝崇拜视角下的藏经建筑研究》将藏经建筑分为经台与经藏、转轮经藏、经目塔和法舍利塔四个具体的类别加以讨论，在这四个部分作者均有新见。宿白先生在讲及大同华严寺薄伽教藏殿时曾经指出："佛教考古注意古本佛经，更应关注贮藏佛经原来的佛帐。"薄伽教藏殿的壁藏和天宫楼阁系海内孤品，但过去仅将圜桥子之上的龟头殿视作天宫楼阁，作者结合《营造法式》的相关研究，认为壁藏二层部分整个构成天宫楼阁，从而达到"有形有相"的场域效果，使"信向者愈笃，证悟者愈盛"，"游者改观，祷者起敬"。在转轮藏的研究中，作者将考古发现的宝装经函与《营造法式》中的盝顶经匣相联系，以经匣为主要单位对河北正定隆兴寺宋代转轮藏储经空间的复原表明，隆兴寺转轮藏正好可以庋藏整部大藏，但更多的转轮藏以置入一定数量的部分佛经（如装"四大部经"的"小藏"）为主流，佛经数量大致有一个由多到少的发展趋势，而宋元时期修建转轮藏的寺院中，绝大部分都是禅院，"禅林所在，无不安置经藏，尊奉惟谨"的情况，说明转轮藏已成为禅宗顿悟一派的传教工具之一。经目塔目前仅存两例，在尊经方式上，转轮藏是人推动转轮藏运转，经目塔则是人绕塔礼拜；在藏经表现方式上，转轮藏庋藏整部佛经或者部分佛经，经目塔则是在塔身有规律地镌刻经目。过去笼统地将重庆大足宝顶山小佛湾经目塔经目问题归结于刻工的"疏漏"或是"偷工减料"，而对于安岳孔雀洞经目塔则几乎是研究盲区，作者通过研究认为两座经目塔上的刻经目录，均有大藏经的实用目录作为依据。法身舍利塔研究的重点是宋元地宫或者塔身发现的单品佛经，将佛经"随藏塔内，承表敬崇"的核心思想是"经卷是法身舍利"，其主要作用机制则为"尘沾影覆"。

上述的研究表明，在佛教日趋世俗化的过程当中，藏经建筑也是越来越重视"方便法门"，一方面，佛教为自己争取到了更广泛的信众，另一方面，宗教的严肃性却进一步消解。通过上述研究，作者将建筑、佛经与人的研究联系在一起，结合大量文献做了系统的解释。

赵献超博士本科是北京大学考古文博学院文物建筑方向的学生，受到过古代建筑方面的系统训练。古代建筑的研究重点，过去在于年代的判断和设计模数的探讨，但是，建筑作为人造的空间，与人的活动密切相连，古代建筑的研究将来必定要从"知其然"向"知其所以然"深化。所以，古代建筑的研究还有很大的空间，赵献超博士关于藏经建筑的研究，就是这个方向上努力的一个阶段性成果。

2019 年 8 月 24 日

专家推荐意见（二）

　　赵献超博士的专著《二至十四世纪法宝崇拜视角下的藏经建筑研究》一书很好地体现了近年来学术发展的方向，即跨学科、积极运用多种方法、采用多方面资料、以新的视角审视既有研究材料。该书以安置佛经的建筑为主要研究对象，在"三宝崇拜"的视角下，取建筑史研究、佛教史研究与艺术史研究等之特长，利用考古材料、历史文献、美术史料等，重点探讨了藏经建筑在宗教活动中的作用与影响机制，在体现学术研究动向的基础上多有启发性的讨论。

　　"法宝崇拜"作为本书的视角，实际上也是组织研究对象、形成研究结论的一个框架。在这一视角下，作者首先将"图书馆"这一职能从藏经建筑中分离了出去，而将研究重点放在相关建筑的宗教神圣性上，从而使本书与其他所谓的"建筑研究"相比，"意"的探究明显大于"形"的排比，使得研究问题更加丰富的同时，增加了行文的可读性。如文中的主要研究对象分为四个大类：经藏、转轮经藏、经目塔、法舍利塔，对它们的探讨共同服务于"藏经建筑如何借助形象传播教义"这一核心问题，正是"法宝崇拜"将具体类别的藏经建筑串联为一个有机的整体。再如文中对大同华严寺薄伽教藏殿壁藏上天宫楼阁的认识，在梁思成和刘敦桢所写调查报告的基础上，离真相可谓更近了一步，而新的研究结论的取得则有赖于对经变画、现存小木作实物以及文献资料等的解读与对比，上述解读和对比也是在"法宝崇拜"这一框架下完成的。

　　"唐宋变革"是本书讨论的一个背景，唐宋之际从贵族社会到平民社会的转变，使得宋代城乡基层出现了大量宗教的受众，本书所讨论的几类藏经建筑的传道群体实际上主要是文化水平不高的平民。经藏突出了藏经的神圣性，是将藏经作为圣物，供信徒顶礼膜拜的；转轮经藏具备旋转一圈就相当于将里边的佛经读上一遍的效果；

经目塔与转轮经藏类似，通过绕塔礼拜就能达到"看转大藏"的目的；法舍利塔具备"尘沾影覆"的功能。上述几类藏经建筑体现了平民社会对简易的修行方式的需求，因而被作者归入"方便法门"的范畴，并进而得出"天国的门槛显得越来越低落，而通向彼岸的桥梁也越来越便易"的认识。

本书在具体问题的讨论上，基于新的研究视角提出了不少崭新的见解和观点，填补了诸多研究空白，例如对转轮藏承载佛经能力的分析，对经目塔遗存刊刻所依据佛经目录的复原，对法身舍利思想来源的梳理，对舍利塔、经幢、舍利函、经函等关系的探讨等，针对既往研究的不足与问题，多有创新之见。总之，本书以多维度的资料、多学科的方法，采用新的视角，从藏经建筑出发，而立论于佛教信仰，其成果对于我们认识古代建筑、古代社会与宗教具有突出价值，对建筑史研究与佛教史研究的深入拓展也具有重要学术意义。

2019 年 7 月 23 日

目 录

绪　论

一　问题的提出

佛教更生动的称谓为"象教"，或作"像教"，《初学记》卷二三引孝文帝太和十七年（493年）《立僧尼制诏》称："自象教东流，千龄以半。秦汉俗革，禁制弥密。"① 梁元帝《内典碑铭集林序》曰："象教东流，化行南国。"②《魏书·释老志》谓："太延中，凉州平，徙其国人于京邑，沙门佛事皆俱东，象教弥增矣。"③ "像教"一词中，"像"字多被作为佛像（偶像）解释，而"教"往往被对应于"宗教"④，这样，"像教"即相当于"佛像之宗教"，故也有称佛教是"以像立教"⑤者。那么，"像教"中的"教"字是不是应该被理解为我们今天所熟知的"宗教"呢？

塚本善隆主要依据魏孝文帝诏文中的"象教东流，千龄以半"语，认为"象教弥增"中的"象教"是指过了正法时代、进入像法时代的佛教⑥，有一定

---

① ［唐］徐坚等：《初学记》卷二三，北京：中华书局，1962年，第558页。

② ［南朝梁］梁元帝：《内典碑铭集林序》，［清］严可均校辑《全上古三代秦汉三国六朝文》全梁文卷一七，北京：中华书局，1958年，第3053页。

③ ［北齐］魏收：《魏书》卷一一四，北京：中华书局，1974年，第3032页。

④ 李书吉：《北朝象教及其佛教造像意识》，《2005年云冈国际学术研讨会论文集（研究卷）》，北京：文物出版社，2006年，第616~623页；张伯元：《从早期雕像看印度佛教的像教崇拜》，《四川文物》1992年第3期。

⑤ ［清］陈梦雷：《宝像寺大悲坛感应碑文》，《松鹤山房文集》卷一五，《清代诗文集汇编》编纂委员会编《清代诗文集汇编》第179册，上海古籍出版社，2010年，第427页。

⑥ 塚本善隆：《塚本善隆著作集第一卷：魏书释老志の研究》，東京：大東出版社，1974年，第175页。

的道理①，不过文献中有明确将"教"字对应为佛经者。如禅宗所谓"不立文字，教外别传"的"教"字所指即为"言教"或"经教"。宋人杨杰②称："法界本无众生，众生缘乎妄见。如来本无言教，言教为乎有情。妄见者，众生之病。言教者，如来之药。以药治病，则病无不治。以言觉妄，则妄无不觉。……是以双林大士接物随机，因权表实，集言教而为藏，载宝藏而为轮。以教依轮则教流而无碍，以轮显教则轮运而无穷。"③ 其中"言教"所指即为佛经。释元照在《台州顺感院轮藏记》中论曰："窃惟命之为佛者，谓道不在语言文字，而忽于经教者有矣。或籍此讲诵，专求声利，饰于一身者有矣。"④"经教"的指代是很明确的。元人黄溍明确将"像教"拆作"像"与"教"解释，《岳林寺经藏记》开篇曰："如来灭后，传于今者，像、教而已。开元所录五千四十八卷，与后人之增译，即其所谓'教'也。"⑤在这里，"像教"似应具体标点作"像、教"，其中的"教"字即相当于"经"或"法"。而"象教弥增"若作"像、教弥增"解释，从语法上讲也更通顺合理，"凉

---

① 塚本善隆大概是将"千龄以半"对应于正法五百年、像法一千年，不过，南北朝时流行的关于正法五百、像法一千、末法一万年的观念是以南岳慧思大师所倡为代表的，《南岳思大禅师立誓愿文》称："（佛）至癸酉年年八十，二月十五日方便入涅盘。正法从甲戌年（前1067年）至癸巳年，足满五百岁止住。像法从甲午年（前567年）至癸酉年，足满一千岁止住。末法从甲戌年（434年）至癸丑年，足满一万岁止住。"（［南朝陈］慧思：《南岳思大禅师立誓愿文》，《大正新修大藏经》第46册，No.1933，第786页）北凉石塔中造于"沮渠缘禾三年岁次甲戌（434年）"的白双口塔铭文称"生值末法"，造于太延二年（436年）的程段儿塔铭"生值末世"，均与慧思的主张相合。北魏佛教深受凉州佛教影响，若其认可正五、像千、末万的看法，彼时也已进入"末法时代"了。如果考虑到自佛教传入中国至孝文帝立僧尼制诏时，已将近五百年，可对应"千龄以半"语，所以孝文帝的诏文绝非以"象教"指代"像法时代的佛教"。

② 杨杰《宋史》卷四四三有传："字次公，无为人。少有名于时，举进士。元丰中，官太常者数任，一时礼乐之事，皆预讨论。……元祐中，为礼部员外郎，出知润州，除两浙提点刑狱，卒，年七十。"《佛祖统纪》卷四七称："（元祐三年）主客杨杰诣双林礼大士轮藏，瞻仰之次，轮忽自转，大众叹异，杰为赞以记其事。"［宋］释志磐撰，释道法校注《佛祖统纪校注》，上海古籍出版社，2012年，第1096页。

③ ［宋］杨杰：《褒禅山慧空禅院轮藏记》，［明］如卺续补《缁门警训》卷六，《大正藏》第48册，No.2023，第1072页。

④ ［宋］释元照：《台州顺感院轮藏记》，《补续芝园集》，《卍续藏经》第105册，台北：新文丰出版公司，1993年，第606~607页。

⑤ ［元］黄溍：《岳林寺经藏记》，［元］黄溍著，王颋点校《黄溍集》卷一四，杭州：浙江古籍出版社，2013年，第550页。

州平……沙门佛事皆俱东”，京邑的造像和佛经都明显增多了。

推而论之，宋代以前文献中常见的“经、像”或“像、法”与这里“像、教”所指代的对象是相同的。如《水经注》卷一六《穀水》：“汉明帝……发使天竺，写致经、像，始以榆槚盛经，白马负图，表之中夏，故以白马为寺名。此榆槚后移在城内愍怀太子浮图中，近世复迁此寺。”①《洛阳伽蓝记》称永宁寺“外国所献经、像，皆在此寺”②。玄奘议建慈恩寺塔的目的是“安置西域所将经、像”③。《出三藏记集》卷一二载《宋明帝敕中书侍郎陆澄撰法论目录序》谓“汉明之时，像、法初传”④。谭铢《庐州明教寺转关经藏记》称：“佛灭度后，像、法存焉。夫像，似也，俾迷者睹其像，得其意。乃曰经，心也；藏，藏也，如心之含藏万法者也。故曰一心生万法，万法由一心。”⑤

无论“经”“法”还是“教”，所指均为佛所说的经义，其具体物化的形式是“佛经”，或称“佛教典籍”“佛典”“佛籍”；为了突出佛法的神圣性，有时也将其称为佛的“法身”；作为“三宝崇拜”的对象，又被形象地称为“法宝”。以佛经为中心的宗教崇拜活动多被具体称为“法宝崇拜”，也称“佛经崇拜”、佛教“文本崇拜”、“佛典崇拜”、佛教“经典崇拜”、“法身崇拜”等⑥，其内容包括书写、受持诵读、修行佛经等个人行为，广为人说、增广流布佛教教义的传播行为，以及庄严与供养佛典的礼敬行为等。

法宝崇拜的历史遗留物，除了不同媒材的写、印经卷和经书之外，尤应需要关注的是藏、置佛经的处所。宿白先生在讲及大同华严寺薄伽教藏时曾经指出：“佛教

① [北魏] 郦道元著，陈桥驿校证《水经注校证》，北京：中华书局，2007 年，第 399 页。

② [北魏] 杨衒之撰，杨勇校笺《洛阳伽蓝记校笺》，北京：中华书局，2006 年，第 13 页。

③ [唐] 慧立、彦悰著，孙毓棠、谢方点校《大慈恩寺三藏法师传》卷七，北京：中华书局，1983 年，第 160 页。

④ [南朝梁] 释僧祐撰，苏晋仁、萧錬子点校《出三藏记集》卷一二，北京：中华书局，1995 年，第 429 页。

⑤ [唐] 谭铢：《庐州明教寺转关经藏记》，[宋] 李昉等编《文苑英华》卷八二〇，北京：中华书局，1966 年，第 4328 页。

⑥ 也有称“书籍崇拜”者，由于这种称谓和我国传统“敬惜字纸”的认识有较多重合，为示区别，这里不主张采用这一称谓。

考古注意古本佛经,更应关注贮藏佛经原来的佛帐。"① 藏佛经的佛帐即"经藏",在对现存部分经藏遗迹进行的初步研究中,我们注意到:除了经藏内的佛经要琅函玉轴、百宝庄严之外,经藏本身尤其讲究雕刻精巧、装饰华美,使用时甚至还要辅以声、光、烟雾等的表演。在这里,经藏的华丽外观主要是为了宗教氛围的营造,以达到尊奉佛经、吸引信众、传播佛教的目的。如陈宗礼在《重修法宝轮藏记》中称:"自纂言成经,积经成藏,光明焕耀,天龙神鬼,在处护持,骇愕群生之听者,以其有形有相、有句有义,信向者愈笃,证悟者愈盛,超凡入圣,善道人天,本来先后,有不可掩焉者矣。"② 由此可见,存放佛经固然是经藏实用而基础的功能,设置经藏的目的却绝不仅是为了贮藏佛经,而是更多地将其作为庄严供养佛经的手段,并以之作为法宝崇拜活动的媒介。

毕竟通常以书卷为呈现形式的佛经,相比较于其宣扬的神圣性来说,往往显得过于普通。为了能让佛籍激起人们的虔诚与敬畏之心,安置环境的重要性就突显了出来。在以佛教经典为中心的宗教信仰活动中,"有形有相"的经藏不仅是佛经的存放之所,也是传教所凭依的工具和手段。正如柯嘉豪在《佛教对中国物质文化的影响》中指出的:"物品令神圣变得具体可及,物品让一个人得以与神灵沟通并感知他们的存在。物品通常是传播宗教理念与情感最富表现力的工具。简而言之,物质文化和语言、思想以及仪式一样都是宗教的一个组成部分。"③ 在这样的认识下,本书选取以经藏为典型代表的藏经建筑为研究对象,从法宝崇拜的视角,聚焦于佛经与建筑的关系,探讨藏经建筑在法宝崇拜活动中所发挥的作用及其影响机制。

再回到本书开篇的"象教",唐人李周翰在注《头陀寺碑文》时称:"象教,谓为形象以教人也。"④ 这样的解释可作为"象教"一词的引申义,即佛教是借着形象传播教义的。那么,在三宝崇拜活动中,围绕"象、教"中的"教",藏、置佛经的

① 宿白:《汉文佛籍目录》,北京:文物出版社,2009 年,第 21 页。

② [宋] 陈宗礼:《重修法宝轮藏记》,白化文、张智主编《中国佛寺志丛刊》第 113 册,影印乾隆三十四年修、民国二十四年广东编印局重刊本《光孝寺志》卷一〇,扬州:广陵书社,2011 年,第 267 ~ 269 页。

③ [美] 柯嘉豪著,赵悠、陈瑞峰、董浩晖等译《佛教对中国物质文化的影响》,上海:中西书局,2015 年,第 24 页。

④ [南朝梁] 萧统编,[唐] 李善等注《六臣注文选》卷五九,北京:中华书局,1987 年,第 1089 页。

藏经建筑又是如何"为形象以教人"的呢?

二　研究对象

从呈现形式上看,佛经表现为图书的外观;从字面意思上看,存放有佛经的建筑都可算是"藏经建筑"。内府大库中的"兰台"、名刹巨寺中的"藏经阁"、边陲石室中的"藏经洞"等都藏有大量的内典,但是它们藏经的初衷及其内经典的功用则迥乎其异。本书的立论点并非不同类型藏经建筑的差异性,而是在三宝崇拜的视角下,将研究问题聚焦于"藏经建筑如何借助形象传播教义"之上。

《洛阳伽蓝记》谓佛入中国之始的白马寺:"寺上经函,至今犹存。常烧香供养之,经函时放光明,耀于堂宇。是以道俗礼敬之,如仰真容。"① 这里的经函应该就是上引《水经注》中始以盛经的"榆栊",从其曾被辗转移入城内愍怀太子浮图中的经历看,原盛于函内的白马驮来的西经应该已经不存,不过这并不影响道俗烧香礼敬它的热忱。经函的放光一者可视为对供养的回应,再者则是其具备宗教神圣性的证明,而"如仰真容"之语表明,信众的供养礼拜似乎可以达到所谓"面佛授记"的效果。白马寺的经函是唐代以前文献中为数不多的表现佛经存放之所的例子,经函之外,"耀于堂宇"的寥寥四字甚至无法使我们勾勒出该寺藏经建筑的大致情形。即便如此,佛经原置于"堂宇"内的"经函"中的情况能够被记载下来,也可算是该寺作为"第一"的优待,毕竟对于唐代以前的绝大多数佛经来说,我们并不清楚它们究竟被安置在什么样的地方。

隋至初唐,情况开始有所改变。道宣于唐高宗乾封二年(667年)所撰《中天竺舍卫国祇洹寺图经》(简称《祇洹图经》)称:"隋初魏郡灵裕法师名行凤彰,风操贞远,撰述《寺诰》,具引祇洹。然以人代寂寥,经籍罕备,法律通会,缘叙未伦。"② 祇洹即祇园,被认为是东土佛寺的规制来源之一。而"经籍罕备"之语可作为道宣认为《寺诰》"缘叙未伦"的原因的同时,也是此时佛经未广泛流通的一个缩

---

① [北魏]杨衒之撰,杨勇校笺《洛阳伽蓝记校笺》,第171页。

② [唐]道宣:《中天竺舍卫国祇洹寺图经》,《大正藏》第45册,No.1899,第883页上栏。

影。据法琳在《辩正论》卷三中不太全面的统计，隋代以前，南北朝诸帝执政时期资助的写经数量多在五十藏之内，经藏数量明显低于彼时的寺院数量①，与之形成对比的是，《隋书·经籍志》所谓："开皇元年，高祖普诏天下，任听出家，仍令计口出钱，营造经像。而京师及并州、相州、洛州等诸大都邑之处，并官写一切经，置于寺内；而又别写，藏于秘阁。天下之人，从风而靡，竞相景慕，民间佛经，多于六经数十百倍。"②佛经的数量多于儒家经典"数十百倍"可能有夸张的成分，不过在皇室写经的带动下，社会上佛籍的激增当是实情，在这样的条件下，多数寺院开始具备一定规模的佛经保有量，寺院内专门庋经的建筑也就应运而生了。

在撰《祇洹图经》的当年初，道宣曾撰《关中创立戒坛图经》（简称《戒坛图经》），其中所描绘理想佛寺模型的正中佛院，中轴线上依次设置中门、前佛殿、七重塔、后佛说法大殿、三重楼、三重阁，其中"后佛说法大殿"为该院的核心建置，该殿前的七重塔两侧，分别为"塔东钟台"和"塔西经台"③（图0.1）。经台即主要用于庋藏教典的地方，在中院核心建置的两侧，与钟台相对设置经台，这种规制一经出现，即具备顽强的生命力，成为唐宋时期伽蓝布置的主流。如创建于显庆元年（656年）的西明寺，1992年考古发掘出的中殿遗址（2号殿址）左右两侧各有一个向前伸出的平面呈矩形的遗址，这两个矩形遗址有可能即为钟楼和经楼的遗存④（图0.2）；长安中（701~704年），长安资圣寺失火，"佛殿、钟楼、经藏三所，悉成灰炭"⑤，三殿同火，应当是因为位置较为集中，可作为中国符合《戒坛图经》之制的早期案例；敦煌唐代壁画中所见，以经台与钟台对置为固定形制（详见本书第一章）；北宋开封大相国寺"岳立正殿，舒翼长廊；左钟曰楼，右

①　如陈高祖武帝"写一切经一十二藏"、陈世祖文帝"写五十藏经"、陈高宗宣帝"写十二藏经"，而"陈世五主三十四年，寺有一千二百三十二"。［唐］法琳：《辩正论》，《大正藏》第52册，No. 2110，第502~509页。

②　［唐］魏徵、令狐德棻：《隋书》卷三五，北京：中华书局，1973年，第1099页。

③　［唐］道宣：《关中创立戒坛图经》，《大正藏》第45册，No. 1892，第811页上栏。

④　安家瑶：《唐长安西明寺遗址的考古发现》，荣新江主编《唐研究》第6卷，北京大学出版社，2000年，第337~352页。

⑤　［宋］赞宁撰，范祥雍点校《宋高僧传》卷一九，北京：中华书局，1987年，第497页。

经曰藏"①，仍继承着唐代的传统②（图0.3）。

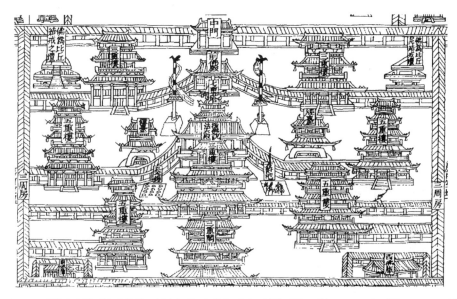

图0.1　《关中创立戒坛图经》中院部分（采自《大正藏》第45册，No.1892，第812~813页）

　　《祇洹图经》称中院"唯佛独居，不与僧共"③，而经台又紧傍作为该院核心建置的"后佛说法大殿"，这种布局的背后折射出经台的作用主要在于彰显其内佛经的神圣性。我们知道，佛经作为佛所说经义的载体，具备实用性和神圣性两方面的内涵。从实用性上考量，受持读诵佛经是修行研习教理的重要途径，寺院藏经可以满足寺僧阅览经书的实际需求，提供这一实用功能的藏经建筑因而具备收贮佛教图书以供寺僧阅览的图书馆性质；从神圣性上分析，佛经是佛教三宝中的法宝，是信徒供养礼拜的对象，在法宝崇拜的视角下，藏经建筑明显区别于存放世俗图书的"藏书楼"或"藏书阁"之属的地方在于：具备宗教神圣性的佛教经典的置入，使得藏

①　［宋］宋白：《大宋新修大相国寺碑铭》，［清］张俊哲、张壮行、马士骘等纂修《祥符县志》卷六，《天津图书馆藏稀见方志丛刊》影印清顺治十八年刻本，天津古籍出版社，1989年，第52~59页。该碑《祥符县志》原题《崇法寺记》，此据徐苹芳先生《北宋开封大相国寺平面复原图说》文改。

②　徐苹芳：《北宋开封大相国寺平面复原图说》，原载文物出版社编辑部编《文物与考古论集》，北京：文物出版社，1986年，第357~369页，后收入作者文集《中国历史考古学论集》，上海古籍出版社，2012年，第441~456页。

③　［唐］道宣：《中天竺舍卫国祇洹寺图经》，《大正藏》第45册，No.1899，第886页下栏。

置佛典的建筑也具备了神圣的意涵，其核心内涵并非存放佛经的图书馆，而是法宝崇拜活动发生的场所，是供养、崇拜佛经的地方。

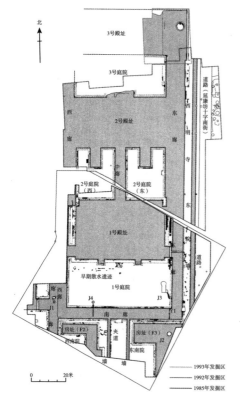

图 0.2　西明寺遗址发掘平面图（采自中国社会科学院考古研究所编著《青龙寺与西明寺》，第123 页）

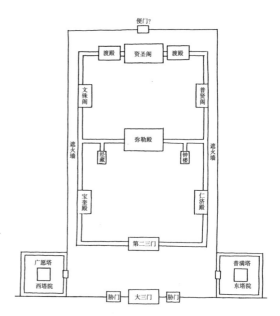

图 0.3　北宋开封大相国寺主院平面复原示意图（采自徐苹芳：《中国历史考古学论集》，第442 页）

　　基于实用性与神圣性差异的考量，本书并非对藏有佛经的建筑的泛泛梳理，而是将研究的重心放在神圣性上，选取供信众礼敬的那部分藏经建筑进行综合研究。

　　突出宗教神圣性的藏经建筑，首推上文提及的寺院内庋藏大量经典的经藏，本书的研究对象正是以经藏为起点逐步展开的。经藏中有一个独特的类型叫转轮经藏（简称"转轮藏"或"轮藏"），因具备旋转一圈即相当于将其内佛经诵读一遍的效果，将对法宝神圣性的强调发挥到了极致，与通常倚墙而设的经藏相比，更被僧俗两界所欢迎。宋代寺院中修造转轮藏成为一时风尚，"轮藏与经藏的并行，是宋代禅寺伽蓝构成上十分显著的现象，且轮藏殿的地位显然较传统经藏殿更为突出"①。事实上，轮藏在伽蓝布置上的重要地位至明代亦然，《金陵梵刹志》卷一六称金陵八大寺中，"大寺三曰灵谷、天界、报恩，次大寺五曰鸡鸣、能仁、栖霞、弘觉、静海"②，其中次大寺中的鸡鸣寺、静海寺、能仁寺、弘觉寺与大寺中的天界寺等均是主殿前"左观音""右轮藏"的布局，无垢寺、惠应寺、后阳寺之类的小寺，在为数不多的殿宇内也有轮藏，说明轮藏这一设施为时人所重视。

与宋、元时期相比，明代寺院布局的一个突出变化是于寺院中轴线末端设置楼阁，并于阁内庋藏大藏经。如天界寺道成禅师于永乐八年（1410 年）"募缘创造毗卢阁……（永乐）十年壬辰冬，始乐成。上供法、报、化三佛，及设万佛之像，左右庋以大藏诸经法瓯。后延观音大士，示十普门。下奉毗卢遮那如来，……旁列十八应真罗汉、二十威德诸天"③；弘觉寺"谓非经曷以度世，非阁曷以度经。乃建置禅堂之后，榜曰'华严'，以全经贮焉"④。这种贮经的阁即大家所习知的明清时期的"藏经阁"。天界寺与弘觉寺既有转轮藏又有藏经阁，并于阁内庋藏大藏经，两寺内正统十年（1445 年）《藏经护敕》称："（寺内颁赐大藏经）听所在僧官、僧徒看诵赞扬，上为国家祝釐，下与生民祈福。务须敬奉守护，不许纵容闲杂之人私借观玩，轻慢亵渎，致有损坏遗失。敢有违者，必究治之。故谕。"⑤"藏经阁"内庋藏的大藏经一方面体现出对皇权的绝对尊崇，另外一方面则表明这些经典是"内"向的，也即其传播对象是寺内的僧官、僧徒，而非世俗民众；其使用方式则是对内典的"看诵赞扬"，而非轮藏的"庋而弗读"⑥。这种情况表明，转轮藏从经藏中分化出来以后，

①　张十庆：《五山十刹图与南宋江南禅寺》，南京：东南大学出版社，2000 年，第 49 页。

②　[明] 葛寅亮撰，何孝荣点校《金陵梵刹志》，南京出版社，2011 年，第 339 页。

③　[明] 葛寅亮撰，何孝荣点校《金陵梵刹志》卷二二《天界寺毗卢阁碑》，第 326～327 页。

④　[明] 葛寅亮撰，何孝荣点校《金陵梵刹志》卷三三《牛首山禅堂华严阁碑》（该碑尾署万历癸巳年，即 1593 年），第 531 页。

⑤　[明] 葛寅亮撰，何孝荣点校《金陵梵刹志》，第 323、527 页。该《藏经护敕》亦见于钟山灵谷寺、鸡鸣山鸡鸣寺、卢龙山静海寺、聚宝山报恩寺以及都门外的小刹宝光寺与德恩寺等内，另外，承恩寺有景泰三年的《藏经护敕》，与正统十年者内容相同；报恩寺与凤凰台瓦官寺有万历十四年的《续入藏经护敕》，敕文的内容是相似的。

⑥　语出宋人韩元吉所撰《景德寺五轮藏记》："尔之徒不务其择而惟取其富，又庋而弗读，乃为是机关技巧以衒于愚夫愚妇，而曰是将运之而与读无异，不几于儿戏而自诳哉？"[宋] 韩元吉：《南涧甲乙稿》卷一六，影印文渊阁《四库全书》第 1165 册，台北：台湾商务印书馆，1983 年，第 246 页。

其面向普通信众、重"信仰"的特点与藏经阁之类服务于学问僧群体、重"义理"的特点是大异其趣的。在法宝崇拜的视角下，本书的研究问题在于关注经藏之类藏经建筑的信仰层面，因此明清时期大量修造的藏经阁之属不在本书重点讨论之列。

如果说转轮藏是经藏的特殊形式，经目塔则与转轮藏有较多关联，这种关联体现在：其一，因佛经目录被认为具有"供养如一藏经"的作用，故而塔上所刻经目即大藏经代表；其二，从寺院布局上考察，现存两例经目塔在寺院中均位于主要殿宇前的一侧，它们在寺院中承担了经藏的角色；其三，从修行方式上看，转转轮藏（多数情况下是藏转）与转经目塔（表现为人转）一匝至数匝，相当于将大藏经受持诵读一遍乃至数遍。基于上述考虑，本书将经目塔作为转轮经藏之外的一个类型予以探讨。

白马寺初以盛经的"榆栊"，曾被移入"城内愍怀太子浮图中"；塔曾经是大量经籍的庋藏之所，并长期是少量佛典的收贮之地；安岳孔雀洞经目塔上，于显著位置铭刻"真身舍利"。经藏是众经的庋藏之所，发挥经藏职能的塔则是经藏塔了；在"经卷是法身舍利"的认识下，塔内入藏的少量佛籍，通常是被作为法舍利看待的。古人选择藏经之所时，对塔这种形式尤为青睐，如经台多呈塔形、转轮经藏多呈塔的外观，"经目塔"本身就是塔。一方面，法舍利塔可作为上述选择倾向性的证明，另一方面，塔内瘗入经卷和经藏内庋藏佛经，在一定程度上具有相通性，本书以对这种相通性的探讨作为法宝崇拜中藏经建筑所发挥作用的一个缩影。

这样，本书的研究对象可分为四个具体的类别：一、经台与经藏；二、转轮经藏；三、经目塔；四、法舍利塔。从经典数量上看，上述几类藏经建筑有庋藏大量经籍者，也有承载少量佛典者；从佛经与建筑结合方式上看，有广义的所谓"庋藏"，也有狭义的"瘗藏"与"铭刻"。这里不妨将本书所要讨论的藏经建筑界定为：法宝崇拜视角下的藏经建筑，主要指与佛经相结合以供信众供养礼敬的建筑，以建筑外观为其主要特色，又因宗教经典的藏、置而具备神圣的意涵。其外延主要包括庋藏大量经籍的经藏和藏、刻少数经典的塔和幢等。

三 研究综述

对藏、置佛经的建筑与其所承载佛经关系的研究是既往研究的薄弱环节：佛教考古以"像"为重，对石窟寺遗迹、寺院遗迹和造像遗物的关注较多，佛经往往不作为重点①；佛教史研究以"文本"为主，多从佛经内容、佛教史籍、经卷写印题记和出土佛经版本等的解读和分析入手，对法宝崇拜的其他物质遗存缺乏足够的关注；建筑史研究中，藏经建筑似乎也被归入"边缘"类型②，对其典型代表的经藏的"了解还存在不足"③，遑论其他类型的研究；艺术史研究注重图像解读分析，对舍利塔与舍利容器等用力颇深，对法舍利塔也有一定的关注，对佛经与建筑相结合的其他形式则缺乏足够的认识。不同学科对藏经建筑的既往研究最多仅及于某个类型或某个侧面，缺乏综合研究成果，基于此，下面按照上文"研究对象"部分的次序，分类型对藏经建筑的研究现状进行梳理述评。

大同华严寺薄伽教藏殿壁藏是"海内孤品"④，梁思成、刘敦桢撰写的《大同古建筑调查报告》一经刊出，即因其详尽的调查和高水平的研究，成为目前已发表对华严寺薄伽教藏殿及其内壁藏、塑像的最系统、最翔实的调查报告，再加上该报告在梁、刘二公的文集与全集中的再刊、重印，该报告也是目前最易见、影响最大的研究成果。梁、刘二公在学术界的地位加上《大同古建筑调查报告》的影响，目前大家对于薄伽教藏殿内壁藏及其上天宫楼阁的认识多从其说⑤。随着研究的深入，对天宫楼阁及该壁藏的性质仍有探讨的余地。薄伽教藏之外，敦煌壁画中保留了一定数量的经藏（经台）形象，这些形象长期以来未得到足够的重视，仅在建筑史著作

---

① 如宿白先生在《中国佛教石窟寺遗迹》讲稿中称，"（佛经遗物）属于古文献范围，因此这一项我们只能附带提到，所以也不能作为重点项目"。宿白：《中国佛教石窟寺遗迹——3 至 8 世纪的中国佛教考古学》，北京：文物出版社，2010 年，前言。

② 陈薇：《数字化时代的方法成长——21 世纪中国建筑史研究漫谈》，《建筑师》2005 年第 2 期。

③ 潘谷西、何建中：《〈营造法式〉解读》，南京：东南大学出版社，2005 年，第 107 页。

④ 梁思成、刘敦桢：《大同古建筑调查报告》，《中国营造学社汇刊》1933 年第 4 卷第 3~4 期合刊，第 32 页。

⑤ Nancy Shatzman Steinhardt（夏南悉），*Liao Architecture*，Honolulu：University of Hawai'i Press，1997，pp. 131-132；张丽：《大同华严寺薄伽教藏殿的壁藏建筑艺术》，《山西大同大学学报》（社会科学版）2007 年第 2 期；张丽：《海内孤品 经典巨制——论辽代华严寺薄伽教藏殿壁藏建筑艺术》，《广西民族大学学报》（自然科学版）2009 年第 S2 期；解玉保：《大同华严寺薄伽教藏殿的辽塑及经橱》，《山西大同大学学报》（社会科学版）2009 年第 4 期；白勇：《大同华严寺薄伽教藏殿建筑风格略论》，《文物世界》2011 年第 3 期；刘翔宇、丁垚：《大同华严寺百年研究》，《建筑学报》2013 年第 S2 期；刘翔宇：《大同华严寺及薄伽教藏殿建筑研究》，天津大学建筑学院博士学位论文，2015 年。

中有只言片语的介绍①，或在图录中被有意无意地呈现②，其学术价值有待深入发掘。日本佛教文献学家、千叶县龙泉院住持椎名宏雄的《宋元时期经藏的建立》③一文，从宋、元文献中辑录出与建立藏经有关的资料192条，据以探讨宋元时期建立经藏的概况，并注意到经藏的不同建筑形式，可惜所用文献校勘不精，多有错误、重复，并有相当数量的遗漏。可以说，对经藏来说，无论实例还是文献都存在较大的研究空间。

在对实例的调查、测绘、著录等基础工作④之外，对转轮经藏较为深入的研究主要有：四川大学宗教研究所张子开（张勇）博士的《傅大士研究》一书中附

---

① 傅熹年主编《中国古代建筑史 第二卷：三国、两晋、南北朝、隋唐、五代建筑》，北京：中国建筑工业出版社，2001年，第482页；萧默：《敦煌建筑研究》，北京：机械工业出版社，2003年。

② 敦煌研究院主编《敦煌石窟全集》1～26，香港商务印书馆，2001～2003年。

③ ［日］椎名宏雄：《宋元时期经藏的建立》，方广锠主编《藏外佛教文献》第13辑，北京：中国人民大学出版社，2010年，第315～351页。

④ 正定隆兴寺转轮藏的相关著作主要有梁思成：《正定古建筑调查纪略》，《中国营造学社汇刊》1933年第4卷第2期；河北省正定县文物保管所编著《正定隆兴寺》，北京：文物出版社，2000年；刘友恒、杜平：《我国现存最早的转轮藏——正定隆兴寺宋代转轮藏浅析》，《文物春秋》2001年第3期；赵献超：《正定隆兴寺转轮藏》，中国古迹遗址保护协会石窟专业委员会、龙门石窟研究院编《石窟寺研究》第2辑，北京：文物出版社，2011年，第289～303页。

云岩寺飞天藏的相关著作主要有邓少琴、王家祐：《窦圌山道教转轮藏雕像初探》，《宗教学研究》1983年第4期；辜其一：《江油县圌山云岩寺飞天藏及藏殿勘查记略》，《四川文物》1986年第4期；黄石林：《四川江油窦圌山云岩寺飞天藏》，《文物》1991年第4期；李云生：《窦圌山道教飞天藏探究——兼谈佛教转轮经藏》，北京：清华大学建筑学院硕士学位论文，1990年；左拉拉：《云岩寺飞天藏及其宗教背景浅析》，《建筑史》第21辑，北京：清华大学出版社，2005年，第82～92页。

重庆大足石刻转轮藏的相关著作主要有大足石刻研究院编，黎方银主编《大足石刻全集》，重庆出版社，2018年；李永翘、刘长久、胡文和编著《大足石刻研究》，成都：四川省社会科学院出版社，1985年；郭相颖：《大足石刻研究与欣赏》，重庆出版社，2013年。

平武报恩寺转轮藏的相关著作主要有向远木：《四川平武明报恩寺勘察报告》，《文物》1991年第4期；四川省文物考古研究院、四川省平武报恩寺博物馆、四川省平武县文物保护管理所编《平武报恩寺》，北京：科学出版社，2008年；郭璇、戴秋思主编《平武报恩寺》，重庆大学出版社，2015年；赵献超：《平武报恩寺转轮藏形制源流与社会文化功能浅析》，《四川文物》2017年第2期。

智化寺转轮藏的相关著作主要有刘敦桢：《北平智化寺如来殿调查记》，《中国营造学社汇刊》1932年第3卷第3期；闫雪：《北京智化禅寺转轮藏初探——明代汉藏佛教交流一例》，《中国藏学》2009年第1期；张磊：《明代转轮藏探析——以平武报恩寺和北京智化寺转轮藏为例》，《文物》2016年第11期。

其他散见的有龚廷万：《合川净果寺南宋转轮经藏》，《四川文物》2017年第2期；翟小菊：《颐和园转轮藏建筑研究》，中国紫禁城学会编《中国紫禁城学会论文集》第6辑，北京：紫禁城出版社，2011年，第499～515页；笑岩：《华藏世界转轮藏》，《五台山研究》1986年第1期。

有转轮藏考，从文献出发，考证了转轮藏的创设、构造与功用、影响与流变等相关问题①；东南大学建筑学院张十庆教授的《中日佛教转轮经藏的源流与形制》一文在梳理转轮经藏的历史沿革、日本转轮藏的源流与背景的基础上，分析对比了中日转轮藏的形制，是建筑史视角研究转轮藏的力作②；同时，张教授对五山十刹图与南宋江南禅寺的研究也涉及南宋时期转轮藏与寺院建筑关系的相关内容③，惜未展开；致力于寺院经济研究④的台湾清华大学历史研究所黄敏枝教授，在《关于宋代寺院的转轮藏》⑤《再论宋代寺院的转轮藏（上）》⑥《再论宋代寺院的转轮藏（下）》⑦等系列文章中，通过文献梳理，对转轮藏的起源、转轮藏在宋代的分布情况、转轮藏与寺院经济等问题做了饶有趣味的研究，并引起了历史学界对转轮藏相关问题的兴趣⑧；日本学者金井德幸根据文献中常见的礼敬转轮藏的情况而论及"宋代的转轮藏信仰"，称转轮藏被作为具有特殊法力的"大灵像"⑨，止步于轮藏研究的表象，缺乏对这种表现所体现的行为特点和文化机制的研究⑩；留学日本的俞莉娜运用类型学方法对中日轮藏的结构体系和型式划分、日本转轮藏的分期及地区差异等问题进行了较为深入的探讨，加深了中日两国建筑技术交流的认识⑪。不过，转轮藏最核

① 张勇：《傅大士研究》，台北：法鼓文化事业股份有限公司，1999 年；张子开：《傅大士研究（修订增补本）》，上海人民出版社，2012 年。

② 张十庆：《中日佛教转轮经藏的源流与形制》，《建筑史论文集》第 11 辑，北京：清华大学出版社，1999 年，第 60～71 页。

③ 张十庆：《五山十刹图与南宋江南禅寺》，张十庆：《中国江南禅宗寺院建筑》，武汉：湖北教育出版社，2002 年。

④ 黄敏枝：《宋代佛教社会经济史论集》，台北：台湾学生书局，1989 年。

⑤ 黄敏枝：《关于宋代寺院的转轮藏》，《普门学报》2002 年第 8 期。该文原题名《关于宋代佛教寺院的转轮藏》，刊《1995 年佛学研究论文集》，台北：佛光山文教基金会，1995 年，第 360～396 页。

⑥ 黄敏枝：《再论宋代寺院的转轮藏（上）》，（台湾）《清华学报》1996 年第 2 期。

⑦ 黄敏枝：《再论宋代寺院的转轮藏（下）》，（台湾）《清华学报》1996 年第 3 期。

⑧ 杨维中：《转轮藏之起源与金代的转轮藏——〈关于宋代寺院的转轮藏〉一文读后》，普门学报社发行：《2002 年〈普门学报〉读后感》，台北：普门学报社，2003 年，第 151～161 页。

⑨ 金井德幸：《宋代転輪蔵とその信仰》，《立正史學》第 104 号，立正大學史學會，2008 年。

⑩ 赵献超：《〈白沙宋墓〉与建筑考古——纪念〈白沙宋墓〉出版 60 周年》，《文物》2017 年第 12 期。

⑪ 俞莉娜，小岩正树：《日中輪蔵の型式分類について》，《日本建築学会計画系論文集》2017 年第 82 卷第 740 号，第 2701～2711 页；俞莉娜：《輪蔵の変遷史における日中寺院の比較研究》，東京：早稻田大学博士学位論文，2018 年。

心的问题应该是转轮藏与大藏经的关系，目前对这一问题的探讨仍留有较大的空间。

经目塔尽管目前仅存两例，对其研究并未因数量少而见深入。方广锠先生《四川大足宝顶山小佛湾大藏塔经目考》①一文的核心是对小佛湾经目塔上所刻经目进行考证，相关讨论具有一定的启发性，不过考证结果留有不少尚待解决的问题，方先生笼统地将这些问题归结于刻工身上——或是"疏漏"，或是"偷工减料"，离真相可谓一步之遥②。安岳孔雀洞经目塔则几乎是研究盲区，已刊布资料③不仅对年代众说纷纭，就是对塔上所刻经名的数量认识也源于想当然的简单计算。经目塔研究之薄弱，令人唏嘘。

舍利塔与舍利容器是考古界和艺术史界重点关注的对象，除日韩学者较早关注并有较多的讨论之外，前有徐苹芳④、杨泓⑤诸先生开创性的研究和高屋建瓴的论述，继之以冉万里对舍利瘗埋的分时区、分类型梳理⑥，后起有学术新人对隋唐时期

① 方广锠：《四川大足宝顶山小佛湾大藏塔经目考》，《佛学研究》1993 年第 2 期。收入重庆大足石刻艺术博物馆、四川社会科学院大足石刻艺术研究所编《大足石刻研究文集》2，重庆出版社，1997 年，第 179～221 页。

② 《大足石刻全集》中刊发了方先生《重庆大足宝顶山小佛湾大藏塔录文与研究》一文，纠正了上述"经目考"文中的部分错误，不过可能囿于对塔上经目底本为《开元释教录·入藏录》先入为主的认识，加上对塔上的刻经空间疏于考虑，方先生的这一最新研究成果仍留有不少未尽之处。方广锠：《重庆大足宝顶山小佛湾大藏塔录文与研究》，大足石刻研究院编，黎方银主编《大足石刻全集　第九卷：大足石刻专论》，第 111～138 页。

③ 秦臻、张雪芬、雷玉华：《安岳卧佛院考古调查与研究》，北京：科学出版社，2015 年；张荣、李贞娥、徐世超：《安岳石窟经目塔 5·12 汶川大地震后抢救性修缮——兼论三维激光扫描、计算机模拟技术在文物保护中的运用》，《文物保护与考古科学》2010 年第 22 卷第 2 期。

④ 徐苹芳：《唐宋塔基的发掘》，中国社会科学院考古研究所编《新中国的考古发现和研究》，北京：文物出版社，1984 年，第 613～616 页；徐苹芳：《中国舍利塔基》，《中国大百科全书·考古学》，北京：中国大百科全书出版社，1986 年，第 696～697 页；徐苹芳：《中国舍利塔基考述》，《传统文化与现代化》1994 年第 4 期，收入作者文集《中国历史考古学论集》，第 419～440 页。

⑤ 杨泓：《中国佛教舍利容器艺术造型的变迁——佛教美术中国化的例证之一》，《艺术史研究》第 2 辑，广州：中山大学出版社，2000 年，第 231～262 页；杨泓：《中国隋唐时期佛教舍利容器》，《中国历史文物》2004 年第 4 期；杨泓：《中国古代和韩国古代的佛教舍利容器》，《考古》2009 年第 1 期；杨泓：《中国古代佛教舍利容器艺术造型演变——再谈佛教美术的中国化》，《束禾集——考古视角的艺术史》，北京：中国社会科学出版社，2018 年，第 357～378 页。

⑥ 冉万里：《中国古代舍利瘗埋制度研究》，北京：文物出版社，2013 年。

舍利供养相关问题的探索与阐释①。法舍利在上述相关研究中均未得到足够的重视，现任职于美国纽约大学的沈雪曼《辽与北宋舍利塔内藏经之研究》② 一文，是系统研究塔内藏经的力作，不过她对辽与北宋塔内藏经差异性的过度关注导致对两者的共性关注不足，北宋时期以江浙为中心流行的塔内供奉经卷的性质还有进一步讨论的余地。

综上，本书所涉及四个具体类别的藏经建筑均留有较大的研究空间，后续研究的开展一方面体现在对具体类别的具体问题上的突破，另一方面也体现在运用全新的视角对其进行综合观察与深入解读。

以上几类藏经建筑所涉及的物质遗存，无一例外地均不属于所谓"新材料"的范畴，对于尤其注重出"新"的考古学来说，若要在不"新"的基础上有"新"的表达，必须另辟蹊径。所以，在开展本书相关研究的过程中，笔者一直在思索的一个问题是：如何运用人人得见的材料写出新意③？这种新意固然体现在微观层面上对某些具体的问题有新的见地，如对某座建筑、某幅图像乃至某个概念有新的认识，更重要的是如何借助微观问题的解决服务于宏观问题的探究。传统的考古学著作题目大致可以概括为"时间 + 地域 + 研究对象"的范式，如《隋唐长安城佛寺研究》④，本书的题目中虽然也有"藏经建筑研究"字样，但事实上在内容组织上不是研究对象导向，而是研究问题导向。这个宏观的研究问题就是：藏经建筑在法宝崇拜中所发挥的作用与影响机制是什么？或者形象一点的说法是：藏经建筑是如何"为形象以教人"的？

这个研究问题实际上是用新的研究视角——法宝崇拜，对上述并非新近发现的物质遗存进行全新的审视，试图通过与佛经有关的几个特定类型建筑遗存的分析，复原建筑遗存在当时的社会条件和宗教环境中作为建筑——而非"遗存"所发挥的

① 于薇：《圣物制造与中古中国佛教舍利供养》，北京：文物出版社，2018 年。
② ［美］沈雪曼：《辽与北宋舍利塔内藏经之研究》，台湾大学美术史研究集刊编辑委员会编《美术史研究集刊》第 12 期，台北：台湾大学艺术史研究所，2002 年，第 169～212 页。
③ 严耕望先生所谓"看人人所能看得到的书，说人人所未说过的话"。严耕望：《治史三书》，上海人民出版社，2007 年，第 21 页。
④ 龚国强：《隋唐长安城佛寺研究》，北京：文物出版社，2006 年。

作用，考察建筑所体现的人的行为特点，探讨建筑活动背后的支配机制。

四 篇章结构

本书的主体部分按照经藏、转轮藏、经目塔和法舍利塔的顺序依次展开，对这四类藏经建筑的探讨构成正文四章的同时，运用承启和呼应关系对全书进行结构组织。

全书的主线为藏经建筑与其所承载佛经的关系，宏观上看，法宝崇拜活动中的藏经建筑之内的佛经数量大致有一个由多到少的发展趋势，本书对具体类别藏经建筑的顺序安排是这一趋势的体现。具体来说，经藏主要是整部大藏经的庋藏之地，转轮藏以置入一定数量的部分佛经（如装"四大部经"的"小藏"）为主流，经目塔上刊刻的是大藏经的目录，法舍利塔内瘗入的基本上是某部经、某几卷经或某卷经。就是转轮经藏内的佛籍，也存在一个数量越来越少的趋势。

在行文过程中，对塔这一藏经形式给予特别的关注。对于早期经藏来说，不仅经台多呈塔形，而且有的地方直接以塔作为经藏的庋藏之地；转轮藏多呈塔的外观，"经目塔"与"法舍利塔"的中心词就是"塔"。不同类型藏经建筑与塔的关系作为贯穿全书的一条暗线的同时，也向核心研究问题积极靠拢。

将对经函的微观考察作为联系塔内瘗藏和藏内庋藏的桥梁：曾被移入洛阳城内愍怀太子浮图的白马寺榆樻（详见本书绪论第一小节），《营造法式》中的盝顶经匣，作为隆兴寺转轮藏储经空间复原主要单位的经匣（详见本书第二章），移置入湖州飞英塔的天台山广福金文院转轮经藏的宝装经函（详见本书第四章），与其他塔中盛装法舍利的盝顶方函等，经函是联系不同章节的又一条暗线。

在上述几条或明或暗的线索之下，运用"起承转合"的写作手法，对全书的行文安排如下：

绪论之后，以对经藏的探讨作为正文的开端，在书中扮演了"起"的角色。经藏是最早出现的专门用于庋藏大量佛籍（即"众经"或"一切经"）的建筑，出现之初名为"经台"，而藏经藏的塔是经台的特殊形式，初唐以后被称为"蜂台"。无论经台还是蜂台，在满足存放佛经这一实际需求的同时，主要被作为庄严、供养佛经的一种手段而存在，大同华严寺薄伽教藏殿内的壁藏为经藏的供养佛经属性做了注脚。

对转轮经藏这一经藏的特殊类型的考察，"承"接上一章关于经藏是庄严、供养佛经的一种手段的认识，主要借助转轮藏与其内佛经关系的探讨，重点突出其作为"有形有相"的方便法门的特点。

经目塔因为塔身刻大藏经目录而与经藏有较多关联，大足小佛湾经目塔塔身刻"佛说十二部大藏经"与"看转大藏"等语，从内涵上说具备转轮经藏的特点。而安岳孔雀洞经目塔在刻大藏目录的同时，于塔身显著位置刻有"真身舍利塔"字样，表明塔上所刻经目具备法舍利性质。对经目塔的探讨上承经藏与轮藏，下启法舍利塔，在书中主要承担了"转"的功能。

对法舍利塔的分析，一方面是希望通过塔这种形式，呼应以上诸类型藏经建筑对塔这种形式的青睐；另一方面则试图通过对法身舍利函的讨论，联系塔内瘗藏和藏内皮藏这两种形式，指出它们在作为尊经手段上是相通的；还有以法舍利塔"尘沾影覆"功能回应转轮经藏与经目塔"方便法门"功能的考量。不同类型的藏经建筑是庄严佛经手段的同时，也被认为是佛经的象征，它们在借助形象传播佛教教义上走向"合"流。

第一章　存经之所与尊经之法

> 辑而藏之，皆设为峻宇高甍，雕刻彩绘，备众宝以为饰，竭众巧以为工，苟可以庄严者无不至。
>
> ——［宋］叶梦得：《建康府保宁寺轮藏记》

经藏是众经的庋藏之所，造立经藏首先是出于满足存放大量佛教典籍（众经、一切经）的实际需要，随着三宝崇拜思想的流行，经藏从佛经的存储之所，逐渐成为供养佛经的必要载体，也是礼敬佛经的一种手段。

一　作为法宝供养手段的经台

（一）佛经的丰富与经藏的造立

自西汉哀帝元寿元年（公元前2年）大月氏使臣伊存向博士弟子景卢口授《浮屠经》开始①，佛教典籍几乎与佛教同步传入中国；东汉明帝夜梦金人，遣使西行求法，《四十二章经》得以流传中国，从此至东汉末，佛教发展缓慢，经典翻译不多。至桓帝、灵帝之时，以安清（字世高）和支娄迦谶（支谶）为代表的西域僧人来华传教，他们以洛阳为中心，翻译大、小乘经典，汉文佛教典籍日益丰富了起来。安、支之后的译家甚多，三国时知名译者如昙柯迦罗、支谦、康僧会等，两晋时的译家如竺法护（昙摩罗刹）、竺叔兰、帛法祖（帛远）、鸠摩罗什等。鸠摩罗什前后，被称为中国"佛经传译之初期"②，译经众多，种类亦广：《般若》《华严》《涅槃》《法华》蔚为壮观，《阿弥陀经》《无量寿经》《维摩诘》与《弥勒经》开照多元，

---

① 汤用彤：《汉魏两晋南北朝佛教史》，武汉大学出版社，2008年，第34页。

② 蒋维乔：《中国佛教史》，北京：中华书局，2015年，第7页。

"阿含""阿毗昙"与戒律日趋完备，乃至"后来中国佛教学派和宗派所依据的重要经典，基本是这一时期翻译成汉文的"①。经典既多，将这些经典按照较严密的系统编排起来的总括性丛书开始出现，这样的丛书即后世所谓之"大藏经"，或称"大藏""藏经""经藏"，其出现之初则称"众经"或"一切经"，按宿白先生的说法，这样的大藏经"从东晋十六国就开始出现了"②，此时已经出现的多部佛典目录，如晋时竺法护、聂道真、支敏度等的经录，再加上释道安于东晋宁康二年（374 年）所撰《综理众经目录》（通常简称《安录》），以及现存刘宋时期的《众经别录》（P. 3747）③，大概可以作为证明。

南朝初，佛教尚主要在以士族公卿为主的上层社会流传，《高僧传》卷七《惠严传》载，宋文帝最初对佛教并不甚崇信，而侍中何尚之、吏部郎中羊玄保之类所谓"时秀"率所敬信，当时信佛的王导、周颢、庾亮、王濛、谢尚、郗超之流，"或宰辅之冠盖，或人伦之羽仪，或置情天人之际，或抗迹烟霞之表"④，研习佛法乃权贵名士间谈玄论理的时尚。南北朝以降，佛教逐渐取得了较为广泛的社会基础，除了表现在佛经的大量翻译、佛寺的普遍建立、僧俗信众的增多⑤之外，"三宝"崇拜思想的盛行推动佛教向多崇拜方向发展，宗教信仰的气氛更浓，佛教越来越世俗化了。在三宝崇拜思想，尤其是法宝崇拜的影响下，佛教经典得以广泛流布，在皇室襄助修造的示范作用下，修造一切藏经的风气经缙绅权贵渐幕民间。经藏首先是为了满足存放大量佛籍的实际需要而出现并逐步发展的。

（二）经台与法宝供养

藏经之所初名"经台"，如《比丘尼传》卷四《禅林寺净秀尼传》："泰始三年

---

① 任继愈主编《中国佛教史》（第 2 卷），北京：中国社会科学出版社，1985 年，第 297 页。

② 宿白：《汉文佛籍目录》，第 3 页。

③ 潘重规：《敦煌写本〈众经别录〉之发现》，《敦煌学》1979 年总第 4 辑；白化文：《敦煌写本〈众经别录〉残卷校释》，《敦煌学辑刊》1987 年第 1 期。

④ ［南朝梁］释慧皎撰，汤用彤校注，汤一玄整理《高僧传》，北京：中华书局，1992 年，第 261 页。

⑤ 僧传中常见到某些高僧拥有数量巨大的僧俗弟子，如《高僧传》卷七载梁上定林寺释法通有"白黑弟子七千余人"，《高僧传》卷十一载齐京师建初寺释僧祐"凡白黑门徒一万一千余人"，《续高僧传》卷六载梁国师草堂寺释慧约"弟子著籍者凡四万八千人"。

（467 年），明帝敕以寺从其所集，宜名禅林。秀手写众经，别立经台，置在于堂内。"① 隋灭陈后，坐镇江都的扬州总管杨广搜集、整理南方宗教经典，"江都旧邸立宝台经藏，五时妙典，大备于斯"②。《续高僧传》卷四《唐京师大慈恩寺玄奘传》："永徽二年（651 年），请造梵本经台，蒙敕赐物，寻得成就。"③ 上引文献表明，经台即庋藏众经的地方。当然也有主要庋藏某一类或某一部经的经台，如《贞元新定释教目录》卷一四："时圣上（唐玄宗）万枢之暇，注《金刚经》，至（开元）二十三年，著述功毕，释门请立般若经台，二十七年其功终竟。"④ 所谓"般若经台"，主要安置的应该是般若类经典。无论是藏众经还是藏某些经，经台基本上可以认为即后世所谓的经藏。至于其中的"台"字，应该有两个层面的历史渊源。

其一，保留了佛经初存之所的历史印记。我们知道，世所公认佛教初传中国的第一部经典——《四十二章经》，"初缄在兰台石室第十四间中"⑤。"兰台"是汉代官方档案文书的庋藏管理之所，《汉书·百官公卿表》："御史大夫，秦官，位上卿，银印青绶，掌副丞相。有两丞，秩千石。一曰中丞，在殿中兰台，掌图籍秘书，外督部刺史，内领侍御史员十五人，受公卿奏事，举劾按章。"⑥ 佛经丰富起来以后，佛经庋藏之所的名称保留了"台"的历史印记而作"经台"。

其二，以经台作为供养法宝的一种手段，名之为"台"，实际上包含有以之为尊的意思，事实上应该是台观或楼阁一类的建筑⑦，如《吴郡志》卷九称："昆山惠聚寺大殿前二楼，曰：经台、钟台，淳熙中，寺焚无遗迹矣。"⑧ 大殿前的经台和钟台皆为"楼"的形式。《续高僧传》卷一九《唐台州国清寺智晞传》："（智晞）宴坐之暇，时复指挥，创造伽蓝，殿堂房舍，悉皆严整，惟经台未构，始欲就工。……时众议曰'今既营经台，供养法宝，惟尚精华，岂可率尔而已。其香炉峰栝柏，木中

① ［南朝梁］释宝唱著，王孺童校注《比丘尼传校注》，北京：中华书局，2006 年，第 165 页。

② ［唐］道宣撰，郭绍林点校《续高僧传》，北京：中华书局，2014 年，第 405 页。

③ ［唐］道宣撰，郭绍林点校《续高僧传》，第 127 页。

④ ［唐］圆照：《贞元新定释教目录》，《大正藏》第 55 册，No. 2157，第 507 页。

⑤ ［南朝梁］释慧皎撰，汤用彤校注，汤一玄整理《高僧传》，第 2 页。

⑥ ［汉］班固：《汉书》卷一九，北京：中华书局，1962 年，第 724 页。

⑦ 张春雷：《"经台"辨考》，《宗教学研究》2014 年第 3 期。

⑧ ［宋］范成大撰，陆振岳校点《吴郡志》卷九，南京：江苏古籍出版社，1999 年，第 117 页。

精胜，可共取之，以充供养。'"① 明确表明营建经台的目的是供养法宝。《辩正论》和《法苑珠林》所载北魏孝文帝和唐高宗所建"经台"，和"影塔"并称，且均突出其高崇和华丽。《辩正论》卷三《十代奉佛篇》："魏高祖孝文皇帝……于大觉寺修葺堂宇。喀施隆厚，供给丰华。影塔经台，粲然备举。上标金刹，下列银楹。雁翼临云，龙首承日。"②《法苑珠林》卷一〇〇《兴福部》："（唐高宗）爰遣有司，奉为文德皇太后造慈恩寺。……玉舄垂辉，金铺耀彩。长廊中宿，反宇干霄。浮柱绣栭，上图云气。飞轩镂槛，下带虹霓。影塔俨其相望，经台郁其并架。罄丹青之矩艧，殚藻缋之瑰奇。宝铎锵风，金盘承露。疏钟夜彻，清梵朝闻。定慧之所依凭，灵异之所栖宅。"③ 其中的"上标金刹，下列银楹。雁翼临云，龙首承日"，从行文上看，应该不仅仅是指"影塔"，同样也适用于"经台"。至于"经台郁其并架"更表明经台有一定的高度，因为它和"影塔"一起，是"定慧之所依凭，灵异之所栖宅"。

由此可见，在满足存放佛经这一实际需求之外，经台供养法宝的属性被极大地强化了：其一，佛经要安置于高耸的台中，这一方面体现出战国秦汉以来人们对台榭建筑的青睐，另一方面也符合传统观念中"仙人好楼居"④ 的认识；其二，既要用中国传统的"丹青""藻缋"等手段进行装饰，又要以佛家认可度比较高的"金刹""宝铎"等符号加以点缀。

华丽的文字是想象的起点，丰富的图像则为想象提供凭依，敦煌壁画中有不少表现经台的画面，时代最早者为盛唐时期的作品，如莫高窟第91窟南壁观无量寿经变（图1.1；彩版一）⑤ 和以建筑画著名的第217窟北壁观无量寿经变（图1.2；彩版一）中所见，中唐、晚唐与五代时期的壁画中亦多有经台的形象（敦煌壁画中的经台形象详见附录1）。以这些形象为依托，可以对唐五代时期的经台略做考察。

---

① ［唐］道宣撰，郭绍林点校《续高僧传》，第708页。
② ［唐］法琳：《辩正论》，《大正藏》第52册，No. 2110，第878页。
③ ［唐］释道世著，周叔迦、苏晋仁校注《法苑珠林校注》，北京：中华书局，2003年，第2897页。
④ "公孙卿曰：'仙人可见，而上往常遽，以故不见。今陛下可为观，如缑氏城，置脯枣，神人宜可致。且仙人好楼居。'于是上令长安则作飞廉桂观，甘泉则作益延寿观，使卿持节设具而候神人。乃作通天台，置祠具其下，将招来神仙之属。"［汉］司马迁：《史记》卷一二《孝武本纪》，北京：中华书局，1959年，第478~479页。
⑤ 据《中国石窟·敦煌莫高窟·五》第263页应为南壁。

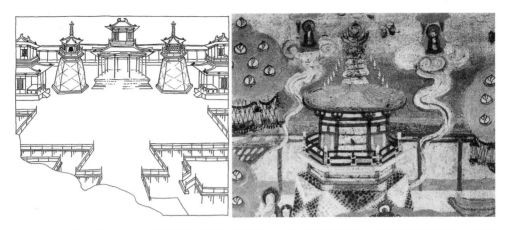

图 1.1　莫高窟第 91 窟南壁观无量寿经变中的经台（左图采自萧默：《敦煌建筑研究》，第 37 页；右图采自敦煌研究院主编《敦煌石窟全集 21：建筑画卷》，第 144 页）

图 1.2　莫高窟第 217 窟北壁观无量寿经变中的经台（左图采自萧默：《敦煌建筑研究》，第 41 页；右图采自敦煌研究院主编《敦煌石窟全集 21：建筑画卷》，第 121 页）

敦煌壁画中的经台具有如下特点：

首先，壁画中以符号化的卷、帙表示其内所庋藏的众经。画中经台内有的画出数卷经卷（图 1.3；彩版二），有的以经卷填满正对观者的整间建筑（图 1.4；彩版二）；多数则表现出上下几层经架，经架内的佛经有用并列的数卷经表示的（图 1.5、1.6；彩版二），也有用成帙的佛经表示的（图 1.7、1.8、1.9）；有的经架下部还绘制出了具有一定装饰性的壸门（图 1.9、1.10）。上述符号化的经卷或经帙除了无可辩驳地表明该座建筑是经台（经藏）之外，也为我们认识当时的经藏存放方式提供了形象资料。

图 1.3 莫高窟第 61 窟南壁阿弥陀经变局部（采自数字敦煌：www.e‑dunhuang.com）

图 1.4 莫高窟第 61 窟北壁密严经变局部（采自数字敦煌：www.e‑dunhuang.com）

图 1.5 莫高窟第 61 窟北壁药师经变局部（图下方，采自数字敦煌：www.e‑dunhuang.com）

图 1.6 莫高窟第 12 窟南壁观无量寿经变中的经台（采自数字敦煌：www.e‑dunhuang.com）

其次，经台多位于主要建筑的一侧，和钟台相对，反映了唐代寺院中钟台与经台对称布置的一般情况。我们知道，《戒坛图经》中的理想佛寺模型为佛殿之前“东

图 1.7　莫高窟第 61 窟北壁药师经变局部
　　　　（图上方，采自数字敦煌：www.
　　　　e‑dunhuang.com）

图 1.8　莫高窟第 112 窟北壁药师经变中的
　　　　经台（采自数字敦煌：www.e‑
　　　　dunhuang.com）

图 1.9　莫高窟第 231 窟北壁药师经变中的
　　　　经台（采自敦煌研究院主编《敦煌
　　　　石窟全集 21：建筑画卷》，第 198 页）

图 1.10　莫高窟第 12 窟北壁药师经变中的
　　　　经台（采自数字敦煌：www.e‑
　　　　dunhuang.com）

钟台""西经台"①，《酉阳杂俎》续集卷
五《寺塔记》"平康坊菩萨寺"条称
"寺之制度，钟楼在东，唯此寺缘李右座
林甫宅在东，故建钟楼于西"②，可见唐
代寺院中以左钟楼右经藏为定制，实例
中也有钟与经左右对调的。敦煌壁画所
见，有左钟右经（东钟西经）（图 1.10、
1.11），也有左经右钟（东经西钟）
（图 1.1、1.12），并不固定，但是经台
与钟台往往对置于主要建筑两侧，显示
出经台在整个寺院中占据相当重要的
地位。

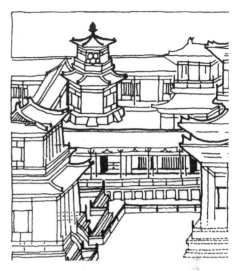

图 1.11　莫高窟第 85 窟北壁药师经变局
部（采自萧默：《敦煌建筑研
究》，第 63 页）

图 1.12　莫高窟第 158 窟东壁思益梵天所问经变（采自萧默：《敦煌建筑研究》，第 69 页）

　　最后，经台或者位于七宝庄严的高台上（图 1.1、1.13），或者置于楼上（图
1.14），或者凌空架于廊上，并最终以廊上设台成为定式。经台平面有方形、圆形
（图 1.15）和八角形，而以八角形为主流。经台的屋顶皆为攒尖样式，攒尖顶上或设
置宝珠，或安放塔刹、相轮，显然是借用了佛塔的表现手法。壁画中所见经台的装饰

① ［唐］道宣：《关中创立戒坛图经》，《大正藏》第 45 册，No. 1892，第 811 页。
② ［唐］段成式著，杜聪校点《酉阳杂俎》续集卷五，济南：齐鲁书社，2007 年，第 186 页。

图1.13　莫高窟第126窟北壁经变中的经台
（采自敦煌研究院主编《敦煌石窟全
集21：建筑画卷》，第201页）

图1.14　莫高窟第231窟南壁经变中的经台
（采自敦煌研究院主编《敦煌石窟全
集21：建筑画卷》，第196页）

图1.15　莫高窟第85窟南壁无量寿经变局部（采自敦煌研究院主编《敦煌石窟全集5：阿弥
陀经画卷》，第59页）

情况似可为前引《辩正论》与《法苑珠林》所载北魏孝文帝和唐高宗所建"经台"的情况做注脚，突出了经台供养法宝的属性。

二　以藏经为重的"蜂台"

"蜂台"是首先出现于唐代佛教文献而在明代以后充满误解的一个词。该词的本意为蜂王居处，宋人陆佃所撰《埤雅》卷一〇《释虫》"蜂"条称："其王之所居叠积如台，语曰蜂台蚁楼，言蜂居如台，蚁居如楼也。"① 佛教史籍中的蜂台与此意相去甚远，《辞源》中的解释为："佛塔。远望佛塔，状如蜂房，故称。"② 文献中固然有以蜂台称佛塔者，但是称佛塔状如蜂房则是现代人望文生义，笔者即现场考察过很多佛塔，深感因塔之外观而联想到蜂房的牵强。明代彭大翼所撰《山堂肆考》卷一四五《释教》称："蜂台，佛诵经台也。唐诗'把菊坐蜂台'。"③ 其中的"把菊坐蜂台"系樊忱《奉和九月九日登慈恩寺浮图应制》中的一句，全诗为："净境重阳节，仙游万乘来。插萸登鹫岭，把菊坐蜂台。十地祥云合，三天瑞景开。秋风词更远，窃抃乐康哉。"④《全唐诗》卷一〇五收诗十四首，这是其中十二首同名诗中的一首，均系唐中宗景龙二年（708 年）重阳节登慈恩寺浮图（今俗称大雁塔）的应制之作，可以确定该诗是将慈恩寺塔比附为"鹫岭"和"蜂台"。那么，蜂台是否就是佛的诵经台呢？

（一）用以指塔的"蜂台"

将"蜂台"认作"佛诵经台"的看法，在明代以后是较为流行的。如《清凉山志》卷一载康熙御制《西台法雷寺碑》称："鹫岭蜂台不少水晶之域，鹄林鹿苑恒开金粟之园。"⑤ 其中"鹫岭"即耆阇崛山，蜂台与鹫岭皆指佛祖说法之地；乾隆御制《菩萨顶碑文》称："盖闻青鸳建刹须弥，垂兰若之规。白马驮经洛下，记伽蓝之始。

---

① ［宋］陆佃：《埤雅》卷一〇，影印文渊阁《四库全书》第 222 册，第 141 页。

② 广东、广西、湖南、河南辞源修订组，商务印书馆编辑部编《辞源》，北京：商务印书馆，2009 年，第 3021 页。

③ ［明］彭大翼：《山堂肆考》卷一四五，影印文渊阁《四库全书》第 977 册，第 5 页。

④ 中华书局编辑部点校《全唐诗（增订本）》卷一〇五，北京：中华书局，1999 年，第 1099 页。

⑤ ［清］爱新觉罗·玄烨：《西台法雷寺碑》，《钦定清凉山志》卷一，故宫博物院编《故宫珍本丛刊》第 248 册，海口：海南出版社，2001 年，第 258 页。

演龙华于印度，轮转蜂台。广象教于阎浮，灯传鹄苑。"① 其中的"蜂台"系指世尊转法轮之处。乾隆御制《万寿山五百罗汉堂记》称："诸境界各取梵经所载以标其名……癸：佛说法四十九年，未曾说一字，而谓有所说法耶？所说法不可得，而谓有听法及于法得度者耶？而谓有西天震旦，种种世界国土之分别耶？蜂台者，吾知其为天竺世尊诵经之处乎？吾知其为樊忱诗中所云者乎？"② 可以看出其对蜂台的认识出自《山堂肆考》。乾隆年间人张熙纯《楞严坛诗百韵》曰："我闻佛降维卫国，成道乃在摩竭提，蜂台诵经法轮转，明星慧日相昭回。祇洹精舍休夏日，大苾蒭众如云随。伽蓝五重各殊状，一一栏槛金银为。"③ 可见，将蜂台认为是佛的诵经之处还是有相当大的影响力的。

不过，将蜂台认为是佛诵经之台并不确切，因为唐宋时期的文献中，"蜂台"多与"雁塔""刹"等互文见义，以"蜂台"作为佛塔指代的现象是很普遍的。

"蜂台"一词首见于王勃于唐咸亨元年（670 年）所撰《梓州郪县兜率寺浮图碑》，该碑记称："其有据坤灵之宝位，借神道之冥扶。占象纬而图基，揆川原而宅址。蜂台映月，还临舍卫之城。雁塔寻云，即对耆阇之岭。成而不毁者，将斯之谓与。兜率寺者，隋开皇中之所建也。……爰有信弟子某乙等，凤祛尘网，早植慈根。悲梵室之未弘，悼禅居之犹褊。以为上栋下宇，河图避风雨之灾。广榭崇台，时令著高明之宅。是以菩提长者，竞洁舍卫之坛。天帝人王，争辟仙宫之塔。则知威容下丽，群生解瞻仰之因。材璞重珋，黎人有子来之地。乃于寺内建浮图一所，某年月日，乡望等兆基弘愿，继发净因。陵轹中天，规模大壮。高列砌架，迥浮轻轩。直上千寻，周回百步。……崇基奕奕，与天地而争工。层构峨峨，配山川而永固。……谨闻乃作铭云：……大哉英服，兹峰诞纪。金绳对岭，玉牓分岑。松扃委郁，桂幌深沈。云龛树晦，烟洞花深。重峦雾结，复磴泉吟。肃肃禅众，遥遥净境。

① ［清］爱新觉罗·弘历：《菩萨顶碑文》，《乾隆御制诗文全集》第十册，北京：中国人民大学出版社，2012 年，第 451 页。

② ［清］爱新觉罗·弘历：《万寿山五百罗汉堂记》，《乾隆御制诗文全集》第十册，第 360～365 页。

③ ［清］张熙纯：《楞严坛诗百韵》，［清］王昶辑《湖海诗传》卷二七，上海古籍出版社，2013 年，第 311 页。

鹿野经文，龙宫佛影。梵臻金室，光来石井。"① 从"鹿野经文，龙宫佛影"看，王勃所谓"蜂台""雁塔"，应该是称赞梓州郪县（今四川省三台县南郪江乡）兜率寺内奉藏有经和像的新塔，"映月"与"寻云"言其秀丽与崇高。

另外，李尚一撰于唐开耀二年（682 年）的《开业寺碑》② 称唐朝一统后，"都畿壮而帝服开，国土净而天冠敞。蜂台切汉，方演化于时和。凤刹临云，尚韬名于朝命"③。能够"切汉""临云"的，应为佛塔无疑。容州（今广西容县）景星寺："法堂迥构，画刹孤标。雁塔分身，初疑踊出。蜂台合势，更自飞来。"④ 汜水县（今河南省荥阳市）幽栖寺比丘尼正觉的墓塔塔铭称："即倾天秘宝，构此蜂台。竭地藏珍，将营雁塔。"⑤ 扬州六合县（今南京市六合区）灵居寺："冯蜂台之九重，望龙刹之百尺。"⑥《居德寺碑》（居德寺位于今河南省焦作市）称："有清信士秦洪亮等……于此寺门东偏敬造浮图一所。……又有故简州平泉县令秦君……于寺门西偏复建浮图一所。……既与东浮图有对，复能以高下为口。各在门偏，俱临道侧。中间疏密甚得均整，于时遂号双浮图矣。……衔芦负暖，驯雁塔以忘归。采葛垂香，下蜂台而欲住。"⑦ 这些文献中以"蜂台"作为塔的代称是很明确的。

唐武周圣历元年（698 年）《李君莫高窟佛龛碑》称莫高窟"爰有名窟，实为妙境，雁塔浮空，蜂台架迥，珠箔口缀，璿题月鋬"。从碑文"镌崿开基，植端桧而概；徽山为塔，构层台以簆。而刻石穷阿育之工，雕檀极优阗之妙"⑧ 来看，这里是

① ［唐］王勃著，［清］蒋清翊注《王子安集注》，上海古籍出版社，1995 年，第 510 ~ 519 页。复见［清］董诰等编《全唐文》卷一八四，北京：中华书局，1983 年，第 1867 ~ 1869 页；［宋］李昉等编《文苑英华》卷八五一，第 4496 ~ 4498 页。

② 据民国《元氏县志》，开业寺民国时尚存两座方形七级砖塔，今毁，从书中刊布的历史照片看，这两座塔具备唐代砖塔特点。详见李林奎、王自尊纂修《元氏县志》卷二《地理·古迹》，民国二十年（1931 年），铅印本。

③ ［唐］李尚一：《开业寺碑》，《全唐文》卷二〇一，第 2038 页。

④ ［唐］卢藏用：《景星寺碑铭》，《全唐文》卷二三八，第 2409 页。

⑤ ［唐］佚名：《幽栖寺尼正觉浮图铭》，《全唐文》卷九八八，第 10230 页。

⑥ ［唐］叔孙矩：《大唐扬州六合县灵居寺碑》，《全唐文》卷七四五，第 7713 ~ 7716 页。

⑦ ［唐］裴庭：《居德寺碑》，《全唐文》附《唐文续拾》卷一三，第 11314 ~ 11315 页。

⑧ 宿白：《〈武周圣历李君莫高窟佛龛碑〉合校》，《中国石窟寺研究》，北京：文物出版社，1996 年，第 262 ~ 269 页。

将石窟作为佛塔看待的，取的是"蜂台"作为佛塔的象征意思。

（二）用以藏经的"蜂台"

"雁塔"长时间被认为典出《大唐西域记》（或简称《西域记》）书卷九"摩揭陀国下·雁窣堵波"条："如来设法，导诱随机；我等守愚，遵行渐教。大乘者，正理也，宜改先执，务从圣旨。此雁垂诚，诚为明导，宜旌厚德，传记终古。于是建窣堵波，式昭遗烈，以彼死雁瘗其下焉。"① 雁塔因之也被视作"宜依大乘"② 与宣扬大乘的标志。孙英刚近来撰文指出"雁塔"其实与佛教舍利信仰关系紧密，称雁"是跟佛教舍利信仰密切相关的一种符号"③。那么，"蜂台"用以指塔之外，在佛教语境中有没有更深的内涵呢？

比王勃记文略晚④的《宁义寺经藏碑》称："先是父于墓左别建精舍，笔精墨妙，广事招延，写一切经，厥功垂毕。法师聿遵前志，草创后图，经之营之，复廿有三年矣，遂于寺院设经藏以贮焉。……飞檐四注，顺阴阳以开阖。曾轩八袭，积寒暑而来往。"碑记后的偈语称："亭亭雁塔，翼翼蜂台。香奁熛上，宝铎风来。"⑤ 这里，可以明确"雁塔"与"蜂台"称赞的是宁义寺内贮藏一切经的建筑。

唐久视元年（700 年），义净等奉旨译出《入定不定印经》后，武则天亲为之作序称："朕幼崇释教，夙慕归依。思欲运六道于慈舟，迥超苦海。驱四生于彼岸，永离盖缠。穷贝牒之遗文，集蜂台之秘篆。"⑥ 这里的"蜂台"无疑是众经庋藏之所的指代。另据《大慈恩玄化寺碑铭》，高丽显宗九年（1018 年）创大慈恩玄化寺后，"（显宗）复曰：'既兹胜概，广集缁徒，须求龙藏之真诠，俾状蜂台之盛事。'特差专介，具录厥由，乘风驾涛，浮深涉广，远朝中国，表请藏经。天子览其奏，嘉其

---

① ［唐］玄奘、辩机原著，季羡林等校注《大唐西域记校注》，北京：中华书局，1985 年，第 770 ~ 771 页。

② ［唐］慧立、彦悰著，孙毓棠、谢方点校《大慈恩寺三藏法师传》卷三，第 74 页。

③ 孙英刚：《大雁与佛教信仰》，《读书》2016 年第 1 期。

④ 严可均在《铁桥漫稿》中著录该碑为唐垂拱三年（687 年），详见 ［清］严可均著，孙宝点校《严可均集》卷十，杭州：浙江古籍出版社，2013 年，第 310 页。

⑤ ［唐］任知古：《宁义寺经藏碑》，《全唐文》卷二三六，第 2386 ~ 2388 页。

⑥ ［唐］武则天：《三藏圣教序》，《全唐文》卷九七，第 1003 页。

孝，锡汉诏十行以褒之，送释典一藏以助之"①。其中的"蜂台"也与大藏经的关系极为密切。

上文所引樊忱于景龙二年所作"把菊坐蜂台"的应制诗，系将慈恩寺塔比附为"蜂台"。《三藏法师传》卷七称："（永徽）三年（652 年）春三月，法师欲于寺端门之阳造石浮图，安置西域所将经像，其意恐人代不常，经本散失，兼防火难。……其塔基面各一百四十尺，仿西域制度，不循此旧式也。塔有五级，并相轮、露盘凡高一百八十尺。层层中心皆有舍利，或一千、二千，凡一万余粒。上层以石为室。南面有两碑，载二圣《三藏圣教序》《记》，其书即尚书右仆射河南公褚遂良之笔也。初基塔之日，三藏自述诚愿，略曰：……唯恐三藏梵本，零落忽诸，二圣文字，寂寥无纪，所以敬崇此塔，拟安梵本。又树丰碑，镌斯《序》《记》，庶使巍峨永劫，愿千佛同观，氛氲圣迹，与二仪齐固。"② 《续高僧传》卷四："永徽二年（651 年），请造梵本经台，蒙敕赐物，寻得成就。"③ 这里"梵本经台"所指即慈恩寺塔，可见尽管玄奘本来的设计意图是安置西域带回来的"经、像"，但其中的主导因素无疑是佛经。

白化文先生曾经著文指出，蜂台在唐代的确切含义是"塔式或高台式的藏经阁""是一种具有特殊内涵的图书馆"④，从"蜂台"使用的语境看，这种看法无疑是正确的。不过，白先生认为，这些藏经建筑之所以被称为"蜂台"，是因为它们的内部以柜橱隔子储存层叠的经卷，进去一看"状似蜂巢"。像"远望佛塔，状如蜂房"一样，这种因"状似蜂巢"而名之为"蜂台"的认识也过于想当然。我们今天或许无法确知藏佛经的塔为什么会被称为"蜂台"，但是作为藏经建筑的一个称谓，"蜂台"无疑与法宝崇拜关系密切。

在撰于后晋开运二年（945 年）的《重修蒙山开化宝严阁记》中，苏禹珪称太原地区："俗敦释教，·重二乘方便之门。人贵善根，导五浊昏迷之性。金绳宝树，雁

① ［宋］周伫：《有宋高丽国灵鹫山新创大慈恩玄化寺碑铭》，国家图书馆善本金石组编《宋代石刻文献全编》第四册，北京图书馆出版社，2003 年，第 55 页。

② ［唐］慧立、彦悰著，孙毓棠、谢方点校《大慈恩寺三藏法师传》卷七，第 160～161 页。

③ ［唐］道宣撰，郭绍林点校《续高僧传》，第 127 页。

④ 白化文：《话"蜂台"》，《文献》2004 年第 2 期。

塔蜂台。大有庄严，钵光像法。"① 在法宝崇拜活动中，庄严的"蜂台"，发挥着"钵光像法"的作用。

三　薄伽教藏与佛经供养

经藏是藏经的庋藏之所，后世更直白地称呼为"经橱"。《营造法式》中的经藏有两种形态：附设于墙壁者称为"壁藏"，装于轮上而可转动者为"转轮藏"，简称"轮藏"。无论是壁藏还是轮藏，最具装饰效果和象征意味的无疑是设置于顶部的天宫楼阁。佛道帐和藻井之上也有天宫楼阁的设置，与经藏上的天宫楼阁具有相同的装饰意匠和设计手法。

大同华严寺是元代以前都城内保留至今相对完整的皇家寺院的孤例，《辽史》卷四一《地理志五》："清宁八年（1062 年）建华严寺，奉安诸帝石像、铜像。"② "建华严寺"③ 的目的是奉安诸帝之像，因而使该寺具备辽代帝王家庙的性质。寺内的薄伽教藏殿及殿内壁藏、雕塑和部分彩画均为辽代遗物，是研究建筑、经藏、塑像等关系的可贵范本。"薄伽" 乃梵文 "薄伽梵"（Bhagavat）的音译，对应的汉译为"世尊"，是佛的十大名号之一，"教藏"即"经藏"，因此，薄伽教藏殿内的壁藏是该殿当之无愧的主人。辽圣宗统和时期开始雕印大藏经，即后世所谓《辽藏》或《契丹藏》，兴宗重熙间（1032～1055 年）编一切经目，《大日经意释演密抄》卷一称："泊我大辽兴宗御宇，志弘藏教，欲及迩遐，敕尽雕镂。"④ 据现存薄伽教藏殿内佛坛前南侧刻于金大定二年（1162 年）的《大金国西京大华严寺重修薄伽藏教记》（以下简称《金碑》），兴宗重熙间雕镂的大藏经 "通制为五百七十九帙"⑤，薄伽教藏殿即专门为庋藏此藏而建。殿内依墙设置模仿木构建筑外

---

① ［唐］苏禹珪：《重修蒙山开化宝严阁记》，《全唐文》卷八六〇，第 9016 页。

② ［元］脱脱等撰《辽史》，北京：中华书局，1974 年，第 506 页。

③ 据薄伽教藏殿梁下题记"辽重熙七年（1038 年）岁次戊寅玖月甲午朔十五日戊申午时建"，则辽清宁之前，华严寺已经具备一定的规模，《辽史》所谓 "建寺"应系旧寺增修并赋予其特殊的地位。

④ ［辽］觉苑：《大日经意释演密抄》，《卍续藏经》第 37 册，第 9 页。

⑤ ［金］段子卿：《大金国西京大华严寺重修薄伽藏教记》，［清］胡聘之：《山右石刻丛编》卷二〇，太原：山西人民出版社，1988 年。

观的木质经橱，大藏经存于其内，故称壁藏，壁藏上部装饰天宫楼阁。

1933 年，中国营造学社一行至大同考察古建筑，在梁思成和刘敦桢主笔撰写的调查报告中曾盛赞薄伽教藏殿内的"壁藏与天宫楼阁系海内孤品，为治《营造法式》小木作最重要的证物……可视为辽式建筑最适当之模型"①。可惜囿于对天宫楼阁的片面认识，仅将圜桥子之上的所谓"龟头殿"视为天宫楼阁，而将平坐勾栏之上的二层部分仅作为神龛对待。梁、刘二公的看法主导学术界数十年，至今未见异议。笔者以为，这种认识固然不能算是错误（毕竟龟头殿也是天宫楼阁的组成部分），但不够确切，薄伽教藏壁藏的腰檐平坐之上连同连接南北两段的圜桥子及其上龟头殿皆为天宫楼阁。

为了证明上述观点，以下以净土变中表现的佛国天宫为切入点，总结古人刻画的天宫图式，进而对薄伽教藏殿内的天宫壁藏进行解读，并通过对该壁藏与其他艺术形式结合的分析，讨论该壁藏的性质，并进一步分析壁藏与法宝崇拜的关系。

（一）净土变中的佛国天宫

南北朝以后，普度众生的大乘佛教思想开始流行，在宗教义理的探讨之外，满足众生对现世利益的追求与得道成佛的渴望成为宗教传播的现实需求。但是，面对文化程度不高的信众，佛经中对佛国净土宏大场面和无限美好的文字描绘可能无法激起预期的向往与共鸣，而经变画，尤其是描绘西方净土、弥勒净土、东方药师净土等的净土图式经变（以下简称"净土变"）因其丰富直观的特点，极大地缩短了佛国世界和人间的距离，成为善男信女了解极乐世界的捷径，也是"佛法传播的重要媒介与手段"②。

尽管不同的经变所依据的佛经并不相同，但是对敦煌画稿的研究表明，"在敦煌唐代以来的经变画，如弥勒经变、观无量寿经变、阿弥陀净土变、无量寿经变、药师经变，在构图方式上基本一致，均是以阿弥陀净土变的基本元素与结构布局进行绘画"③。基于此，本书以考察净土变建筑背景发展变化之大势为主。

---

① 梁思成、刘敦桢：《大同古建筑调查报告》，《中国营造学社汇刊》1933 年第 4 卷第 3～4 期合刊，第 32 页。

② 李崇峰：《经变初探》，杨泓先生八秩华诞纪念文集编委会编《考古、艺术与历史——杨泓先生八秩华诞纪念文集》，北京：文物出版社，2018 年，第 248 页。

③ 沙武田：《敦煌画稿研究》，北京：中央编译出版社，2007 年，第 95 页。

在净土变的萌芽阶段，宗教画师在说法图的基础上，通过增添一定的建筑元素作为背景的方式，创造了以建筑为背景的早期净土变①。此时的画师对建筑元素的选择是从门阙这一在视觉和心理上均具有特殊地位的建筑形式开始的。麦积山第127窟的西方净土变是现存时代较早且具备"基本图像特征，……在中国北朝西方净土变图像形成和发展过程中起到承上启下的作用"②的净土变（图1.16），该图正中为一殿屋，殿前两侧各绘一高耸的庑殿顶单阙，画面上绘制有七重栏楯、七宝莲池、八功德水③，"创造性地构想了西方极乐之净域"④，殿与双阙呈"品"字形布局，为我们展现了南北朝时期西方净土变的早期发展面貌。敦煌莫高窟第423窟窟顶西坡的弥勒经变正中为一突出的大殿，即兜率天宫内的善法堂，大殿左右各立一座三层的楼阁（图1.17、1.18），成为隋代弥勒经变的基本样式。唐以前净土变图像的这种殿与阙的结合，应脱胎于北朝时期石窟中常见的殿阙形神龛（图1.19）和以殿阙为背景的说法图（图1.20）。

图1.16　麦积山第127窟西方净土变（采自敦煌研究院主编《敦煌石窟全集5：阿弥陀经画卷》，第65页）

---

①　净土变中也有以自然山水来表现净土世界的，如法华经变，由于篇幅的限制，这里只讨论以建筑为背景所刻画的净土世界。

②　孙晓峰：《天水麦积山第127窟研究》，兰州：甘肃教育出版社，2016年，第205页。

③　如《阿弥陀经》中描述的西方净土世界："其国众生无有众苦，但受诸乐，故名极乐。又舍利弗，七重栏楯，七重罗网，七重行树，皆是四宝周匝围绕，是故彼国名曰极乐。又舍利弗，极乐国土有七宝池，八功德水充满其中。池底纯以金沙布地。四边阶道，金银琉璃颇梨合成。上有楼阁，亦以金银琉璃颇梨车磲赤珠马瑙而严饰之。池中莲花大如车轮。"［后秦］鸠摩罗什译《佛说阿弥陀经》，《大正藏》第12册，No.366，第346~347页。

④　金维诺：《西方净土变的形成与发展》，《佛教文化》1990年第2期。

图 1.17 莫高窟第 423 窟窟顶西坡弥勒上生经
变（采自敦煌研究院主编《敦煌石
窟全集 6：弥勒经画卷》，第 36 页）

图 1.18 莫高窟第 423 窟窟顶西坡弥勒上生经
变线图（采自萧默：《敦煌建筑研
究》，第 37 页）

图 1.19 莫高窟第 275 窟南壁阙形龛（采自
萧默：《敦煌建筑研究》，第 96 页）

图 1.20 莫高窟第 257 窟南壁殿阙式壁画（采
自萧默：《敦煌建筑研究》，第 96 页）

　　宗教画师在为净土世界选择建筑背景时对阙的偏爱，应当主要是取其"宫阙"意
象，即以殿、阙代表天宫。在古人的世界里，帝王称"天子"，即上天的儿子，他们作
为上天的代表，是现实世界的所有者和管理者。因而在人间的帝王的居所自然地对位
于在天界的众神的处所，皇宫作为人间的天宫无疑为古人对天宫的想象提供了最基本
又最直接的图式。然而，庙堂作为帝国权力的中心，出于维护权威性和神圣性的需要，
一般来说只有少数人才有机会得以窥其面貌。如北魏洛阳永宁寺这一中国历史上最高
的佛塔建成后，"明帝与太后共登之，视宫内如掌中，临京师若家庭，以其目见宫中，
禁人不听升之"①，因在塔上可以看到宫中，一般人被禁止登塔。事实上，不仅宫阙，

①　［北魏］杨衒之撰，杨勇校笺《洛阳伽蓝记校笺》，第 13 页。

即使孔庙这样一个作为"国家宗教"或者"公共宗教"的所谓神圣空间，在王朝时代的大多数时候，可能都是"一个封闭的空间"①，并不对公众开放。正所谓"庙堂之高"，对于一般民众来说，其实际意味可能更多的是一种想象的空间。

与之相对，作为宫殿正门的门阙，除了是天门的象征之外②，更是皇宫最具象征意味的地方，固可以"宫阙""天阙"作为皇宫的指代，以"诣阙"作为赴朝堂之称谓。从历史上考察，门阙则是从门两旁缺然为道的建筑，逐渐演变为"权威的具体象征"③。《水经注》卷一六《穀水》中引《白虎通》曰："门必有阙者何？阙者，所以饰门。别尊卑也。"④ 对于阙这个特殊的建筑形式，日本历史学者渡边信一郎曾指出："阙门位于建筑物的正门前，作为区别圣界与俗界的标识而设于各种场所，不仅仅限于宫城。在宫城的场合，阙门是将天子·皇帝之至尊自俗界区别出来，并对民众阐明皇帝所具现的礼法与秩序的装置。"⑤ 宫殿之门阙作为圣俗之分界的同时，也是两者沟通之孔道，吏民士庶可以"诣阙"，一些重大活动或"赦宥"之礼仪也在这里举行。门阙恐怕是最为多数人所了解的、最接近帝国神圣的权力中心的建筑形式和特殊空间，这也是宗教画师首先选择殿阙作为净土世界建筑背景的原因所在。

隋代以后，开始用整个墙面表现一幅大型经变，画幅的增大为更好地表现佛国世界提供了条件，净土变中的建筑类型极大地丰富了起来，这种丰富得益于专业画师的加入，如隋代董伯仁⑥、杨契丹，唐代吴道子、杨庭光、卢稜伽、赵武端等著名画家都曾参与过经变的绘制，而帝王所居的人间宫阙则成为描绘佛国天宫的直接参

---

① 黄进兴：《皇帝、儒生与孔庙》，北京：生活·读书·新知三联书店，2014 年，第 28 页。
② 《晋书》卷一一《天文志》称："东方，角二星为天阙，其间天门也，其内天庭也。"（［唐］房玄龄：《晋书》，北京：中华书局，1974 年，第 299 页）《水经注》卷一六《穀水》称："今阊阖门外夹建巨阙，以应天宿，虽不礼，犹象而魏之，上加复思，以易观矣。"（［北魏］郦道元著，陈桥驿校证《水经注校证》，第 398 页）
③ ［美］巫鸿著，李清泉、郑岩等译《中国古代艺术与建筑中的"纪念碑性"》，上海人民出版社，2008 年，第 359 页。
④ ［北魏］郦道元著，陈桥驿校证《水经注校证》卷一六，第 397 ~ 398 页。
⑤ ［日］渡边信一郎著，徐冲译《中国古代的王权与天下秩序》，北京：中华书局，2008 年，第 109 ~ 110 页。
⑥ 《历代名画记》卷八载善画台阁的董伯仁"杂画台阁样、弥勒变……传于代"。（［唐］张彦远撰，秦仲文、黄苗子点校《历代名画记》，北京：人民美术出版社，2016 年，第 163 页）

考。《历代名画记》载，隋代郑法士欲求杨契丹画本，"杨引郑至朝堂，指宫阙、衣冠、车马曰，此是吾画本也。由是郑深叹服。又宝刹寺一壁，佛涅槃变、维摩等，亦为妙作"①。壁画作为绘画作品的一种，受壁面这一绘画介质的限制，有其自身的特点与范式，尤其是净土变，要在有限的空间里表现无限的极乐世界，既要通过写实的细节描绘出可以让人蹑足其间的精美建筑，又要通过写意的抽象概括出让人神往其内的广袤空间。净土变中的建筑背景，通过对人间宫城的模仿以表现佛国天宫②，成为刻画天国世界的一种图式，以下从壁画中的宫城范式、净土变中的建筑背景两方面分别予以考察。

其一，壁画中的宫城范式。壁画有限的壁面决定了画家在描绘比一般建筑群体量更大、内涵更丰富的城池时，并不适合采取所谓"计里画方""制图六体"之类的科学画法③，而是要对画面进行"经营"，即更多地选择最突出、最具代表性的元素并予以强调。如麦积山127窟南顶西魏壁画的城池宫殿图（图1.21），高耸的城墙框定了城的方形平面，正、左、右三面各开一门，上设门楼，门的两侧设朵楼，转角处有角楼，朵楼与角楼下皆建墩台，各门在朵楼两侧对称建有突出城外的子母阙。城墙内侧绘一方形宫廷院落，正、左、右三面设宫门与城门相对，宫门间以回廊相连，宫城内靠后侧正中为殿宇。以城墙、城门、朵楼、角楼、门阙等表示城池，而以殿宇、回廊等表现宫廷，通过细节刻画突出代表性建筑而不伸旁枝，可作为壁画中对城池宫殿描绘的一般范式。

敦煌壁画里常见的那种一座城中只有一座或少数几座突出建筑的情况（图1.22）以及弥勒上生下生经变顶部对兜率天宫的描绘（图1.23、1.24；彩版三）表明：具备一定的围合性、礼仪性的空间内拥有高等级的建筑可以作为壁画中城池，尤其是宫城的一般范式。

---

① ［唐］张彦远撰，秦仲文、黄苗子点校《历代名画记》，第163页。

② 当然，现实世界中佛寺的布局也是影响经变画建筑背景的重要因素（宿白：《隋代佛寺布局》，《考古与文物》1997年第2期），但如果考虑到重要佛寺"佛殿制度与太庙同"或"像天阙，仿台园"的情况（宿白：《试论唐代长安佛教寺院的等级问题》，《文物》2009年第1期），加上净土世界的宗教内涵，本书认为净土变中建筑背景的最终范本是帝王所居的人间宫阙。

③ 成一农：《"科学"还是"非科学"——被误读的中国传统舆图》，《厦门大学学报》（哲学社会科学版）2014年第2期。

图 1.21   麦积山第 127 窟南顶西魏壁画萨埵太子本生故事中的城池宫殿（采自文物
         编辑委员会编《文物资料丛刊（4）》，第 181 页）

图 1.22   敦煌壁画中的城池（采自萧默：《敦煌建筑研究》，第 116 页）

图 1.23   敦煌弥勒经变中的兜率天宫之一（采自敦煌研究院主编《敦煌石窟全集
         21：建筑画卷》，第 193 页）

图 1.24　敦煌弥勒经变中的兜率天宫之二（采自敦煌研究院主编《敦煌石窟全集
　　　　　21：建筑画卷》，第 194 页）

已知明确描绘宫城与宫殿形象且最丰富、完整者首推山西繁峙岩山寺南殿西壁
所存的金代壁画（图 1.25）。该画作者王逵系金代御前承应画匠，作为宫廷画匠，金
代宫殿形制及旧稿本是其创作参考。该壁画中，围绕宫殿的宫城正门详细刻画了城
墙与城门、带斜廊的重檐门楼、门楼两侧的朵楼、朵楼前的子母阙楼、连接阙楼和
朵楼的行廊，这是宫城正门的"门阙"部分，门阙部分之外的其他城墙、城门则大
部分为云气所掩，未详细表现。宫城之内为宫殿，周围绕以回廊，回廊四面设门，
其中南、东、西三座正门的两侧均表现有挟屋。主殿由前殿、主廊和后殿三部分组成，
与宋金宫殿中多用工字殿的情况相合。作为宫城内的主要殿宇，前殿和后殿两侧均建
有挟屋，后殿之后附建有抱厦——宋代称"龟头屋"，金元时称"香阁"。通观整铺壁
画，画家选择门阙和宫殿作为着重表现的内容，"尽最大努力来加大所绘建筑的尺度，
而又使其尽量少互相遮挡"[1]，同时在建筑内部和庭院内绘制人物，紧凑的布局意在
充分利用每一寸壁面，而其对宫城宫殿的绘制手法无疑是壁画中宫城范式的体现。

其二，净土变中的建筑背景。以敦煌石窟中建筑背景的净土变为中心考察：在大
幅经变中，作为净土变典型标志的七重栏楯、七宝莲池、八功德水等不断得到强化，同
时，在建筑中轴对称、向心布置的基本格局下，通过在画面中央的露台、水面的周匝不
断增添廊、楼、屋、台等建筑元素的方式，使得净土变的建筑背景不断地丰富了起来。

---

[1]　傅熹年：《山西省繁峙县岩山寺南殿金代壁画中所绘建筑的初步分析》，原载建筑理论及历史研究室编
　　　《建筑历史研究》第一辑，北京：中国建筑科学研究院建筑情报研究所，1982 年，收入作者文集《傅
　　　熹年建筑史论文集》，北京：文物出版社，1998 年，第 282～313 页。

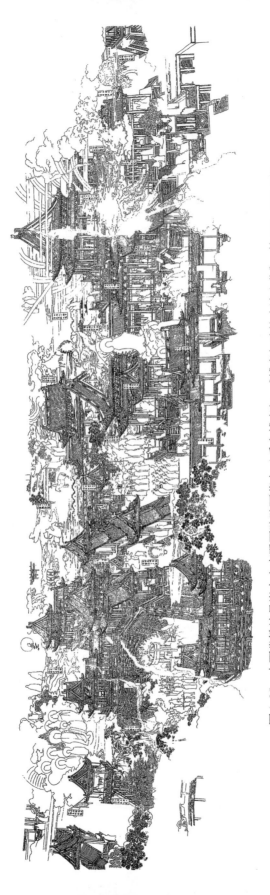

图 1.25　山西省繁峙县岩山寺南殿西壁壁画摹本（采自傅熹年：《傅熹年建筑史论文集》，第 290～291 页）

从发展趋势上看，初唐净土变上承殿阙形龛和殿阙背景说法图之余韵，以楼观取代麦积山 127 窟那种形式较为简单的阙，这种变化应该是对应《无量寿经》中"讲堂精舍宫殿楼观皆七宝庄严自然化成"① 的描绘。如被称为"敦煌无量寿经变的代表作……奠定了以后同类经变的基本形制"② 的敦煌 220 窟南壁绘于初唐的西方净土变，在画面的前侧对称地布置一对"宝楼阁"，比之略晚的 321 窟北壁无量寿经变，在宝楼阁的两侧更是有向两侧延伸的斜廊，这里应当是以"宝楼阁"对应佛经中的"楼观"，具备阙的遗意。同时，殿与楼呈"品"字形平面的布局得到了继承与发扬③，其主要发展趋势为：空间向纵深发展、布局呈围合特征。具体表现在：

首先，隋代那种一殿二楼并列布置的平面形式走向式微，主次建筑前后错置的"品"字形平面布局逐渐成为主流；其次，中部从一层的殿逐渐变为两层或多层的楼或阁（图 1.26、1.27；彩版三）；最后，"品"字形布局的三座建筑从相互独立到用廊道或虹桥相连，从而形成一个半围合的空间，使"品"字形布局呈现"冂"字形布局的特征④（图 1.28、彩版四；图 1.29）。

图 1.26　莫高窟第 215 窟弥勒经变中的堂阁（采自敦煌研究院主编《敦煌石窟全集 21：建筑画卷》，第 78 页）

图 1.27　莫高窟第 331 窟弥勒经变中的堂阁（采自敦煌研究院主编《敦煌石窟全集 21：建筑画卷》，第 79 页）

① ［曹魏］康僧铠译《佛说无量寿经》，《大正藏》第 12 册，No. 360，第 271 页。
② 敦煌研究院主编《敦煌石窟全集 5：阿弥陀经画卷》，第 32 页。
③ "隋代壁画中还出现了一种新的寺院殿堂形式，它将弥勒经变与维摩诘经变绘于一幅图中，用一殿二堂的建筑组群来表现，……就建筑来说，它是座统一完整的建筑群体，正中是三间的殿，两侧的堂相对夹峙，形成'品'字形的殿堂布局。"敦煌研究院主编《敦煌石窟全集 21：建筑画卷》，第 42 页。
④ 《敦煌石窟全集 21：建筑画卷》等著作中称这种形式为"凹"字形平面（如该书第 70 页），为示形象，本书统一采用"冂"字形进行指代。

 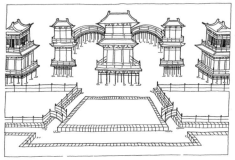

图 1.28　莫高窟第 341 窟阿弥陀经变中的　　　图 1.29　莫高窟第 205 窟阿弥陀经变中的
　　　　　堂阁［采自敦煌文物研究所编　　　　　　　　　堂阁（采自萧默：《敦煌建筑研
　　　　　《中国石窟：敦煌莫高窟》（第三　　　　　　　究》，第 41 页）
　　　　　卷），图版 5 ］

　　盛唐是净土变的发展成熟阶段，"在建筑画方面，更加强了对寺院建筑群的描写，布局的恢宏和建筑物的壮丽，都达到空前的水平"①。此时期通过增加殿宇、楼阁、回廊、虹桥、角楼等建筑，使初唐时已逐渐占据主流的半围合的"冂"字形平面布局更加丰富，通过"鱼骨式构成"②使整个建筑群的纵深空间得以延伸。其所表现建筑尤可注意者如下：

　　首先，半围合的"冂"字形平面布局成为主流模式，以回廊串联殿宇、楼阁等主要建筑成为主要手法。同时，在回廊转角处设平坐栏杆，其上建角楼。廊上建楼始自宫城，顾炎武《历代宅京记》中辑录《邺中记》称十六国后赵的邺城昭阳殿"殿东西各有长廊，廊上置楼，并安长囱，垂珠帘，通于内阁。每至朝集大会，皇帝临轩，则宫人尽登楼奏乐，百官列位，诏命仰听弦管，颁赉，侍从群臣皆称万岁"③。从净土变建筑背景的发展脉络看，这种转变可能意味着佛的说法背景完成了从宫阙到宫城内的转化。

　　其次，重要建筑两侧开始出现"朵殿"或"挟屋"④，形成一主二副的形式，使

①　孙毅华、孙儒僩：《中世纪建筑画》，上海：华东师范大学出版社，2010 年，第 119 页。

②　赵声良：《敦煌石窟艺术总论》，兰州：甘肃教育出版社，2013 年，第 235 页。

③　［清］顾炎武：《历代宅京记》卷一二，北京：中华书局，1984 年，第 183 页。

④　李若水：《南宋临安城北内慈福宫建筑组群复原初探——兼论南宋宫殿中的朵殿、挟屋和隔门配置》，王贵祥主编《中国建筑史论汇刊》第 11 辑，北京：清华大学出版社，2015 年，第 266～297 页。

整个建筑群的空间更为丰富（图 1.30）。

　　最后，不同的建筑之间常沟通以虹桥，与整幅画面中部露台间的桥和弧形梯道相呼应（图 1.31、彩版四；图 1.32）。

图 1.30　莫高窟第 172 窟北壁观无量寿经变（采自萧默：《敦煌建筑研究》，第 56 页）

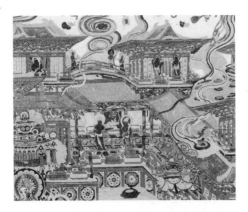

图 1.31　莫高窟第 148 窟东壁观无量寿经变局部（采自敦煌研究院主编《敦煌石窟全集 21：建筑画卷》，第 133 页）

图 1.32　莫高窟第 148 窟东壁北的药师经变（采自萧默：《敦煌建筑研究》，第 67 页）

　　至盛唐，净土变中的基本元素和主要表现手法已完备，佛国净土的天宫图式主要表现为：绘制视角多用鸟瞰，以从中轴线的正前方俯视进行构图，画面的前景处一般描绘的是设置有栏楯的露台；整个画面略呈左右对称的布局，多种类型的建筑围合成一个相对封闭的空间；正中的主体建筑以楼阁为主流，且往往有挟屋，主体建筑前方所设置的左右对立的楼阁也多置挟屋；主要建筑之间连以回廊，在回廊的转角处或回廊中部则起角楼或楼台，除用回廊之外，虹桥也是联系不同建筑的重要设施。

（二）天宫楼阁的构造逻辑

　　目前所见在"帐类小木作"[①] 上建造天宫楼阁时代较早的资料是杨承和于唐穆宗长庆二年（822 年）为梁守谦撰写的《邠国公功德铭》，该铭称元和、长庆之际，佛教大兴，梁守谦雇人"为国写古今翻译大小乘经论戒律"的同时，立经堂一所，"又于堂内造转轮经藏一所，刻石为云，凿地而出，方生结构，递□□缘，立无数花幢，窃比兜率，造百千楼阁，同彼化城"[②]。邠国公修造的转轮经藏在顶部以"百千楼阁"为饰，意在模拟弥勒所居的兜率天宫。宋僧释惠洪《潭州开福转轮藏灵验记》称长沙开福寺为五代马氏植福之地："名镇诸方，马氏尝命比丘智光建东藏，奉安法宝。欲增妙丽，规法忉利诸天。光以意造，不合教乘，议者曰：惟劲禅师，隐居岳中三十年，得心法之要，而淹通三藏，异迹甚著，厚礼致之。劲果来，于是布地文石，为云涛之状，以象海。琢石云涛之上，以象须弥山。建大轮山之颠，而辅以小轮四，棋布峙立，如人聚五指。翔空为朱栏青锁，间见层山，以象忉利宫阙。光之徒颇相折难，劲博引《楼炭》等经，《瑜伽》《俱舍》诸论，证尤甚明。会尊者室利嚩啰者来自五天，是劲之说，而藏乃克成，为湖湘第一。"[③] 明确表明是将经藏比附为"忉利宫阙"。可惜宋代以前的这种立体天宫楼阁的具体形象无法见到，不过在佛道帐、经藏之上修造象征天宫的小木作楼阁和在寺、窟壁面上绘制以建筑为背景的

---

①　宿白先生在《白沙宋墓》中论及龟脚之制时写道："《营造法式》卷九、十、十一《小木作制度》中的佛道帐、牙脚帐、九脊小帐、转轮经藏、壁藏等都记此制。因知龟脚之制是当时佛道帐之类小木作的经常制度。"（宿白：《白沙宋墓》，北京：文物出版社，2002 年，第 111 页）本书沿袭宿白先生的提法，将《营造法式》中涉及的佛道帐与经藏并称为"帐类小木作"。

②　[唐] 杨承和：《邠国公功德铭》，《全唐文》卷九九八，第 10336 页。此据中国国家图书馆馆藏拓本核校。

③　[宋] 释惠洪：《潭州开福转轮藏灵验记》，[宋] 释惠洪著，[日] 释廓门贯彻注，张伯伟、郭醒、童岭、卞东波点校《注石门文字禅》卷二一，北京：中华书局，2012 年，第 1281～1282 页。

净土变图画一样，都是通过对佛国景象的描、模，营造出巍峨壮丽的净土世界。

迨至宋代，文献中对天宫楼阁的记载遍及京畿和地方州县。《佛祖统纪》卷四五载："（庆历）三年六月，久旱，诏迎相国寺佛牙入内殿躬祷，须臾，雨大注，乃作金殿四门以象天宫，用以奉藏，复制发愿文以见归敬。"[①] 这里供奉佛牙的"金殿四门"即做成建筑造型的佛道帐。这种以建筑模型作为天宫表征的做法在当时极为流行，如日僧成寻所著《参天台五台山记》卷四载："（熙宁五年十月廿三日），出（汴梁）东大门。乘马行六里，到启圣禅院……次礼西大殿，金字一切经庄严，不可思议。东西南北壁边有墨字一切经二部，每间经上造楼阁，一间三宇，其下棚置经。……廿四日，……次到福圣禅院……（经藏）四面橱子上有四重小阁，四面壁边有墨字一切经二部，上皆造四重宝阁，一间有三小阁，不可记尽。"[②] 信州城北广教院在西南隅所建转轮大藏，"爰以精金，合众宝色，天宫楼台，遍覆其上"[③]；真戒大师于沙县栖云禅院创建的转轮藏完工后，"金碧相照，恍若天宫"[④]；祈泽治平寺于嘉定年间建造的转轮藏殿直称"创造天宫法轮宝殿一所"[⑤]。范成大于南宋淳熙四年（1177年）游峨眉山白水普贤寺（今万年寺）时，称该寺经藏"亦朝廷遣尚方工作宝藏也。正面为楼阙，两傍小楼夹之。钉铰皆以鍮石，极备奇靡。相传纯用京师端门之制"[⑥]。建筑专书《营造法式》在佛道帐及经藏的"制度"和"功限"相关章节，专门论及"天宫楼阁"，宋时为加强宗教氛围的营造而于帐类小木作之上饰以天宫楼阁的流行程度可以想见。

《营造法式》（以下或简称《法式》）中装饰有天宫楼阁的佛道帐、转轮经藏和

① ［宋］释志磐撰，释道法校注《佛祖统纪校注》，第1073页。

② ［日］成寻撰，王丽萍校点《新校参天台五台山记》，上海古籍出版社，2009年，第324～330页。

③ ［宋］韩元吉：《广教院重修转轮藏记》，《南涧甲乙稿》卷一六，影印文渊阁《四库全书》第1165册，第247页。

④ ［宋］邓肃：《跋罗右文李左史题栖云真戒大师营治》，《栟榈先生文集》卷二〇，四川大学古籍整理研究所编《宋集珍本丛刊》第39册，北京：线装书局，2004年，第789页。

⑤ ［宋］释宝华：《祈泽治平寺建藏殿记》，［清］王昶：《金石萃编》卷一五一，中国东方文化研究会历史文化分会编《历代碑志丛书》第7册，南京：江苏古籍出版社，1998年，第470页。

⑥ ［宋］范成大：《吴船录》卷上，［宋］范成大撰，孔凡礼点校《范成大笔记六种》，北京：中华书局，2002年，第199页。

壁藏，尽管样式复杂、名件繁多，但是它们的组成部分是相同的，自下而上依次为帐座、帐身、腰檐、平坐、天宫楼阁。其平坐以下部分可视为功能层，即满足安放佛像或经书的需求，如果顶部不用天宫楼阁则可以用相对简单的山花蕉叶代替。受当时绘图态度的限制，加上在传抄过程中的失真擅改，《法式》中佛道帐、转轮经藏、壁藏等的图样之上绘制的天宫楼阁（图1.33）更多地具备示意图的特点①，尽管如此，天宫楼阁的基本要素和主要设置手法仍能在这些图样上得以体现。以这些图样为起点，根据《法式》中对相关制度和功限的文字说明，结合现存实例，辅以建筑史家的科学改绘（图1.34），仍可以对小木作天宫楼阁的设计意匠进行适当的考察。

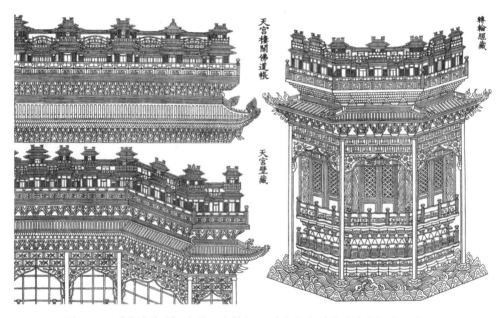

图1.33   《营造法式》中的天宫楼阁（采自陶本《营造法式》卷三十二）

《法式》中的天宫楼阁，皆以设有勾栏的平坐作为基座，平坐之上的主要建筑有殿身、茶楼（即有挟屋的楼）、角楼等，上述殿、楼可根据需要设置龟头殿（即明清所谓之"抱厦"）。在上述殿、楼之间，以行廊或踏道圜桥子相连。行廊、圜桥子与殿、楼等主要建筑皆属天宫楼阁的组成单元，通过不同类型单元的组合，构成天宫

①   梁思成：《营造法式注释》，《梁思成全集：第七卷》，北京：中国建筑工业出版社，2001年，《营造法式》注释序第13~14页。

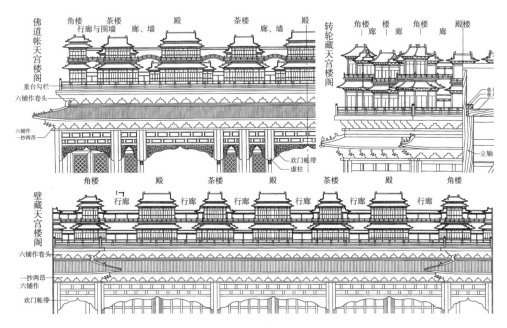

图 1.34　《〈营造法式〉解读》中的天宫楼阁（采自潘谷西、何建中：《〈营造法式〉解读》，第 138～152 页）

楼阁高低错落的天际线；同时，不带挟屋的殿身、两侧带挟屋的茶楼与角楼等的宽度存在一定差别，通过不同尺度单元的变换，构成天宫楼阁富于变化的立面。

　　现存装饰天宫楼阁的实例，没有完全符合《法式》规定者，都是在《法式》的结构逻辑下具备自身的特点，毕竟"对各种做法《法式》只提供样板，实际工程中远比《法式》丰富多样"[1]。无论怎样丰富，都是基本元素和构造手法的组合和变换而已。

　　四川江油窦圌山云岩寺飞天藏上有各立于平坐上的天宫楼阁两层，下层每面中央立一座二层茶楼子，转角处各设二层角楼，角楼与茶楼子之间用行廊连接；上层每面正中设单层殿，转角处为出挟屋的单层角楼，殿与角楼之间仍以行廊相连（图 1.35、1.36），在符合《营造法式》的规定下具备自身之特点。四川平武报恩寺华严殿内建于明代的转轮藏，其天宫楼阁与飞天藏的天宫楼阁具有相似的构造逻辑[2]，尽管所用模型皆为单层的殿，而非楼阁，却毫不影响其宗教氛围的营造（图 1.37）。山西应县净土寺大殿明间中部藻井上的天宫楼阁，正面（与瞻仰者正对的一面）设单

①　潘谷西、何建中：《〈营造法式〉解读》，第 43 页。

②　赵献超：《平武报恩寺转轮藏形制源流与社会文化功能浅析》，《四川文物》2017 年第 2 期。

层茶楼子，其余三面均为单层殿，并于角部做出单层角楼，各殿立于平坐，连以行廊（图1.38），尽管形式并不复杂，但茶楼、殿、行廊、角楼等的组合方式和构造手法体现了天宫楼阁特色。

图1.35　江油窦圌山云岩寺飞天藏下层与上层天宫楼阁立面图（采自左拉拉：《云岩寺飞天藏及其宗教背景浅析》，第86页）

图1.36　江油云岩寺飞天藏天宫楼阁（赵献超摄）

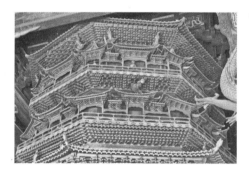

图1.37　平武报恩寺转轮藏天宫楼阁（赵献超摄）

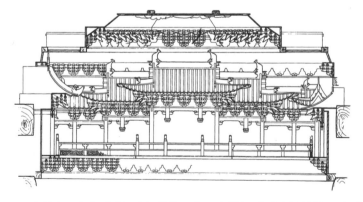

图1.38　应县净土寺大殿明间中部藻井上的天宫楼阁［采自刘敦桢主编《中国古代建筑史》（第2版），第259页］

小木作天宫楼阁象征佛国天宫已无须赘言，进而言之，小木作天宫楼阁是对初盛唐时期已经成熟的净土变中的天宫图式的立体再现，当时寺窟壁面上俯仰可见的净土变中的建筑背景是小木作匠师设计建造天宫楼阁的重要参考：天宫楼阁的基座——平坐勾栏的艺术原型应当是净土变中的水池露台；天宫楼阁的殿身与茶楼则可对应净土变中位于正中及两侧的主要建筑；天宫楼阁中的角楼则对应于净土变中的角楼；不管是天宫楼阁还是净土变，都以行廊或圜桥（虹桥）将主要建筑连为一体的同时，意欲使所表达的空间相对封闭。净土变的建筑背景展开后几乎可以作为天宫楼阁的设计蓝图。

通过上文对《法式》中的天宫楼阁结构逻辑和现存部分实例的解读，可以看出，薄伽教藏壁藏腰檐、平坐之上部分，无论在全藏所处位置还是从单元类型及其组织上看，皆应属天宫楼阁部分，只是这部分较之《法式》的图示和部分制度的规定尺度更大而已。因该壁藏顶部装饰天宫楼阁，故可称为"天宫壁藏"，是壁藏的一种特殊形式。当然，如果不强调经藏的构筑方式（附于壁者为"壁藏"，转以轮者曰"轮藏"），饰有天宫楼阁的经藏也可统称为"天宫宝藏"，《释门正统》卷三解释曰："称天宫宝藏者，乃附慈氏居处而说。"[1] 在这里，仿木结构建筑模型是佛国天宫最直接的象征物，而薄伽教藏殿内的天宫壁藏也是佛国世界的重要象征物。

（三）天宫壁藏与佛经供养

薄伽教藏殿坐西朝东，面阔五间，进深八架椽，其平面布置略如《营造法式》殿阁地盘之金箱斗底槽，其中内槽为安置佛坛的空间，外槽外围靠近墙壁设置天宫壁藏，佛坛与壁藏之间为并不宽敞的供僧众礼拜的通道（图 1.39）。殿内顶部通过藻井与平棊将梁架分为明架和草架两套系统，藻井、平棊与室内柱、梁、斗栱等明架构件上曾满铺彩绘，营造学社一行于 20 世纪初调查时曾识别出虽经后世重描但仍保留辽代特点的飞仙以及部分符合宋辽时期特点的写生花[2]。可以说，大木作、塑像、

① ［宋］宗鉴：《释门正统》卷三，《卍续藏经》第 130 册，第 791 页。
② 梁思成、刘敦桢：《大同古建筑调查报告》，《中国营造学社汇刊》1933 年第 4 卷第 3 ~ 4 期合刊，第 30 页。

小木作、彩绘等均系薄伽教藏殿室内空间营造的组成元素，当时的匠师也是通过这些元素的组合运用，设计出庄严和谐的佛国世界。

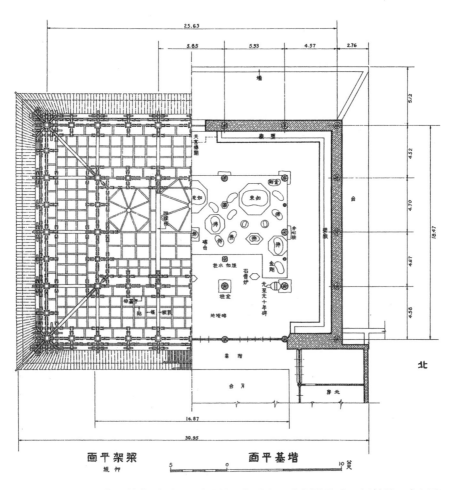

图 1.39　华严寺薄伽教藏殿平面图和梁架平面图（采自梁思成、刘敦桢：《大同
　　　　　古建筑调查报告》，图版 3）

薄伽教藏殿台基高约 4.2 米，建筑（自台基表面至鸱吻）高约 15.4 米，明崇祯五年（1632 年）《重修下华严寺碑记》（该碑现位于薄伽教藏殿前檐南次间檐下）称下华严寺为云中城（大同旧称）内敕建四大刹之一："规模宏壮，树基巍峻，甍栋铃铎，高出城堞，望之岿然独峙。"立于高耸的台基之上的巍峨的建筑，对于瞻仰的僧众来说，自然地具备了一种崇高感和神圣性，建筑内所装载的则是无限庄严美好的佛国净土（图 1.40）。

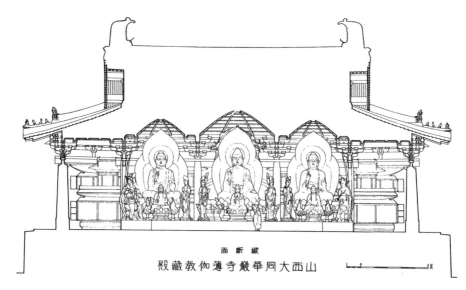

图 1.40　华严寺薄伽教藏殿纵剖面图（采自梁思成、刘敦桢：《大同古建筑调查报告》，图版 5）

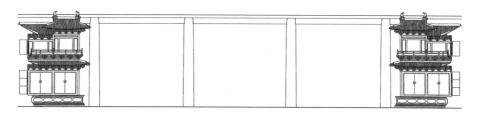

图 1.41　华严寺天宫壁藏东立面示意图（据梁思成、刘敦桢：《大同古建筑调查报告》图版改绘）

　　薄伽教藏殿正面明间和两次间设隔扇门窗，其余各间均围以厚墙，仅在西面当心间中央辟一小窗。殿内依墙设置总平面略呈"冂"字形布局的天宫壁藏，壁藏的两端结束于大殿正面两梢间，并于结束处的二层各设一单开间的歇山小殿，这两个小殿各以一个山面相对，另外一面通过一间行廊与南北两面壁藏二层的行廊折而相连（图 1.41）。薄伽教藏殿内东侧南北相对设置两间天宫壁藏，而这两段壁藏之间则是出入大殿的门径，这样设置的意图应当是将东壁的壁藏作为"阙"来对待的。

　　薄伽教藏殿内入口两侧的天宫壁藏南北对立做阙形，并于阙内设置门扉，阙和门一起，不仅作为区别佛国圣界和尘世俗界的分界，同时也是沟通圣、俗两个世界的通道，从跨入门阙的那一刻开始，即已步入了一个庄严殊胜的佛国空间，更确切地说是一个净土世界。经"门阙"进入佛殿，首先进入视野的是置于内槽砖砌佛坛上的数十尊塑像。其中有佛三尊、坐姿菩萨四尊、立姿菩萨十尊、弟子四尊、莲花化生四尊、立于佛坛四角的天王四尊，以上 29 尊塑像，学界公认系辽代原塑。佛坛南侧与北侧主尊之前，另各有结跏趺坐于莲台上的小佛一尊，尽管可能也为"辽代遗物"①，但与以上诸像绝非同塑，应系后世补塑或移入②。29 尊辽代原塑除在角部护卫的四尊天王像外可分为三组，各组的中心皆为施说法印的佛，对于这三尊主佛的身份，尽管说法不一③，但从本殿主要功能为庋藏佛经考察，三佛应为包括弥勒的竖三世佛，其余菩萨、弟子等分别以三世佛为中心形成相对独立的三铺说法场景。这三铺说法场景恰好对应于《金碑》中关于薄伽教藏"乃三世诸佛、十方菩萨、声闻罗汉、一切圣贤言行之总录也"的界定。诸佛、菩萨等一切圣贤在佛殿内槽神坛上说法，而所说之法则收藏于佛殿外槽的壁藏内，在这里，出于服务于佛法的共同目的，建筑、塑像、小木作达到了和谐的统一。需要强调的是，既然本座殿宇名为"薄伽教藏"，则庋藏其内的佛经无疑是全殿的主尊，因此，有必要对佛经的收贮之所——小木作天宫壁藏进行必要的释读。

盛唐以后发展成熟的净土变，其建筑背景具备如下特点：其一，主要建筑的殿与楼呈"品"字形平面布局，并以回廊形成半围合的"冂"字形空间；其二，呈"品"字形布局的主要建筑的两侧辅以"朵殿"或"挟屋"，形成一主二副的形式，使整个建筑群的空间更为丰富的同时，突出了主要建筑的高级别；其三，不同的建筑之间常沟通以虹桥，甚至于回廊的顶部也多建角楼、虹桥和楼阁；其四，勾栏是必要的元素，佛经中的西方极乐世界，有七重栏楯、七宝莲池和八功德水，受西方净土变的影响，不同类型的净土变也多于画面中不厌其烦地绘制勾栏，这些勾栏除了作为水环境的象征之外，也是分割不同空间的边界（见图 1.30、1.32）。

反观薄伽教藏殿内的天宫壁藏，如果我们将西壁中部圜桥子上的《大同古建筑调查报告》所谓"龟头殿"作为一个凌空而设的殿宇，那么，以圜桥子相连的左右

---

① 梁思成、刘敦桢：《大同古建筑调查报告》，《中国营造学社汇刊》1933 年第 4 卷第 3～4 期合刊，第 31 页。

② 张丽：《大同华严寺辽代彩色泥塑赏析》，《文物世界》2009 年第 4 期。

③ 以伊东忠太为代表的日本学者认为三尊主佛为横三世佛，即正中为释迦牟尼佛，左右两侧分别为药师佛和阿弥陀佛。柴泽俊认为三佛为竖三世佛，即中为释迦牟尼佛，左右两侧分别为燃灯佛和弥勒佛（柴泽俊：《山西古代彩塑选粹》，《柴泽俊古建筑文集》，北京：文物出版社，1999 年，第 463 页）。

两个歇山小殿恰可作为主殿的朵殿，龟头殿及其两侧朵殿作为一个整体可认为是整个天宫楼阁的正面主殿（图1.42）。壁藏南北两侧的正中，各设置一座设挟屋的殿，即《营造法式》所谓之"茶楼"（图1.43）。南北两座茶楼和西侧设朵殿的主殿刚好构成"品"字形布局，这三座呈"品"字形布局的主要殿宇则连以行廊，形成总体略呈"回"字形布局的壁藏总平面。东壁在壁藏结束处设置的两座歇山小殿作为进入殿内佛国世界的阙已如前述，西壁与之对应的两座小殿则可以作为全藏主殿的拱卫，以突出主殿之地位。再进一步讲，全藏二层之下的平坐勾栏似乎也可以呼应净土变中对勾栏的强调。

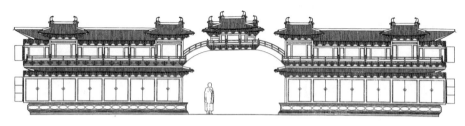

图1.42　华严寺薄伽教藏天宫壁藏西立面图（采自梁思成、刘敦桢：《大同古建筑调查报告》，图版8）

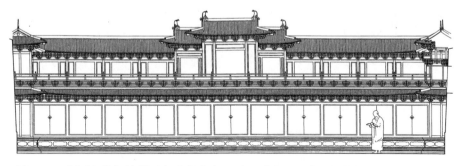

图1.43　华严寺薄伽教藏天宫壁藏南立面图（采自梁思成、刘敦桢：《大同古建筑调查报告》，图版7）

如果我们将薄伽教藏殿内槽三铺说法会主尊之上的藻井看成净土变中的华盖的话，平棊和梁架上的彩绘飞仙、花卉庄严着整个说法场面，外槽的天宫壁藏恰可认为是说法会的建筑背景，薄伽教藏殿内的空间设计与净土变的平面布局是如此相似，以至于我们完全可以相信此殿的设计者是想通过塑像、建筑、小木作与彩画等的组合，营造出一个庄严殊胜的净土世界（图1.44）。白居易在《东林寺经藏西廊记》

中称："元和（806～820 年）初，江西观察使韦君丹于庐山东林寺神运殿左、甘露坛右建修多罗藏一所，土木丹漆之外饰以多宝，相好严丽，邻诸鬼功，虽两都四方，或未前见。一切经典，尽在于内，盖释宫之天禄、石渠也。"① 经藏的百宝庄严，相好严丽，被作为"释宫"最明确的象征。

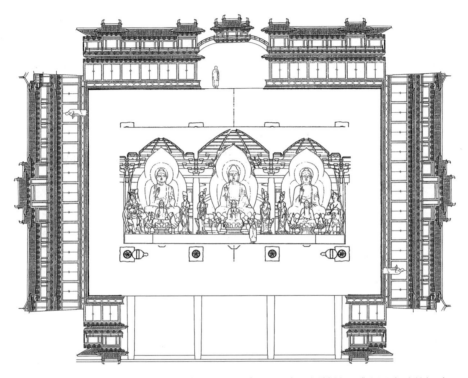

图 1.44　华严寺薄伽教藏天宫壁藏展开图（据梁思成、刘敦桢：《大同古建筑调查报告》图版拼合）

前引《金碑》曰："薄伽藏教者，乃三世诸佛、十方菩萨、声闻罗汉、一切圣贤言行之总录也。至于六道四生、因果之法，靡所不载。大概设百千万种善巧方便，劝诫众生，迁善远罪而已。此教乘之本意也。……（至保大末年，华严寺）唯斋堂、厨库、宝塔、经藏、泊守司徒大师影堂存焉。至天眷三年……乃仍其旧址，而特建九间、七间之殿，又构成慈氏、观音降魔之阁，及会经、钟楼、三门、垛殿。不设期日，巍乎有成。"金代的华严寺既保留有建于辽代的薄伽教藏经藏，又于天眷三年（1140 年）重建

---

① ［唐］白居易：《东林寺经藏西廊记》，［唐］白居易著，顾学颉校点《白居易集》卷四三，北京：中华书局，1979 年，第 940 页。

会经之所，"会经"即寺僧阅览研习佛经之所，经藏则是存经、尊经以供礼拜瞻仰。

方广锠曾将中国佛教的形态分为"义理型佛教"与"信仰型佛教"两种，相应地，中国古代的佛教大藏经在功能上也有义理型大藏经与信仰型大藏经之分①。具体到寺院藏经来说，古代寺院中的大藏经，从功能上可以大体分为两套系统：其一为服务于学问僧读经转藏的阅览系统，文献中不乏将规模庞大的大藏经通读一遍乃至几遍的高僧，当然也有专研某几类或某一类经典的大德②，这类藏经多具备实用的特点，当然也会具备阅览的必要条件；其二为满足僧众顶礼膜拜的供养系统，因佛典是佛、法、僧三宝中法宝的代表，故修造、收贮、供养这些经典可以积累一定的功德，因而佛寺中多专门设置供僧众瞻仰的藏经③，同时为突出这些经典的神圣性，多将其置于装饰华丽的经藏（包括壁藏和转轮藏）内。和供养佛像的佛道帐一样，这些藏或帐的设置皆在于通过华丽的外观营造宗教氛围。在《营造法式》中，将装饰有天宫楼阁的佛道帐称为"天宫楼阁佛道帐"，壁藏则为"天宫壁藏"。薄伽教藏殿内的壁藏作为"天宫楼阁壁藏"或"天宫壁藏"，从功能上区分应属于佛教大藏经的"供养系统"。

1974 年，山西应县佛宫寺释迦塔（应县木塔）进行加固修缮过程中，在四层佛像的胸部发现了一批辽代的装藏物，其中有《辽藏》印本 12 卷，并有其他单刻佛经35 卷、写经 8 卷④。佛像内秘藏经卷，和阅读无关，其主要目的是供养。与之相类，将藏经装载于壁藏或转轮藏内尽管可以在一定程度上方便取阅，但是经藏繁复的结构和华丽的装饰表明其主要目的绝不是取阅的方便，而是将其作为圣物，供寺僧和

---

① 方广锠：《论大藏经的三种功能形态》，《宗教哲学》1997 年第 3 卷第 2 期。

② 如《宋高僧传》卷一一载唐汾州开元寺僧无业"年至九岁，启白父母，依止本郡开元寺志本禅师，乃授予金刚、法华、维摩、思益、华严等经，五行俱下，一诵无遗。……（后）又往清凉山，于金阁寺读大藏经，星八周天，斯愿方毕"。同书卷二八记宋钱塘永明寺僧延寿"口无二言，诵彻法华经，声不辍响。……诵法华记一万三千许部"。[宋] 赞宁撰，范祥雍点校《宋高僧传》，第 247 ~ 248、708 页。

③ 如《入唐求法巡礼行记》卷二记开成四年（839 年）十二月"廿四日晚头，此新罗院佛堂、经藏点灯供养，别处不点灯"。[日] 圆仁撰，顾承甫、何泉达点校《入唐求法巡礼行记》，上海古籍出版社，1986 年，第 75 页。

④ 山西省文物局、中国历史博物馆主编《应县木塔辽代秘藏》，北京：文物出版社，1991 年。

信众顶礼膜拜。

宋代江南东路徽州（今安徽黄山歙县）古岩院本有藏经阁，罗颂《古岩经藏记》称："已而上经阁，函列整整，可以手探而意取。念方外之士，肯以其余闲徜徉于此，因尽阅其经，盖亦足乐。"可见藏经阁的设置是出于便于阅读的目的，不过该寺住持慈悦认为"阁之于尊经有所未至也，今既大为之，轮衍八面，以为十，置函其间，上为莲华、千叶、毗卢居之，五十二大士，缥缈于孤云之上。当其机械一动，果若山君海王拥而挟之以趋经，不既严矣乎！……犹以雕镂涂饰、旋斡震眩为足以尊经"①。可见对于经藏来说，其首要目的并非便于信众阅览其内的佛籍，而是以雕镂涂饰、旋斡震眩，达到"足以尊经"的效果。宋人叶梦得所谓："辑而藏之，皆设为峻宇高甍，雕刻彩绘，备众宝以为饰，竭众巧以为工，苟可以庄严者无不至。"②设置经藏的目的主要还是庄严供养佛经。

位于杭州城北门之北、良渚之南的崇福院，"景定庚申（南宋景定元年，1260 年），前住山寿滔初建无量寿佛宝阁，穆陵书以宠之，中奉四大部经。天龙森列，扶卫有严，幢盖香华，云烟披郁。今住山师学弘……具足梵典五千四十八卷。经左右南向，律论东向西向，疏钞北向。崇以华甍，联络窗牖，宝函象轴，五采彰施，炳炳乎，秩秩乎。有不贻双林目巧之胜，而法轮流转具不退因"③。庄严的经藏通过华丽的外观，达到"有不贻双林目巧之胜，而法轮流转具不退因"的效果，在这里，经藏的作用可以和推着转动一圈至数圈即相当于将其内的佛经阅读一遍至数遍的转轮藏相媲美了。

佛教典籍的总称起初是"众经""一切经"，随着佛籍的激增，至唐代开始出现"大藏""大藏经""藏经"的名称，其规模已数千卷。对卷帙浩繁的大藏经来说，转藏，即阅读全藏已相当不易，但是佛经又宣扬修造、传抄、诵读这些经典将会积累巨大的功德，如在《佛说百佛名经》中仅"若有闻是诸佛名号，受持读诵、恭敬

① ［宋］罗颂：《古岩经藏记》，《罗鄂州小集：附罗鄂州遗文》，《北京图书馆古籍珍本丛刊》第 88 册，影印明洪武二年罗宣明刻本，北京：书目文献出版社，1998 年，第 589～590 页。

② ［宋］叶梦得：《建康府保宁寺轮藏记》，《石林居士建康集》卷四，四川大学古籍整理研究所编《宋集珍本丛刊》第 32 册，第 769～770 页。

③ ［元］任士林：《杭州路崇福院藏经阁记》，《松乡集》卷二，影印文渊阁《四库全书》第 1196 册，第 512 页。

礼拜、书写供养、展转教他，所得功德无量无边"①。对于一般僧众来说，获得功德，即满足其对现世利益的追求与得道成佛的渴望，是优于对宗教义理的探讨的。于是，在通读全藏这一传统方式之外，出现了转藏的便宜之计：仅读每卷佛经中的初、中、后数行可算"转读"，把大藏经目录读一遍可以算是转藏；敦煌地区可能还存在过以僧人常见的偈颂作为藏经帙号的做法②，那么，僧人在面对藏经时，将"诸行无常，是生灭法"之类本已烂熟于心的偈颂诵读一遍可能也相当于转藏了；甚至，不必亲见藏经，仅将装有佛经的所谓转轮藏推动转一圈或几圈也能达到转藏的效果。李纲在《汀州南安岩均庆禅院转轮藏记》中论道："浮屠氏之流，善卫其法，而尊其书，凡所建立，多克有成，操术公用心一也。佛菩萨语，所谓五千四十八卷者，创大藏以贮之，签架函复，纤悉备具。有诵读者，盥手焚香，整衣敷坐，卷舒出纳惟谨。又以方便，设为机轮，使之旋转，种种严饰，悦可人心，俾见闻者，自生恭信，卫其法，尊其书，致严如此。凡所建立，费巨万计，寸积铢累，仰施于人，鸠工抢材，不计程度，期于满意。一有倡者，众皆和之，大者领袖，小者辅翼，前者规模，后者承继。知因果罪福，而以利众，为事无忌嫉心，无沮坏心，以是义故，多克有成。"③卫法尊经、方便利众，这大概就是经藏设置的要旨了。

前引《金碑》所谓"大概设百千万种善巧方便，劝诚众生，迁善远罪而已"的"善巧方便"，一方面是指大藏经，另一方面则是针对经藏而言。我们知道，大乘佛教将"方便""善巧"认为是"般若智慧的一翼"④，初期大乘经典甚至建构了般若与方便"不即不离、不一不二、平衡开发、辩证彰显"⑤的菩萨智慧系统，善巧方便因而可以认为是佛教的"实践智慧"⑥。文献中有将佛教大藏经作为以方便济群生的

---

① ［隋］天竺三藏那连提耶舍译《佛说百佛名经》，《大正藏》第 14 册，No. 444，第 354 页。

② 方广锠：《中国写本大藏经研究》，上海古籍出版社，2006 年，第 441～456 页。

③ ［宋］李纲：《汀州南安岩均庆禅院转轮藏记》，［宋］李纲著，王瑞明点校《李纲全集》卷一三三，长沙：岳麓书社，2004 年，第 1284 页。

④ 杜继文主编《佛教史》，南京：江苏人民出版社，2008 年，第 71 页。

⑤ 程恭让：《佛典汉译、理解与诠释研究——以善巧方便一系概念思想为中心》，北京：中国社会科学出版社，2017 年。

⑥ 程恭让：《〈善巧方便波罗蜜多经〉中"善巧方便"概念思想之研究》，《华东师范大学学报》（哲学社会科学版）2018 年第 2 期。

手段之一，如常州承天寺初无经藏，该寺住持认为"一言半偈，皆是善因。展轴抽函，无非妙用。以方便济群生者，亦何可废也？"① 于是营建经藏。

至于薄伽教藏殿内的壁藏，除前檐正中三间因为设置门扉的需要而断开之外，殿内环墙满设经橱与天宫楼阁，整座壁藏与殿内槽的说法塑像、梁栿平棊上的彩画一起构成一个庄严的净土世界。信徒在如此清净的宗教氛围中入殿礼佛，环殿礼经，加上必要的念诵与仪式，从而达到"迁善远罪"的效果。在这里，殿内的天宫壁藏作为尊崇佛经的一种手段的同时，也是"为形象以教人"的一种传教设施。

四　小结

关于佛教的另一称谓像教（象教），唐人李周翰在注《头陀寺碑文》时称"象教，谓为形象以教人也"②。尽管这里的"形象"一般多围绕"佛像"而展开，但仍可看出"形象"在佛教传播中所承担的重要角色。佛经的庋藏之所——最初所谓"经台"，首先是为了满足存储佛经的实际需要，随着三宝崇拜思想的流行，佛经也成为崇拜的对象和传教的凭依。佛经的形象化固然包括用各种手段对经文载体进行庄严，如采用金银之类的贵金属进行书写乃至刺血书写，或者采用富丽的装帧，或者在抄经时斋戒、沐浴、焚香、礼忏甚至专门定制抄经之纸等强调仪式的重要性③，

---

① ［宋］邹浩：《承天寺大藏记》，《道乡先生邹忠公文集》卷二六，四川大学古籍整理研究所编《宋集珍本丛刊》第 31 册，第 189～190 页。

② ［南朝梁］萧统编，［唐］李善等注《六臣注文选》卷五九，第 1089 页。

③ 如《华严经传记》载唐定州中山禅师释修德："苦节成性，守道山林。依《华严经》及《起信论》，安心结业，摄念修禅，于永徽四年（653 年），蹄诚方广，因发大心，至精抄写，故别于净院，植楮树凡历三年，兼之华药，灌以香水，洁净造纸。复别筑净台，于上起屋，召善书人妫州王恭，别院斋戒，洗浴净衣，焚香布华，悬诸幡盖，礼经忏悔。方升座焉，下笔含香，举笔吐气，每日恒然，精勤无怠。禅师躬自入净，乡想烧香，笔翰之间，并专心目。因修若是，迄于终始。每写一卷，施缣十匹，迄成一部，总施六百余段。恭因发心，并皆不受，劳诚竭虑，筋力都尽。写经若毕，俄从永化，德以经成，设斋庆集。大众同请，希心礼见，禅师于众前，烧香散华，发弘誓愿，才开经藏，放大光明，周七十余里，照定州城，城中士女，并皆同见，中山斋众，既睹希奇，得未曾有。投身宛转，悲嘷忏悔，禅师又勒石，写《涅槃》《法华》经各一部，初移入龛之际，石《涅槃》《法华》并放光明，满十余里，举众咸睹，感悟无涯。"［唐］法藏：《华严经传记》，《大正藏》第 51 册，No. 2073，第 171 页。

但是从体量和外观上看，佛经作为崇拜对象仍略有先天不足之憾。为了激起人们的虔诚与敬畏之心，在庄严佛经的同时，存经之所的华丽壮观尤为值得关注。

敦煌壁画中表现的唐代经台，多凌空架于廊上，具备中国传统高台建筑的遗意，这里的"高"实际上具有以经为尊的意思；经台除了用彩画、百宝等进行装饰之外，还多借用宝珠、塔刹、相轮、宝铎等佛塔元素和表现手法，意在通过建筑的庄严突出佛经的神圣。"蜂台"本应是藏经的佛塔的一种代称，是经台的一种特殊形式，或可称为"藏经塔"，长安慈恩寺塔可作为代表。

在帐类小木作中，佛道帐是用于供奉佛像的神龛，通过华丽的外观突显其尊贵性和神圣性，经藏作为庋藏佛经的橱柜，则可视作将用于敬神的佛道帐用来礼敬佛经。《营造法式》中转轮经藏和壁藏制度中仍有"帐身""帐柱""帐带"等的称谓，不仅可视为帐幔装饰的遗痕①，而且表明经藏和佛道帐一样，重在通过外观营造以突出其对神圣的宗教氛围的营造。宋人叶梦得在《胜法寺转轮藏记》中称："惟转轮藏，侈极雕刻彩绘之观，以致其庄严之意，可使凡微福悔过者，一皆效诚于此。吹蠡伐鼓，机发轴运，象设骇于目，而音声接于耳，不待发函展卷，而其心固已有所向矣。"②经藏与转轮藏一样，一方面致力于通过"侈极雕刻彩绘之观，以致其庄严之意"，另一方面，则寄希望于通过经藏的庄严形象，达到促进佛教传播的目的。

部分帐类小木作顶部装饰的天宫楼阁，是其最具装饰效果和象征意味的部分。从《营造法式》中天宫楼阁佛道帐、转轮经藏与天宫壁藏的结构逻辑出发，结合现存实例分析，华严寺壁藏中部腰檐、平坐之上的二层部分连同连接南北两段的圜桥子与其上龟头殿皆认定为天宫楼阁，该壁藏因之也可称为"天宫壁藏"。该天宫壁藏的性质固然是大藏经的庋藏之所，更深层的含义体现在：该壁藏是整座殿宇室内空间营造的重要手段与佛国世界的象征物。一方面，大藏经存于该天宫壁藏内，象征着将佛经存放于极乐净土之中，是礼敬佛经的一种手段；另一方面，设置该天宫壁

① 张十庆：《从帐幔装修到小木作装修》，原载《室内设计与装修》2001 年第 6 期。收入作者文集《张十庆东亚建筑技术史文集》，沈阳：辽宁美术出版社，2012 年，第 372～374 页。

② ［宋］叶梦得：《胜法寺转轮藏记》，［宋］范成大撰，陆振岳校点《吴郡志》卷三五，第 525～526 页。

藏的主要目的不是便于信徒取阅经书,而是将藏经作为圣物,供缁素顶礼膜拜。可以说,天宫壁藏是供养佛经的一种手段,也是通过形象传播佛教教义的一种设施,具备增广佛教传布的法器性质。

第二章 转轮经藏与佛籍关系探析

　　如来出世，以大士因缘，示悟众生。繇一道清净，用一音演法，机感不同，而所闻亦异。故五时五味，半满权实，圆机定数之义，播列诸部，星躔霞布，没世不能诵其文，终身不能发其蕴。于是弥勒大士，阐大方便，聚诸经以归三藏，使流通教典，尽载一轮，尘沙法门，同归一揆。倘众生信而扬之，则不须朝讲暮习，于弹指顷间，含受法要，心怡神悦，荡释诸苦，发探蒙愚，展迪聋瞽，复性命之真，救述妄之失。可不谓无穷之利乎？……至于布琅函，列朱轴，诚为除众生饥病方便法也。

　　　　　　　　　　　　　　——［宋］宗泽：《义乌景德禅院新建藏殿记》

　　转轮经藏，简称"转轮藏"或"轮藏"，也称"转轮大藏""转关经藏""转轮宝藏""飞轮藏"等，原指内部装载藏经并可绕中心轴旋转这一特殊形式的经藏，实例中也有未见佛经装载或者不可转动的转轮藏。转轮藏自南朝傅大士创始之后，经唐代发展，宋元寺院竞相建造成为一种风尚，明清亦多有修造。寺院与石窟中保存有一定数量的实例①，宋代建筑专书《营造法式》中辟有专门章节记其制度与功限，文献中保留有相当数量的文字资料。转轮经藏作为经藏的一个特殊类型，具备经藏庋藏和供养佛经的一般特点的同时，因具备旋转一周即相当于将其内的藏经持诵一遍的效果，其增广佛教传布的宗教法器特点更为明显。

　　本章首先梳理转轮藏的发展概况，再现其发端、发展与繁荣；重点探讨转轮藏

---

① 国内目前公认的转轮藏实物共有九例，其中木构七例，石构二例。按时代计则宋代四例：河北正定隆兴寺转轮藏、四川江油云岩寺道教飞天藏、重庆大足石刻北山第 136 号窟石刻转轮藏、大足宝顶山第 14 号窟毗卢道场石刻转轮藏；明代二例：四川平武报恩寺转轮藏、北京智化寺转轮藏；清代三例：北京雍和宫永康阁转轮藏、北京颐和园万寿山转轮藏、山西五台山塔院寺转轮藏。

与其内所装载佛经的关系，总结这一关系的发展脉络；在此基础上，借由教理探讨，分析转轮藏在三宝崇拜，尤其是法宝崇拜活动中扮演的角色和地位。

一　转轮经藏发展概况

（一）转轮藏的发端

转轮藏公认为傅翕（497～569 年）所发明①，据《善慧大士语录》（以下简称《善慧录》）②，傅翕字玄风，东阳郡乌伤县（今浙江省义乌市）人，世代为农，于普通元年（520 年）被胡僧嵩头陀点化，修道于松山双梼树下（即今双林寺前身），自号"双林树下当来解脱善慧大士"，后以居士身份潜心敷演佛法，自云补处菩萨、弥勒应身，以济度众生为务，人称傅大士、善慧大士、双林大士等。

《善慧录》记傅大士创建转轮藏曰："大士在日，常以经目繁多，人或不能遍阅，乃就山中建大层龛，一柱八面，实以诸经，运行不碍，谓之轮藏。仍有愿言：'登吾藏门者，生生世世不失人身；从劝世人有发菩提心者，志诚竭力，能推轮藏不计转数，是人即与持诵诸经功德无异，随其愿心，皆获饶益。'今天下所建轮藏皆设大士像，实始于此。"③宋代的《佛祖统纪》复添加枝叶道："轮藏，梁傅大士愍世人多故，不暇诵经，及不识字，乃于双林道场创转轮藏，以奉经卷，其誓有曰：有三登吾藏门者，生生不失人身；有能信心推之一匝，则与诵经其功正等；有能旋转不计数者，所获功德即与读诵一大藏经正等无异。"④

转轮藏的发明绝非突发奇想，而必须有一定的社会环境及思想文化、物质与技术准备，其中最可属意者，当属经藏的丰富，即《善慧录》中所谓"经目繁多"。

最初被称为"众经"或"一切经"的大藏经出现于东晋十六国时期，南北朝时，政府开始介入经藏造立，一切经的修造具备了一定的规模。晋、宋之时，四部目录

---

① 杨维中：《〈转轮藏之起源与金代的转轮藏——关于宋代寺院的转轮藏〉一文读后》，普门学报社发行：《2002 年〈普门学报〉读后感》，第 151～161 页。
② ［唐］楼颖：《善慧大士语录》，《卍续藏经》第 120 册，第 1～54 页。
③ ［唐］楼颖：《善慧大士语录》，《卍续藏经》第 120 册，第 12 页。
④ ［宋］释志磐撰，释道法校注《佛祖统纪校注》，第 745 页。

已兼收佛籍：晋武帝时荀勖所撰《中经簿》"四部书一千八百八十五部，二万九百三十五卷。其中十六卷佛经书簿少二卷不详所载"①，可见西晋皇家秘阁已收佛籍；据《隋书·经籍志》，刘宋元徽元年（473 年），秘书丞王俭造《四部书目录》后，"又别撰七志……其道、佛附见，合九条。然亦不述作者之意，但于书名之下，每立一传，而又作九篇条例，编乎首卷之中，文义浅近，未为典则"。"梁初，秘书监任昉……又于文德殿内列藏众书，华林园中总集释典，大凡二万三千一百六卷，而释氏不豫焉。……普通中，有处士阮孝绪……博采宋、齐已来王公之家凡有书记，参校官簿，更为七录……六曰佛录，七曰道录。其分部题目，颇有次序，割析辞义，浅薄不经。"② 华林园中所藏佛教典籍既为"总集"，又有按照一定的结构逻辑纂定的目录③，此可为官造藏经殆无异议。搜集、整理、保存历代典籍是我国古代的优良传统，藏经的造立一方面受这一传统的影响，另一方面由于政府可以利用行政手段更广泛地搜集资料并提供资助，故政府的介入加快了藏经的发展速度，而政府的权威性又增加了其所造藏经的影响力。

据《法苑珠林》卷一百，皇室参与"写一切经"的最早记录为北魏道武帝（386～409 年在位）"造十五级塔。又立开泰、定国二寺，写一切藏经，造千金像。三百名僧每月法集"。5 世纪末叶以后，皇室襄赞修造一切经的活动频繁：萧齐高宗明帝（494～498 年在位）"写一切经，造千佛像，口诵《般若》，常持《法华》，造归依寺，召集禅僧，常持六斋"；陈高祖武帝（557～559 年在位）"扬州造东安、兴皇、天居四寺，写一切经一十二藏，造金铜像一百万躯，度二万人，治故寺三十二所"；北齐肃宗孝昭帝（560～561 年在位）"为先皇写经一十二藏，合三万八千四十七卷，度三千许僧"；陈世祖文帝（560～566 年在位）"写五十藏经，度僧尼二千人，治故寺六十所也"；陈高宗宣帝（569～582 年在位）"扬州禁中造太皇寺七级木塔。又造崇皇寺刹，高十五丈，下安佛爪，造金像二万余躯，治故寺五十所，故像

---

① ［南朝梁］阮孝绪：《〈七录〉序》，［唐］道宣：《广弘明集》，《大正藏》第 52 册，No. 2103，第 1108～1111 页。

② ［唐］魏徵、令狐德棻：《隋书》卷三二《经籍志》，第 906～907 页。

③ 详见阮孝绪所撰《〈七录〉序》以及下文释僧绍与释宝唱撰《华林佛殿经目》事。

一百三十万躯，写十二藏经，度一万人"①。

《广弘明集》载有魏收撰《北齐三部一切经愿文》和北周王褒《周经藏愿文》。魏收文略曰："皇家统天，尊道崇法，拔群品于有待，驱众生于不二。所以刻檀作绩，构石雕金，遍于万国，尘沙数等。复诏司存有事缵素，精诚逾于皮骨，句偈尽于龙宫，金口所宣，总勒缮写，各有三部，合若干卷。用此功德，心若虚空，以平等施，无思不洽，藉我愿力，同登上果。"② 保定三年（563 年），周武帝宇文邕诏令"所司奉造一切经藏"③，王褒为之作发愿文，愿文中称："始乎生灭之教，讫于泥洹之说，论议希有，短偈长行，青首银函，玄文玉匣，陵阳饵药，止观仙字，关尹望气，裁受玄言，未有龙树利根，看题不遍，斯陀浅行，同座未闻，尽天竺之音，穷贝多之叶，灰分八国，文徙罽宾，石尽六铢，书还大海。仰愿过去神灵，乘兹道力，得无生忍，具足威仪。又愿国祚遐长，臣民休庆，四方内附，万福现前，六趣怨亲，同登正觉。"④

释灵辨于北魏神龟三年（520 年）完成《华严论》一百卷，该僧于正光三年（522年）坐化后，"孝明皇帝敕曰：其论是此土菩萨所造。付一切经藏，则上目录，分布流行。弟子道昶、灵源、昙现等，慨先师凤逝，痛灵藉之将掩，乃与清信君子，敬写净本，流布道俗，此论虽盛传汾晋"⑤，据此可以推知北魏官造一切经的管理情况。

在皇室修造一切经的带动下，此风经缙绅权贵渐幕民间。北魏冯太后之兄冯熙"信佛法，自出家财，在诸州镇建佛图精舍，合七十二处，写十六部一切经"⑥。敦煌遗书中曾发现太和三年（479 年）由冯熙施写的一切经，现藏英国的 S.996《杂阿毗昙心经》卷尾题记（图2.1）曰："用纸十五张，一校……《杂阿毗昙心》者，法盛大士之所说……是以使持节侍中、驸马都尉、羽真太师、中书监、领秘书事、车骑大将军、都督诸军事、启府洛州刺史、昌梨（黎）王冯晋国，仰感恩遇，撰写十

---

① ［唐］释道世著，周叔迦、苏晋仁校注《法苑珠林校注》，第2890～2893 页。
② ［唐］道宣：《广弘明集》，《大正藏》第52 册，No.2103，第257 页。
③ ［宋］释志磐撰，释道法校注《佛祖统纪校注》，第889 页。
④ ［唐］道宣：《广弘明集》，《大正藏》第52 册，No.2103，第257 页。
⑤ ［唐］法藏：《华严经传记》，《大正藏》第51 册，No.2073，第157 页。
⑥ ［北齐］魏收：《魏书》，第1819 页。

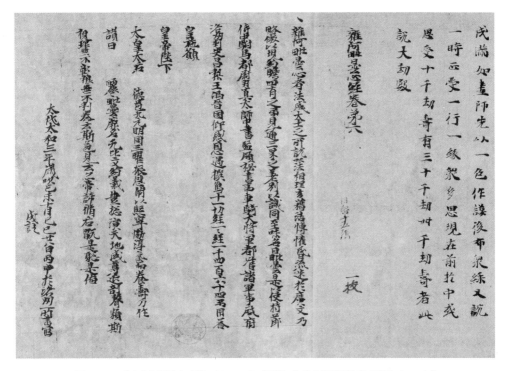

图2.1　《杂阿毗昙心经》（S. 996）题记［采自国际敦煌项目（IDP）］

《一切经》、一一经一千四百六十四卷，用答皇施。愿皇帝陛下，太皇太后，德苞九元，明同三曜，振恩阐以熙宁，协淳气而养寿。……太（大）代太和三年岁次己未十月己巳廿八日丙申于洛州所书写。成讫。"① 从"十《一切经》""一校"等字眼与题记款式看，北魏太和初洛阳的写经行业已经相对成熟并具备一定的规模。

庾信于北周初年任弘农郡守时，陕州弘农郡（今河南省三门峡市陕州区）五张寺寺主法映及洛州刺史张隆等"财行法檀，身心罄竭，兼化乡邑道俗数千，敬造一切德轮，见成三百余部。琅笈云书，金绳玉检，削蒸栗之简，装酸枣之珠，并入香城，咸封禅阁"②。所谓"一切德轮"即七宝庄严的一切经。冯熙、张隆之流皆掌权柄，施财写一切经的目的大概主要是求功德。《洛阳伽蓝记》卷二"崇真寺"条记冯

① 郝春文、金滢坤编著《英藏敦煌社会历史文献释录》第四卷，北京：社会科学文献出版社，2006 年，第 493 页。

② ［北周］庾信：《陕州弘农郡五张寺经藏碑》，［北周］庾信撰，［清］倪璠注，许逸民校《庾子山集注》，北京：中华书局，2006 年，第 715～716 页。

太后时禅林寺僧道弘的修行方式为"教化四辈檀越，造一切经，人中金像十躯"①，从该书所记崇真寺比丘惠凝所述故事看，尽管当时以坐禅、苦行与诵经为修行正统，但是讲经、造寺、修造经像等所谓"营福"之举已具有相当广泛的群众基础。

尽管此时修造一切经的史料数量不多，但是仍可以看出，无论南朝还是北朝，修造一切经除了作为储存文献资料的措施之外，均已作为兴福业、营功德的一种重要手段。

以萧梁僧祐为代表的受政府扶持的学问僧的努力极大地提升了经藏的系统性和影响力，《高僧传》僧祐本传称："永明中（483～493年），敕入吴，试简五众，并宣讲十诵，更申受戒之法。凡获信施，悉以治定林、建初及修缮诸寺，并建无遮大集舍身斋等，及造立经藏，搜校卷轴，使夫寺庙开广法言无坠，咸其力也。……初祐集经藏既成，使人抄撰要事，为三藏记、法苑记、世界记、释迦谱及弘明集等，皆行于世。"②《出三藏记集》初撰的时间，据《历代三宝记》为齐建武时（494～498年），其成书源于僧祐造立经藏的活动殆无异议。入梁以后，佛教大盛，经藏的造立也益发活跃，见于记载的有定林寺经藏、华林园经藏、长沙寺经藏等。

定林寺经藏为僧祐弟子刘勰所定，《梁书》卷五十刘勰本传称："勰早孤，笃志好学，家贫不婚娶，依沙门僧祐，与之居处，遂博通经论，因区别部类，录而序之。今定林寺经藏，勰所定也。"③

华林园经藏据上引《隋书·经籍志》，知其最初虽汇集了佛教典籍，但由于没有佛教徒参与，系统性不高，故有梁天监十四年（515年）释僧绍奉敕撰《华林佛殿经目》事，"绍略取祐三藏集记目录，分为四色，余增减之"④。撰成后未惬帝意，僧祐的弟子释宝唱奉敕重撰，宝唱重撰的《华林佛殿经目》于天监十七年（518年）完成，"注述合离，甚有科据，一帙四卷，雅惬时望。遂敕掌华林园宝云经藏，搜求

---

① ［北魏］杨衒之撰，杨勇校笺《洛阳伽蓝记校笺》，第77页。
② ［南朝梁］释慧皎撰，汤用彤校注，汤一玄整理《高僧传》，第440～441页。
③ ［唐］姚思廉：《梁书》，北京：中华书局，1973年，第710页。
④ ［隋］费长房：《历代三宝记》，《大正藏》第49册，No. 2034，第99页。

遗逸，皆令具足，备造三本，以用供上"①。

荆州长沙寺是东晋南朝时的江陵名刹，该寺始建于晋，时长沙太守滕含舍宅为寺，道安的弟子释昙翼振锡主之②，东晋太元四年（379 年）襄阳失守后，道安的弟子释法遇、释昙徽、释昙翼、释慧远等南下避乱，齐集长沙寺③，长沙寺日益兴盛，至南朝末号称"天下称最，东华第一"④。据梁元帝萧绎所撰《金楼子》卷二《聚书篇》称其任荆州刺史时，"于长沙寺经藏就京公写得四部"⑤，可见梁时长沙寺即有经藏。

皇室与皇家大寺中修造的经藏，对其他地方的寺院有一定的示范作用，修造经藏、广布佛典隐约成为一种社会需求。文献中甚至有个人修造经藏的记录，如释法聪（467～559 年）曾"回造经藏三千余卷，备穷记论，有助弘赞者，无不缮集"⑥。

杨广在江南的宗教活动可以作为南朝宗教热情高涨、经藏修造活跃的一个侧面例证。隋灭陈后，杨广为扬州总管，坐镇江都，将宗教作为维护统治的重要手段⑦。他在江都设置"四道场"，集中江南名僧高道，《续高僧传》卷十一《唐京师延兴寺释吉藏传》称"开皇末岁，炀帝晋蕃，置四道场，国司供给。释李两部，各尽搜扬"⑧，所谓"四道场"，即位于江都城内的慧日、法云二寺和玉清、金坛二观，这些道场是招揽江南宗教人物的主要基地。此外，杨广还特别注意搜集、整理南方宗教经典，"江都旧邸立宝台经藏，五时妙典，大备于斯"⑨。《广弘明集》载其所撰《宝台经藏愿文》："至尊（隋文帝）拯溺百王，混一四海，平陈之日。道俗无亏。而东南愚民，余熠相煽。爰受庙略，重清海滨。役不劳师，以时宁复，深虑灵像尊

---

① ［唐］道宣撰，郭绍林点校《续高僧传》，第 8 页。

② ［南朝梁］释慧皎撰，汤用彤校注，汤一玄整理《高僧传》，第 198～199 页。

③ ［南朝梁］释宝唱：《名僧传钞》，《卍续藏经》第 134 册，第 15 页。

④ ［唐］道宣撰，郭绍林点校《续高僧传》，第 586 页。

⑤ ［南朝梁］萧绎撰，许逸民校笺《金楼子校笺》，北京：中华书局，2011 年，第 516 页。

⑥ ［唐］道宣撰，郭绍林点校《续高僧传》，第 581 页。

⑦ 王永平、张朝富：《隋炀帝的文化旨趣与江左佛、道文化的北传》，《江海学刊》2004 年第 5 期。

⑧ ［唐］道宣撰，郭绍林点校《续高僧传》，第 393 页。

⑨ ［唐］道宣撰，郭绍林点校《续高僧传》，第 405 页。

经，多同煨烬，结鬒绳墨，湮灭沟渠。是以远命众军，随方收聚。未及期月，轻舟总至。乃命学司，依名次录，并延道场，义府覃思，澄明所由，用意推比，多得本类。庄严修葺，其旧惟新。宝台四藏，将十万轴。因发弘誓，永事流通。仍书愿文，悉连卷后。频属朝觐，着功始毕。今止宝台正藏，亲躬受持。其次藏以下，则慧日、法云道场，日严、弘善灵刹，此外京都寺塔、诸方精舍，而梵宫互有小大，僧徒亦各众寡，并随经部多少，斟酌分付。授者既其恳至，受者亦宜殷重。长存法本，远布达摩，必欲传文，来入寺写，勿使零落，两失无作。"① 法琳《辩正论》载杨广"平陈之后，于扬州装补故经，并写新本，合六百一十二藏，二万九千一百七十三部，九十万三千五百八十卷；修治故像一十万一千躯，铸刻新像三千八百五十躯，所度僧尼一万六千二百人"②。装补经藏数以百计，南朝经藏修造活动之活跃可以蠡测矣。

据《善慧录》，傅大士于中大通六年（534 年）末首次至梁都谒武帝，后"遂还钟山定林寺，诏令资给"；大同元年（535 年），武帝于华林园重云殿讲《三慧般若经》（《金字三慧经》），"时公卿连席，貂绂满座，诏特为大士别设一榻"；"一日，帝延至寿光殿说法，至夜方出"。大同五年（539 年），傅翕重入都，与武帝于"寿光殿共论真谛"；大同六年（540 年），"以功德事复至都下，止蒋山"③。傅大士在几年内三至梁都，得以亲见华林园宝云经藏、定林寺经藏与建初寺经藏④，对于经目繁多有切身体会，客观上对其发明转轮藏有一定的启发作用，京郡大寺与缙绅衣冠积极参与修造的一切经藏则为转轮藏的出现做了物质准备。

另外，《善慧录》卷一明言傅翕"少不学问"，元稹所撰《还珠留书记》称"翕不知书，而言语辩论皆为奇"⑤，其所据亦为《善慧录》。而徐陵所撰《东阳双林寺傅大士碑》则称傅翕于双林寺"营缔支提，缮写尊法。……复造五时经典千有余

---

① ［唐］道宣：《广弘明集》，《大正藏》第 52 册，No. 2103，第 257 页。

② ［唐］法琳：《辩正论》，《大正藏》第 52 册，No. 2110，第 509 页。

③ ［唐］楼颖：《善慧大士语录》，《卍续藏经》第 120 册，第 4 ~ 5 页。

④ 《出三藏记集》卷十二序目有《建初寺立波若台经藏记》，加上《高僧传》僧祐本传中的记载，可知建初寺在齐梁之际也建有经藏。

⑤ ［唐］元稹：《还珠留书记》，［唐］楼颖：《善慧大士语录》，《卍续藏经》第 120 册，第 39 页。

卷"①。《善慧录》卷一也明确傅翕不仅可以致书梁武帝，又能"躬写经律千有余卷"②。傅翕从"少不学问"到可以"躬写经律"，对于经目繁多以及识字水平不高的普通民众缺乏研读佛法的途径应该有更深的体会，这或许可以视为其发明转轮藏的"深层内因"③。

（二）转轮藏的发展

转轮藏自萧梁傅大士创始后，至唐代，寺院中虽有修造，但不普遍。比丘法明为象山县宝梵教寺转轮藏所写的记文中称："昔韩杼材，唐之名儒也，尝为清泉寺作轮藏记。其间所载，大和中，率天下佛祠逾三万，其能置大藏者不过十百。然以唐较宋朝，其增置佛祠不啻数倍，而能置大藏者，又何止于十百而已哉！顾当时建立之人求其记者，皆一时巨公硕儒，托以文章翰墨，照耀后人，欲其取重于天下矣。"④清泉寺即宋时慈溪的定水寺，《宝庆四明志》卷一七《慈溪县志·寺院·禅院》"定水寺"条称："定水寺，县西北五十里，近鸣鹤山。唐乾元二年建，名清泉。世以为虞世南故宅。皇朝改今额，绍兴七年更为禅刹。寺有泉，甘寒宜煎茗，暑月汲之，久停不腐，有大藏经殿，唐京兆韩杼材记。常住田九百七十亩，山六百三十九亩。"⑤有的文献中将韩杼材误作"韩梓材"，字利用，京兆人，以文翰见称，可考自贞元九年（793年）至大和二年（828年）一直活跃于浙东，先后入皇甫政、丁公著、元稹等人的幕府⑥。《金石录》卷九称："唐清泉寺大藏经记，韩杼材撰并行书，刘蔚篆，大和二年九月。"⑦

安史之乱以前，"凡天下寺有定数"⑧，《唐会要》卷四九"僧籍"条称："天下

---

① ［南朝陈］徐陵撰，［清］吴兆宜笺注《徐孝穆集》卷五，北京：商务印书馆，1937年，第173～174页。

② ［唐］楼颖：《善慧大士语录》，《卍续藏经》第120册，第6页。

③ 张子开：《傅大士研究》（修订增补本），第321页。

④ ［宋］释法明：《宝梵教寺经藏记》，李洣、陈汉章等纂修《象山县志》卷三一，《中国方志丛书》华中地方·第196号，影印民国十五年铅印本，台北：成文出版社有限公司，1984年，第3502～3505页。

⑤ ［宋］罗濬等撰《宝庆四明志》卷一七，《中国方志丛书》华中地方·第574号，台北：成文出版社有限公司，1975年，第5300～5301页。

⑥ 咸晓婷：《元稹浙东幕僚佐生平考》，《中文学术前沿》2012年总第4辑。

⑦ ［宋］赵明诚：《金石录》卷九，中国东方文化研究会历史文化分会编《历代碑志丛书》第1册，第242页。

⑧ ［后晋］刘昫等撰《旧唐书》卷四三，北京：中华书局，1975年，第1831页。

寺五千三百五十八，僧七万五千五百二十四，尼五万五百四十六，……每三岁州县为籍，一以留州县，一以上祠部。……会昌五年（845年），敕祠部检括天下寺及僧尼人数，凡寺四千六百，兰若四万，僧尼二十六万五百人。"① 其中"寺"所指为拥有官方赐额者，私造无赐额者称兰若、山房等②。这样看来，韩杼材于大和二年所作"率天下佛祠逾三万"的估计应不致大差，而此时建有转轮藏的不过数十至上百座，其比例是很低的，保留有相关记载的转轮藏就更少了。

文献中所见宋代以前的转轮藏仅有十余例（表2.1），其分布特点一方面相对集中于江浙地区，呈现出靠近发源地的趋势；另一方面，两浙、淮南、福建、河东、京兆、剑南等地皆有，分布地域相对广泛，说明转轮藏绝非"唐代中叶以后"③ 才有的新生事物，韩杼材所谓"其能置大藏者不过十百"应当是比较符合史实的。另外，就轮藏形制来说，有邠国公所造的方形、五台山金刚窟的六角形以及苏州南禅院的八角形，而不是像宋代那样几乎全部为八角形，表明此时仍处于转轮藏的发展阶段。

表2.1　文献中所见唐五代时期的转轮藏

年代		位置	寺院	概况
844年之前	开成五年之前	河东节度使代州	五台山金刚窟	（开成五年五月廿三日）到金刚窟。……当窟户有高楼，崛门在楼下，人不得见。于楼东头，有供养院。窟户楼上有转轮藏，六角造之，见于窟记。④
822年	长庆二年	上都京兆府	大兴唐寺	立经堂一所……又于堂内造转轮经藏一所，刻石为云，凿地而出，方生结构，递□□缘，立无数花幢，窃比兜率，造百千楼阁，同彼化城。……璀错相辉，焕丽交映。离娄觇之眩目，公输阅之奇□。⑤

① ［宋］王溥：《唐会要》卷四九，北京：中华书局，1955年，第863～864页。
② 《入唐求法巡礼行记》卷四称："（会昌四年）敕下，令毁拆天下山房、兰若、普通、佛堂、义井、村邑、斋堂等未满二百间、不入寺额者。"［日］圆仁撰，顾承甫、何泉达点校《入唐求法巡礼行记》，第178页。
③ 黄敏枝：《再论宋代寺院的转轮藏》（上），（台湾）《清华学报》1996年第2期。
④ ［日］圆仁撰，顾承甫、何泉达点校《入唐求法巡礼行记》卷三，第124页。
⑤ ［唐］杨承和：《邠国公功德铭》，《全唐文》卷九九八，第10333～10338页。

续表 2.1

年代		位置	寺院	概况
828年	大和二年	浙东观察使越州	慈溪清泉寺①	昔韩杼材，唐之名儒也，尝为清泉寺作轮藏记。② 唐清泉寺大藏经记，韩杼材撰……大和二年九月。③
833年	大和七年	剑南东川节度使绵州	绵州开元寺	洪照姓郑氏，虢州卢氏人，幼诣清凉金阙寺镜公处出家，竹林寺用公处具戒，壮岁就兴善寺则公处受灌顶五部大法，明五天梵字。大和七年游蜀，初住绵州大安寺。洎返初服，再从剃落，因隶绵州开元寺，置上方转轮经藏。④
836年	开成元年	浙西观察使苏州	苏州南禅院	堂之中，上盖下藏。盖之间，轮九层，佛千龛，彩绘金碧以为饰，环盖悬镜六十有二。藏八面，面二门，丹漆铜锴以为固，环藏敷座六十有四。藏之内转以轮，止以柅，经函二百五十有六，经卷五千五十有八。⑤
867年	咸通八年	浙东观察使婺州	疑为双林寺	转轮经藏碑，唐咸通八年。⑥ 唐转轮经藏记，刺史裴翻撰，咸通八年立。⑦
870年	咸通十一年	淮南观察使庐州	庐州明教寺	大唐咸通庚寅岁，庐之佛寺曰明教。有禅那僧文琀创转关经藏成……其藏贮修多罗教数千轴，募金长者禅那弟子蕲州长史殿中侍御史上柱国王师贞，特力营构，果获成就噫。⑧

①　《墨池编》卷六《唐佛记》："唐清泉寺大藏经记，韩梓材书，在慈溪。"［宋］朱长文：《墨池编》卷六，影印文渊阁《四库全书》第 812 册，第 890 页。

②　［宋］释法明：《宝梵教寺经藏记》，李泳、陈汉章等纂修《象山县志》卷三一，《中国方志丛书》华中地方·第 196 号，第 3502 ~ 3505 页。

③　［宋］赵明诚：《金石录》卷九，中国东方文化研究会历史文化分会编《历代碑志丛书》第 1 册，第 242 页。

④　［唐］侯圭：《东山观音院记》，《全唐文》卷八〇六，第 8474 页。

⑤　［唐］白居易：《苏州南禅院千佛堂转轮经藏石记》，［唐］白居易著，顾学颉校点《白居易集》卷七〇，第 1487 ~ 1488 页。

⑥　［宋］王象之：《舆地碑记目》卷一，影印文渊阁《四库全书》第 682 册，第 527 页。

⑦　［宋］陈思：《宝刻丛编》卷一三《婺州》，中国东方文化研究会历史文化分会编《历代碑志丛书》第 1 册，第 571 页。

⑧　［唐］谭铢：《庐州明教寺转关经藏记》，［宋］李昉等编《文苑英华》卷八二〇，第 4328 ~ 4329 页。

续表 2.1

年代		位置	寺院	概况
901年	天复元年	福建观察使福州	福州开元寺	天复元年（901 年）辛酉，天子西巡，岐汴交兵，京洛颙颙。我威武军节度使相府琅琊王王公祝天地鬼神以至忠之诚，发大誓愿于开元之寺，造塔建号寿山，仍辅以经藏，乞车驾之还宫也。其三年（903 年）甲子，以大孝之诚，发大誓愿于兹九仙山，造塔建号定光，仍辅以经藏，为先君司空先秦国太夫人元昆故司空荐祉于幽阴也。……释之西天谓之窣堵波，中华谓之塔，塔制以层，增其敬也，造之获无量无边功德。……（定光塔）东则翼以经藏焉，其藏也，外构以扃，八角两层，刻栴檀，镂金铜，饰朱漆之炳焕，仍卫以华堂七间，名之转经焉。……府之开元、大中、神光，曩塔之数，与寺俱焉。新于大中、神光，乃规旧制，而精燿宏壮则迈前时。开元则辅之经藏，加之转轮之盛，尊大君也。①
903年	天复三年	福建观察使福州	福州定光塔寺	
951年	广顺元年	台州	天台山广福金文院	吴越国顺德王太后吴氏，谨舍宝装经函肆只，入天台山广福金文院转轮经藏永充供养，时□亥广顺元年十月日题纪。②
955年	显德二年	杭州	海宁真如寺	真如寺在县东七十里黄湾菩提山，东晋干宝公舍宅为寺，周显德二年建轮藏，宋治平二年赐今额。③

其中最为引人瞩目的是梁守谦于大兴唐寺所造经堂及轮藏，杨承和于唐穆宗长庆二年（822 年）撰写的《邠国公功德铭》称：

（元和、长庆之际，佛教大兴，梁守谦雇人）于大兴唐寺花严院，为国写古今翻译大小乘经论戒律，合五千三百廿七卷……又立经堂一所，三间徘徊，安住法轮，必资丰敞，作制惟永，壮我皇都。岂得为工者不极其妙，为材者不极其美，殊形异状，生于斤斧之中，曲直方圆，岂逃绳墨之下，于是彩栋霞张，雕楹云布，朱扉洞启，缥壁含光，羽族栖于绮窗，鳞介游于藻井，修罗率下，

① ［唐］黄滔：《大唐福州报恩定光多宝塔碑记》，《全唐文》卷八二五，第 8690 ~ 8694 页。
② 湖州市飞英塔文物保管所：《湖州飞英塔发现一批壁藏五代文物》，《文物》1994 年第 2 期。
③ ［明］吴之鲸：《武林梵志》卷六《海宁县》“真如寺”条，杭州出版社，2006 年，第 129 页。

争提天矫之梁，药叉命徒，竞戴岌嶪之拱，众灵翼卫，诸天护持，恍惚莫辩其形，来往不留其迹。

又于堂内造转轮经藏一所，刻石为云，凿地而出，方生结构，递□□缘，立无数花幢，窃比兜率，造百千楼阁，同彼化城。状物类本，拟容夺真，鸲鹆若飞而不飞，虹蜺似走而不走。栾栌枇比，杂之以琳琅。榱桷骈罗，饰之以珠翠。凌空五级，方开四门，璀错相辉，焕丽交映。离娄觇之眩目，公输阅之奇□。□岁古人，多有惭色，不知来者，孰能继欤？于是方表含轮，虚中不滞，群经之府，所好必从，游艺者任其卷舒，杖德者恣其探讨。或超诸垢秽，莲花随手而开敷；或等彼清凉，甘露应心而滴沥。乘之所妙者，不论其小大；法之所尚者，不□其浅深。譬诸江河，所汲随器，从流自得，不碍疏数。其外或图写龙神鬼物之状，以为严饰；或造菩萨天仙之类，周匝其旁。白璧成容，玉眸高视；黄英作相，金口如言。设无体之礼，实不佞于屈伸；献无声之乐，终不烦于音律。五色□□乱其目，八风无以吹其心，守静朴以自持，执坚中而不磷。或虔恭默如，或侍坐俨如。①

从中可知该轮藏为方形，内载经典，外观为五层，以龙神鬼物和菩萨天仙为饰，且以小木作天宫楼阁比喻兜率天宫。碑铭中不厌其烦地详述经堂与轮藏的华丽，一方面表现出施造者较高的社会地位和雄厚的经济实力，另一方面也与该转轮经藏具备供养属性有关。

另一个被大家所熟知的案例为苏州南禅院千佛堂转轮藏，白居易于开成四年（839 年）为之作《苏州南禅院千佛堂转轮经藏石记》，记文称该转轮藏：

大和二年（828 年）秋作，开成元年（836 年）春成。堂之费，计缗万，藏与经之费，计缗三千六百。堂之中，上盖下藏。盖之间，轮九层，佛千龛，彩绘金碧以为饰，环盖悬镜六十有二。藏八面，面二门，丹漆铜锴以为固，环藏数座六十有四。藏之内转以轮，止以柅，经函二百五十有六，经卷五千五十有八。……是堂是藏是经之用，信有以表旌觉路也，脂辖法轮也，示火宅长者子

---

① ［唐］杨承和：《邠国公功德铭》，《全唐文》卷九九八，第 10333 ~ 10338 页。

之便门也，开毛道凡夫生之大窦也。①

该轮藏已明确为八面，成为此后转轮藏的固定样式。谭铢在《庐州明教寺转关经藏记》中议论选择八面这一式样的宗教内涵为：

> 佛灭度后，像法存焉。夫像，似也，俾迷者睹其像，得其意。乃曰经，心也；藏，藏也，如心之含藏万法者也。故曰一心生万法，万法由一心。其动静弛张，在我而已。宁穷其义，略举其大。斯藏也，本于一心，灵通无碍，动用自在。静则万法空寂，动则三界弥纶。虚伪唯心所造作，其在斯乎！周回八角，角，觉也。佛以眼为八邪，耳为八患，鼻为八苦，舌为八难。回八邪为八觉，回八患为八解脱，回八苦为八安乐，回八难为八王子。指四八为三十二相，由此八关返邪归正，成佛之境矣。止则寂然无用，引则转而不穷。动虽有声，静乃无迹。以此现相，俾人归依，知佛之心，体道之要。使迷徒瞻礼，自识根源。移于身心，可见微密。迷者若悟，知三乘妙旨，未脱轮回。一法正宗，不离真性。性而非性，真何所真。乃知三界本空，十方一相。相而无相，知何所知。如始当语言道断，心行起灭。……赞曰：修多罗教，函于藏轮。周回八角，正道斯陈。动用一心，为万法因。忘因无法，得本归真。镌于金石，用导迷人。②

纵览现存文献，释法明所谓"顾当时建立之人求其记者，皆一时巨公硕儒，托以文章翰墨，照耀后人，欲其取重于天下矣"③，基本上是适用的，如《邠国公功德铭》撰书者杨承和为"神策军护军中尉副使、兼右街功德副使、云麾将军、右监门卫将军、员外置同正员、上柱国、弘农郡开国侯、食邑一千五百户"④，

---

① ［唐］白居易：《苏州南禅院千佛堂转轮经藏石记》，［唐］白居易著，顾学颉校点《白居易集》卷七〇，第 1487～1488 页。
② ［唐］谭铢：《庐州明教寺转关经藏记》，［宋］李昉等编《文苑英华》卷八二〇，第 4328～4329 页。
③ ［宋］释法明：《宝梵教寺经藏记》，李洊、陈汉章等纂修《象山县志》卷三一，《中国方志丛书》华中地方·第 196 号，第 3502～3505 页。
④ ［清］王昶：《金石萃编》卷一〇七《邠国公功德铭》，中国东方文化研究会历史文化分会编《历代碑志丛书》第 6 册，第 253 页。

《苏州南禅院轮藏记》的作者为著名诗人白居易，婺州转轮藏的撰文者为"刺史裴翱"。

不仅如此，修造轮藏的寺院多为当时的名山大刹，施主则或权倾朝野，或为封疆，多为掌权柄的权贵。如日僧圆仁所记五台山轮藏见于著名佛教圣地金刚窟；兴唐寺本是太平公主为武后所立，原称罔极寺，"穷极华丽，为京都之名寺，开元二十年，改为兴唐寺，明皇御容在焉"①，该寺轮藏施主为时"权阉四贵"② 之一的梁守谦；福州两例转轮藏的施主"威武军节度使、相府、琅琊王，王公"即割据福建的王审知；庐州明教寺"募金长者禅那弟子、蕲州长史、殿中侍御史、上柱国，王师贞"。

另外需要特别指出的是，此时转轮藏的修造皆以庄严、华丽为务，除了以之作为佛经供养的手段之外，更是将之作为法轮常转的象征物加以对待的。如福州开元寺塔"辅之经藏，加之转轮之盛，尊大君也"③。白居易文集，家藏之外，别录三本，分别放于庐山东林寺经藏中、东都圣善寺钵塔院律库和苏州南禅院千佛堂内，称"惟悉索弊文，归依三藏者。其意云何？且有本愿：愿意今生世俗文字，放言绮语之因，转为将来世世赞佛乘、转法轮之缘也"④。庐州明教寺转关经藏"色相端严，典教渐备。所表法轮常转，心不动摇"⑤。

（三）转轮藏的繁荣

大藏经的雕印始自北宋初，开宝四年（971 年），宋太祖派遣张从信到益州监雕《大藏经》，即后世所谓"开宝藏"或"官版大藏"，太平兴国八年（983 年）经版刻成后运至首都汴京，置于太平兴国寺的印经院，后屡有续雕；《开宝藏》之后，福州东禅寺和开元寺又分别雕造了《东禅寺大藏》（或称《崇宁万寿大藏》）和《毗卢大藏》；宋室南渡之后，以杭州为中心，又有《思溪圆觉藏》（简称《圆觉藏》）、

---

① ［清］徐松撰，李健超增订《增订唐两京城坊考》卷三《大宁坊》，西安：三秦出版社，1996 年，第114 页。

② 王守栋：《唐代"权阉四贵"考析》，《求索》2007 年第 9 期。

③ ［唐］黄滔：《大唐福州报恩定光多宝塔碑记》，《全唐文》卷八二五，第 8693 页。

④ ［唐］白居易：《苏州南禅院白氏文集记》，［唐］白居易著，顾学颉校点《白居易集》卷七〇，第1489 页。

⑤ ［唐］谭铢：《庐州明教寺转关经藏记》，［宋］李昉等编《文苑英华》卷八二〇，第 4328～4329 页。

《思溪资福藏》（简称《资福藏》）、《碛砂藏》和《普宁藏》（元）的雕版①。"与手抄相比，雕版印经，可谓多快好省"②，宋元时期，以刊刻为主，以抄写为辅，出现了《大藏经》在社会上广泛流传的现象③。

宋儒强至在《湖州德清县觉华寺藏经记》中论曰："佛之书，穷死生，论报应，其言曰：今世修某善，来世享某福；今世作某恶，来世获某罪。其书在前，虽甚愚不敢亵视，必稽首而对之，口不漱不诵，手不盥不执，谓其能罪福于己也。凡数口之家，数家之聚，未有不蓄其书而奉焉，矧浮屠之舍哉。……故观者益信向，诵者益精进。"④ 在佛教功德观念的影响下，"数口之家，数家之聚，未有不蓄其书而奉"，为经藏的广泛造立创造了良好的外部条件。

南宋人叶梦得（1077～1148 年）在《建康府保宁寺轮藏记》中称："梁普通复有异人为之转轮以运之，其致意深矣，吾少时见四方为转轮藏者无几，比年以来，所至大都邑，下至穷山深谷号为兰若，十而六七，吹蠡伐鼓，音声相闻，襁负金帛，踵蹑户外，可谓甚盛。"⑤ 可见南宋时转轮藏的修造，遍及都邑与乡野，"十而六七"的说法可能存在夸张，但此时的风气之盛，可见一斑。

通过文献耙梳，可以大体再现此时轮藏修造之概况（附录 2），从中可以看出：宋元作为转轮藏修造的繁荣期，与大藏经的地域分布特征相一致⑥，呈现出南方多于北方的特点，其中尤以两浙东、西路为最盛，其次为江南东、西路和四川路。

宋元作为转轮藏修造的繁荣期，轮藏这一建筑化的外观和其内佛教经典的关系呈现出多种面貌，后世的所谓流变似乎都可以在此阶段找到发端。基于此，本章重点探讨转轮藏修造繁荣期的情况。

---

① 宿白：《汉文佛籍目录》，第 4～40 页；宿白：《唐宋时期的雕版印刷》，北京：文物出版社，1999 年，第 12～104 页。

② 辛德勇：《中国印刷史研究》，北京：生活·读书·新知三联书店，2016 年，第 284 页。

③ 曹刚华：《〈大藏经〉在两宋民间社会的流传》，《社会科学》2006 年第 10 期。

④ ［宋］强至：《湖州德清县觉华寺藏经记》，《祠部集》卷三二，影印文渊阁《四库全书》第 1091 册，第 368～369 页。

⑤ ［宋］叶梦得：《建康府保宁寺轮藏记》，《石林居士建康集》卷四，四川大学古籍整理研究所编《宋集珍本丛刊》第 32 册，第 769～770 页。

⑥ 曹刚华：《宋代佛教史籍研究》，上海：华东师范大学出版社，2006 年，第 45 页。

二　转轮经藏与佛籍的关系

转轮藏之始，要"实以诸经"，即以一部完整的大藏经装载其中。宋人王庭珪在《龙须山转轮经藏记》中感慨"佛在西域时，远中国仅二万里，华人未始闻其言。彼方之人闻有震旦之国，负其书重译而至者，橐驼相属也。其说使人见性成佛，谓法界宝藏，吾所自有，是以华人说而奉之，积其书至五千四十八卷。于是其徒作华藏之居，建大轴两轮，以藏此五千四十八卷于轮间者，往往遍九州也"①。我们知道，会昌法难之后，《开元释教录》（简称《开元录》）逐渐成为各地恢复、修造大藏经的主要标准，大藏经的结构体系趋向统一。《开元录》后所附《入藏录》"在晚唐五代为我国写本藏经的标准目录，其后又成为我国刻本藏经的目录基础"②。如白居易发愿所修的龙门香山寺在新修经藏的过程中，"于诸寺藏外，杂散经中，得遗编坠轴者数百卷帙。以开元经录按而校之，于是绝者续之，亡者补之，稽诸藏目，名数乃足。合是新旧大小乘经律论集凡五千二百七十卷"③。其整理修补经藏所依据的正是"开元经录"。

在《开元录》撰成后相当长的时期内，"五千四十八卷"在人们心中等同于一部完整的大藏经，乃至成为大藏经的指代。如台州普安禅寺于南宋绍兴间重建后，因"山号宝藏，而经龛梵庋阙焉不设，名实不相副。乃书抵泸南帅冯公檄，得经五千四十八卷，规为转轮大藏，中栖千函，外覆大屋，学者恣取观之。哀其施入，用佐供馈"④；台州临海昌国寺于绍兴年间"募众缘作转轮宝藏，以屋五千四十八卷之书"⑤。吴承

---

① ［宋］王庭珪：《龙须山转轮经藏记》，《卢溪先生文集》卷三四，四川大学古籍整理研究所编《宋集珍本丛刊》第 34 册，第 667～668 页。
② 方广锠：《中国写本大藏经研究》，第 548 页。
③ ［唐］白居易：《香山寺新修经藏堂记》，［唐］白居易著，顾学颉校点《白居易集》卷七一，第 1498～1499 页。
④ ［宋］王之望：《台州重修普安禅寺记》，黄瑞辑《台州金石录》卷五，中国东方文化研究会历史文化分会编《历代碑志丛书》第 20 册，第 358～359 页。
⑤ ［宋］王以宁：《台州佛窟山转轮藏记》，黄瑞辑《台州金石录》卷五，中国东方文化研究会历史文化分会编《历代碑志丛书》第 20 册，第 353 页。

恩在《西游记》中称"（西天）在藏总经，共三十五部，各部中检出五千零四十八卷，与东土圣僧传留在唐"①，可见《开元录》所编定五千四十八卷影响力之大。随着原来不在大藏内的佛籍陆续"入藏"，大藏经在流传过程中开始呈现出一定的差异，其卷数不仅可以成为识别不同藏经的标志，也可作为判断其是否为一部完整大藏的依据——《开元录》之后大藏的卷数皆在五千卷以上。

转轮藏尽管客观上具备方便僧众取阅其内经书的特点，但其最主要的设置目的还是供信徒顶礼膜拜。在相当长的一段时期内，卷帙浩繁的大藏经一直是我国规模最大的一部丛书（规模更大的《永乐大典》《四库全书》与之相比，时间较晚），尤其是自《开元录》后所附《入藏录》成为抄写乃至刻印大藏经的基本标准之后，一方面，动辄五千余卷的大藏经对有志于请经的寺院来说是一种不容忽视的负担，另一方面，修造装载有整部大藏又能够凭少数人力推动的转轮藏无疑需要更高的技术和经济门槛。好在佛教有以《般若》《宝积》《华严》《涅槃》等四部经典（合称"四大部经"）作为整部大藏的替代做法，与大藏经相比，四大部经的部头要小很多，但也可算是一藏，故有"小藏"之称。

转轮藏内有装载完整的大藏经的，有装载四大部经或某部经的，甚至有不见佛经装载的。下面以转轮藏与其内藏经的关系为主线，探讨其发展脉络。

（一）转轮藏与整部大藏经——以隆兴寺转轮藏为中心的考察

隆兴寺位于河北省正定县城东隅，是我国现存时代较早、规模较大而又保存较完整的一座佛教寺院。该寺创建于隋，初名龙藏寺，唐改额龙兴寺。北宋开宝四年（971 年），奉宋太祖赵匡胤之命，在寺内铸大悲菩萨像，并为之修建大悲阁，之后以阁为主体，扩建成一组规模宏大的宋代建筑群（图 2.2）。金、元、明、清各朝均有不同程度的修葺和增建，清康熙四十八年（1709 年）重修后，改名隆兴寺。转轮藏即位于隆兴寺主体建筑大悲阁前的转轮藏殿中，被认为是现存时代最早的转轮藏②，

---

① ［明］吴承恩：《西游记》第九十八回，北京：人民文学出版社，2005 年，第 1236 页。

② 梁思成称该转轮藏"为宋初原物无疑"，梁思成：《中国建筑史》，天津：百花文艺出版社，1998 年，第 184 页。在 1954～1955 年的修缮期间，曾于转轮藏的大小悬柱和悬梁上发现墨书多处，其中有元至正二十五年（1365 年）游人题记一则，是判断该轮藏年代的重要证据之一。余鸣谦：《河北正定隆兴寺转轮藏殿建筑的初步分析》，古代建筑修整所编印《历史建筑》1958 年第 1、2 期。

被盛赞为"宋代小木作的稀有遗物"①。

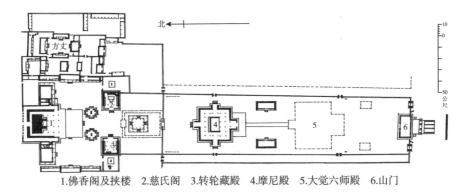

1.佛香阁及挟楼 2.慈氏阁 3.转轮藏殿 4.摩尼殿 5.大觉六师殿 6.山门

图2.2 正定隆兴寺主要宋代建筑分布图（底图采自河北省正定县文物保管所编
著《正定隆兴寺》，第35页）

据《隆兴寺志》："（转轮藏殿中）悬转轮如塔形，系供经处。高二丈五尺，身分八角，每角八尺，周围六丈四尺，玲珑庄严，八宝造就。约十数人始能转动，取法轮常转之义也。"② 隆兴寺转轮藏外观似下檐八角形、上檐圆形的重檐木塔（图2.3），中设木轴，即藏轴，底部以铁铸藏针承托整个轮藏的重量，安放在位于藏坑正中的石砧上，藏轴顶部自二层地板中部穿出，整个转轮藏原可绕藏轴转动。

尽管转轮藏的外观可能经后世修改，但是结构部分应仍反映其初建时的特点，其理由有二：

图2.3 正定隆兴寺转轮藏历史照片（采
自常盘大定、关野贞：《中国文
化史迹》第8辑，图版90）

① 祁英涛：《正定隆兴寺简介》，《祁英涛古建论文集》，北京：华夏出版社，1992年，第156页。

② ［清］王法枚：《敕建隆兴寺志》卷一《殿宇》，全国公共图书馆古籍文献编辑出版委员会编《罗氏雪堂藏书遗珍》（八），北京：全国图书馆文献缩微复制中心，2001年，第387页。

其一，转轮藏殿对其内轮藏做了基本的空间限定。

该殿为面阔三间、进深三间的二层楼阁式建筑，明间面阔5.38米，次间面阔4.27米，进深依次为4.27米、4.76米、4.27米。为了容纳直径约7米的转轮藏，明间的两根内柱向两侧移动，形成了所谓"移柱造"的平面布局，为安置转轮藏创造出独特的空间（图2.4）。藏殿底层的四根内柱之间分别以阑额相连，由于前内柱位置的改变，自后内柱伸出的阑额不能插入前内柱，而只能搭在前阑额之上，在上述四根内柱间的阑额上，以四根木枋形成"井"字形框架以固定藏轴的顶端（图2.5；彩版四）。另外，自前檐明间柱头斗栱伸出两根具有自然弯度的弯梁插入前内柱间的内额上，这两根弯梁和其他柱间的联系构件一起，将藏殿的底层内外柱联系为一个整体，增强了建筑的稳定性。为了安置硕大的转轮藏，藏殿的平面布置和底层梁架结构都做出了相应调整，藏殿底层的木构架作为转轮藏支架的同时，也限定了其内轮藏的基本尺度（图2.6；彩版四）。

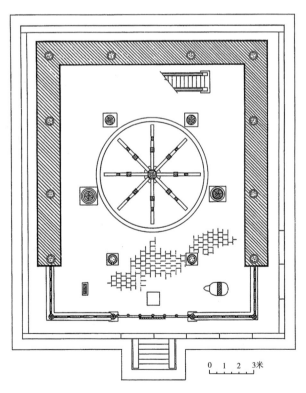

图2.4 正定隆兴寺转轮藏殿底层平面图（采自中国科学院自然科学史研究所编《中国古代建筑技术史》，第149页）

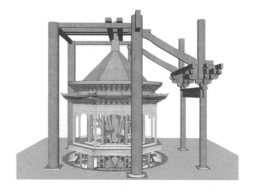

图 2.5　隆兴寺转轮藏藏轴顶部与藏殿　　　图 2.6　隆兴寺转轮藏藏殿底层结构与转
　　　　关系（赵献超摄）　　　　　　　　　　　　轮藏关系示意图（赵献超绘）

其二，藏座及藏身的内槽部分无明显改动痕迹。

藏座的结构方法（图 2.7；图版四）是：藏轴每面平出三根横辐，八面同出呈放射状，构成藏座的基本骨架（图 2.7，1）；每面自藏轴底端出斜戗一根，横辐、斜戗和藏轴形成稳定的三角结构，增强了三根横辐稳定性的同时，有效将藏座及其上的荷载均匀传递至藏轴（图 2.7，2）；自最上一根横辐开始，每面各置内大外小悬柱两根，将三根横辐连成一体，同时，这些悬柱也是底座围护结构的支撑骨架（图 2.7，3）；将中层横辐的中部每隔一面用斜枋联系起来，形成"口"字形框架，用同样方法将上层横辐联系起来，只不过选择与中层不同截面的横辐，形成旋转 45°的"口"字形框架，这样，上下相错的两层"口"字形框架将在不同方向挑出的横辐联系成一个整体（图 2.7，4）；每面从大悬柱伸出小横枋一根，穿小悬柱挑出至藏坑边缘，小横枋间连以更小的横枋，在挑出的横枋的端头保留有榫口，连接它们的小横枋上也有榫口，推测之上原有横枋，这些横枋共同构成了藏座围护结构的支撑（图 2.7，5）；在最上一层挑出的大横辐上满铺"平棊枋"样的木枋，作为藏座上地板的支撑（图 2.7，6）；在平棊枋上铺厚约 3 厘米的木板，作为转轮藏的"地面"，地面的正中镂空一边长 87 厘米的八边形，在藏座的外围，以长 265 厘米、高 32.5 厘米、厚 6.5 厘米的雁翅板将藏座的边缘封上（图 2.7，7）。

整个藏座部分结构精巧，秩序井然，现场考察所见，除了部分木枋缺失和板类构件可能为后世更换外，主要结构部分应系原构。

藏身平面呈八边形，为内外槽结构，外槽主要以装饰为目的，相当于大木作的明架；内槽则主要起结构作用，对应于大木作的草架（图 2.8）。

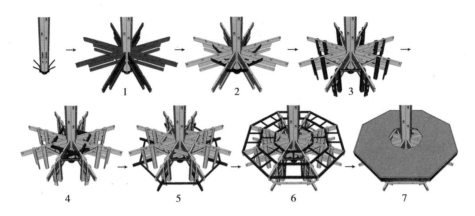

图 2.7　隆兴寺转轮藏藏座构造示意图（赵献超绘）

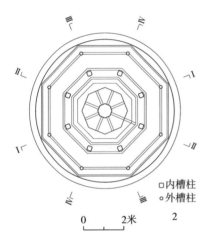

图 2.8　隆兴寺转轮藏藏身平面图
（赵献超绘）

外槽部分主要构成该轮藏的外观，造型华丽，以结构、彩绘和雕刻之美吸引人们的注意。刘敦桢先生曾经指出外槽部分在元明间有较大改动："下部卷叶花纹与上部雀替决非宋式；柱上端卷杀亦非宋式，颇与安平县圣姑庙接近；普拍枋出头处刻凹入线脚，似元以后手法；坐斗四角亦刻凹入线脚；柱及垂莲柱之平面系八瓣形；普拍枋与阑额之表面，皆刻有线条，不经见，又阑额出头处，比阑额本身宽度稍窄，其雕刻花纹，与元慈云阁相近，又昂嘴非批竹式，略向内凹入；殿外檐各栱之长度，泥道栱与令栱相等，瓜子栱稍短，与辽式斗栱一致，转轮藏则令栱最长，瓜子栱与泥道栱相等；正心系重栱造，上有柱头枋一层，殿本身为单栱造，与辽式同；大角梁卷杀，极有明以来作风；……阑额下华版所雕之龙，似明作品。综上诸点，此转轮藏殆元末明初大改之作，无可置疑。"①（图 2.9、2.10）

① 刘敦桢：《河北古建筑调查笔记》，《刘敦桢全集：第三卷》，北京：中国建筑工业出版社，2007 年，第 130 页。

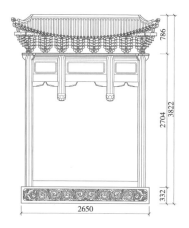

图 2.9　隆兴寺转轮藏上部外观（赵献超摄）　　图 2.10　隆兴寺转轮藏藏身立面图
　　　　　　　　　　　　　　　　　　　　　　　　　　　　　　　　　（赵献超绘）

与外槽以富集线脚、雕刻、彩绘等装饰取胜不同，内槽以质朴无华的结构见长。内槽柱高 4.08 米、方 22 厘米，棱部抹圆。在藏轴与内槽柱间每面施相互平行的横辐三道，这些横辐宽 10 厘米、高 20 厘米、间距 1.09 米。不同面上的横辐在空间上的分布非常有规律：最下一层横辐与藏座最上层横辐相距 38 厘米，插于藏轴的一个面上，第二层横辐垂直插在相邻的那个面上，但是位置已比第一层高出 32 厘米（应为 1 尺），第三层横辐垂直插在再相邻的那个面上，位置又高出 32 厘米，如此沿顺时针方向（俯视角度）旋转上升直到内槽柱的顶端，形成藏身的主体。主体部分这种恰如 DNA 双螺旋结构的横辐布置方法，避免了对藏轴开挖过分密集的榫孔，可以使其保持足够的强度，对于整座转轮藏的稳固具有重要意义。最后，用一根斜戗将藏座最上一根横辐与藏身下两根横辐联系起来，用另一根斜戗将藏身三根横辐联系起来，这两根斜戗不仅使藏身成为一个整体，也加强了藏身与藏座的联系，对保持转轮藏的稳定有一定作用，只是这两根斜戗用材不如藏座斜戗那么粗壮（图 2.11；图 2.12、彩版五）。

从现场勘查情况看，藏身内槽的主要结构部分用材较为统一，藏轴也未见多余的榫口（未被破坏的现象），构造逻辑与藏座的结构部分保持一致，应该也是原构。

我们可以基本上确定隆兴寺转轮藏的主要结构部分反映了其初建时的情况，而藏身部分正好对应于存放藏经的空间。《中国文化史迹》中刊载的历史照片所见：在现存内槽柱之外另有与外槽柱一样的八瓣形立柱（即《法式》所谓"归瓣造"），柱两侧有立颊，面向殿门的藏身的立颊内为平面呈梯形且左侧、右侧和后侧呈封闭状

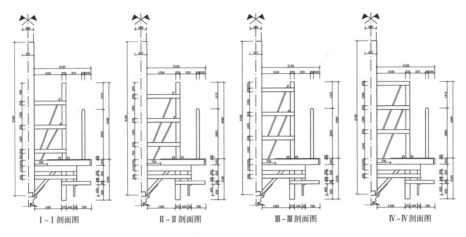

图 2.11 隆兴寺转轮藏藏座和藏身结构剖面图（赵献超绘）

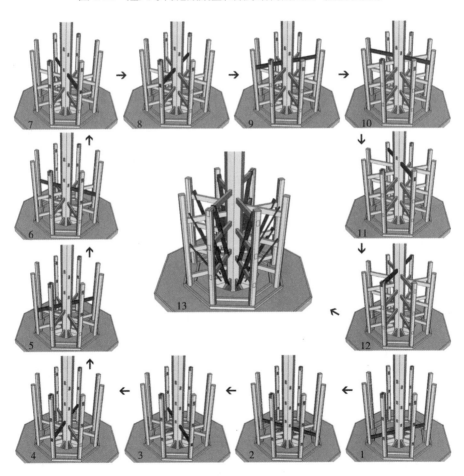

图 2.12 隆兴寺转轮藏藏身内槽横辐布局示意图（赵献超绘）

态的佛龛，龛内有一尊送子观音半跏趺坐于莲花座上（见图2.3）。上述情况表明，内槽柱之外对应设置的归瓣造立柱及它们之间的空间应原属该转轮藏露明的部分。据《法式》中转轮藏的结构逻辑，内圈归瓣造立柱之间于立颊内设两扇门子，门内为储经空间，只是该轮藏的经格与门子等均已不存，20世纪初关野贞调查所见的佛龛为后世改制之作。

《法式》中的经匣长一尺五寸，广六寸五分，存放于进深为二尺的经格内。根据上述尺寸，将现存内槽柱之外的归瓣造立柱及与其对应的立颊与门子等复原于藏身实测平面图上，并进一步划定其内的储经空间。复原所见，隆兴寺转轮藏单层单面经格最多可以盛放五枚经匣，每层经格最多可盛放的经匣数为四十枚（图2.13）。

隆兴寺转轮藏藏身内槽部分实测高度4.08米，按一尺0.32米计，为12.75宋尺。《营造法式》卷十一中，转轮经藏的转轮部分"高八尺……其轮七格，上下各剳辐挂辋；每格用八辋，安十六辐，盛经匣十六枚"[1]，若依据《法式》中经格的尺度，该转轮藏内上下最多可以划分为12个经格（图2.14）。

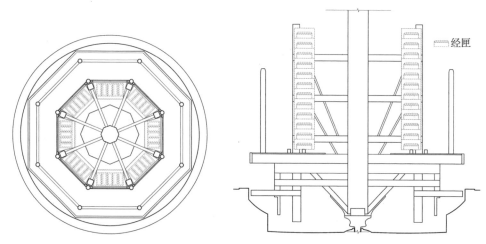

图2.13　隆兴寺转轮藏内槽储经空间复　　图2.14　隆兴寺转轮藏内槽储经空间复原剖面示意
　　　　　原平面示意图（赵献超绘）　　　　　　　　图（赵献超绘）

依据上述复原，隆兴寺转轮藏内最多可以装藏40×12=480个经匣，这是什么概念呢？北宋崇宁年间（1102～1106年），东京法云禅寺住持惟白所撰的《大藏经纲目指要录》在"指要"完自"天"至"英"字号经典后称："通前计大小乘经律论，总五千

---

① 梁思成：《营造法式注释》，《梁思成全集：第七卷》，第242页。

四十余卷、四百八十帙，以《开元释教录》为准，则今撮略品目所集也。其余随藏添赐经传三十帙、未入藏经二十七帙，天下寺院藏中或有或无，印经官印板却足。故未录略在，知者可鉴耳。"① 当时流传的大藏经，天下寺院中皆有的部分为按照《开元录》组织的"总五千四十余卷、四百八十帙"，这刚好是中国第一部雕版藏经——《开宝藏》初雕本的卷帙数②，以通常一匣为一帙计，隆兴寺转轮藏刚好可以容纳一部完整的大藏经。另外，以现存殿内东南角刻于元延祐元年（1314 年）的《舍财施永业地转大藏经功德记》的题名推之，该藏也应系"大藏经"的庋藏之所。

两浙西路秀州华亭县青龙镇隆平寺藏经由邑人陈守通于北宋治平四年（1067 年）出资购入，"沙门道常即法堂旧构，合众力，植巨轴，贯两轮，纳匦五百，仿双林善慧之制，藏所谓五千四十八卷者。始熙宁五年之季秋，成六年（1073 年）之孟春。……规模法象，即其书皆相合，高下度数，按其体皆可考。袤二丈有二，其崇加三，上为诸天宫者八，下为铁围山者二，承以藻阁，覆以重檐，八觚竿耸，方甋鳞比，云盖雨华，缤纷蒙蔽，法从导卫，循绕环匝，翼以天神，挟以力士，栏栱栾楯，橑牖扶柱，皆雕镂刻琢，涂金错采。材致其良，工尽其巧，靡丽侈富，言不能既，而见者知焉"③。该轮藏内装藏的是整部大藏经。秀州崇德县崇福寺"淳熙庚子（淳熙七年，1180 年）有书记僧修玩重建法轮宝藏，……雄丽伉壮甲于一邑"④，"先是，寺有藏在西，建于政和（1111～1118 年）之岁，中更兵火，燎焉弗存。已而因陋就简，成小转轮，为邑人祈禳之地。岂惟土木华严之弗备，而气象萎荼，重为法教羞。……（修玩等）乃辟故基而作新之。藏方八面，面各九尺，高广合度。外为大殿，壮丽宏敞，与藏相称。梵宫法驾，星罗云拱，秘函宝帙，鳞次栉比。黄金丹碧之饰，珠贝旃檀之像，巧侔造化，光媲日月"⑤。从记文看，既然该寺的小转轮是因陋就简之作，

① ［宋］惟白集，夏志前整理《大藏经纲目指要录》，上海古籍出版社，2021 年，第 872 页。

② 吕澂：《佛典泛论》，上海：商务印书馆，1925 年，第 29 页。

③ ［宋］陈林：《隆平寺经藏记》，［宋］杨潜撰，李勇先、王会豪、周斌等点校《云间志》卷下，《宋元珍稀地方志丛刊》乙编第 2 册，成都：四川大学出版社，2009 年，第 195～196 页。

④ ［宋］释妙宁：《崇福寺记》，［元］徐硕撰，［清］管芷湘补校《（至元）嘉禾志》卷二六，《中国方志丛书》华中地方·第 595 号，台北：成文出版社有限公司，1984 年，第 786～787 页。

⑤ ［宋］蔡开：《崇福寺经藏记》，［元］徐硕撰，［清］管芷湘补校《（至元）嘉禾志》卷二六，《中国方志丛书》华中地方·第 595 号，792～795 页。

重修的轮藏有极大的可能是装藏整部大藏经的。

从尺度上考察，青龙镇隆平寺的转轮藏袤 22 尺、高 25 尺，隆兴寺转轮藏径 7 米（约合 21.9 尺）、高 8.83 米（约合 27.6 尺，《隆兴寺志》称"高二丈五尺"），两者在整体尺度上是很接近的。而崇德县崇福寺轮藏"方八面，面各九尺，高广合度"，与隆兴寺转轮藏每面宽 2.65 米（约合 8.3 尺）的大小也比较相当（见图 2.10）。这两个案例从另一个侧面证明，隆兴寺转轮藏内装载整部大藏经的可能性是非常高的。

两宋之时秀州地区所修建的转轮藏，除上两例之外，可以确定其内装藏者皆为整部大藏经。如两浙西路秀州华亭县白牛村海惠院"为兰若之胜。先是，赐紫僧守英智力肤敏，杰为主者，乃募人书所传之经，其函八百，其卷五千四十有八，而居人吴氏子行义好施，号为长者，为之募财傭工，作转轮而藏之。其屋若干楹，载砻载琢，饰以金碧"①。海惠院转轮藏中的大藏经有零本传世，上海图书馆藏《法苑珠林》第六十五卷卷首题："华亭县敕赐海惠院转轮大藏，陪，二十一纸"，卷尾题记为："时圣宋治平元年（1064 年）岁次甲辰四月十五日□首姑苏张亢敬书，精严寺沙门楚颜校证，住持募众缘写造大藏赐紫沙门守英。"（图 2.15）《秘殿珠林续编》另著录有清宫旧藏《高僧传》第十二卷，"卷首标题'华亭县敕赐海惠院转轮大藏，达，二十七纸'"②。海惠院轮藏中装载有守英募缘写经一藏，殆无异议。与海惠院转轮藏约略同时（嘉祐六年，1061 年），华亭县布金院也建有轮藏，建藏目的是庋藏邑人颜霸施钱二百万所书写的大藏经，事见陈舜俞《秀州华亭县布金院新建转轮经藏记》③。秀州华亭县资圣禅院于至和元年（1054 年）落成的转轮藏亦由陈舜俞作记文，据"大智创物，严一屋处，以众经聚，号大法轮，一转万遍，能令众生于一念顷含受诸化，是所以速其归也"④ 语，其内应该也是一部完整的大藏经。

文献中所见，转轮藏内装载整部大藏经的案例不少，具体情况详见表 2.2。

① ［宋］陈舜俞：《海惠院经藏记》，《都官集》卷八，影印文渊阁《四库全书》第 1096 册，第 492 页。

② ［清］王杰等辑《钦定秘殿珠林续编》卷六，故宫博物院编《故宫珍本丛刊》第 436 册，第 109 页。

③ ［宋］陈舜俞：《秀州华亭县布金院新建转轮经藏记》，《都官集》卷八，影印文渊阁《四库全书》第 1096 册，第 494 ~ 495 页。

④ ［宋］陈舜俞：《秀州资圣禅院转轮经藏》，《都官集》卷八，影印文渊阁《四库全书》第 1096 册，第 493 页。

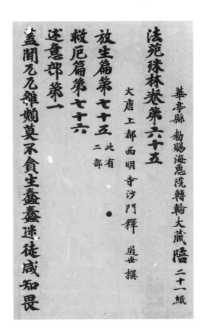

图2.15 秀州华亭县海惠院转轮大藏本《法苑珠林》第六十五卷卷首及
卷尾（采自中国国家图书馆、中国国家古籍保护中心编《第二
批国家珍贵古籍名录图录》第3册，第72页）

表2.2 文献中所见转轮藏内装载整部大藏经的情况

序	年代	区域	寺院	文献
1	至和元年（1054年）	两浙西路秀州	华亭县资圣禅院	大智创物，严一屋处，以众经聚，号大法轮，一转万遍，能令众生于一念顷含受诸化。①
2	嘉祐二年（1057年）	淮南东路扬州	真州长芦寺	为高屋，建大轴两轮，而栖匦于轮间，以藏五千四十八卷者。②
3	嘉祐六年（1061年）	两浙西路秀州	华亭县布金院	邑人曰颜霸，乃首施钱二百万，书其凡所藏经，又相与谋营大屋，为轮而环积之。③
4	治平元年（1064年）	两浙西路秀州	华亭县海惠院	赐紫僧守英智力肤敏，杰为主者，乃募人书所传之经，其函八百，其卷五千四十有八。④

① ［宋］陈舜俞：《秀州资圣禅院转轮经藏》，《都官集》卷八，影印文渊阁《四库全书》第1096册，第493页。

② ［宋］王安石：《真州长芦寺经藏记》，［宋］王安石著，唐武标校《王文公文集》卷三五，上海人民出版社，1974年，第421页。

③ ［宋］陈舜俞：《秀州华亭县布金院新建转轮经藏记》，《都官集》卷八，影印文渊阁《四库全书》第1096册，第494～495页。

④ ［清］王杰等辑《钦定秘殿珠林续编》卷六，故宫博物院编《故宫珍本丛刊》第436册，第109页。

续表 2.2

序	年代	区域	寺院	文献
5	熙宁四年 （1071 年）	江南西路 临江军	临江军慧力寺	临江慧力禅院无藏经，僧善周主持之明年，始募众得钱写经，作转轮藏贮之。①
6	熙宁六年 （1073 年）	两浙西路 秀州	华亭县青龙镇 隆平寺	即法堂旧构，合众力，植巨轴，贯两轮，纳瓯五百，仿双林善慧之制，藏所谓五千四十八卷者。②
7	元丰中（1078 ~ 1085 年）	两浙东路 婺州	义乌县景德 禅院	院之徒契浞，遍募士庶，经满其数，置函五百，成卷五千有八。③
8	崇宁五年 （1106 年）	两浙东路 衢州	开化县灵山寺	则是五千四十卷……布以觉分菡萏华，护以方等调柔帙。百千三昧为实函，中有无尽陀罗尼。④
9	宣和二年 （1120 年）	福建路南 剑州	沙县栖云禅院	（罗畸）又捐钱百万，易经五千四十八卷，……以实于藏中。⑤
10	绍兴二年 （1132 年）	两浙东路 台州	临海昌国寺	募众缘，作转轮宝藏，以屋五千四十八卷之书。⑥
11	绍兴四年 （1134 年）	两浙东路 明州	象山宝梵教寺	（真懿大师德臻）其徒了宗、如雅、可立同往乌墩镇，募缘得经五百函以实之。⑦

① ［宋］王雱:《慧力寺轮藏记》,《慧力寺志》卷一, 白化文、张智主编《中国佛寺志丛刊》第 20 册,
   第 46 ~ 48 页。
② ［宋］陈林:《隆平寺经藏记》, ［宋］杨潜撰, 李勇先、王会豪、周斌等点校《云间志》卷下,《宋元
   珍稀地方志丛刊》乙编第 2 册, 第 195 ~ 196 页。
③ ［宋］宗泽:《义乌景德禅院新建藏殿记》, ［宋］宗泽著, 黄碧华、徐和雍编校《宗泽集》,杭州: 浙
   江古籍出版社, 2012 年, 第 98 ~ 99 页。
④ ［宋］程俱:《衢州开化县灵山寺大藏记》,《北山小集》卷一八, 四川大学古籍整理研究所编《宋集
   珍本丛刊》第 33 册, 第 468 ~ 469 页。
⑤ ［宋］邓肃:《沙邑栖云寺法雨》,《栟榈集》卷一八, 影印文渊阁《四库全书》第 1133 册, 第 354 页。
⑥ ［宋］王以宁:《台州佛窟山转轮藏记》, 黄瑞辑《台州金石录》卷五, 中国东方文化研究会历史文化
   分会编《历代碑志丛书》第 20 册, 第 353 页。
⑦ ［宋］释法明:《宝梵教寺经藏记》, 李泖、陈汉章等纂修《象山县志》卷三一,《中国方志丛书》华
   中地方·第 196 号, 第 3502 ~ 3505 页。

序	年代	区域	寺院	文献
12	绍兴十四年 （1144 年）	江南西路 吉州	吉州龙须山	旧无大藏经，绍兴甲寅，长老秉雍领众，始募置，满五百函，欲建法轮而屋之。①
13	绍兴十五年 （1145 年）	江南西路 抚州	疏山白云寺 （疏山寺）	以旃檀众香，黄金百宝，创一大轮藏，聚书五千四十八卷充入之，缥带穿签，琅函钿轴。②
14	绍兴二十年 （1150 年）	两浙东路 台州	临海普安禅院	书抵泸南帅冯公槻，得经五千四十八卷，规为转轮大藏，中栖千函，外覆大屋。③
15	绍兴中（1131～1162 年）	两浙西路 常州	洞庭东山 华严禅院	营一大经藏，储五千四十八卷，宝奁钿轴，纳之瓯中。④
16	淳熙元年 （1174 年）	两浙西路 杭州	上天竺灵感 观音寺	帝给内帑钱二万缗，付上天竺建藏殿，赐印福州经一藏，命皇太子书殿榜曰法轮宝藏。⑤
17	淳熙六年 （1179 年）	江南西路 吉州	安福县兴崇院	走二千里，至福唐，市经于开元寺以归，为卷者五千四十有八，为瓯者数十百。⑥
18	淳熙七年 （1180 年）	两浙西路 秀州	崇德县崇福寺	已而因陋就简，成小转轮，为邑人祈禳之地。岂惟土木华严之弗备，而气象萎苶，重为法教羞。……乃辟故基而作新之。⑦

① ［宋］王庭珪：《龙须山转轮经藏记》，《卢溪先生文集》卷三四，四川大学古籍整理研究所编《宋集珍本丛刊》第 34 册，第 667～668 页。

② ［宋］孙觌：《抚州疏山白云禅院大藏记》，《鸿庆居士文集》卷二二，［清］盛宣怀编《常州先哲遗书》第 1 集第 20 册，武进盛氏汇刊，清光绪二十五年，第 19～21 页。

③ ［宋］王之望：《台州重修普安禅寺记》，黄瑞辑《台州金石录》卷五，中国东方文化研究会历史文化分会编《历代碑志丛书》第 20 册，第 358～359 页。

④ ［宋］孙觌：《华严轮藏疏》，《鸿庆居士文集》卷二九，［清］盛宣怀编《常州先哲遗书》第 1 集第 21 册，第 12 页。

⑤ ［元］释觉岸：《释氏稽古略》卷四，《中华再造善本》影印国家图书馆藏元刻明修本，北京图书馆出版社，2006 年，第 130 页。

⑥ ［宋］杨万里：《兴崇院经藏记》，《诚斋集》卷七二，四川大学古籍整理研究所编《宋集珍本丛刊》第 54 册，影印明嘉靖五年刻本，第 802 页。

⑦ ［宋］蔡开：《崇福寺经藏记》，［元］徐硕撰，［清］管芷湘补校《（至元）嘉禾志》卷二六，《中国方志丛书》华中地方·第 595 号，第 792～795 页。

续表 2.2

序	年代	区域	寺院	文献
19	嘉定十五年 （1222 年）	潼川府路 潼川府	通泉澄心院	法尧先造大部四合八百四十卷，祖意觉证又足以五千四十八卷。①
20	金皇统四年 （1144 年）	山东东路 沂州	沂州普照寺	师（妙济禅师觉海）又于大雄殿之北，创立广厦，聚竺地所传、调御所说五千四十八卷之经。②
21	金大定二十九年至明昌六年 （1189～1195 年）	山东西路 东平府	济州普照寺	（于京师弘法寺）得金文二全藏以归。一宝轮藏，黄卷赤轴□□□□□殿中安置。③
22	元至元三十一年 （1294 年）	松江府	松江普照寺	今五千四百八十卷，贮以五百四十八函，以五百四十八函而总为一藏，以一藏而载之以轮。④
23	元元统元年 （1333 年）	庆元府	奉化大中岳林寺	至治元年冬，摹全经。……元统元年冬，度美材、征良匠，建大宝轮，一柱八面，实经其中。⑤
24	元至正四年 （1344 年）	平江府	承天能仁寺	栖经有藏，涂以纯金，一柱八面，纳瓯五百。天神环绕，力士翊扶。幡盖香云，缤纷蒙蔽。⑥

　　秀州崇德县崇福寺因陋就简修建的小转轮被认为是"法教之羞"；潼川府通泉澄心院于南宋嘉定十五年（1222 年）建兰若殿以置转轮经藏，该藏"法尧先造大部四

---

① ［宋］释居简：《澄心院藏记》，［宋］释居简撰，纪雪娟点校《北磵文集》卷三，重庆：西南师范大学出版社，2016 年，第 74～75 页。

② ［金］仲汝尚：《沂州普照禅寺兴造记》，［清］李希贤等修《（乾隆）沂州府志》卷三一，《中国地方志集成·山东府县志辑 61》，影印乾隆二十五年刻本，南京：凤凰出版社，2004 年，第 359～360 页。该碑原著录题名为《天宁万寿禅寺碑》，今据临沂市博物馆内复制"集柳碑"改。

③ ［金］赵沨：《济州普照禅寺照公禅师塔铭》，［清］张金吾编纂《金文最》卷一一一，北京：中华书局，1990 年，第 1593 页。

④ ［元］张之翰：《普照寺藏殿记》，《西岩集》卷一六，影印文渊阁《四库全书》第 1204 册，第 488～489 页。

⑤ ［元］黄溍：《岳林寺经藏记》，［元］黄溍著，王颋点校《黄溍集》卷一四，第 550 页。

⑥ ［元］黄溍：《平江承天能仁寺记》，［元］黄溍著，王颋点校《黄溍集》卷一五，第 576 页。

合八百四十卷，祖意觉证又足以五千四十八卷"，最初装载的是四大部经，后又配齐为整部大藏。另外，在作于北宋宣和三年（1121 年）的《京兆府天宁寺华严经藏发愿文》中，李构称其"素有大愿，屡警迷津，敬发愿心，竭诚沥恳，恭造《大方广佛华严经》一藏七十部，计五千六百卷，及造寿山福海，内外转轮大华严海藏一座"[①]。李构造八十卷本《华严经》七十部，总数为五千六百卷，以此作为一藏，大概是为了追求总卷数与一部大藏经的卷数相仿。当时人们对转轮藏内装载整部大藏的态度可以管窥矣。

（二）转轮藏与部分佛经

《营造法式》诸作制度中，转轮经藏"转轮高八尺……其轮七格，上下各剜辐挂辋；每格用八辋，安十六辐，盛经匣十六枚"，壁藏"帐身高八尺……上下截作七格，每格安经匣四十枚"[②]。《法式》中转轮藏和壁藏的经匣制度相同，转轮藏仅可盛放经匣 112 枚，远低于壁藏安放经匣的能力，正常来说是没有足够的空间安放整部大藏经的。如果认为《法式》"是一种建筑工程预算定额。……'制度'这一项的任务只是为估算工料提供有代表性的部件式样和尺寸作为样板，以便标出其定额数值"[③]。那么《法式》所载转轮藏制度作为"有代表性的样板"，是否可以表明当时修造转轮藏的主流是仅于其内装藏部分佛籍而非整部大藏经呢？

文献中关于转轮藏内仅装藏部分佛籍的例子并不鲜见，其中有四大部经者，也有装藏某类经——如《华严经》者。

1. 转轮藏与四大部经

所谓"四大部经"，即《般若》《宝积》《华严》《涅槃》等四部大乘经典的合称。唐代以后，已经流行以四大部经作为大藏经的替代，与"大藏"相对，一般也被称为"小藏"。《佛祖统纪》卷四七"（绍兴）二十三年（1153 年）"条称：给事中知泸州冯楫曾"问道于杲佛日，顿悟心旨。南渡之后，所在经藏残阙，楫以奉资造大藏经四十八

---

① ［宋］李构：《京兆府天宁寺华严经藏发愿文》，［清］魏锡曾：《续语堂碑录》，《石刻史料新编》第 2 辑第 1 册，台北：新文丰出版公司，1980 年，第 349 页。

② 梁思成：《营造法式注释》，《梁思成全集：第七卷》，第 242 ~ 243 页。

③ 潘谷西、何建中：《〈营造法式〉解读》，第 1 ~ 3 页。

所，小藏四大部者亦如其数［世以华严、涅槃、宝积、珠林为四大部］。所至与高僧逸民续莲社，时贤咸从其化"①。其中"珠林"应为"般若"之误。宋僧释居简亦记其事曰："般若、宝积、华严、涅槃，合八百四十一卷，自五千四十八卷出。近世蜀之昌州不动居士大学冯公以无量寿愿，施五千四十八卷，凡四十八藏，八百四十一卷，亦满厥数。往往梯此有大小藏之目，非古也。"并直言"教有半满，藏无大小"②。其中"般若"即唐玄奘所译《大般若波罗蜜多经》，六百卷；"宝积"即菩提流支所译《大宝积经》，一百二十卷；"华严"指通常所说的八十华严，即于阗三藏实叉难陀所译的《大方广佛华严经》，八十卷；"涅槃"即北凉天竺三藏昙无谶所译《大般涅槃经》，四十卷。四大部经八百四十卷再加上所谓的"藏目"一卷，总计八百四十一卷。

以四大部经代表整部大藏的权宜之计，在唐代以后流行范围较广，在信众心中的地位也比较高。如《宋高僧传》卷二〇记唐池州九华山化城寺释地藏"素愿持四大部经，遂下山至南陵，有信士为缮写，得以归山"③。撰于辽清宁四年（1058 年）的《涿州白带山云居寺东峰续镌成四大部经记》称辽代续刻房山石经主要为"成四大部数"④。大足石刻宝顶山第 29 号圆觉洞开凿于宋代，该窟甬道左壁刻四大部经经名曰"南无大般若经，南无大宝积经，南无大华严经，南无大涅槃经"（图 2.16）。安岳石窟孔雀洞经目塔一层"楹柱"（详见本书第三章）正对观者的四面亦刻有四大部经名，作"曩谟大藏佛说涅槃经，南无大般若波罗蜜经，南谟大方广佛华严经，南无大藏佛说宝积经"（图 2.17；彩版五）。《敕修百丈清规》卷一"祈祷"条："斋粥，二时鸣钟，集众颂经，或看藏经，或四大部经，或三日五日七日，随时而行。"⑤宋人李吕在《剑州普成县孙氏置四大部经记》中论大藏与四大部经之异同曰："佛……故为书凡五千余卷，而其徒集而藏之，曰'大藏'。既以为浩繁，莫适遍览，则又摘其帙之最巨而心要之总辖者，曰般若、曰宝积、曰华严、曰涅槃，别而藏焉，曰

---

①　［宋］释志磐撰，释道法校注《佛祖统纪校注》，第 1127 页。

②　［宋］释居简：《江东延庆院经藏记》，［宋］释居简撰，纪雪娟点校《北礀文集》卷四，第 88～89 页。

③　［宋］赞宁撰，范祥雍点校《宋高僧传》，第 515 页。

④　［辽］赵遵仁：《涿州白带山云居寺东峰续镌成四大部经记》，北京图书馆金石组、中国佛教图书文物馆石经组编《房山石经题记汇编》，北京：书目文献出版社，1987 年，第 24 页。

⑤　［元］释德辉：《敕修百丈清规》，《大正藏》第 48 册，No. 2025，第 1115 页。

四大部。故凡喜事之阇黎、信心之檀施，力不足以及大藏者，则为是经之为。嗟乎，佛以一妙音，足以证真而入理、荐祉而却灾，彼五千卷、四大部，何多少之校哉？"①

图 2.16　大足石刻圆觉洞经名（采自大足石刻研究院编《2014 年大足学国际学术研讨会论文集》，第 217 页）

图 2.17　安岳石窟孔雀洞经目塔四大部经名（赵献超摄）

因为具备卷数相对较少、体积相对较小、获取相对容易且对于荐祉却灾来说没有明显差别的特点，一些寺院修造的转轮藏中即以四大部经实之。

如邹浩在《永州法华寺经藏记》中称："顾念般若经六百卷、宝积经一百二十卷、华严经八十卷、般涅槃经四十卷，于大藏中卷数特多，号四大部。寺所有者，乃后唐清泰中（934～936 年）宁远军节度使马存之所施也。分散多处，惧不克久，遂即西廊为殿三间，中为机轮，函经于其上，为佛菩萨以周其四面，为神龙以绕其四柱，若形若色，妙绝众巧。岁时邦人来会，稽首作礼，藏为旋转，或三或五至于七，人人欢踊，各满志愿。"② 该转轮藏完工于绍圣元年（1094 年），用钱逾一百五

---

① ［宋］李吕：《剑州普成县孙氏置四大部经记》，《澹轩集》卷六，影印文渊阁《四库全书》第 1152 册，第 242 页。

② ［宋］邹浩：《永州法华寺经藏记》，《道乡先生邹忠公文集》卷二六，四川大学古籍整理研究所编《宋集珍本丛刊》第 31 册，第 190 页。

十万，运转自如，被认为具有"争讼由此衰，和协由此兴，风俗由此厚"的教化作用。

江西吉安宜黄县上傅寺"宋绍兴庚申（绍兴十年，1140 年），僧希诚塑大阿罗汉，又为轮藏贮四大部经"①；而徽州歙县城阳院于南宋乾道九年（1173 年）修造完工的五轮藏，是为了收贮绍兴中里人余聪所购买的四大部佛经②。

刘一止于绍兴二十九年（1159 年）所作《跋莫用之书藏经》称："同郡莫用之未老而请老，好闲而得闲，予甚喜之。久不得面，一日，持所书释氏藏典曰宝积、华严、涅盘经及大智度论等，累四百五十余卷，通为四十八函见示，以荐其亲。又于报本禅院创修轮藏以贮此经，累岁而后办。"③莫用所书，如果认为是以解释般若的《大智度论》代替《般若》，也勉强可以算是四大部经。为庋藏这些经籍又于报本禅院④创修转轮藏，其写经之举与轮藏之修的主要目的皆在"荐福"。

庐山延庆禅院僧智日称该寺于南宋嘉定十五年（1222 年）开始营建转轮藏，"明年落成，实惟妙演，书四部经，则有智玉、矧二化士，厥惟艰哉。钟鼓殷床，梵放薄云，妙高四朵，夜摩诸天，如风忽旋，如海忽翻，枢应无穷，莫尽其极。一机休复，海湛天碧，八窗玲珑，尘消镜空，万目仰瞻。凤负恶习，不锄而拔；信萌善颖，油然发生"⑤。该转轮藏内部装载着由僧智玉所书的四大部经，寄意于通过转轮藏达到"凤负恶习，不锄而拔；信萌善颖，油然发生"的效果。

关于小藏"四大部经"，一般多认为仅包括《般若》《宝积》《华严》《涅槃》等四大部佛籍，但也有将《开元录》中所谓的"般若部""宝积部""华严部""涅

---

① ［清］谢旻等纂修《（雍正）江西通志》卷一一二，影印文渊阁《四库全书》第 516 册，第 692 页。

② ［宋］罗愿：《徽州城阳院五轮藏记》，《罗鄂州小集》卷三，《北京图书馆古籍珍本丛刊》第 88 册，影印明万历四十二年华继祥刻本，第 567 页。

③ ［宋］刘一止：《跋莫用之书藏经》，［宋］刘一止著，龚景兴、蔡一平点校《刘一止集》卷二七，杭州：浙江古籍出版社，2012 年，第 278 页。

④ 《嘉泰吴兴志》卷十三"寺院·州治"条称："报本禅院在飞英寺西，钱氏时州人蔡延礼建，旧名净土吉祥院，本朝开宝七年后大中祥符二年改今额。"（［宋］谈钥：《嘉泰吴兴志》卷一三，《中国方志丛书》华中地方·第 557 号，台北：成文出版社有限公司，1974 年，第 6791 页）北宋元祐六年（1091 年），慧元禅师于该院坐化（［宋］释惠洪：《禅林僧宝传》，《卍续藏经》第 137 册，第 556 页）。综上，该寺应为敕赐大寺。

⑤ ［宋］释居简：《江东延庆院经藏记》，［宋］释居简撰，纪雪娟点校《北磵文集》卷四，第 88～89 页。

槃部"合在一起，即以四大部经加上之外的单品共八十余部、一千余卷经作为"四大部经"的。如宋人晁补之《请则和尚说金刚经疏》称"六百卷义总《般若》以题签，四大部中以《金刚》为教髓"①，这里的《金刚》有可能仅指流传比较广泛的零品《金刚经》。另据曾丰《福庆寺始末记》称江西抚州乐安县福庆寺转轮藏，"藏藏藏器，所施经为大部四，为小函百而觭，计藏费增于殿堂十五"②。在南方系大藏如《东禅寺大藏》③和《碛砂藏》中，"般若部"的千字文帙号为"天"至"翔"共72帙，"宝积部"为"龙"至"推"共17帙，"华严部"为"坐"至"遐"共17帙，"涅槃部"为"迩"至"归"共6帙，四部合计112帙。宋僧惟白所撰《大藏经纲目指要》中上述四部的秩数分别为71帙、17帙、17帙、6帙，总数为111帙④，反映的应是《开宝藏》的情形⑤。福庆寺转轮藏内存放四大部经的经函数为"百而觭"，可能即为容纳《开元录》系统大藏经中的《般若》《宝积》《华严》《涅槃》四大部经加上《金刚般若》之类同本异译的零品、《大方广如来不思议境界经》之类华严的"眷属"⑥、《大般涅槃经》之类涅槃的"支派"⑦，总计百余帙佛经而设。

上文已述，《营造法式》中转轮藏的储经空间为112函，这一数字若非巧合的话，或许是专指容纳四大部经及其零品、眷属和支派的中型轮藏。考虑到《法式》一书的性质，以四大部经为代表，仅装藏部分佛经的转轮藏应该是宋时轮藏修造的主流。

2. 转轮藏与某部经或少量佛经

合四大部经为小藏主要还是以之作为大藏的代表，由于不同的宗派或信仰群体特别重视某部经或某类经，也有专门为其所宗或所重视的经典修造经藏者。如唐代

---

① ［宋］晁补之：《请则和尚说金刚经疏》，《济北晁先生鸡肋集》卷七○，《四部丛刊初编》172，影印明诗瘦阁仿宋刊本，上海书店，1989年，第4页。

② ［宋］曾丰：《福庆寺始末记》，《缘督集》卷一九，影印文渊阁《四库全书》第1156册，第217～218页。

③ ［日］高楠顺次郎：《昭和法宝总目录》第三卷，东京：大正一切经刊行会，1929年，第686页。

④ ［宋］惟白集，夏志前整理《大藏经纲目指要录》，第1～231页。

⑤ 方广锠：《关于〈开宝藏〉刊刻的几个问题——写在〈开宝遗珍〉出版之际》，《法音》2011年第1期。

⑥ 《开元释教录》卷十一："右《信力入印法门》等十一经，并与《华严》分有相似，是眷属摄，而非正部。"［唐］智昇撰，富世平点校《开元释教录》，北京：中华书局，2018年，第685页。

⑦ 《开元释教录》卷十一："《方等泥洹》等三经，《涅槃》支派。"［唐］智昇撰，富世平点校《开元释教录》，第691页。

诗人李商隐对《妙法莲华经》情有独钟，称该经为"诸经中最尊最胜，始自童幼，常所护持，或公干漳滨，有时疾疹，或谢安海上，此日风波，恍惚之间，感验非少。今年于此州常平山慧义精舍经藏院特创石壁五间，金字勒上件经七卷，既成胜果，思托圆音"①。以金字修造《法华经》七卷，置于新建的石室中。而转轮藏内装载的单类或单部佛经，目前所见，主要是《华严经》。

黄庭坚《吉州隆庆禅院转轮藏记》称隆庆禅院位于庐陵郡之仁山，黄龙派慧南禅师的弟子利俨禅师自北宋熙宁八年（1075 年）驻锡于此，"初举事缘，占邦人心，告以刻《华严》经论板书，经费巨万，人劝其功，期月而成"。利俨颇受鼓舞，称："黄龙知见之香，可以普薰斯人矣。"决定"于龙华菩提木下，三转法轮，度诸有缘人，称有所施法、佛及僧，是为将来听法种子"，之后分别于元丰三年（1080 年）二月、元丰四年（1081 年）六月大开法会，"因此会供施，转化多人，为转轮经藏，木石金碧妙天下之材，百工妙天下之手，阅三岁而崇成（当在元丰七年，1084 年）。机发于踵，大车左旋，人天圣凡，东出西没，鬼工神械，耀人心目。其费无虑二千万，皆人自劝，非机巧智力所能"②。该转轮藏显系庋藏利俨禅师初举事缘时所刻印的《华严经》。

当然，影响最大的首推杭州慧因寺，该寺由吴越王钱镠建于后唐天成二年（927 年），初名慧因禅院。北宋元丰八年（1085 年），高丽国文宗第四子义天入宋求法，属意求学于净源法师。当时的华严宗，"历年沉稳，是以法师源公，力振宏纲，始立教藏，于苏于秀"③，源公即净源法师，当时正于苏州和秀州地区造立经藏，弘扬教旨。为安置义天，新任杭州知州蒲宗孟命净源入主慧因禅院，义天为净源弟子，"又施金立贤首华梵七祖之像，设帐座而祠焉。转运使许懋、孙昌龄同绘善财童子参善知识五十四轴，并供具三十事。通判军州事、朝散郎李孝先、姚舜谐共置经函六百余枚。高丽国祐世僧统义天，聆芳咀润，礼足承教，印造经论疏钞总七千三百余帙，

---

① ［唐］李商隐：《上河东公启二首》，［唐］李商隐著，［清］冯浩详注，钱振伦、钱振常笺注《樊南文集》，上海古籍出版社，1988 年，第 253～259 页。

② ［宋］黄庭坚：《吉州隆庆禅院转轮藏记》，［宋］黄庭坚著，刘琳、李勇先、王蓉贵校点《黄庭坚全集》正集卷一七，成都：四川大学出版社，2001 年，第 450～451 页。

③ ［宋］章衡：《敕赐杭州慧因教院记》，［明］李翥：《慧因寺志》卷六，杭州出版社，2007 年，第 23 页。

庄严壮丽，金碧相辉"①。元祐二年（1087 年），"义天竟其学还本国，其兄国王与其母，命以青纸金书晋义熙、唐证圣、贞元中所译《华严经》三本，凡一百七十卷，附海舟舍入源师所住慧因教院"②。元祐三年（1088 年），净源僧徒奏请将慧因禅院易为教院获得朝廷批准，"贤首之教自是而兴"③，"议者谓贤首之教，自圭峰既殁，未有如兹日之盛也"④。建中靖国元年（1101 年），义天"复遣使贺今上登宝位，继附白金千数百两，请于慧因院造华严经阁，及卢舍那佛、普贤、文殊菩萨像，并供具等置于其阁。……未几阁成"⑤。

　　据《西湖游览志》卷四"南山胜迹"条："元祐二年，以金书汉译《华严经》三百部入寺，施金建华严大阁藏塔以崇之。……宁宗书'华严经阁'，理宗书'易庵'。至正末毁⑥，国初重葺，俗称'高丽寺'，础石精工，轮藏宏伟，两山所无。"⑦其中的"华严大阁藏塔"语应是指时于华严经阁内建轮藏以崇《华严经》，据元代慧因寺住持惠福所撰《高丽国相元公置田碑》："今太尉沈王（即高丽忠宣王王璋）益绍先志，皇庆元年（1312 年）……仍施经律金藏卷帙，袭置阁上，晨夕熏崇。今二年（1313 年）春……督印经典一藏，盛以縹函，置于宝轮藏中。"⑧另据张岱《西湖梦寻》卷四"高丽寺"条："高丽寺，础石精工，藏轮宏丽，两山所无。万历间，僧如通重修，余少时从先宜人至寺烧香，出钱三百，命舆人推转轮藏，轮转呀呀，如鼓吹初作。后旋转熟滑，藏转如飞，推者莫及。"⑨考诸寺史，轮藏之初设应为北宋末建华严阁之时，是阁内尊奉华严经典的一种措施。义天来华引起了朝廷对华严宗的重视，并以此为契机形成华严宗"中兴"⑩的局面，净源被称为宋代华严宗的

① ［宋］章衡：《大宋杭州惠因院贤首教藏记》，［明］李翥：《慧因寺志》卷六，第 23 页。

② ［宋］吕惠卿：《杭州慧因教院华严阁记》，［明］李翥：《慧因寺志》卷六，第 24 页。

③ ［宋］章衡：《敕赐杭州慧因教院记》，［明］李翥：《慧因寺志》卷六，第 23 页。

④ ［宋］曾旼：《宋杭州南山慧因教院晋水法师碑》，［明］李翥：《慧因寺志》卷八，第 53 页。

⑤ ［宋］吕惠卿：《杭州慧因教院华严阁记》，［明］李翥：《慧因寺志》卷六，第 24 ~ 25 页。

⑥ 《重建慧因寺华严阁疏》："不意至元丁未（至正二十七年，1367 年），竟逐劫灰俱化。"［明］洪瞻祖：《重建慧因寺华严阁疏》，［明］李翥：《慧因寺志》卷九，第 64 页。

⑦ ［明］田汝成：《西湖游览志》卷四，光绪二十二年钱塘丁氏嘉惠堂重刊，第 124 ~ 125 页。

⑧ ［元］惠福：《高丽国相元公置田碑》，［明］李翥：《慧因寺志》卷六，第 36 页。

⑨ ［明］张岱：《西湖梦寻》，杭州：浙江文艺出版社，1984 年，第 220 页。

⑩ 葛洲子：《慧因教院改制与宋代华严宗的"中兴"》，《西北民族论丛》2017 年第 2 期。

"中兴教主"①，而慧因寺"在宋为华严首刹，五山之观"②。该寺作为华严宗中兴后的"中心道场"③，其内以供奉华严经典为目的而修造的华严阁及其内经藏的影响主要见于两端。

其一，其他华严寺院中，也修建轮藏以崇奉本宗经典。

如《咸淳临安志》卷七六"在城寺院·诸天阁华严院"条："诸天阁华严院：在井亭桥西，晋朝赐额华严院，中毁。绍兴三年（1133年）僧守卓始建佛殿，旨赐旧额。梁丞相克家书《华严经》一部，建轮藏。淳祐三年（1243年）又毁，唯大士铜像俨然，守赵大资与𥲤（赵《宋史》卷四二三有传，称其"极于财利，几为聚敛之臣"）重建，仍作亭相国井上。"④ 该寺所建轮藏是为了奉藏梁克家所书《华严经》。

而宜兴碧云崇明寺为小寺，释居简于宝庆至嘉熙年间（1225～1240年）住持该寺，认为"经，佛言也。言，心声也。在则人，亡则书。不尊所闻，何以见佛心？非藏何以庋经，非殿何以舍藏？"首先主持修建藏殿，并于殿内新建转轮藏，该轮藏"雕龙涂栋，付擅时精巧者。八觚棱棱，玲珑八窗，实以琅函玉轴承厥终"⑤。藏殿完工后，居简作上梁文曰："殿舍藏，藏庋经，拟海伯宫之轮奂；枢发机，机运轴，寻山梼树之根源（按：傅大士初修道于松山下双梼树下，此言轮藏发端于傅大士）。曩闻十二部所诠指归，遂得八十卷重玄嗅出。记所见者，作而象之，以境摄心，与人为善。……（北磵）所住之刹斗大，所臻之云鼎来。……上梁之后，带经成俗，佩犊变风。鹡鸰在原，视弟有爱兄之道；虎豹远迹，耻人怀食子之心。系崇佛乘，阴翊王度。式全父爱，陋袁彦道之呼卢；庶答母慈，嘉颍封人之锡类。"⑥ 居简自称碧云崇明寺"所住之刹斗大"，其所修造的转轮藏内并未装载全藏，而是以八十卷经"作而象之"，该经应系八十卷本的《华严经》。毕竟对于"斗大"的碧云崇明寺来说，读经转藏以研讨佛理的需求甚微，重要的是通过转轮藏这一宗教设施，以利于

① 魏道儒：《中国华严宗通史》，南京：凤凰出版社，2008年，第205页。
② ［明］李事道：《慧因寺华严期缘疏》，［明］李㮣：《慧因寺志》卷九，第66页。
③ 王颂：《宋代华严思想研究》，北京：宗教文化出版社，2008年，第64页。
④ ［宋］潜说友纂修：《咸淳临安志》卷七六，中华再造善本，影印国家图书馆藏宋咸淳临安府刻本，北京图书馆出版社，2006年，第23～24页。
⑤ ［宋］释居简：《碧云藏殿记》，［宋］释居简撰，纪雪娟点校《北磵文集》卷四，第85～86页。
⑥ ［宋］释居简：《碧云藏殿上梁文》，［宋］释居简撰，纪雪娟点校《北磵文集》卷九，第353～354页。

佛法的弘扬，使人们能够带经而锄、带牛佩犊、兄友弟恭、父慈子孝，从而达到移风易俗、阴翊王度的效果。

其二，转轮藏独特的外观逐渐被比附为《华严经》中所描绘的华严藏世界。

如李构于北宋宣和三年（1121年）所作《京兆府天宁寺华严经藏发愿文》称："夫以《大方广佛华严经》者，广被四心，顿超八难。文殊妙旨，宛是初心。普贤行门，曾无别体。称性法界，遍照光明，大无不包，细无不纳。一字法门，海墨书之不尽。一毫之善，空界尽而无穷。构素有大愿，屡警迷津，敬发愿心，竭诚沥恳，恭造《大方广佛华严经》一藏七十部，计五千六百卷，及造寿山福海，内外转轮大华严海藏一座。所集胜利，回向四恩三有，法界众生，无上菩提，真如实际。伏愿生生世世，刹刹尘尘，一切有情，乘此妙因，普成佛果。三途六道，空有沉浮，悉皆离苦，随心解脱，遍周沙界，利乐无边。虚空有尽时，我愿无有尽，仰凭三宝力，为作大证明。"① 其中所谓"内外转轮大华严海藏"，不仅以转轮藏作为《华严经》藏的庋藏之所，而且将转轮藏比附为《华严经》中所描绘的华藏庄严世界海。

绍兴初，金兵大举南侵，淮海大震。吴人惧战祸，争避山中，中贵人武功大夫李公（字从之，1086～1164年）亦弃荣华而寓居于洞庭东山，"已而并吕山之东少北卜寿藏，斥地二十亩，手植松柏环之。从旁建一刹，重门步廊，穹堂奥殿，斋庖、宿庐、庾库之属，几万础。塑佛菩萨像数十躯，建窣堵波高三百尺。营一大经藏，储五千四十八卷，宝签钿轴，纳之甀中。买田十顷，日食千余指。赐名华严禅院，选一时名缁主之"②。据孙觌《华严轮藏疏》，知该华严禅院的经藏为轮藏，该疏曰："一乘法轮三身普现，十莲华藏九会同音。故诸佛开大方广门，为众生灭贪嗔痴罪。四十九年如来说法，五十三位菩萨现前。善利弘开妙音演畅，贵贫众善普证大缘。由进箦以成山，积盈科而至海。不住心不退不转，无量福无数无边，凡我华严界中，

---

① ［宋］李构：《京兆府天宁寺华严经藏发愿文》，［清］魏锡曾：《续语堂碑录》，《石刻史料新编》第2辑第1册，第349页。

② ［宋］孙觌：《宋故武功大夫李公墓志铭》，《鸿庆居士文集》卷三九，［清］盛宣怀编《常州先哲遗书》第1集第22册，第13页。

共证然灯佛所。"① 尽管其内所储为"五千四十八卷"的整部大藏经，不过从"十莲华藏九会同音""五十三位菩萨现前"等语看，建藏者将《华严经》的描绘与轮藏外观进行关联的意图是很明显的。

　　类似的情况还有均建于南宋淳熙七年（1180 年）的江南西路江州都昌县祇园禅院转轮藏和两浙西路秀州崇德县崇福寺转轮藏。祇园禅院转轮藏中的佛经印于福州，为一全藏，轮藏"上为毗卢遮那，宫殿楼阁充满虚空境界中，为善财参五十三善知识。因地下为八大龙神舒爪运肘之势，其外覆以大殿，广容其藏。琢刻精巧，藻绘严饰，丹垩辉映。过而礼者，动心骇目，以为三昧力所变幻也"②。而崇德县崇福寺转轮藏"梵宫法驾，星罗云拱，秘函宝帙，鳞次栉比。黄金丹碧之饰，珠贝旃檀之像，巧侔造化，光媲日月。有大天龙，背涌鲸海，诸天善神，环绕镇护。壁间绘善财童与五十三参相，皆假庄严之妙，以彰变幻之机"③。"毗卢遮那""宫殿楼阁""善财童与五十三参"等元素的加入，使得转轮藏的外观从某种程度上成为《华严经》的一种立体示现。转轮藏作为佛教经典的庋藏之所，通过其华丽的外观成为庄严佛典的一种手段的同时，又是传播教义的一种工具，所谓"假庄严之妙，以彰变幻之机"是也！

　　重庆大足北山石刻第 136 窟内建于南宋绍兴十二年至十五年（1142～1145 年）的石雕转轮藏④，总高 4.01 米。最下为略呈方形的须弥山，边长约 2.6 米，山上有一蟠龙作戏珠状，须弥山和蟠龙共高 1.32 米，作为整座轮藏的支撑。上部为总高 0.46 米的八角莲台，台上雕勾栏，每面勾栏上有 6～7 名童子作嬉戏状，似在推动整座轮藏转动。莲台上各角立高 1.16 米的盘龙柱，柱顶承托厚 0.18 米的压顶石。再上为藏顶，总高 0.89 米，为山花蕉叶承托天宫楼阁的形式（图 2.18）。

　　该轮藏八根盘龙柱围绕的中空部分的正中有直径 0.13 米的素平立柱，柱顶压顶

---

① ［宋］孙觌：《华严轮藏疏》，《鸿庆居士文集》卷二九，［清］盛宣怀编《常州先哲遗书》第 1 集第 21 册，第 12 页。

② ［宋］尤袤：《（祇园禅院）轮藏记》，《梁溪遗稿》文抄补编，锡山尤氏丛刊甲集，民国二十四年锡山尤氏铅印本。

③ ［宋］蔡开：《崇福寺经藏记》，［元］徐硕撰，［清］管芷湘补校《（至元）嘉禾志》卷二六，《中国方志丛书》华中地方·第 595 号，第 792～795 页。

④ 李永翘、刘长久、胡文和编著《大足石刻研究》，第 394～396 页。

石的底部有直径 1. 28 米的圆槽，该直径 1. 28 米、高 1. 16 米的部分原应为这座转轮藏原来的储经空间（图 2. 19）。从尺度上看，该转轮藏内部最多只能是以部分佛籍"作而象之"，而无法容纳大部头的整部佛籍。

图 2. 18　重庆大足石刻石雕转轮藏西立面（采自大足石刻研究院编，黎方银主编《大足石刻全集》第二卷上册，第 211 页）

图 2. 19　重庆大足北山石刻石雕转轮藏藏身储经空间（赵献超摄）

（三）内无佛籍的转轮藏

整部大藏经之外，转轮藏内无论是四大部经还是某部、某类经，至少还是有佛教经典在内的。还有另外一种转轮藏，或者不具备内装佛籍的条件，或者修造者关注的重点在经藏而非其内藏经，仅具转轮藏的华丽外观而其内未见佛经。

如大足石刻宝顶山大佛湾第 14 号毗卢道场窟内开凿于南宋淳熙至淳祐间（1174 ~ 1252 年）的石刻转轮藏，该藏附刻于毗卢洞后壁，仅露前半部分，自下而上依次为藏座、藏身和天宫楼阁三部分。藏身正面雕刻毗卢遮那佛，侧面正中可见三面六层龛，每龛正中均雕出一尊结跏趺坐于莲花上的佛像（图 2. 20、2. 21）。上述层龛尽管可以看作经格的示意，但其内无论如何也无法安置佛经。

如果说毗卢洞中的转轮藏为石构，其内无藏经是因材料的限制，文献和实例中皆有未置藏经的木构转轮。如黄溍所撰《平江承天能仁寺记》中称：

（始自至元四年，1338 年）召匠简材，首建大殿。……殿之后有万佛阁，其楹加于殿楹三十尺。阁为间五，而东西朵楼为间四。隆其中而杀其旁，纵横修广

图 2.20　大足石刻宝顶山毗卢洞转轮藏　　图 2.21　大足石刻宝顶山毗卢洞转轮藏
　　　　　正面（赵献超摄）　　　　　　　　　　　　　侧面（赵献超摄）

各中于度。其上列十五大莲华，一华一佛，一一华瓣，亦各有佛，以足万数。下施
机轮，可以运转。奇诡殊特，昔所未睹。范铜为巨钟，至万八千斤，比旧加三之一。
会南楚升居径山，所作无量寿、观世音、护伽蓝神、三小殿及演法集僧之堂、三门
两庑、厨库之属，皆弗克视其成，它所宜有而未及为者犹多也。今住持雪窗明，以
至正四年秋九月，由虎丘迁主兹寺，亟捐衣盂之赀，构经钟二楼，各为间者三。其
崇十有七寻，修广称是。栖经有藏，涂以纯金，一柱八面，纳匦五百。天神环绕，
力士翊扶。幡盖香云，缤纷蒙蔽。达官大姓、好事之家，观者莫不目眩心骇，争投
钱币，以助胜缘。雪窗之经画相劳，靡惮其勤。甫及三岁，土木之功，秩然有序。
以老病厌理繁剧，悉衰众施，并倾己橐，以授提点僧，而退处虎丘之东庵。八年冬，
行中书省谋于行宣政院，挽之复出。遂以九年春三月，再正法席。增饰万佛，创造
四臂观世音、四天神王、护伽蓝神，补画正殿之八十四龛，庑下之五十三参。坋墁
领霤，镇壮砮密；髹彤金碧，绚耀华美。厨堂库院、什器之须，纤细毕备。南楚之
弗克视其成者，至是可以无憾矣。斥大方丈，为间者五。上为重阁，下为广堂，前
为厅事，而蒙堂有位，众寮有阁，仓庾湢室，亦次第告成。南楚之未及为者，雪窗

*无不按其法之所宜有，而伸其志之所欲为。虽日前规后随，而功实倍之。*①

平江承天能仁寺正殿后的万佛阁内设机轮以转佛，应该是类似转轮藏的设施。此外，更与钟楼相对建轮藏阁，阁内轮藏"涂以纯金，一柱八面，纳甀五百。天神环绕，力士翊扶。幡盖香云，缤纷蒙蔽"。无论是转佛的机轮还是转经的轮藏，应该都是通过结构与装饰的精巧华丽达到吸引信众、获取布施的目的。

实例中如山西五台山塔院寺转轮藏亦仅安放佛像。该轮藏位于塔院寺中轴线末端的"大藏经阁"内。藏经阁为两层，上层主要为藏经之用，保存有汉、满、蒙、藏等多种文字的经书共两万多册②，下层正中安置高 11.3 米③、八角二十层④、上大下小的转轮藏。在经阁下层仅可见该轮藏的下部十三层，其余七层穿过经阁楼板直通经阁上层。该轮藏每层各面分三小格，每格内放小佛像一至三尊（图 2.22）。

该轮藏为明代高僧憨山大师于万历九年（1581 年）募金建造⑤，其形态取法于《华严经》中对华藏世界的描述（图 2.23）。《华严经》卷八描述的华藏庄严世界，最中央为名为"无边妙花光"的香水海，以现一切菩萨形摩尼王幢为底，其上有"一切香摩尼王庄严"大莲花，莲花上名为"普照十方炽然宝光明"的世界种，种上有二十重世界。自下而上的世界名及佛号依次为：1. 最胜光遍照，净眼离垢灯；2. 种种香莲花妙庄严，师子光胜照；3. 一切宝庄严普照光，净光智胜幢；4. 种种光明花庄严，金刚光明无量精进力善出现；5. 普放妙花光，香光喜力海；6. 净妙光明，普光自在幢；7. 众花焰庄严，欢喜海功德名称自在光；8. 出生威力地，广大名称智海幢；9. 出妙音声，清净月光明相无能摧伏；10. 金刚幢，一切法海最胜王；11. 恒出现帝青宝光明，无量功德法；12. 光明照耀，超释梵；13. 娑婆，毗卢遮那如来世尊；

①　［元］黄溍：《平江承天能仁寺记》，［元］黄溍著，王颋点校《黄溍集》卷一五，第 576 页。

②　笑岩：《华藏世界转轮藏》，《五台山研究》1986 年第 1 期。

③　高明和：《塔院寺建筑与塑像概述》，《五台山研究》1996 年第 4 期。

④　通行的说法是该轮藏共三十三层，见上引《五台山研究》所刊二文，现场调查所见，该轮藏实为二十层。

⑤　《憨山老人梦游集》卷五十三："（万历九年）修塔成，予即以金书《华严经》安置塔藏，有愿文一卷。予自募造华藏世界转轮藏成，为建道场于内。应用供具器物斋粮果品，一切所需，妙师在京若罔知，皆予一力经营。"［明］福善日录，［明］通炯编辑《憨山老人梦游集》卷五三，《卍续藏经》第 127 册，第 959 页。

图 2.22　五台山塔院寺转轮藏外观（赵献超摄）

图 2.23　普照十方炽然宝光明的世界种（采自［明］仁潮录：《法界安立图》卷五，《卍续藏经》第 150 册，第 987 页）

14. 寂静离尘光，遍法界胜音；15. 众妙光明灯，不可摧伏力普照幢；16. 清净光遍照，清净日功德眼；17. 宝庄严藏，无碍智光明遍照十方；18. 离尘，无量方便最胜幢；19. 清净光普照，普照法界虚空光；20. 妙宝焰，福德相光明①。塔院寺转轮藏的募造者岷山大师认为"华藏世界有二十重，从第一重有一佛刹微尘数世界围绕，下小上大，如倒浮屠"②，亦源出《华严经》。可以说该轮藏是立体化了的华藏世界模型，结合《华严经》原文看，其建造本意即是为了安放佛像而非佛经。

杭州西湖西侧的灵隐寺于清康熙二十八年（1689 年）敕赐名为云林寺，《云林寺志》中保留了一篇与该寺轮藏修造有关的文献，即郑江所撰《云林寺重建轮藏殿

① ［唐］实叉难陀译《大方广佛华严经》卷八，《大正藏》第 10 册，No.279，第 42～43 页。

② ［明］福善日录，［明］通炯编辑《憨山老人梦游集》卷四六，《卍续藏经》第 127 册，第 844 页。

记》，记文曰：

> 佛氏之有轮藏，自梁傅大士始也。嗣后丛林效之，且遍天下，俱供大士像于中。云林轮藏殿，具公始建于顺治庚寅（七年，1650年），迄今几及百年，栋宇颓废，所为轮藏者，亦敧倾催剥，而不能转。乾隆庚申（五年，1740年），新安光禄少卿汪君上章来游兹山，慨然以重兴为己任，而以是殿为之首。落成之日，予适过寺，见夫杰构翔空，若地涌出，入门神耸，则如天枢激而地轴动，月驾旋而风驭行。瑶窗宝网，眩金碧于无定，天龙帝释，俨生气以飞空。徐而察之，则集众有力，负之而趋，且聆夫大声起于足下，又如良宵歌钟之击窟室，袁氏鼓角之鸣地中。伟矣哉，象教之力宏矣，檀护之施广矣。主僧巨涛和尚谒予文以为记，予惟傅氏之设轮藏转经也，然三藏十二部，卷帙繁而重，庋之于轮，非数百人莫能转。今所供者诸佛菩萨像，则数人能胜其任。况转佛即转经乎。且佛氏所重者，以心转境，不以境转心。故云能转法华，不为法华转。若夫成住坏空，大地山河，皆太虚中一微尘耳，何有于轮。昔村妇荐夫，财少而轮自转，则其能转有不系于轮者。惟此心之精诚，历劫常新，亦历劫常转。汪君之输财，巨公之集事，可云转大法轮，将有不与土木丹青俱敝者矣。①

该文明确表明云林寺于清乾隆六年（1741年）②重建的转轮藏内并无佛籍，"所供者诸佛菩萨像"而已。记文作者郑江以经籍重而佛像轻论之固不确切，不过言藏经"卷帙繁而重"倒是实情。实际的情况是，寺院中用于转佛的轮藏和用于转经的轮藏的外观是了无差别的，它们皆表现的是"象教之力"，即通过转轮藏这一形象的外观达到传播佛教、广集檀施的目的。

这种不载佛籍的木构轮藏不唯见于明清，宋元时期亦有之，如任士林所撰《瑞州路妙高峰北乾明尼寺记》称该寺："（法玉）于是筑堂以集清钵，筑室以严斋居，

---

① ［清］郑江：《云林寺重建轮藏殿记》，［清］厉鹗：《增修云林寺志》卷五，杭州出版社，2006年，第38～39页。

② ［清］厉鹗：《增修云林寺志》卷三《乾隆六年四月十九日转轮殿上梁》，第21页。

西为法堂，南为灵峰祠（按：妙高峰宋时祠洪山灵峰尊者于其上），中奉佛天罗汉，旁转法轮八觚。又别开一堂，补陀知识普示现像，且作堂万竹之间。……元贞二年（1296 年），（妙智徒孙）法玉、贵亨乃渡河北往，御史中丞张公间、宣政院参议且牙公实怜之，以见瞻八师父奏奉玺书护持，且赐妙智圆觉大师，寻觐太后妃子，敬奉懿旨，隶入位下，仍度其徒出入宫闱。……复施《大藏经》五千四百八十一卷以遗妙智，俾其徒持诵之。"① 该寺规模不大而设有轮藏，从该记文对寺院布局的描绘以及后赐《大藏经》"俾其徒持诵之"等语判断，该寺轮藏并非《大藏经》的庋藏之地，而是主要作为传教的一种设施。

（四）轮藏修建过程中的"重藏轻经"倾向

1. 文献中的轮藏与其内藏经

以上三小节呈现了转轮藏中装藏佛籍的几种做法，为了更清晰地呈现人们对于转轮藏及其内佛籍的态度，兹按时间顺序，将宋元时期文献中对转轮经藏及其内藏经的描述制表对比如下：

表 2.3　文献中转轮藏和其内藏经的对比

序号	年代	区域	寺院	藏经	经藏
1	天禧二年（1018 年）	成都府路	成都觉城禅院	缮写十二部经	又为转轮宝藏，缮写十二部经，珠交露缦，弥覆其上，金姿粲彩，错落其间，实福祥之渊源，雄都会之瞻瞩。②
2	至和元年（1054 年）	两浙西路秀州	华亭资圣禅院	琅函星环，赤轴金晃，墨宝珍聚，香题金榜，是谓经藏。	大智创物，严一屋处，以众经聚，号大法轮，一转万遍，能令众生于一念顷含受诸化，是所以速其归也。……毂运环循，电走雷振，钟幢前引，歌呗后陈，是为转轮，……为大饶益，法界含生。③

① ［元］任士林：《瑞州路妙高峰北乾明尼寺记》，《松乡集》卷一，影印文渊阁《四库全书》第 1196 册，第 498 页。

② ［宋］王曙：《觉城禅院记》，［宋］袁说友等编，赵晓兰整理《成都文类》卷三七，北京：中华书局，2011 年，第 717 页。

③ ［宋］陈舜俞：《秀州资圣禅院转轮经藏》，《都官集》卷八，影印文渊阁《四库全书》第 1096 册，第 493 页。

续表 2.3

序号	年代	区域	寺院	藏经	经藏
3	至和三年（1056年）	淮南西路无为军	无为军崇寿禅院	而经教缺然，患其无所视览。……谋写先佛三藏之说。	既而因师复使僧处仁等慕匠氏为转轮藏，以置其经然。藏有殿，环殿以众屋，总若干楹，内置佛像法器，金碧照耀，皆俨然可观。其用钱凡七百万。①
4	嘉祐二年（1057年）	淮南东路扬州	真州长芦寺②	五千四十八卷	为高屋，建大轴两轮，而栖匦于轮间，以藏五千四十八卷者，其募钱至三千万，其土木丹漆珠玑万金之阂壮靡丽，言者不能称也，唯观者知焉。③
5	嘉祐六年（1061年）	两浙西路秀州	华亭县布金院	施钱二百万，书其凡所藏经。	函以文木，袭以绨锦，载以华轮，瞰以藻阁，缭以珠贝，负以虬龙，覆以隆厦，周以广庑。方琢圆磨，明怪幽巧，涂金间碧，严饰杂绘。总用钱千万，前后施者略数百人，焕乎盛哉。④
6	治平元年（1064年）	两浙西路秀州	华亭县海惠院	募人书所传之经，其函八百，其卷五千四十有八。	募财傮工，作转轮而藏之，其屋若干楹，载砻载琢，饰以金碧。……作之可谓妙用，施之者不为无穷之利乎。⑤
7	熙宁四年（1071年）	江南西路临江军	临江军慧力寺	慧力禅院无藏经，僧善周主持之明年，始募众得钱写经。	作转轮藏贮之，藏前设佛菩萨龙神之相百余躯，刻雕金碧之丽，观者骇瞩而不尽也。凡更八季，周七岁，而当熙宁四年二月十五日，工告毕。⑥

① ［宋］释契嵩：《无为军崇寿禅院转轮大藏记》，［宋］释契嵩著，邱小毛、林仲湘校注《镡津文集校注》，成都：巴蜀书社，2011年，第274页。

② ［清］阿克当阿修，［清］姚文田等纂《嘉庆重修扬州府志》卷六四，《中国地方志集成·江苏府县志辑42》，南京：江苏古籍出版社，1991年，第448页。

③ ［宋］王安石：《真州长芦寺经藏记》，［宋］王安石著，唐武标校《王文公文集》卷三五，第421页。

④ ［宋］陈舜俞：《秀州华亭县布金院新建转轮经藏记》，《都官集》卷八，影印文渊阁《四库全书》第1096册，第494页。

⑤ ［宋］陈舜俞：《海惠院经藏记》，《都官集》卷八，影印文渊阁《四库全书》第1096册，第492~493页。

⑥ ［宋］王雱：《慧力寺轮藏记》，《慧力寺志》卷一，白化文、张智主编《中国佛寺志丛刊》第20册，第46~48页。

续表 2.3

序号	年代	区域	寺院	藏经	经藏
8	熙宁六年（1073 年）	两浙西路秀州	华亭县青龙镇隆平寺	始出资购书，而栖经无所。……即法堂旧构，合众力，植巨轴，贯两轮，纳瓯五百，仿双林善慧之制，藏所谓五千四十八卷者。	规模法象，即其书皆相合，高下度数，按其体皆可考。衮二丈有二，其崇加三，上为诸天宫者八，下为铁围山者二。承以藻阁，覆以重楠，八觚竿笋，方甑鳞比，云盖雨华，缤纷蒙蔽。法从导卫，循绕环匝，翼以天神，挟以力士。栏栱栾楯，槺楄扶柱，皆雕镂刻琢，涂金错采。材致其良，工尽其巧，靡丽侈富，言不能既，而见者知焉。经之费凡三百万……左旋右转，声蔽铙鼓，观者为之目眩，闻者为之耳彻。[①]
9	熙宁七年（1074 年）	两浙东路明州	定海县妙胜院	淡交募人写经作转轮藏。[②]	交居之数年…信慕所向，持金帛而至者，盖迹相接于路，而以后为愧。于是为之复新，……又因其院之隙以建转轮宝藏，其费累数百万，皆不烦于求而自应。[③]
10	元丰元年（1078 年）	两浙东路明州	翠岩山宝积院	广募檀信，鸠集众工，缮写奉安，建为轮藏。	有一居士，施不及财，目睹胜缘，五体投地。恭敬作礼，而发愿言：愿诸众生，睹相生想，令一善念，念念不停。如是轮藏，无暂休歇，以至八部，一切诸天。在家出家，善知识等，若闻若见，发大道心，亦如是轮，永不退转。则是藏也，无量功德。[④]

① ［宋］陈林：《隆平寺经藏记》，［宋］杨潜撰，李勇先、王会豪、周斌等点校《云间志》卷下，《宋元珍稀地方志丛刊》乙编第 2 册，第 195～196 页。

② ［宋］罗适：《重修妙胜院记》，［宋］张津等：《乾道四明图经》卷一〇，《中国方志丛书》华中地方·第 573 号，台北：成文出版社有限公司，1975 年，第 5032 页。

③ ［宋］郑俰：《妙胜院十方记》，［宋］张津等：《乾道四明图经》卷一〇，第 5031～5032 页。

④ ［宋］舒亶：《翠岩山宝积院轮藏记》，［宋］张津等：《乾道四明图经》卷一〇，第 5035 页。

续表 2.3

序号	年代	区域	寺院	藏经	经藏
11	元丰三年（1080 年）	成都府路	成都大圣慈寺胜相院	庄严佛语及菩萨语	以无量宝、黄金丹砂、琉璃真珠、旃檀众香，庄严佛语及菩萨语。作大宝藏涌起于海，有大天龙背负而出，及诸小龙纠结环绕。诸化菩萨，及护法神，镇守其门。天魔鬼神，各执其物，以御不祥。是诸众宝，及诸佛子，光色声香，自相磨激。璀璨芳郁，玲珑宛转，生出诸相，变化无穷。不假言语，自然显见，苦空无我，无量妙义。凡见闻者，随其根性，各有所得。……以是因缘，度无量众。时见闻者，皆争舍施，富者出财，壮者出力，巧者出技，皆舍所爱，及诸结习，而作佛事，求脱烦恼，浊恶苦海。①
12	元丰中（1078 ~ 1085 年）	两浙东路婺州	义乌县景德禅院	遍募士庶，经满其数，置函五百，成卷五千有八。星环金晃，墨宝珍严，灿然焕赫。	隆厦广阔，饰以珠贝，华轮盛丽，负以虬龙，穷极雕绘，间错文藻，内外一新。远近信仗，四方之人，皆得转轮。是犹振风之过众窍，甘雨之成百谷。然后美根长固，恶蔓除灭，芬芳嘉实，皆得饶益。设有下愚至贱之人，若见若闻，或瞻或礼，随其根华，各有所润。②
13	元丰七年（1084 年）	江南西路吉州	庐陵郡隆庆禅院	告以刻华严经论板书，经费巨万，人劝其功，期月而成。	为转轮经藏，木石金碧妙天下之材，百工妙天下之手，阅三岁而崇成。机发于踵，大车左旋，人天圣凡，东出西没，鬼工神械，耀人心目。其费无虑二千万，皆人自劝，非机巧智力所能。③
14	元祐六年（1091 年）	江南西路江州	江州东林寺	邦之为藏经，其物材无苦，调护墨工，是正板籍，积书如山。	莲华藏，世界海，非人非天，虎啸于陉，震风薄木，龙鸣于川，大云垂空，若有召之者，而不知其所从来。④

① ［宋］苏轼：《胜相院经藏记》，［宋］苏轼著，孔凡礼点校《苏轼文集》卷一二，北京：中华书局，1986 年，第 388 ~ 389 页。

② ［宋］宗泽：《义乌景德禅院新建藏殿记》，［宋］宗泽著，黄碧华、徐和雍编校《宗泽集》，第 98 ~ 99 页。

③ ［宋］黄庭坚：《吉州隆庆禅院转轮藏记》，［宋］黄庭坚著，刘琳、李勇先、王蓉贵校点《黄庭坚全集》正集卷一七，第 450 ~ 451 页。

④ ［宋］黄庭坚：《江州东林寺藏经记》，［宋］黄庭坚著，刘琳、李勇先、王蓉贵校点《黄庭坚全集》正集卷一七，第 441 ~ 442 页。

续表 2.3

序号	年代	区域	寺院	藏经	经藏
15	元祐九年（1094 年）	江南西路吉州	太和县普觉禅寺	当为十方衲子兴法之供养，安用作此机械随俗娆夸耶？	以檀施之余，建莲华转轮经藏。百工神奇，轮奂一新，化出幻没，耀人心颜，佛事庄严，自谓惬当。①
16	绍圣元年（1094 年）	荆湖南路永州	永州法华寺	（般若、宝积、华严、涅槃）于大藏中卷数特多，号四大部。寺所有者，乃后唐清泰中宁远军节度使马存之所施也。	即西廊为殿三间，中为机轮，函经于其上，为佛菩萨以周其四面，为神龙以绕其四柱，若形若色，妙绝众巧。岁时邦人来会，稽首作礼，藏为旋转，或三或五，至于七，人人欢踊，各满志愿。……开卷而善心亦开，藏转而妄情亦转，则经之不可思议，一念皆圆矣。纵未能造次颠沛常必于是，其为利益亦何可胜言哉。争讼由此衰，和协由此兴，风俗由此厚。岂不能助守长，承流宣化，如父如母之意乎？岂不能助上主，博恩广施，如天如地之意乎？②
17	元符中（1098～1100 年）③	江南西路洪州	分宁县云岩禅院	入京师印经者僧希文	谋为转轮莲华经藏，庇以华屋，大为经堂，严以金碧，有山者献木，有田者献谷，如此且阅三岁，檀化为魔，种种沮坏，韶阳壁立，不战不怖，诸魔所摄，去魔即佛。作大庄严，远近倾倒，魔复为檀，自谢负堕，鸣蠡伐鼓，相我成功。于是四方来观者乃曰：江东西经藏凡十数，未有盛于云岩者也。④
18	崇宁四年（1105 年）	成都府路	成都天宁寺	黄卷赤轴，函帙丽好	其最庄严，有大轮藏。……阅三住持，藏则成就，如地中涌，镂镂藻绚，匪金则碧，海神四旋，天人挟持，黄卷赤轴，函帙丽好，吹大法螺，击大法鼓，呗音琅琅，作薄伽梵。于时巨轮，其运如风，蜀清信众，若稚若艾，或合其爪，亦或胡跪，欢喜踊跃，叹甚希有。⑤

① ［宋］黄庭坚：《普觉禅寺转轮藏记》，［宋］黄庭坚著，刘琳、李勇先、王蓉贵校点《黄庭坚全集》别集卷二，第 1492~1493 页。

② ［宋］邹浩：《永州法华寺经藏记》，《道乡先生邹忠公文集》卷二六，四川大学古籍整理研究所编《宋集珍本丛刊》第 31 册，第 190 页。

③ 据黄庭坚作该文时的官职（谪授涪州别驾戎州安置）知该轮藏完工于元符年间（1098~1100 年）。

④ ［宋］黄庭坚：《洪州分宁县云岩禅院经藏记》，［宋］黄庭坚著，刘琳、李勇先、王蓉贵校点《黄庭坚全集》正集卷一七，第 444~445 页。

⑤ ［宋］吴栻：《天宁寺转轮藏记》，［宋］袁说友等编，赵晓兰整理《成都文类》卷三九，第 758 页。

续表 2.3

序号	年代	区域	寺院	藏经	经藏
19	崇宁五年（1106 年）	两浙东路衢州	开化县灵山寺	则是五千四十卷……布以觉分菡萏华，护以方等调柔帙。百千三昧为实函，中有无尽陀罗尼。	崇宁元年，其徒从演始建转轮经藏，奔走勤事五年而后成，下固上壮，爽博宏致，校饰众具，炜奕严好，圣像法籍，俨如化成，屹如宝聚。①
20	宣和二年（1120 年）	福建路南剑州	沙县栖云禅院	公又捐钱百万，易经五千四十八卷，……以实于藏中。②	沙县佛宫殆以百计，独无轮藏以耸观者。栖云禅院真戒大师可臣首造之，金碧相照，恍若天宫，盖闽中所未有也。又以谓傅公之建藏，三藏之传经皆唱吾道者，因架阁以报之。又立堂于殿下，以招具眼人同观藏教。白石清泉之间，明窗净几，如在世外。③
21	宣和三年（1121 年）	永兴军路	京兆府天宁寺	恭造《大方广佛华严经》一藏七十部，计五千六百卷。	及造寿山福海，内外转轮大华严海藏一座。④
22	宣和五年（1123 年）	江南西路吉州	吉水县灵岩寺	不详	其寺之有藏殿，自宋宣和癸卯始。藏殿既久且圮，有里善士张君见翁倡众力新之。然所建法轮未尽其制，故藏常亦不克运。……至元后庚辰，（见翁之子文行）遂捐己资，彻旧更创。镂刻之繁，既殚精以为巧。彩绘之焕，不爱力以为美。盖踰年而功始毕。⑤

① ［宋］程俱：《衢州开化县灵山寺大藏记》，《北山小集》卷一八，四川大学古籍整理研究所编《宋集珍本丛刊》第 33 册，第 468～469 页。

② ［宋］邓肃：《沙邑栖云寺法雨》，《栟榈集》卷一八，影印文渊阁《四库全书》第 1133 册，第 354 页。

③ ［宋］邓肃：《跋罗右文李左史题栖云真戒大师营治》，《栟榈集》卷二〇，影印文渊阁《四库全书》第 1133 册，第 360～361 页。按此罗右文即罗畸，为沙县望族，字畴老，大观初，除右文殿修撰。苏闽曙：《沙县宋故殿撰罗公墓志铭考释》，《福建文博》2011 年第 2 期。

④ ［宋］李构：《京兆府天宁寺华严经藏发愿文》，［清］魏锡曾：《续语堂碑录》，《石刻史料新编》第 2 辑第 1 册，第 349 页。

⑤ ［元］刘诜：《灵岩寺重修藏殿》，《桂隐文集》卷一，影印文渊阁《四库全书》第 1195 册，第 145 页。

续表 2.3

序号	年代	区域	寺院	藏经	经藏
23	宣和五年 （1123 年）	江南西路吉州	庐陵郡报恩寺	实以经卷	即其东偏起大轮藏，实以经卷，覆以厦屋，钟鼓梵呗，昼夜不绝，遂为一乡之名刹。①
24	建炎二年 （1128 年）	荆湖北路澧州	夹山普慈禅院	荆南府故能仁寺改为官舍，有旧经藏，制度精好。澧倅吴君，适至其处，乞归付之，为天申节祝延圣寿道场之所。	创大宝殿，庇覆安设，相方面势，博广严丽，檀信施财，匠石献巧。水漂巨木，材皆香楠，以充殿楹。溪出异石，形如覆钟，以奠轮趾。众缘和合，不日告成。金碧相鲜，炳焕殊特，诸天宫殿，大地山河，磅礴穹隆，与藏回旋；诸大菩萨，及护法神，宴坐奔驰，与藏往复。互相戛摩，出大音声，演出苦空，无我妙义。凡见闻者，靡不蒙益。而况发心精诚，归向由一，转藏至百千，转旋见机关。谛观自性，转贪恚痴，为大智慧，顿悟圆通，证无上道，夫何疑哉。②
25	绍兴二年 （1132 年）	两浙东路台州	临海昌国寺	募众缘作转轮宝藏以屋五千四十八卷之书	所谓宝藏者，天宫崔崒，地轴妥安，奇鬼巍神，翔舞海面，金碧焕烂，触目惊心。其制作神丽，远近庸有之。③
26	绍兴三年 （1133 年）	两浙西路常州	无锡县开利寺	不详	鸠材数千章，敛钱数十万，营一大藏殿。殿成，以黄金、丹沙、琉璃、真珠、旃檀、众香创宝轮藏。浮空涌地，间见层出，若化成然。龙天拥卫，鬼神环绕，光明晃耀，如百千日。道俗赞叹，以为未曾有也。……百宝庄严如登兜率宫，两轮互转如听海潮音。④
27	绍兴四年 （1134 年）	两浙西路秀州	海宁安国寺	经自四大部，下逮诸律论，皆有之。	其制体圆以像天，外设八面以像八方。上萃天宫，若极有顶，下崿山海，以表其旋，中建枢极，以运转之。推挽所逮，有大音声发于其中。凡见闻瞻礼，咸极所至，祈禳感応，辄如响以。故学佛喜舍之徒，常辐辏于三解脱门，齐储于是取给焉。……所至孰无佛书？孰无轮藏？其庄校严饰，孰不极一时之工？⑤

---

① ［宋］周必大：《新复报恩善生院记》，《庐陵周益国文忠公集》卷四○，四川大学古籍整理研究所编《宋集珍本丛刊》第 51 册，第 436 页。

② ［宋］李纲：《澧州夹山普慈禅院转轮藏记》，［宋］李纲著，王瑞明点校《李纲全集》卷一三三，第 1280～1281 页。

③ ［宋］王以宁：《台州佛窟山转轮藏记》，黄瑞辑《台州金石录》卷五，中国东方文化研究会历史文化分会编《历代碑志丛书》第 20 册，第 353 页。

④ ［宋］孙觌：《常州无锡县开利寺藏院记》，《鸿庆居士文集》卷二九，［清］盛宣怀编《常州先哲遗书》第 1 集第 20 册，第 26～28 页。

⑤ ［宋］傅达可：《安国寺轮藏记》，朱锡恩等续纂《海宁州志稿》卷一九，《中国方志丛书》华中地方·第 562 号，影印民国十一年排印本，台北：成文出版社有限公司，1984 年，第 2061～2063 页。

续表 2.3

序号	年代	区域	寺院	藏经	经藏
28	绍兴四年（1134 年）	两浙东路明州	象山宝梵教寺	往乌墩镇，募缘得经五百函以实之。	藏成，宝殿一新，华盝八面，护法神龙，从地捧之而出。菩提天仙，光明辉映，若帝网珠，互相涉入。①
29	绍兴七年（1137 年）	两浙西路苏州	虎丘云岩寺	琅函贝叶，辉灿焜耀。	建立转轮大藏，效弥勒示现礼制，施轴于中，负戴其上，规摹甚伟。……将见斯藏之成，睹相增信，由信趋善。宿习退转，真证圆通，孝悌和睦之心，油然而起。宜勤守护，用永其传。②
30	绍兴十年（1140 年）	潼川府路合州	合州濮岩寺	未详	天宫地网，森罗匼匝。频伽金翅，伸颈奋翼。攫杀援噬，之而爪目。鱼龙挐结，海神呀呻，如役鬼神，天置地设。……守臣何麒，率州文武，捐金转毂，祝圣人寿，祈生民福。百比丘众，声转轮佛。仰环天盖，俯轧地轴。雷霆砰磤，金石戛击。既静既寂，如海如岳。万人赞叹，希有功德。③
31	金皇统四年（1144 年）	山东东路沂州	沂州普照寺	师（妙济禅师觉海）又于大雄殿之北，创立广厦，聚竺地所传、调御所说五千四十八卷之经。	为大转轮藏，发机于此，栖匦十轮。镂海岸旃檀诸香，象须弥山及阿耨池。八方龙鬼出于水际，各持金革，现护法相。诸天宝宫弥覆其上，一一天宫，有诸宝栏楯。一一栏楯，有诸宝天女执妙音乐歌舞赞佛。复有无量化身如来坐狮子座，为百亿天众放光显瑞说无言法。机轮一动，圣凡出没，千变万化，金碧相错，耀人心目。如劫初时，风激水沫，涌为七珍。莲华藏世界不可说，宫殿以万化成奇妙微巧。④

① ［宋］释法明：《宝梵教寺经藏记》，李洣、陈汉章等纂修《象山县志》卷三一，《中国方志丛书》华中地方·第196号，第3502～3505页。
② ［宋］张浚：《（云岩禅寺）藏记》，［宋］范成大撰，陆振岳校点《吴郡志》卷三二，第487～488页。
③ ［宋］何麒：《北岩转轮藏记》，［清］周澄、张乃孚等修《重修合州志》卷一二，乾隆五十四年（1789年）刻本，第20～21页。
④ ［金］仲汝尚：《沂州普照禅寺兴造记》，［清］李希贤等修《（乾隆）沂州府志》卷三一，《中国地方志集成·山东府县志辑61》，第359～360页。该碑原著录题名为《天宁万寿禅寺碑》，今据临沂市博物馆内复制"集柳碑"改。

续表 2.3

序号	年代	区域	寺院	藏经	经藏
32	绍兴十四年（1144年）	江南西路吉州	吉州龙须山	旧无大藏经，绍兴甲寅长老秉雍领众，始募置满五百函。	藏之前后，神物瑰伟，其像设规置与他处不类，观者叹其异，未尝睹也。①
33	绍兴十五年（1145年）	江南西路抚州	疏山白云寺—疏山寺	聚书五千四十八卷充入之	了如又以旃檀众香，黄金百宝，创一大轮藏，聚书五千四十八卷充入之，缥带穿签，琅函钿轴。有大天龙背负之以出于海。诸化菩萨，庄严相好之妙。蛮君鬼伯，地行空飞之众。穿堂奥殿，丹漆轮奂之饰。洞心骇目，极一时之巨丽。父老纵观，涕泣作礼，以为未始见也。②
34	绍兴二十年（1150年）	两浙东路台州	临海普安禅院	书抵泸南帅冯公概，得经五千四十八卷。	规为转轮大藏，中栖千函，外覆大屋，学者恣取观之。哀其施入，用佐供馈。③
35	绍兴二十六年（1156年）	两浙西路湖州	石塚村青莲院	不详	最后建转轮宝藏，极一时金碧之工，灿烂陆离，夺人眸子。吹螺击鼓，铿锵于庑廊之下。施利日至，斋厨之费，赖此以给。④
36	绍兴二十九年（1159年）	两浙西路湖州	湖州报本禅院	持所书释氏藏典曰宝积、华严、涅槃经及大智度论等，累四百五十余卷，通为四十八函见示，以荐其亲。	又于报本禅院创修轮藏以贮此经，累岁而后办。⑤

---

① ［宋］王庭珪：《龙须山转轮经藏记》，《卢溪先生文集》卷三四，四川大学古籍整理研究所编《宋集珍本丛刊》第34册，第667～668页。

② ［宋］孙觌：《抚州疏山白云禅院大藏记》，《鸿庆居士文集》卷二二，［清］盛宣怀编《常州先哲遗书》第1集第20册，第19～21页。

③ ［宋］王之望：《台州重修普安禅寺记》，黄瑞辑《台州金石录》卷五，中国东方文化研究会历史文化分会编《历代碑志丛书》第20册，第358～359页。

④ ［宋］刘一止：《湖州石塚村青莲院记》，［宋］刘一止著，龚景兴、蔡一平点校《刘一止集》卷二二，第242页。

⑤ ［宋］刘一止：《跋莫用之书藏经》，［宋］刘一止著，龚景兴、蔡一平点校《刘一止集》卷二七，第278页。

续表 2.3

序号	年代	区域	寺院	藏经	经藏
37	绍兴中（1131～1162 年）	两浙西路常州	洞庭东山华严禅院	营一大经藏，储五千四十八卷。①	一乘法轮三身普现，十莲华藏九会同音。故诸佛开大方广门，为众生灭贪嗔痴罪。四十九年如来说法，五十三位菩萨现前。善利弘开妙音演畅，贵贫众善普证大缘。由进篑以成山，积盈科而至海。不住心不退不转，无量福无数无边。②
38	绍兴三十年（1160 年）	荆湖南路衡州	衡州寿光寺	新城承节郎曹尧臣以余力迎佛书于福唐，藏适成而书至。	世所谓藏者，又皆谲诡不物，上拟璇极，攀撩扪天，曲折百增，丹楹璧愣，苍螭蚴蟉以缭楹，象舆半汉以当轩。奔星经于彩才，宛虹拖于雕宗。灵圉夷犹于珍馆，夔魖偃蹇于南荣。霓标凤翘，溯风欲翱。般尔之考极矣！执乐则灵娲宓妃，靓饰袨服，巾幩恤削，或鼓琴撅篝，或弄袖振屦。妙才骋技，态不可弥，夸容飓菁，轶天下之靡曼。守藏则八灵蹈厉，中黄育获之俦，犭肖狨毕方，游光野仲之偶，仡若虎旅，挐攫懔狡，隔目高匡，趏悍虓豁，戴鹃秉戚，奋鬣被般，威奢虎，发植竿，奎踽盘辟，千怪万状。转轮则鼓钟铿訇，钮镯烨煜，呗梵随作，嚣声震荡，咙耾八字，隐如忽雷，不及掩耳。彩饰纤缛则绚以雕藻，裹以朱绿，玟环彩致，缊碧磊砢，璘珉璘彬，蚌实瑕英，璨若玉庑，符采彪炳，布濩纷泊，崛诡逴踪。金膌涂饰，荡心骇目，虽古鬃梬樀扣砌，绮疏璇题，瑶宫琼屋，未有饰如许金者。③

---

① ［宋］孙觌：《宋故武功大夫李公墓志铭》，《鸿庆居士文集》卷三九，［清］盛宣怀编《常州先哲遗书》第 1 集第 22 册，第 13 页。

② ［宋］孙觌：《华严轮藏疏》，《鸿庆居士文集》卷二九，［清］盛宣怀编《常州先哲遗书》第 1 集第 21 册，第 12 页。

③ ［宋］胡铨：《衡州寿光寺轮藏记》，《胡澹庵先生文集》卷一八，北京大学图书馆藏，历原胡氏读书堂道光十三年刻本。

续表 2.3

序号	年代	区域	寺院	藏经	经藏
39	隆兴元年（1163 年）以前①	江南东路信州	信州广教院	此土所有，诸佛菩萨，真经妙义，分卷析轴，函置其中。	刹西南隅实建大藏，爰以精金，合众宝色，天宫楼台，遍覆其上。复作大海，激水腾波，鱼龙出没，守护其下。诸天彩女，箜篌笙笛，作乐歌舞，围绕其前。此土所有，诸佛菩萨，真经妙义，分卷析轴，函置其中。有主藏神，绀面赤发，双角巍然，非龙非妖，非夜叉鬼，以指划口，出风雨声，率领眷属，挟持其轮。州之境内，若男若女，凡曰祈祷，惟神是依。或时江湖，舟堕险处，出手云间，救度危急。以是因缘，多历年所。②
40	乾道二年（1166 年）	两浙西路镇江	镇江罗汉教院	取修多罗、毗尼、阿毗昙秘典以藏之。	乾道丙戌，又创轮藏，取修多罗、毗尼、阿毗昙秘典以藏之。③
41	乾道四年（1168 年）	两浙东路明州	慈溪补陀院	缥带、牙签、琅函、钿轴，藏所藏也。	院有经藏，乾道戊子僧惠登募，夏氏舍材木以建。至景定癸亥，住持道怀率吁檀那，哀水陆施利重新装绘。……若夫旃檀、众香、黄金、百宝，藏所饰也；缥带、牙签、琅函、钿轴，藏所藏也。寺皆有藏，藏皆有经。长沙开福之图，成都胜相之记，形容略尽，岂特补陀为然，故余不复详。④

① ［宋］周必大：《庐陵周益国文忠公集》卷一六五，四川大学古籍整理研究所编《宋集珍本丛刊》第 52 册，第 611 页。

② ［宋］韩元吉：《广教院重修转轮藏记》，《南涧甲乙稿》卷一六，影印文渊阁《四库全书》第 1165 册，第 247 ~ 248 页。

③ ［宋］熊克：《镇江重建罗汉教院记》，［元］脱因修，［元］俞希鲁纂《至顺镇江志》卷九，《宋元方志丛刊》第 3 册，影印清道光二十二年丹徒包氏刻本，北京：中华书局，1990 年，第 2739 页。

④ ［宋］张大圭：《重修藏记》，［清］杨泰亨、冯可镛等纂修《（光绪）慈溪县志》卷四一，《中国方志丛书》华中地方·第 213 号，影印清光绪二十五年刊本，台北：成文出版社有限公司，1976 年，第 850 ~ 851 页。

续表 2.3

序号	年代	区域	寺院	藏经	经藏
42	乾道八年（1172 年）	江南西路抚州	乐安县福庆寺	四大部经	若后藏之建，为殿柱四，觉真泳如其数，为神龙像蟠之。为轮面八，市稠人如其数，为力士像推之。邹邦倚为岳主像措其前，黄师旦又为弥陀像措其后。藏藏藏器，所施经为大部四，为小函百而觭，计藏费增于殿堂十五。①
43	淳熙元年（1174 年）	两浙西路杭州	上天竺灵感观音寺	帝给内帑钱二万缗，付上天竺建藏殿，赐印福州经一藏。	命皇太子书殿榜曰"法轮宝藏"②
44	淳熙三年（1176 年）	两浙东路温州	乐清净慧院	未详	独转经藏，屋庐闳丽，像设精严，殆为一院之极，此今之所创而昔之所无也。③
45	淳熙五年（1178 年）	江南西路吉州	永丰隆山寺	市四方所刊释氏书而函之，鸠缁流刘梵具，迎置藏间。	始寿吾皇，转者三，次福吾民，转者三，于施者如之。鬼机神械，化怪幻奇，朱垩纷而金碧粲，于寺为巨丽。环百里徕祷起敬。④
46	淳熙六年（1179 年）	江南西路抚州	抚州广寿禅院	未详	才屹立十余柱，其上未瓦，其下未甃，其旁未垣，经未甋䰠，其止山立，其作雷动，神呵龙负，可怖可愕，丹垩金碧，殆无遗功。……成此奇伟壮丽百年累世之迹。⑤

---

① ［宋］曾丰：《福庆寺始末记》，《缘督集》卷一九，影印文渊阁《四库全书》第 1156 册，第 217～218 页。

② ［元］释觉岸：《释氏稽古略》卷四，《中华再造善本》影印国家图书馆藏元刻明修本，第 130 页。

③ ［宋］叶适：《白石净慧院经藏记》，《水心先生文集》卷九，四川大学古籍整理研究所编《宋集珍本丛刊》第 66 册，第 451 页。

④ ［宋］曾丰：《隆山寺轮藏记》，《撙斋先生缘督集》卷一九，四川大学古籍整理研究所编《宋集珍本丛刊》第 65 册，第 177 页。

⑤ ［宋］陆游：《抚州广寿禅院经藏记》，［宋］陆游著，马亚中校注《陆游全集校注 9 渭南文集校注 1》，杭州：浙江教育出版社，2011 年，第 454 页。

续表 2.3

序号	年代	区域	寺院	藏经	经藏
47	淳熙六年（1179 年）	江南西路吉州	安福县兴崇院	至福唐，市经于开元寺以归，为卷者五千四十有八，为匦者数十百。	承以耦轮，幬以崇殿，金碧炜烨，丹漆可鉴，龙光神威，森然欲动，鼓舞氓庶，罔不尊礼，教所应有，彪列明备。①
48	淳熙七年（1180 年）	江南西路江州	都昌祇园禅院	遣人持金币募经于福州，外置其上。	其制函受帙，室受函。经之帙五千四十有八，而为函已有八十有四。大木中立，众材辐辏。室则环附如纲目，如弈局。阴为机关，激轮运转，其崇二十有五尺，其周八面寻有五寸。上为毗卢遮那，宫殿楼阁充满虚空境界中，为善财参五十三善知识。因地下为八大龙神舒爪运肘之势，其外覆以大殿，广容其藏。琢刻精巧，藻绘严饰，丹垩辉映。过而礼者，动心骇目，以为三昧力所变幻也。计其费至一千万以上，自癸巳迄庚子，阅七寒暑乃成。②
49	淳熙七年（1180 年）	两浙西路秀州	崇德县崇福寺	秘函宝帙	先是，寺有藏在西，建于政和之岁，中更兵火，燎焉弗存。已而因陋就简，成小转轮，为邑人祈禳之地。岂惟土木华严之弗备，而气象萎苶，重为法教羞。……乃辟故基而作新之。藏方八面，面各九尺，高广合度。外为大殿，壮丽宏敞，与藏相称。梵宫法驾，星罗云拱，秘函宝帙，鳞次栉比。黄金丹碧之饰，珠贝旃檀之像，巧侔造化，光媲日月。有大天龙，背涌鲸海，诸天善神，环绕镇护。壁间绘善财童与五十三参相，皆假庄严之妙，以彰变幻之机。胜刹崇因，视东南诸刹，盖不多见。总费二万缗有奇，积日三期，役工万有八千。③

① ［宋］杨万里：《兴崇院经藏记》，《诚斋集》卷七二，四川大学古籍整理研究所编《宋集珍本丛刊》第 54 册，第 802 页。

② ［宋］尤袤：《（祇园禅院）轮藏记》，《梁溪遗稿》文抄补编，锡山尤氏丛刊甲集，民国二十四年锡山尤氏铅印本。

③ ［宋］蔡开：《崇福寺经藏记》，［元］徐硕撰，［清］管芷湘补校《（至元）嘉禾志》卷二六，《中国方志丛书》华中地方·第 595 号，第 792 ~ 795 页。

续表 2.3

序号	年代	区域	寺院	藏经	经藏
50	淳熙十年（1183 年）	江南东路徽州	歙县古岩院	经阁，函列整整，可以手探而意取。……起于绍兴中，惟经实营之阁，久而益坏。	阁之于尊经有所未至也，今既大为之，轮衍八面，以为十，置函其间，上为莲华、千叶、毗卢居之，五十二大士，缥缈于孤云之上。当其机械一动，果若山君海王拥而挟之以趋经，不既严矣乎！……犹以雕镂涂饰、旋斡震眩为足以尊经。①
51	淳熙十四年（1187 年）	江南西路抚州	曹山集善禅院	市其教所有经，函置藏间。	寺所应为庐皆具，独未有所谓轮藏者，于梵典为缺。……（工讫）规模出于有独，工械入于无间。金纷碧华，神卓鬼立，游者改观，祷者起敬。②
52	金大定二十九年至明昌六年（1189 ~ 1195 年）	山东西路东平府	济州普照寺	金文二全藏	师所住寺久阙修饰，自知法道大振，可以成就胜事。始于正殿庄严西方三大士像，又□□□□法宝宝藏，诸佛菩萨，天龙鬼神，四众围绕，诸天香云，弥覆周匝，皆穷极巧丽，遂为东州瑰伟之观。师犹以为未也，乃谓寺众曰，轮藏□□□□□□，闻京师弘法寺有藏教板，吾当往彼印造之，即日启行，遂至其寺，凡用钱二百万有畸，得金文二全藏以归。一宝轮藏，黄卷赤轴□□□□□殿中安置，壁藏皆□梵册，漆板金字，以为严饰。庶几清众，易于翻阅。凡此胜缘，若有神助。富者施财，壮者施力，匠者施巧，不四三年，钟楼、门庑、寮舍、厨库，无有不备。韪哉福田，遂为东州第一。③
53	庆元二年（1196 年）	两浙西路杭州	余姚福昌院	体修者募其藏之书	今其藏宇囷囷隆隆，金碧玲珑，函书满中。殿则翼翼鳞鳞，周楣重轩，像饰一新。盖其费缗钱二万焉。④

① ·［宋］罗颂：《古岩经藏记》，《罗鄂州小集：附罗鄂州遗文》，《北京图书馆古籍珍本丛刊》第 88 册，影印明万历四十二年华继祥刻本，第 589 ~ 590 页。

② ［宋］曾丰：《南曹山集善禅院轮藏记》，《撙斋先生缘督集》卷二〇，四川大学古籍整理研究所编《宋集珍本丛刊》第 65 册，影印清抄本，第 179 ~ 180 页。

③ ［金］赵沨：《济州普照禅寺照公禅师塔铭》，［清］张金吾编纂《金文最》卷一一一，第 1593 页。

④ ［宋］孙应时：《福昌院藏殿记》，《烛湖集》卷九，影印文渊阁《四库全书》第 1166 册，第 629 ~ 630 页。

续表 2.3

序号	年代	区域	寺院	藏经	经藏
54	庆元三年（1197 年）以前①	两浙东路台州	临海延丰院	小藏易为大藏	有法轮之草创，致经卷之尘埋。使此福林，负吾檀施。……事出无心，小藏易为大藏。会天龙之围绕，合钟鼓之铿轰。珍重瞿昙，流出悲云。②
55	嘉泰二年（1202 年）	江南西路赣州	赣州丰乐寺		藏于寺务为急……圬之金碧，诡然而昭回；蟠以虬龙，桥然而薄怒。阖州惊见，曰伟观也。祷者起敬，游者起羡。③
56	嘉定十五年（1222 年）	潼川府路潼川府	通泉澄心院	法尧先造大部四合八百四十卷，祖意觉证又足以五千五十八卷。	涵摄其义曰藏，运行其说曰轮。舍藏无以蕴其奥，非轮无以发其用。第二义门特出巧思，制成八觚，八窗玲珑，面面层室，以贮琅函，以绚金碧，以拟睹史。大庄严藏，枢正厥中，以静以应。一机潜发，飘风疾旋，若翻地轴，使海水立，荡胸决眦，倏尔如砥，曰此权道，会心以境。……十二大士琉璃光炽，盛光幻出环堵岩石间，俨然大光明藏，各质所疑，又疑东方尘刹神力断取，闻辄意消，况见者耶。④
57	嘉定十六年（1223 年）	江南西路江州	庐山延庆禅院	四大部经	钟鼓殷床，梵放薄云，妙高四朵，夜摩诸天，如风忽旋，如海忽翻，枢应无穷，莫尽其极。一机休复，海湛天碧，八窗玲珑，尘消镜空，万目仰瞻。凤负恶习，不锄而拔；信萌善颖，油然发生。⑤
58	宝庆至嘉熙中（1225 ~ 1240 年）	两浙西路常州	宜兴碧云崇明寺	遂得八十卷重玄嗅出（疑为《华严经》）⑥	雕龙涂栋，付檀时精巧者。八觚棱棱，玲珑八窗，实以琅函玉轴承厥终。⑦

① 释宝昙卒于庆元三年。

② ［宋］释宝昙：《延丰院藏榜》，《橘洲文集》卷八，四川大学古籍整理研究所编《宋集珍本丛刊》第56 册，第 62 页。

③ ［宋］曾丰：《丰乐寺藏记》，《樽斋先生缘督集》卷二二，四川大学古籍整理研究所编《宋集珍本丛刊》第 65 册，第 193 ~ 194 页。

④ ［宋］释居简：《澄心院藏记》，［宋］释居简撰，纪雪娟点校《北磵文集》卷三，第 74 ~ 75 页。

⑤ ［宋］释居简：《江东延庆院经藏记》，［宋］释居简撰，纪雪娟点校《北磵文集》卷四，第 88 ~ 89 页。

⑥ ［宋］释居简：《碧云藏殿上梁文》，［宋］释居简撰，纪雪娟点校《北磵文集》卷九，第 353 ~ 354 页。

⑦ ［宋］释居简：《碧云藏殿记》，［宋］释居简撰，纪雪娟点校《北磵文集》卷四，第 85 ~ 86 页。

续表 2.3

序号	年代	区域	寺院	藏经	经藏
59	元至元三十一年（1294 年）	松江府	松江普照寺	五千四百八十卷	殿二十楹，藏崇五丈，广半之，金碧照烂，髹漆精明。上有飞仙桥，中有栖经函，旁有铁围山，下有香水海。每巨植砑轰，人运机而神效力，如车之旋，如风之行，如雷霆之惊，壮丽杰特，虽百岁老人犹以为希有。①
60	元统元年（1333 年）	庆元府	奉化大中岳林寺	至治元年冬，摹全经。	建大宝轮，一柱八面，实经其中。其止山立，其作雷动，天宫水府，神帝龙君，涌现围绕，如佛所住，前呵后负，可怖可愕，琢雕藻缋，殆无遗功。金碧髹彤，绚烂溢目。②
61	至正四年（1344 年）	平江府	承天能仁寺		栖经有藏，涂以纯金，一柱八面，纳甌五百。天神环绕，力士翊扶。幡盖香云，缤纷蒙蔽。达官大姓、好事之家，观者莫不目眩心骇，争投钱币，以助胜缘。③

　　表中所见，修造记中对转轮藏内藏经的描述多用"十二部经""三藏""全经""藏经""五千四十八卷""五百函""四大部经"乃至"经卷"代指，有的甚至对藏经避而不记，且仅有少数记文赞藏内所藏为"墨宝珍严""函帙丽好""琅函""赤轴"或"黄卷""钿轴"，这种惜字如金的态度与对经藏浓墨重彩的描绘形成鲜明的对比。上述情况表明，在世俗化的佛教里，轮藏修造过程中似乎存在一种"重藏轻经"的倾向。

　　宋元时期，"所至孰无佛书？孰无轮藏？其庄校严饰，孰不极一时之工？"④ 华丽

---

① ［元］张之翰：《普照寺藏殿记》，《西岩集》卷一六，影印文渊阁《四库全书》第 1204 册，第 488 ~ 489 页。

② ［元］黄溍：《岳林寺经藏记》，［元］黄溍著，王颋点校《黄溍集》卷一四，第 550 页。

③ ［元］黄溍：《平江承天能仁寺记》，［元］黄溍著，王颋点校《黄溍集》卷一五，第 576 页。

④ ［宋］傅达可：《安国寺轮藏记》，朱锡恩等续纂《海宁州志稿》卷一九，《中国方志丛书》华中地方·第 562 号，影印民国十一年排印本，第 2061 ~ 2063 页。

的轮藏一方面被作为尊经的一种手段，所谓"雕镂涂饰、旋斡震眩为足以尊经"①；另一方面是作为吸引信众传播佛教的一种设施，所谓"金纷碧华，神卓鬼立，游者改观，祷者起敬"②；当然也是寺院获取布施的一种工具，所谓"观者莫不目眩心骇，争投钱币，以助胜缘"③。

2. 关于五轮藏

将华丽发挥到极致的非五轮藏莫属，表 2.3 第 41 号中张大圭为明州慈溪补陀院转轮藏所作记文中"长沙开福之图"即指长沙开福寺的五轮藏之图。宋僧释惠洪《潭州开福转轮藏灵验记》称：

> 开福在郡城之北，基构雄夸，尽占形胜，昔马氏植福之地也。……马氏尝命比丘智光建东藏，奉安法宝，欲增妙丽，规法忉利诸天。光以意造，不合教乘，议者曰："惟劲禅师，隐居岳中三十年，得心法之要，而淹通三藏，异迹甚著。"厚礼致之，劲果来，于是布地文石，为云涛之状，以象海，琢石云涛之上，以象须弥山。建大轮山之颠，而辅以小轮四，棋布峙立，如人聚五指，翔空为朱栏青锁，间见层出，以象忉利宫阙。光之徒颇相折难，劲博引《楼炭》等经，《瑜伽》《俱舍》诸论，证尤甚明。会尊者室利嚩啰者来自五天，是劲之说，而藏乃克成，为湖湘第一。政和之初，……（住持僧智公）以职事付其嫡子文玉，……（法圆）集诸功德成就胜缘，三年，化众檀钟瑜等翻修藏殿。五年（1115 年）秋，将毕工，九月己卯，梦合抱之木半空而止，圆蒲伏，疑将压焉。呼曰："谁为此木，危人如此乎？"有答者曰："此藏心也。"黎明，觊州男子程俊来谒，愿施木以修藏，如梦中。自是施者日填门。十月癸丑，使木工张询梯其颠，施斧凿，得木镂谶文，其略曰："吾成此藏，魔事极多，不逾二百年，有吾宗法子，革作转轮，此其基也。住持者荆山宝也，法子者月望也，匠

---

① ［宋］罗颂：《古岩经藏记》，《罗鄂州小集：附罗鄂州遗文》，《北京图书馆古籍珍本丛刊》第 88 册，影印明万历四十二年华继祥刻本，第 589～590 页。

② ［宋］曾丰：《南曹山善禅院轮藏记》，《撙斋先生缘督集》卷二〇，四川大学古籍整理研究所编《宋集珍本丛刊》第 65 册，影印清抄本，第 179～180 页。

③ ［元］黄溍：《平江承天能仁寺记》，［元］黄溍著，王颋点校《黄溍集》卷一五，第 576 页。

者弓长也。"自伪天福癸丑至宣和改元己亥（1119 年），盖百九十余年，夫岂偶然也哉。余获拜观，遣十辈下推其毂，五轮俱旋，其上涂金间碧，电驰风绕，庄严之丽，惟见者心了，而言所不能形容也。圆自言，其巧非木工所能，皆梦中若有指授者。凡费缗钱五百万，六年而后成。①

开福寺营藏借助谶纬一事复见《夷坚志》支志景卷第六"开福轮藏"条：

潭州城北开福寺，五代马王时所建，殿宇宏丽，唯经藏未作转轮。邦人前后欲营之，辄不果。政和四年（1114 年）甲午，住持僧文玉始拆旧藏欲新之，于栋间得一板，题四十五字云："吾造此藏，魔障极多，初欲为转轮，众议不可。后二百年，当有成吾志者。是时住院者荆山璞，化缘者中秋月，匠人弓长也。"传示于众，莫能晓。有识者解之曰："荆山璞，即文玉也；中秋月，即化缘僧智圆也；弓长者，塔匠张其姓也。"推考立寺之岁，当梁正明元年已亥（实应为梁贞明元年乙亥，即 915 年），正马氏有国时，恰二百年矣。②

释惠洪记文中称"建大轮山之颠，而辅以小轮四，棋布峙立，如人聚五指"，所引谶文中又谓"不逾二百年……革作转轮"，再结合《夷坚志》中"唯经藏未作转轮"语，可以确定该寺政和间方改经藏为通常意义上相互关联的五轮藏——居中为大转轮，旁附以小轮四座，推一轮而五轮俱旋，"其上涂金间碧，电驰风绕"，相当壮观。不过孙觌所作《崇安寺五轮藏记》中谓："（义深）欲营一大经藏，为此方种善集福之所，……又闻晋汉间马氏王南楚时，有胡僧室刹缚罗，创五轮宝藏于长沙开福院，规模宏丽，为天下最。好事者图其迹以传。"③ 不仅将五轮藏之创设定于五代，而且将其发明归于胡僧室刹缚罗（惠洪文中的"室利嘈啰"）名下，这种说法应是将五轮藏与佛教发源地进行关联以求得正统地位的托伪之辞。另据释惠洪文，开

①　［宋］释惠洪：《潭州开福转轮藏灵验记》，［宋］释惠洪著，［日］释廓门贯彻注，张伯伟、郭醒、童岭、卞东波点校《注石门文字禅》卷二一，第 1281～1283 页。

②　［宋］洪迈：《开福轮藏》，［宋］洪迈撰，何卓点校《夷坚志》支志景卷第六，北京：中华书局，1981 年，第 926 页。

③　［宋］孙觌：《崇安寺五轮藏记》，《鸿庆居士文集》卷二三，［清］盛宣怀编《常州先哲遗书》第 1 集第 21 册，第 26～29 页。

福寺初建成互相关联的五轮藏的年代应该是宣和元年（1119 年），五代时所建经藏"奉安法宝，欲增妙丽，规法忉利诸天"，虽然不是可以互动的五轮藏，不过似乎也可以视为这一结构的先驱。

上引孙觌记文是为常州无锡县崇安寺五轮藏而作，记文曰：

> 无锡为东南大县，而寺据上游，广袤数百亩，穹堂奥殿，隆楼杰阁，屹起相望，一大兰若。建炎之乱，废于兵火，表里洞然，无尺椽片瓦之遗。至是，义深（赐紫，号妙智大师）除地西南隅，营所谓藏殿者，县承信郎樊仲方施巨材数千章，为钱一千万。又闻晋汉间马氏王南楚时，有胡僧室刹缚罗，创五轮宝藏于长沙开福院，规模宏丽，为天下最。好事者图其迹以传。义深访得之。殿成，仿图命工建大轴其中，创五机轮涌起于地。黄金丹砂，明珠大具，旃檀众香，百宝装严。极色身具足相好之妙。诸天龙众，地行空飞。诸化菩萨，恭敬围绕。丹碧相发，震耀大千。人天鬼神，所共瞻仰。于是右承直郎高凤印五千四十八卷，纳诸匦中，锦囊象轴，宝奁贝叶，无一不具，为钱亦八百万。……一时王公大人、巨富长者，挥金钱，赈廪粟，助发胜缘，以成就最上第一希有功德。凡土木之工，级砖盖瓦，垩墁丹漆之费，为缗钱一万。作始于绍兴二十八年十月，以三十年（1160 年）九月计日而成。

崇安寺五轮藏为写仿长沙开福寺"规模宏丽，为天下最"的五轮藏，自然是百宝庄严，相好具足。不过对于五轮藏的描绘，若论辞藻之华丽和形容之具体，当首推罗愿笔下的歙县城阳院五轮藏，罗愿《徽州城阳院五轮藏记》称：

> 佛氏之书载以五轮，此役之巨丽者也。以吾州人之勤于力，今歙县南所谓城阳院者，乃亦有之。先是，绍兴中，里人余聪买其书号四大部置院中，岁益久，主僧宗仁谋所以藏之。……一年而藏室具，又二年，当乾道之九年（1173 年），而轮毕成。凡其书亦随具，斯亦难矣。夫五天竺盖联缀木叶，右行而记之以为文字。及其写以黄纸，标以赤轴，函贮而尊阁之者，皆华人之为也。然而未有轮也，傅氏铸铜以为式，其植若箸，横为梁，而中贯之，列七佛焉，触之以指则转而不穷，是轮而已矣。其后因之为大轮八舾，上象钧天帝居，下为昆

仑海水，仿百物以为饰，犹不尽其巧，则又分而为五。当其无事，不震不动，大小杈然。芬烟既作，有声砰然起于地中。则有轧轧者群起而和，中听未及审，而所观变于前。恍然如入雷电之室，隐辚挥霍而莫知所为。如五山之宫殿，岌嶪无所著，而随物播徙。如充庭之辂，礼毕而出，銮鸣毂动，相切而争驰。其上则为凤、为猊、为天人、为龙蛇巨雀之神，为旌盖、为网铎、为金为碧、为火与日、为草木华实，散记于五八四十面之中。更见迭出而不相蔽亏，使玩常习故者视之，震眩心目，而不知其外旷宇天高，地下八方，奠位自若也。彼相进以伎者，一至于此，夫孰求其初要而言之？此其意亦有所表，又以人之情悦于巨丽，得佐其说以行。①

歙县城阳院的五轮藏具备一般转轮藏"涌出于海、上象天宫"的特点之外，运转之时另辅以烟雾和相互应和的各种声音，藏的表面装饰百物以增添运转时"震眩心目"的效果。

除上述三例外，五轮藏之修建另见于以下三处：其一，杭州城内的传法五藏院，"绍兴初建，以处流寓。院有宝藏五轮，一轮转而四轮随之，故以为额"②；其二，镇江静明寺自淳熙九年（1182年）至开禧三年（1207年）修建殿宇，建五轮藏于内③；其三，池州景德寺自乾道七年（1171年）开始复兴毁于火灾的大藏经，"又为藏者五，募诸经分置其上，阅再岁而后成。中为机轮，缪辖运动，复以无量金丝五彩而为严饰，又以无数幡幢宝铎网幔而为供具，珠珍间错，丹碧照耀。……縻金钱一万七千缗。……藏崇二十五尺，表十有三尺四，傍者崇减于中六尺，表则减其半焉"④。该记文重在阐发轮藏的宗教功用，下文辟专节论之，此不详述。

---

① ［宋］罗愿：《徽州城阳院五轮藏记》，《罗鄂州小集》卷三，《北京图书馆古籍珍本丛刊》第88册，影印明万历四十二年华继祥刻本，第567页。

② ［宋］潜说友纂修《咸淳临安志》卷八一，中华再造善本，影印国家图书馆藏宋咸淳临安府刻本，第12～13页。

③ ［宋］钱德谦：《静明寺记》，［元］脱因修，［元］俞希鲁纂《至顺镇江志》卷九，《宋元方志丛刊》第3册，影印清道光二十二年丹徒包氏刻本，第2738页。

④ ［宋］韩元吉：《景德寺五轮藏记》，《南涧甲乙稿》卷一六，影印文渊阁《四库全书》第1165册，第246～247页。

淋漓尽致的描绘彰显了时人对于经藏庄严外观的重视，五轮藏将经藏的华丽发挥到极致的同时，也将轮藏修建过程中"重藏轻经"的倾向表现至巅峰。正如罗愿在《徽州城阳院五轮藏记》指出的那样：五轮藏为轮藏中的"巨丽者也"，而"人之情悦于巨丽，得佐其说以行"，修造"巨丽"的五轮藏的主要意图，还是要通过其华丽的外观以取悦于人心，从而达到辅行教旨的效果。而包括五轮藏在内的转轮藏可以作为佛教实践智慧中的一种"方便"，使得宗教传播的过程和操作难度显得尤为"简易"（"方便"和"简易"均为宋僧释惠洪《潭州开福转轮藏灵验记》中语）。

三　转轮藏繁荣背后的教理逻辑

纵观转轮藏之修造情形，一方面，有能力的寺院汲汲于修造装载整部大藏的转轮藏，希望通过佛籍的"全"而获得神力；另一方面，力不足以置"大藏"者，则以四大部经或者某部佛经作为替代，乃至修建并无佛经的转轮经藏。转轮藏修造过程中存在"重藏轻经"倾向，尽管轮藏内装有数量不等的佛经，但是其藏经的主要目的并不是方便信众取阅，这种存经而不读经的做法为部分儒者所不齿。

在《景德寺五轮藏记》中，韩元吉（1118～1187年）即对转轮藏提出了质疑："佛经之入中国，重译而仅传，其杂伪纷舛，殆与儒书未删者同，而中国之学者穿凿傅会，亦不异于俗儒稽古之说也，尔之徒不务其择，而惟取其富，又庋而弗读，乃为是机关技巧以炫于愚夫愚妇，而曰是将运之，而与读无异，不几于儿戏而自诳哉？"① 南宋四大家之一的杨万里（1127～1206年）也曾批判道："庋之而置散焉，书则书矣，我何与哉！……诵不以口而以轮者，惰也。蓄不以心而以藏者，弃也。"② 吕午也以儒家的立场对转轮藏及其功用表示否定："狃于庄严，备极华丽，怠于诵习，托诸运转。又自一轮，演为五轮，金碧愈辉，心目愈骇。将使释俗眩华忘实，

---

① ［宋］韩元吉：《景德寺五轮藏记》，《南涧甲乙稿》卷一六，影印文渊阁《四库全书》第 1165 册，第 246 页。

② ［宋］杨万里：《石泉寺经藏记》，《诚斋集》卷七二，四川大学古籍整理研究所编《宋集珍本丛刊》第 54 册，第 798 页。

插架贝叶，手未尝触。是犹吾儒有书不读也，诸佛之说何由以传？"① 吉州太和县②
普觉禅寺长老楚金 "以檀施之余，建莲华转轮经藏。百工神奇，轮奂一新，化出幻
没，耀人心颜，佛事庄严，自谓惬当。然或讥谤，以谓大老翁当为十方衲子兴法之
供养，安用作此机械，随俗媚夸耶？"③ 讥谤者当亦非佛门中人。藏而弗读且能得读
经之利，转轮藏的这种机理只有在宗教的框架下方可成立。

（一）"明心见性" 的传教工具

经慧能改造后的禅宗，讲究 "明心见性"④，主要的修行方式则为简单的 "顿
悟"，这种简单的教义和修行方式为广大受众所认可和接受，转轮藏也成为顿悟一派
的传教工具之一。陈舜俞（1026～1076 年）在为建于治平元年（1064 年）的秀州华
亭县海惠院转轮藏所做记文中称："况夫我为法轮，致远由己，有相虽外，发心必
内，心转轮驶，心止轮柅。举真如之性海，一指而遍，尽尘沙之法门，有念斯足。
须弥纳于芥子，沧海入于毛端，具体道之枢机，利物之关键。作之可谓妙用，施之
者不为无穷之利乎。"⑤ 俨然将经藏之轮和心轮相对，使人于一转动间顿现其真如本
性，因此称其为 "体道之枢机，利物之关键"。这种将法归至于心的认识于彼时较为
普遍，如信州城北广教院长老怀璧⑥称："一切世间欲证如来，无上妙果，非从天降，
不自地出，究竟圆觉，皆在汝心。以汝真心，不能自见，虽有八万四千秘密宝藏充
载汝身，眼耳鼻舌，同于如来，而无如来智慧明了，流浪生死，如逆风波，蔑有暂
止。佛以方便，直指汝心，若对镜时，自识其面。使汝法轮，触处运转，亦如此藏，

---

① ［宋］吕午：《休宁县方兴寺西院新建藏记》，《竹坡类稿》记，《北京图书馆古籍珍本丛刊》第 89 册，
　　影印清抄本，第 292 页。

② 黄庭坚曾为吉州太和县普觉禅寺长老楚金作《跨牛庵铭并序》，据以知普觉禅寺之所在，见《黄庭坚
　　全集》第 546 页。

③ ［宋］黄庭坚：《普觉禅寺转轮藏记》，［宋］黄庭坚著，刘琳、李勇先、王蓉贵校点《黄庭坚全集》
　　别集卷二，第 1492～1493 页。

④ ［元］释宗宝：《坛经跋》，《六祖大师法宝坛经》，《大正藏》第 48 册，No. 2008，第 364～365 页。

⑤ ［宋］陈舜俞：《海惠院经藏记》，《都官集》卷八，影印文渊阁《四库全书》第 1096 册，第 493 页。
　　《都官集》久佚，传本系四库馆臣辑自《永乐大典》，故以《四库》本为佳，这一条未改完全。

⑥ 据《文忠集》卷一六五，周必大于南宋隆兴元年（1163 年）路过信州广教院时，该寺即有藏殿，长
　　老为僧怀璧。［宋］周必大：《庐陵周益国文忠公集》卷一六五，四川大学古籍整理研究所编《宋集
　　珍本丛刊》第 52 册，第 611 页。

圆满眼前。汝心本无，我法安有，由心非心，悟法无法，返求汝心，当得自在。"①
李纲（1083~1140 年）的说法更为直接，南宋建炎二年（1128 年）十月，"移纲澧
州居住"②，李纲见澧州普慈禅院转轮藏而为之作记曰：

> 夫一藏教，其数五千四十八卷，一偈一句，含无量义，其有受持读诵书写，
> 非积岁时晦明寒暑，不能成就。云何乃于屈伸臂间，运动机轮，而得圆满？应
> 观法界，一切惟心，由心生故，种种法生，由法生故，种种心生。法即是心，
> 心即是法，心法如如，非一非二，则一念之际，功德周圆，与久远时无有差别。
> 了斯法者，于一尘中，转大法轮，于一念顷，转如是经百千万亿。况此法藏，现
> 前运转，自然能护，不可思议，胜妙功德。以是义故，轮藏之兴，周遍禅刹，与
> 诸有情，作大饶益。……禅宗指心源，不立文字相，见性以成佛，岂与佛语违？
> 了心与了法，心法本无二，已具看经眼，乃可阅灵文。谛观诸佛言，无一不然者，
> 如以印印泥，纵横皆契合。此心未明了，欲于纸上求，如入海算沙，历劫无是处。
> 心迷诸经转，心悟转诸经，是故学道人，明心以为最。我观转轮藏，众宝所庄严，
> 排斡隐机关，周行无滞碍，山河随地转，宫殿与天回。诸龙及鬼神，蟠结以卫护。
> 璀璨种种色，发生大光明，荡摩出音声，演说微妙义。佛语菩萨语，宝函秘其中，
> 运动不崇朝，而转无量匝。一心生万法，万法惟一心，心念已周圆，功德斯成就。
> 藏轮表诸法，法轮转于心，是故瞻礼人，当观能转者。③

孙觌（1081~1169 年）亦认为"诸佛所说，微妙第一，真实了义，祖祖相授，
以心为法"④，称无锡开利寺转轮藏（南宋绍兴三年，1133 年建）"更能透出赵州转

①　［宋］韩元吉：《广教院重修转轮藏记》，《南涧甲乙稿》卷一六，影印文渊阁《四库全书》第 1165
　　册，第 248 页。
②　［宋］李心传：《建炎以来系年要录》，北京：中华书局，1956 年，第 363 页。
③　［宋］李纲：《澧州夹山普慈禅院转轮藏记》，［宋］李纲著，王瑞明点校《李纲全集》卷一三三，第
　　1280~1281 页。
④　［宋］孙觌：《抚州疏山白云禅院大藏记》，《鸿庆居士文集》卷二二，［清］盛宣怀编《常州先哲遗
　　书》第 1 集第 20 册，第 19~21 页。

处机关，自然会得药山遮眼时节"①，将转轮藏与赵州和尚"下禅床绕一匝，云转藏已毕"②和澧州药山惟俨禅师看经"只图遮眼"③的故事相提并论，转动轮藏相当于读经转藏。

吉州龙须山为南宗禅寺，绍兴十四年（1144 年）始建轮藏，王庭珪（1079 ~ 1171 年）在记文中论曰："所谓法界宝藏，从无始来固存，不可以色相求，使凡夫忽然见道于一念，顷遍十方界，则虚空中法轮常自转也。……盖此宝藏，凡夫皆具足，而莫能自证。如衣中宝珠，必因人指示。而不到曹溪，安知不失？今之所以聚佛书转大法轮，以张皇其说者，盖不为诸佛说法，为凡夫说法尔。"④"凡夫皆具足，而莫能自证"，建转轮藏固然是为了尊崇佛经（所谓"张皇其说"），但主要目的还是使凡夫俗子"见道于一念"，是极富禅宗意味的传道工具。吴元美在《重光寺记》中的议论更加直接：

> 余尝论佛之心甚恕，道甚广，欲随其分量，各有所得而后已。上士即心悟佛，一言不立矣，然其心以为天下后世，安能使人尽皆如己，指迷觉妄，为大道师，则其言其书不获已也。其次者，闻佛之风而说之，诵其言因得其心，还以所得，欲广诸人而传诸后，则尊其言而藏其书，不敢忘也。其下者，匹夫匹妇之愚，目不识书，平居钳于财利，锢于罪恶，奸欺顽庹，靡所不至，虽刑赏不能劝惩者，一旦信吾佛之说与善恶之报，遽捐所客，输之浮屠，睇像设则屈伏瞻礼，能于俄顷间，使善信之心恍然皆存，是孰使之然哉？彼皆不得于心而求之言，不得之言而求之书，书与言卒未有得，而求之于闻睹，目骇心回，转相告语，则其所求如佛者，亦或有得于一念之间也。⑤

① ［宋］孙觌：《开利寺建经藏榜语》，《鸿庆居士集补遗》卷二〇，［清］盛宣怀编《常州先哲遗书》第 2 集第 2 册，武进盛代汇刊，第 18 页。

② ［宋］蕴闻编《大慧普觉禅师语录》卷九，《大正藏》第 47 册，No. 1998，第 849 页中栏。

③ 《景德传灯录》卷一四："师看经，有僧问：和尚寻常不许人看经，为什么却自看？师曰：我只图遮眼。"［宋］道原：《景德传灯录》卷一四，《大正藏》第 51 册，No. 2076，第 312 页中栏。

④ ［宋］王庭珪：《龙须山转轮经藏记》，《卢溪先生文集》卷三四，四川大学古籍整理研究所编《宋集珍本丛刊》第 34 册，第 667 ~ 668 页。

⑤ ［宋］吴元美：《重光寺记》，［明］唐学江修，谢肇淛纂《万历永福县志》卷四，历史语言研究所藏抄明万历四十年刊本，台北：台湾学生书局，1988 年，第 201 ~ 204 页。

在儒者看来，转轮藏之修建还是面向目不识书而钳于财利的"匹夫匹妇"，期望通过"目骇"而"心回"，"有得于一念之间"。

（二）"有形有相"的方便法门

在《胜法寺转轮藏记》中，叶梦得称："佛氏去中国数万里，其言率一译再译而后见，乃全而有之，愈久而益著，何也？……盖为之学者，皆知信其所习，而尊其所闻。相与谨守严奉，手传口诵而不敢慢。……并海之民，不耕而渔，其习以多杀为事，而不畏罪。与之言吾理则惑，教以其书则怠。惟转轮藏，侈极雕刻彩绘之观，以致其庄严之意，可使凡微福悔过者，一皆效诚于此。吹蠡伐鼓，机发轴运，象设骇于目，而音声接于耳，不待发函展卷，而其心固已有所向矣。"① 其中颇值得注意者，有两个层面的意思：其一，人们因敬信而尊崇佛经，转轮藏"侈极雕刻彩绘之观，以致其庄严之意"，即通过外观的庄严以表达对佛书的尊崇之意；其二，转轮藏的华丽壮观具有震慑耳目的效果，使观者在感慨于佛国庄严的同时，虔诚和敬畏之心油然而生，达到邀福悔过的目的。

就目前所搜集的资料来看，对转轮藏最深刻的认识首推陈宗礼（1203～1270 年）于南宋咸淳六年（1270 年）为南海光孝寺（今广州光孝寺）转轮藏所作《重修法宝轮藏记》，记文略曰：

> 佛家之有轮藏，昭释教之流通无停滞也。……佛灭度后，迦叶尊者，鸣铜键锤，指迷卢山顶，召三千界内，一千无学圣人，结集法藏，佛语、菩萨语，曰经、曰律、曰论。国王长者，四众天人，以琅函玉轴，百宝庄严，十袭秘之曰"藏"。包罗其外，机括其中，运而不息之曰"轮"。鼓动间，千经万论，一音适唱，随类得解，雷震风生，闻者见者，合掌屈膝，如见佛受教。倾心归之，获无量福，其感通之神速，较昔者流布之次第，力简而功大。何也？佛自言之于燃灯佛所，实无有法可得，法且无有，何者为藏？其所付嘱护念，不过为众生扫除四相，洗涤六尘，其救度众生，特转恶道，趋善道，转无明，向大明。是所转者，无形之轮，无相之藏，圆通无碍，皆吾自性，岂假乎外？自纂言成经，积经成藏，光明涣耀，

---

① ［宋］叶梦得：《胜法寺转轮藏记》，［宋］范成大撰，陆振岳校点《吴郡志》卷三五，第 525～526 页。

> 天龙神鬼，在处护持，骇愕群生之听者，以其有形有相、有句有义，信向者愈笃，证悟者愈盛，超凡入圣，善道人天，本来先后，有不可掩焉者矣。①

"昭释教之流通无停滞也"，"其感通之神速，较昔者流布之次第，力简而功大"，对转轮藏功用的概括可谓精当。而所谓"闻者见者，合掌屈膝，如见佛受教，倾心归之，获无量福"的情况也非一家之言。如宋人程俱即称"当观是藏轮，与佛非一异"②；宋人吴元美在对转轮藏的批判中称："佛在心，不在言。书，纸上语耳。况又严饰土木，神而藏之。使人隐于机轴间，转而轮之。击鼓鸣钟，环绕惊叹，以是为佛，不亦几于戏欤？"③ 从中可以看出，当时将转轮藏作为佛的象征而对其进行礼拜绝非个案。日本学者金井德幸更是根据文献中常见的礼敬轮藏情况而论及"宋代的转轮藏信仰"，称转轮藏被作为具有特殊法力的"大灵像"④。

礼敬转轮藏的行为及其背后的功德机制表面上看似乎和信仰佛或其他对象没有差别，但是，以轮藏为佛则其信仰逻辑有明显缺环，称"转轮藏信仰"则又过于注重"经藏"这一物化的实体外壳而流于表面。实际上，礼敬转轮藏本质上是在礼敬其内的佛典，这是一种名副其实的法宝崇拜行为。我们知道，佛教原典中宣称应将经卷"敬视如佛"⑤，供养佛经即"恭敬供养过去、未来、现在诸佛"⑥，"广闻是经，若教人闻，若自持、若教人持、若自书、若教人书，若以华香、璎珞、幢幡、缯盖、

① ［宋］陈宗礼：《重修法宝轮藏记》，白化文、张智主编《中国佛寺志丛刊》第 113 册，第 267～269 页。

② ［宋］程俱：《镇江府鹤林天宁寺大藏记》，《北山小集》卷一八，四川大学古籍整理研究所编《宋集珍本丛刊》第 33 册，第 470～471 页。

③ ［宋］吴元美：《重光寺记》，［明］唐学江修，谢肇淛纂《万历永福县志》卷四，历史语言研究所藏抄明万历四十年刊本，第 201～204 页。

④ 金井德幸：《宋代転輪蔵とその信仰》，《立正史學》第 104 号，立正大學史學會，2008 年。

⑤ 《小品》卷三《泥犁品第八》："如敬视佛。敬礼般若波罗蜜，如敬礼佛。……今闻般若波罗蜜，即生欢喜，如从佛闻。若见般若波罗蜜，如见佛。"［后秦］鸠摩罗什译《小品般若波罗蜜经》，《大正藏》第 8 册，No. 227，第 550 页上栏至下栏。

⑥ 《小品》卷九《嘱累品第二十四》：供养般若波罗蜜，受持、读诵，如所说行，即"恭敬供养过去、未来、现在诸佛"，"若人爱重佛，爱重法，爱重僧，爱重过去、未来、现在诸佛阿耨多罗三藐三菩提，当以是爱重，爱重般若波罗蜜"。［后秦］鸠摩罗什译《小品般若波罗蜜》，《大正藏》第 8 册，No. 227，第 577 页下栏～第 578 页上栏。

香油、酥灯供养经卷！是人功德无量无边，能生一切种智"①。供养佛经乃至被宣称高于供养佛舍利和七宝塔②。因此，在宗教实践中，礼敬转轮藏实际上礼敬的是轮藏内的佛经——转轮藏本身也是礼敬佛经的一种设施，瞻礼转轮藏"如见佛受教"恰好体现了法宝崇拜的教理逻辑。

　　如附录 2 中所见，宋元时期修建转轮藏的寺院中，绝大部分都是禅院。黄溍在为奉化大中岳林寺转轮藏所撰记文中称："自菩提达磨承摩诃迦叶，教外之别传，而不立文字，学者几于废经不谈。而禅林所在，无不安置经藏③，尊奉惟谨。……夫为禅学者，不即文字亦不离文字，实非于教外别有可传。"④ 称"不离文字"的不仅适用于宋元时期的禅宗⑤，同样适用于表面上看起来不特重藏经的转轮藏。上引陈宗礼所作记文中所谓"自纂言成经，积经成藏，光明焕耀，天龙神鬼，在处护持，骇愕群生之听者，以其有形有相、有句有义，信向者愈笃，证悟者愈盛，超凡入圣，善道人天，本来先后，有不可掩焉者矣"。"有形有相"是就经藏而言，往往是百宝庄严、耀人心目；"有句有义"则对应于藏经，无关乎是整部大藏、四大部经还是某部某卷佛经，可以说，藏经是经藏具备神力的灵魂。

　　转轮藏因具备推之转动一圈即能达到将其内的经书诵读一遍的效果，可视为法宝崇拜的一种装置，是主要面向世俗群体流通释教的一种设施。在流传过程中，一方面，转轮藏的修造存在明显的"重藏轻经"倾向，转轮藏形象的外观成为沟通普通信众和

---

① ［后秦］鸠摩罗什译《妙法莲华经》卷五《分别功德品第十七》，《大正藏》第 9 册，No. 262，第 45 页中栏。

② 《小品》卷二《塔品第三》："供养般若波罗蜜，即是供养恭敬过去、未来、现在诸佛萨婆若（萨婆若是梵文 Sarvajñā 的音译，意译为'一切智'，是可以因之成佛的智慧）……供养般若波罗蜜经卷，恭敬尊重赞叹，华香乃至伎乐供养，于前功德（供养佛舍利、供养七宝塔），百分不及一，分千分万分、百千万亿分不及一，乃至算数譬喻所不能及。"［后秦］鸠摩罗什译《小品般若波罗蜜经》，《大正藏》第 8 册，No. 227，第 543 页中栏。

③ 元刻本原作"而禅林所在，无安置经藏"，《至正四明续志》所载碑记为"而禅林所在，无不安置经藏"（［元］王元恭：《至正四明续志》卷十，《宋元方志丛刊》第 7 册影印《宋元四明六志》本，第 6571 页），据文意此处应有"不"字，方能与作者关于禅学"不即文字亦不离文字"的认识相合。

④ ［元］黄溍：《岳林寺经藏记》，中华再造善本影印上海图书馆藏元刻本《金华黄先生文集》卷一一，北京图书馆出版社，2005 年，第 16～17 页。

⑤ 语录日繁，灯录勃兴，文字禅与参话头等风行是此时禅宗"不离文字"宗风的体现。

佛教经典的桥梁；另一方面，转轮藏的使用者也多将转轮藏作为藏经的象征而对其顶礼膜拜，因而转轮藏被普遍地认为是流通教典的"方便法门"，是善巧方便智的体现。

元丰中（1078～1085 年），义乌景德禅院居士叶诜倡建转轮藏，宗泽（1060～1128 年）为之作记曰：

> 夫百亿妙门，三藏为总。大哉利生之本，不可得而思议也。如来出世，以大士因缘，示悟众生，繇一道清净，用一音演法，机感不同，而所闻亦异。故五时五味，半满权实，圆机定数之义，播列诸部，星躔霞布，没世不能诵其文，终身不能发其蕴。于是弥勒大士，阐大方便，聚诸经以归三藏，使流通教典，尽载一轮，尘沙法门，同归一揆。倘众生信而扬之，则不须朝讲暮习，于弹指顷间，含受法要，心怡神悦，荡释诸苦，发探蒙愚，展迪聋瞽，复性命之真，救述妄之失。可不谓无穷之利乎？……（义乌景德禅院转轮藏）隆厦广阔，饰以珠贝，华轮盛丽，负以虬龙，穷极雕绘，间错文藻，内外一新。远近信仗，四方之人，皆得转轮。是犹振风之过众窍，甘雨之成百谷。然后美根长固，恶蔓除灭，芬芳嘉实，皆得饶益。设有下愚至贱之人，若见若闻，或瞻或礼，随其根茎，各有所润。譬夫饥者入太仓，观夫谷粟，虽未得食，固知可以饱其饥矣。病者之药肆，观大剂料，虽未投药，固知可以疗其病矣。以此法味，永施众生，则饥能充而食难尽，病有止而药无穷。究其旨归，何须外求，周旋于方寸，运动于日用，从容中道，左右逢源，动无所率，止无所累，行无所遮，奚俟轮哉。今观叶氏所谓藏者，如是如是。至于布琅函，列朱轴，诚为除众生饥病方便法也。①

"阐大方便"与"方便法"中的"方便"，一般也称善巧方便，或称善巧方便智、方便智、方便慧、善巧智、善巧慧、善权智、善权慧等②。在大乘佛教中被认为是一种偏重实践的智慧，程恭让先生称："善巧方便是佛陀、菩萨、圣者转依

---

① ［宋］宗泽：《义乌景德禅院新建藏殿记》，《宗忠简公集》卷三，［清］胡凤丹校梓《金华丛书》第115 册。

② 释慧正：《汉传佛教"方便智"研究：其内涵、分类、修证方法与功能》，《宗教学研究》2017 年第3 期。

所得的一种特殊品德，它与般若静观实相的趋向不同，是由慈悲心所激发佛法的实践智慧，是圣者的特殊能力，它由佛陀的证法菩提所规定，时时刻刻参考众生的根性，并以将其引归佛菩萨作为目标。"① 善巧方便侧重的是对普度众生这一神圣追求的践行，转轮藏可以使具有不同根性的观瞻者"皆得饶益"并"各有所润"，无疑可以称得上是济度众生的"方便法"了。如宋僧释惠洪称："（三世如来教法）流传中国者，才五千轴。然众生痴迷，且不闻其名，况义味乎？双林大士以平等慈，行同体悲，广摄异种，为此方便。如疲军闻梅林，虽未及见，而渴心止。如病夫入药肆，虽未及饮，而病已除。况于见之而获饮者乎？虽若简易，然不犹贤于未知者耶。"② 孙觌亦疏曰："大士营坚牢宝藏，世尊开方便法门。"③ 李纲赞谓："稽首如来藏，及诸菩萨等，坐于微尘里，转广大法轮。刹那于是经，能转千万亿，方便解脱法，化度诸有情。于一弹指间，洗涤千劫罪。"④ 奉化岳林寺被认为是布袋和尚道场⑤，该寺住持认为："大士以创物之智，肇制经藏，撮十方于一尘，卷大海于一滴，使夫人一举手而种种佛法皆悉现前。兹大圣人以方便利益群品，而吾徒之所取法也。"⑥ 均是将转轮藏作为善巧方便智慧的体现，是普度众生的方便法门。

　　贮经而不必读经，于曲臂推转间即能得读经之利，这种方便法门无论在宗教圣界还是在世俗社会均得到极大认可，宋元寺院中修建转轮藏成为一时风尚。宋人叶梦得指出此时流行修造转轮藏的同时，复指出"然未必皆达其言、尊其教也，施者假之以邀福，造者因之以求利，浸浸日远其本"⑦。造者求利，

---

① 程恭让：《佛典汉译、理解与诠释研究——以善巧方便一系概念思想为中心》，自序第 7 页。

② ［宋］释惠洪：《潭州开福转轮藏灵验记》，［宋］释惠洪著，［日］释廓门贯彻注，张伯伟、郭醒、童岭、卞东波点校《注石门文字禅》卷二一，第 1283 页。

③ ［宋］孙觌：《开利寺化度牒疏》，《鸿庆居士文集》卷二九，［清］盛宣怀编《常州先哲遗书》第 1 集第 21 册，第 16 页。

④ ［宋］李纲：《澧州夹山普慈禅院转轮藏记》，［宋］李纲著，王瑞明点校《李纲全集》卷一三三，第 1280～1281 页。

⑤ ［清］戴明琮纂修《岳林寺志》卷一，白化文、张智主编《中国佛寺志丛刊》第 91 册。

⑥ ［元］黄溍：《岳林寺经藏记》，［元］黄溍著，王颋点校《黄溍集》卷一四，第 551 页。

⑦ ［宋］叶梦得：《建康府保宁寺轮藏记》，《石林居士建康集》卷四，四川大学古籍整理研究所编《宋集珍本丛刊》第 32 册，第 769～770 页。

施者邀福，类似的情况并不罕见，最典型的莫过于慧力寺转轮藏的故事。慧力寺也作惠历寺，位于临江军（今江西省樟树市）南，《梁溪漫志》载："临江军惠历寺，初造轮藏成，寺僧限得千钱则转一匝。有营妇丧夫，家极贫，念为转藏，以资冥福，累月辛苦收拾，随聚随费，终不满一千。迫于贫乏，无以自存，嫁有日矣，而此心眷眷不能已。遂携所聚之金，号泣藏前，掷金于地，轮藏自转，阖寺骇异，自是不复限数云。"①《舆地纪胜》卷三四《江南西路临江军》"景物下"条称："慧力寺，在军南，唐欧阳处士之宅也。寺无常产，而常赡百众。"② 既无常产，而能赡百众，除了信众的布施之外，转轮藏的经营恐怕是其收入的重要来源。

文献中以转轮藏作为寺院收入重要来源的其他案例不少，如湖州德清县城山妙香禅院住持僧了因于北宋熙宁九年（1076 年）灾疫③之后修建转轮藏，了因坐化后，该院"以禅律相踵住持者数辈，而转轮藏施利之人，未尝有虚日。用是加葺，门序略备"④。湖州石塚村青莲院，"建转轮宝藏，极一时金碧之工，灿烂陆离，夺人眸子。吹螺击鼓，铿锽于庑廊之下。施利日至，斋厨之费，赖此以给"⑤。方山上定林寺"堤濒河之田而岁有计，建转轮之藏而日有资"⑥。祈泽治平寺"僧众足矣，但延置禅衲，岁无生计可供斋厨，不若辟堂之隙地而建藏轮焉。姑欲寡助常住，不亦可乎！"⑦ 台州顺感院"轮藏所出，用建长堂，接待海众，遂有士女竞施田亩，以给二时"⑧；释道璨曾批评转轮藏道："后世遂指为奇货，仰给以为口体之养。"⑨

① ［宋］费衮撰，金圆校点《梁溪漫志》卷一〇，上海古籍出版社，1985 年，第 118 页。

② ［宋］王象之：《舆地纪胜》，北京：中华书局，1992 年，第 1482 页。

③ ［宋］曾巩：《越州赵公救灾记》，［宋］曾巩著，陈杏珍、晁继周点校《曾巩集》，北京：中华书局，1984 年，第 316～317 页。

④ ［宋］刘一止：《湖州德清县城山妙香禅院记》，［宋］刘一止著，龚景兴、蔡一平点校《刘一止集》卷二二，第 236～238 页。

⑤ ［宋］刘一止：《湖州石塚村青莲院记》，［宋］刘一止著，龚景兴、蔡一平点校《刘一止集》卷二二，第 242 页。

⑥ ［宋］朱舜庸：《方山上定林寺之记》，［清］严观辑《江宁金石记》卷五，中国东方文化研究会历史文化分会编《历代碑志丛书》第 18 册，第 659 页。

⑦ ［宋］释宝华：《祈泽治平寺建藏殿记》，［清］王昶：《金石萃编》卷一五一，中国东方文化研究会历史文化分会编《历代碑志丛书》第 7 册，第 470～471 页。

⑧ ［宋］释元照：《台州顺感院轮藏记》，《补续芝园集》，《卍续藏经》第 105 册，第 606～607 页。

⑨ ［宋］释道璨：《景福寺轮藏记》，黄锦君校注《道璨全集校注》，成都：巴蜀书社，2014 年，第 108 页。

寺僧用转轮藏取利，侧面反映出修建转轮藏的流行程度和信众对转轮藏的认可程度。

围绕转轮藏存在的"邀福求利"现象，表面上看似乎表明宋代存在"转轮藏信仰"①，事实上，只有将这种情况作为法宝崇拜在世俗社会中的表现，才能对其正确认识。如明州象山宝梵教寺修建转轮藏的初衷是"邑中未有轮藏，为道俗洗心植福之地"，不过在记文作者释法明看来，转轮藏终究体现了"流通法宝无穷之意"②。另据陈林撰文、米芾书丹的《隆平寺经藏记》，松江青龙镇事佛尤盛，"方其行者，蹈风涛万里之虞，怵生死一时之命，居者岁时祈禳，吉凶荐卫，非佛无以自恃也。故其重楹复殿，观雉相望，鼓钟梵呗，声不绝顷"。隆平寺于北宋熙宁六年（1073年）建成转轮藏，于元丰四年（1081年）才加以髹漆涂绘，"左旋右转，声蔽铙鼓，观者为之目眩，闻者为之耳彻。于是人知方等一乘、圆宗十地之为可依也。……盖经典所在，则为有佛，书之虚空，天盖上卫，况严持奉事如此之至哉"③。"方等一乘，圆宗十地，谓之大法，言真筌也。"④ 关于转轮藏，施者邀福是实情，造者的确也会因之得利，但是其修造主要还是服务于使见闻者皈依大法的目的。

王雱（王安石之子）所撰《慧力寺轮藏记》称：

> 临江慧力禅院无藏经，僧善周住持之明年，始募众得钱写经，作转轮藏贮之。藏前设佛菩萨龙神之相百余躯，刻雕金碧之丽，观者骇瞩而不尽也。凡更八季，周七岁，而当熙宁四年二月十五日，工告毕。呜呼，可谓勤矣。予尝以谓佛之为法，无乎不在，而天下有不闻佛法之处。盖众生之法有焉，而不能自悟，必有推而广之、辨而明之者，然后法行焉。然则，彼无法之处非无法也，无行法之人也。以众生之迷，沉爱海，撄痴疾，不知几千万亿劫。漂沦之痛毒，

① 金井德幸：《宋代転輪蔵とその信仰》，《立正史學》第 104 号，立正大學史學會，2008 年。
② ［宋］释法明：《宝梵教寺经藏记》，李沐、陈汉章等纂修《象山县志》卷三一，《中国方志丛书》华中地方·第 196 号，第 3502～3505 页。
③ ［宋］陈林：《隆平寺经藏记》，［宋］杨潜撰，李勇先、王会豪、周斌等点校《云间志》卷下，《宋元珍稀地方志丛刊》乙编第 2 册，第 195～196 页。
④ ［唐］释彦悰《大唐大慈恩寺三藏法师传序》："恭惟释迦氏之临忍士也，始演八正、启三宝以黜群邪之典，由是佛教行焉。方等一乘，圆宗十地，谓之大法，言真筌也。化城垢服，济鹿驰羊，谓之小学，言权旨也。至于禅戒咒术，厥趣万途，而灭惑利生，其归一揆。是故历代英圣仰而宝之。"
［唐］慧立、彦悰著，孙毓棠、谢方点校《大慈恩寺三藏法师传》，第 1 页。

莫知所济息。而是经也，实为之船筏医药。假令有人拯沟渎之溺，疗痛痒之疹，
而非报之求，则是必以为善人长者。若周捐须发，绝亲好，垢衣菜食，苦其形
体，宜其无求于世矣。而能独忧众生之患，方建是藏，以为爱海之船筏、痼疾
之医药，则其于施也，岂徒善人长者之谓哉！然则佛作于前，而行之于后者，
周乃其一也。周以禅自名，其于辨而明之必有功矣，而余未之亲闻，若夫推而
广之，则作转轮藏其效也，予故乐为之记。①

即使以求利闻名的慧力寺转轮藏，终究还是将之作为以佛法救济众生的手段，正
如释元照在《台州顺感院轮藏记》中指出的那样："东阳大士补处圣人，将欲普植龙华
得度之缘，乃会集大小部帙，盛以琅函，架以层楼，括以机关，饰以金彩，号为转轮经
藏焉。于是毗卢海藏大千经卷，寂然不动，运转无穷。或徒见其转而生信者，或因其所
转而知其未尝转者，或安住无转而从其终日转者，上智下愚，随分得益。故轮藏自双林
为始，厥后他寺皆仿之，而浙东尤盛。虽无所考，斯亦善巧汲引之一端乎。"② 儒士学
僧以之为行法之法，普通信众因之以祈福得利，所谓"上智下愚，随分得益"，转轮
藏这一主要依靠形象而传播教义的工具，诚可为众生除饥病的方便法门。

四　小结

作为经藏的一种特殊类型，转轮藏自萧梁傅大士发明以后，经唐五代时期的发
展，至宋元，寺院中竞相修造而成为一时风尚。纵观自发端到繁荣的情况，可以说，
转轮藏体现了"庄严"和"简单"的完美结合。

"庄严"是供养佛经的基本要求，也是经藏修造者的基本追求。《小品》卷十
《萨陀波仑品第二十七》称："（众香城）昙无竭菩萨所，有七宝台，牛头栴檀而以
校饰。真珠罗网，宝铃间错。四角各悬明珠，以为光明。有四白银香炉，烧黑沉水，
供养般若波罗蜜。其宝台中，有七宝大床。床上有四宝函，以真金镂，书般若波罗

---

① ［宋］王雱：《慧力寺轮藏记》，《慧力寺志》卷一，白化文、张智主编《中国佛寺志丛刊》第 20 册，第
　46～48 页。

② ［宋］释元照：《台州顺感院轮藏记》，《补续芝园集》，《卍续藏经》第 105 册，第 606～607 页。

蜜，置是函中。其台四边，垂诸宝幡。"① 以转轮藏为典型代表的经藏，几可以作为佛教原典中描绘的供养佛经蓝图的立体再现，只是将对佛国的想象用中国化的手法表现了出来。转轮藏的修造无不追求结构之井严、雕刻之精巧与装饰之华美，乃至附以声音、光线和烟雾的表演，将对经藏庄严外观的追求发挥到淋漓尽致。

"简单"是经藏内佛经的一般特点，也是轮藏传道方式的主要表现。转轮藏内的经书，除极少数（如杭州慧因寺所藏义天进奉的金书《华严经》）采用贵金属如金、银写印之外，绝大多数是用纸墨造就的普通经书②；而转轮藏藏内所装藏的除整部大藏外，有四大部经、某部经或某些经，乃至不置佛经，轮藏修造过程中存在一种"重藏轻经"的倾向——对藏内佛籍庄严的追求程度远低于对经藏外观华丽的追求程度。尽管客观上具备方便取阅其内经籍的条件，但是转轮藏的修造绝非以方便取阅为主要目的。对于转轮藏的使用者来说，读经转藏这一传统的修行方式或因识字水平低而行不通，或因受众的主观选择而不通行（不流行）。在普通信众看来，转动转轮藏即可得读经之利，穷首皓经自然地让位于这种相对"简单"的修行方式了。

释契嵩在作于北宋至和三年（1056 年）的《无为军崇寿禅院转轮大藏记》中论道：

> 夫转轮藏者，非佛之制度，乃行乎梁之异人傅翕大士者，实取乎转法轮之义耳，其意欲人皆预于法也。法也者，生灵之大本，诸佛之妙道者也。诸佛以是而大明，群生以是而大昧，圣贤乃推己之明而正人之昧。故三藏之取谕者谕于此也，五乘之所归者归于此也。然其理幽微，其义广博，殆非众人概然而辄

---

① ［后秦］鸠摩罗什译：《小品般若波罗蜜经》，《大正藏》第 8 册，No. 227，第 583 页中栏。

② 如释元照在《台州顺感院轮藏记》中称："捣楮以为纸，杀烟以为墨，采毫剪筎以为笔，点画矗捺以为字，字有呼召以为名，累名以为句，累句以为偈，累偈以为卷，累卷以为帙。用是以纪圣人之言，垂于后世，可法而不可易，故命之曰经。尝考其所以为经者，皆天地间有为之物，抑人力之所为耳。纸素笔墨，土木水火之所成者也。名字句偈，世俗之字，语言虚响之所为者也。造作工匠，精识血气之所聚者也。此等皆由众缘而生，然且各不自名，而人强名之。以强名之人，会强名之物，以成乎经，则经亦强名也。"［宋］释元照：《台州顺感院轮藏记》，《补续芝园集》，《卍续藏经》第 105 册，第 606～607 页。

得。故益其藏而轮之，姑使乎扶轮而转藏者，欲其概众普得，渐染佛法，而预其胜缘，则于道其庶几乎？是亦至人摄化群生之一端耳，其意远且大矣。①

转轮藏这一取义于转法轮的发明，意在使人"皆预于法"。在修造过程中，施造者注重的是经藏的庄严巨丽；而在使用过程中，观者往往将其注意力倾注在轮藏华丽的外观上。轮藏内装藏着普遍"普通"的佛籍，使用时又是借由"简单"的方式，在佛籍和信众间承担桥梁作用的是"庄严"的经藏。

德国建筑理论家森佩尔强调"面饰"的重要作用，"认为建筑的本质在于其表面的覆层，而非内部起支撑作用的结构"②。对于转轮藏这一独特的建筑类型，一方面，其华丽的"面饰"是庄严佛经的手段，另一方面，在宗教实践中，普通信众对转轮藏稽首作礼、恭敬赞叹、慷慨倾囊，以求祈福避祸，而对其内装藏何种佛籍乃至是否装藏佛籍并没有表现出足够的关心。在使用过程中，转轮藏某种程度上成为其内佛经的象征，是沟通世俗群体和佛教教义的一种装置，是利用形象化的外观增广佛教流布的方便法门。

---

① ［宋］释契嵩：《无为军崇寿禅院转轮大藏记》，［宋］释契嵩著，邱小毛、林仲湘校注《镡津文集校注》，第274页。

② 史永高：《材料呈现——19和20世纪西方建筑中材料的建造、空间的双重性研究》，南京：东南大学出版社，2010年，第64页。

第三章　大藏目录与佛塔的结合——经目塔例析

　　若有善男子、善女人信心得闻《藏经题目》，以是因缘，生中善根，始遇真诠，定在住佛国。若人志心得闻《藏经题目》，看阅目录一遍，如看藏经一遍，功德无量无边，常得诸佛，密加护佑。若有善男子、善女人知得此经大题目之人，累生男子之身。断绝诸恶心意，志心书写一本，每日常诵。若不读诵之人，每日顶礼一遍，得藏经之力无量，功德不可思议。若有善男子、善女人病重天数至日，告请一部，用针线缝一布袋，当胸带定。命终归于地府，冥司阎罗王合掌顶礼，便交此人免罪，便得西方净土弥陀佛所，托生人身。此大藏经目录，勿得请示，每日顶礼一遍，福利延年。一瞻一礼，逸三途之殃，可谓九十九亿诸佛同共言说，各作善福利者。

　　　　——［明］正德七年（1512年）《圣水庵记》所载《佛说大藏颂经目录》

　　佛经目录本来是在编辑、整理或清点大藏经等过程中的一个实用文本，佛教信徒将其与佛塔进行结合，创造出所谓的经目塔，并以之作为崇拜的对象。如苏州大云庵本为南禅集云寺（南禅寺始建于唐，白居易曾为其千佛堂转轮藏作记，明洪武中名僧宝昙和尚奏请改称南禅集云寺）的别院，庵前"池广十亩名放生，中有两石塔，一藏四大部经目，一藏宝昙和尚舍利"①，对于大云庵的石塔来说，藏佛经目录可以和藏舍利相提并论。

　　现存重庆大足宝顶山小佛湾经目塔和四川安岳孔雀洞经目塔保存较好，既往研究有误解也有较大不足，本章通过对这两个实例的解读，探讨将大藏经的实用目录视为大藏代表并将之与塔结合这一做法背后所体现的法宝崇拜思想。

---

① ［明］沈周：《草庵纪游诗并引》，［明］钱谷编《吴都文粹续集》卷三〇，影印文渊阁《四库全书》第1386册，第49页。

一　重庆大足宝顶山小佛湾经目塔

重庆大足宝顶山小佛湾原名"圣寿本尊殿"，亦称"大宝楼阁"，被认为是由赵智凤于南宋淳熙至淳祐年间（约1179～1249年）主持营造的大型密教道场，坛台是其主要建筑，坛台前有一座高7.91米的三层方形石塔，因塔身雕刻"六代祖师"像并遍刻佛经目录而被称为"祖师法身经目塔"，本书简称其为"经目塔"（图3.1）。

图3.1　大足宝顶山小佛湾经目塔现状（赵献超摄）

大足石刻艺术博物馆和四川省社会科学院大足石刻艺术研究院曾对该塔进行过较为详细的调查、测量和记录工作，勘查结果以《大足宝顶山小佛湾祖师法身经目塔勘查报告》为名发表（以下简称《经目塔报告》）[1]。方广锠先生曾主要依据上述报告做过相当深入的复原（以下简称《方文》）[2]，认为该经目的刊刻依据为《开元释教录·入藏录》（以下简称《入藏录》）。但是依据《入藏录》复原后存在较多问

① 重庆大足石刻艺术博物馆、四川省社会科学院大足石刻艺术研究所：《大足宝顶山小佛湾祖师法身经目塔勘查报告》，《文物》1994年第2期。
② 方广锠：《四川大足宝顶山小佛湾大藏塔经目考》，《佛学研究》1993年总第2期。收入重庆大足石刻艺术博物馆、四川社会科学院大足石刻艺术研究所编《大足石刻研究文集》2，第179～221页。

题，主要表现为漏经（如第一层东面漏《般若波罗蜜多心经》《虚空藏菩萨经》等经）、衍字（如第一层东面第八行多"初云"二字）、衍经（如第一层南面《须赖经》重刻）、错位（如第一层西面《般泥洹经》与《大般涅槃经》颠倒）、误刻（如第一层北面"长者子懊恼三处恼处"与"出家缘因缘经"的掐头截尾的做法）等，上述问题多被方先生归结为刻工的问题——或是"疏漏"，或是"偷工减料"。

摩刻过程中的疏漏固然在所难免，但是"刻工疏漏的情况比比皆是"似乎不太应该。在校核《经目塔报告》后所附《宝顶山祖师法身经目塔刻经目录》（以下简称《塔刻经目》）和方先生复原目录的过程中，我们发现依据《开元释教录略出》（以下简称《略出》）对塔上所刻经目进行复原，不仅可以将《方文》中认为是刻工疏漏的问题全部解决，而且《方文》中列为"待考"的地方也可以得到较为圆满的解释。兹将新的复原及相关问题说明如下。

（一）塔身所刻经目的复原

据《经目塔报告》，塔体全部为条石砌成，逐级内收，上下级之间设塔檐。各级塔身置于当级塔座之上，第二、三级塔身四面正中开圆龛，内浮雕坐佛像，其余空白处遍刻佛经目录、偈语等。第一级塔身北面正中凿一直径 1.21 米的圆龛，圆龛之上左右各凿一直径 0.31 米的圆龛，空白壁面竖刻佛经目录，该层塔身其他三面皆满壁刻佛经目录。通读各面所刻经目，可知摩刻顺序为自下而上、自东而南而西而北，即每层按照东、南、西、北的顺序由下而上依次刊刻（图 3.2）。

我们以《经目塔报告》中刊布的拓片和现场调查为基础，参考《塔刻经目》和方广锠先生的复原，以《资福藏》本《略出》[①] 为底本，参以《碛砂藏》本《略出》[②] 和《高丽藏》（简称《丽藏》）[③] 等大藏本《入藏录》，对塔身经目进行复原。

以第一层东面为例，该面刻字壁面高 1.32 米，宽 2.3 米，由于下部漫漶，上部存字壁面高 0.7 米，再加上残存字面也有局部漫漶，故整个壁面残存的文字约为原刻的一半，另有接近一半的文字磨灭了。好在壁上所刻全部为文字，除了卷数、合帙情况等小

---

① 《中华大藏经》编辑局：《中华大藏经》第 55 册，影印《资福藏》本，第 486 ~ 538 页。

② 《碛砂大藏经》整理委员会编《碛砂大藏经》第 102 册，北京：线装书局，2005 年，第 334 ~ 425 页。

③ 《域外汉籍珍本文库》编辑委员会编《高丽大藏经》第 57 册，北京：线装书局，2004 年，第 269 ~ 581 页。

图 3.2　大足宝顶山小佛湾经目塔立面图（采自《经目塔报告》）

注之外，每行内的文字大小与间距相差不大。若以壁面残存文字为基础，采用残存文字的大小与间距（行间小字卷数暂时隐去），以《略出》为依据将整个壁面上的文字复原后发现：复原部分的文字的总长度接近残存部分，两者总高与壁面总高接近；每行文字之间可以做到准确衔接；依据《入藏录》复原所存在的问题几乎都得到了解决。

《方文》所认为"刻工疏漏的情况比比皆是"的情况以第一层北面为甚，本书采用上述方法将该面经目复原，发现除首尾三行外，其他诸行刻在该面圆龛外围，虽然长度不一，但也呈现出一定的规律。《方文》中所谓的漏经应该是位于壁面下部的经名残缺了，而非刻工疏漏所致（图 3.3）。

考虑到文章的容量和复原成果的资料价值，以下仅将复原文字草列于后。照顾到今人的阅读习惯，所有文字皆用简体中文，复原的文字下加横线，行内经名间标以分隔号；拓片中可辨的正文间双行或三行小字均用双行小字；根据拓片可知各经原均标有卷数位于行内或行间，本书统一置于行间用小字（上标）表示，复原经目的卷数依《资福藏》本《略出》；《塔刻经目》或《方文》中误读的文字（如第二级塔身北面佛龛右侧原刻为"声闻对法藏三十六"其中"三十六"被误读为"三十二"）一并改正不专门注出；文前序号首位为层数，以字母 E、S、W、N 分别表示东、南、西、北，字母之后为行数；必要的按语置于当行之下的圆括号中。

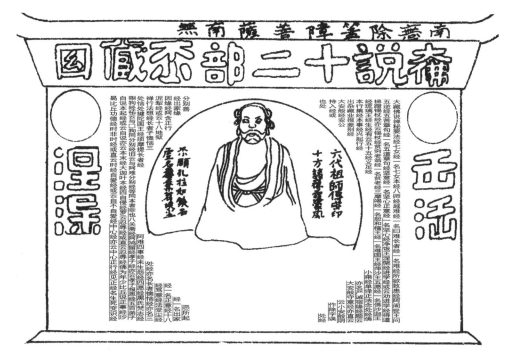

图 3.3　大足宝顶山小佛湾经目塔第一层北面经目复原示意图（加竖线的文字为复原经目，底图采自《经目塔报告》）

1. 一层东面

1E1. 大藏佛说大般若波罗蜜多经^{六百}/放光般若波罗蜜经^{三十}/摩诃般若波罗蜜经^{三十}/光

1E2. 赞般若波罗蜜经^{十}/摩诃般若波罗蜜经^{五}/道行般若波罗蜜经^{十}/小品般若波罗蜜经^{十}

1E3. 大明度无极经六/胜天王般若波罗蜜经^{七}/文殊师利所说摩诃般若波罗蜜经^{二}/文殊师利所说

1E4. 般若波罗蜜经^{二}/濡首菩萨无上清净分卫经^{二}/金刚般若波罗蜜经^{一}/金刚般若波罗蜜经^{一}/婆伽婆

1E5. 金刚般若波罗蜜经一祇树林/金刚能断般若波罗蜜经^{一}/能断金刚般若波罗蜜多经^{一}室罗筏/能断金

1E6. 刚般若波罗蜜多经^{一}名称城/实相般若波罗蜜经^{一}/仁王护国般若波罗蜜经^{二}/般若波罗蜜多心经^{一}

1E7. 摩诃般若波罗蜜大明咒经[一]/大宝积经一百二十/大方广三戒经[三]/无量清净平等觉经[二]/阿弥陀经[二]/无量寿经[二]

1E8. 阿閦佛国经[二]/大乘十法经[一]初云佛住王舍城/普门品经[一]亦云普门经/胞胎经[一]一名胞胎受身经/文殊师利佛土严

1E9. 净经[二]/法镜经[一]/郁迦罗越问菩萨行经[二]/幻士仁贤经[一]/决定毗尼经[一]/发觉净心经[二]/优填王经[一]/须摩提经[一]/须摩提

1E10. 菩萨经[一]/阿阇世王女阿术达菩萨经[一]/离垢施女经[一]/得无垢女经[一]/文殊师利所说不思议佛境界经[二]/如

1E11. 幻三昧经[三]/圣善住意天子所问经[三]/太子刷护经[一]/太子和休经[一]/慧上菩萨问大善权经[二]/大乘显识经[二]/大乘

1E12. 方等要慧经[一]/弥勒菩萨所问本愿经[一]/佛遗日摩尼宝经[一]/摩诃衍宝严经[一]/胜鬘师子吼一乘大方

1E13. 便方广经[一]/毗耶婆问经[二]/大方等大集经三十/大方等大集日藏经[十]/大集月藏经[十]/大乘大集地藏十轮经[十]/大方广十

1E14. 轮经[八]/大集须弥藏经[二]/虚空藏菩萨神咒经[一]/虚空孕菩萨经[二]/观虚空藏菩萨经[一]/菩萨念佛三昧经[六]/大方等大

（《略出》在《大集须弥藏经》和《虚空藏菩萨神咒经》之间有《虚空藏菩萨经》一卷）

1E15. 集菩萨念佛三昧经[十]/般舟三昧经[三]/拔陀菩萨经[一]/大方等大集贤护经[五]/阿差末经[七]/无尽意菩

1E16. 萨经[四]/大集譬喻王经[二]/大哀经[八]/宝女所问经[四]/无言童子经[二]/自在王菩萨经[二]/奋迅王问经[二]/宝星陀罗尼

1E17. 经[十]/大方广佛华严经五十/大方广佛华严经八十/信力入印法门经[五]/度诸佛境界智光严经[一]/佛华严入如来

1E18. 德智不思议境界经[二]/大方广入如来智德不思议经[一]/大方广佛华严经不思议佛境界分[一]/大方广如来不思

1E19. 议境界经[一]/大乘金刚髻珠菩萨修行分[一]/大方广佛华严经修慈分[一]/大方广普贤所说经[一]/庄严菩提心经[一]/大

1E20. 方广菩萨十地经[一]/兜沙经[一]/菩萨本业经[一]/诸菩萨求佛本业经[一]/菩萨十住行道品[一]/菩萨十住经[一]/渐备一切智德经[五]

1E21. 十住经[四]/等目菩萨所问三昧经[一]/显无边佛土功德经[一]/如来兴显经[四]/度世品经[六]/罗摩伽经[四]/大方广佛华严经续入

1E22. 法界品[一]/大般涅槃经四十/大般涅槃经后译茶毗分二/大般泥洹经[六]/方等般泥洹经[二]/四童子三昧经[三]/大悲经[五]/方广

1E23. 大庄严经十二/普曜经[八]/法华三昧经[一]/无量义经[一]/萨昙分陀利经[一]/妙法莲华经[七]/正法华经[十]/妙法莲华经[八]/维摩诘

1E24. 所说经[三]/维摩诘经[三]/说无垢称经[六]/大方等顶王经[一]/大乘顶王经[一]/善思童子经[三]/大悲分陀利经[八]/悲华经[十]/金光明最

1E25. 胜王经[十]/金光明经[八]/伅真陀罗所问经[三]上二经十一卷/大树紧那罗王所问经[四]/佛升忉利天为母说法经[三]/道神足无极变化

（《伅真陀罗所问经》后的"上二经十一卷"系合帙记录）

1E26. 经[四]/宝雨经[十]/宝云经[七]/阿维越致遮经[四]/不退转法轮经[三]/广博严净不退转轮经[三]/不必定入印经[一]/入定不

1E27. 定印经[一]/等集众德三昧经[三]/集一切福德三昧经[三]/持心梵天经[四]/思益梵天所问经[四]/胜思惟梵天所问经[六]/持人菩

1E28. 萨经[三]/持世经[四]/济诸方等学经[一]/大乘方广总持经[一]/文殊师利现宝藏经[二]/大方广宝箧经[二]/大乘同性经[二]/证契

1E29. 大乘经[二]/深密解脱经[五]/解深密经[五]/解节经[一]/相续解脱地波罗蜜了义经[一]/缘生初胜分法本经[二]/分别缘起初

1E30. 胜法门经[二]/楞伽阿跋多罗宝经[四]/入楞伽经[十]/大乘入楞伽经[七]/菩萨行方便境界神通变化经[三]/大萨遮尼乾子

1E31. 所说经[十]/大方等大云经[四]/大云请雨经[一]/大云轮请雨经[一]/大方等大云请雨经[一]/诸法无行经[二]/诸法本无经[三]/无极宝

1E32. 三昧经[一]/宝如来三昧经[二]/慧印三昧经[一]/如来智印经[一]/大灌顶经[十二]/药师如来本愿经[一]/药师琉璃光如来本愿功德

1E33. 经[一]/药师琉璃光七佛本愿功德经[二]/阿阇世王经[二]/普超三昧经[四]/放钵经[一]/

月灯三昧经^{十一}/月灯三昧经¯/无所希望经¯/象

　　1E34. 腋经¯/大净法门经¯/大庄严法门经¯/如来庄严智慧光明入一切佛境界经¯/度一切诸佛境界智严经¯/后出阿弥陀

　　1E35. 佛偈经¯/观无量寿佛经¯/阿弥陀经¯/称赞净土佛摄受经¯/观弥勒菩萨上生兜率天经¯/弥勒成佛经¯/弥勒来

　　1E36. 时经¯/弥勒下生经¯/弥勒下生成佛经¯/诸法勇王经¯/一切法高王经¯/第一义法胜经¯/大威灯光仙人问疑经¯/顺权方便经¯

　　1E37. 乐璎珞庄严方便品经¯/六度集经^八/太子须大拿经¯/菩萨睒子经¯/睒子经¯/太子慕魄经¯/太子沐魄经¯/九色鹿经¯

　　1E38. 无字宝箧经¯/大乘离文字普光明藏经¯/大乘遍照光明藏无字法门经¯/老女人经¯/老母人经¯/老母女六英经¯

　　1E39. 月光童子经¯/申日儿本经¯/德护长者经¯/文殊师利问菩提经¯/伽耶山顶经¯/象头精舍经¯/大乘伽耶山顶经¯

　　1E40. 长者子制经¯/菩萨逝经¯/逝童子经¯/犊子经¯/乳光佛经¯/无垢贤女经¯/腹中女听经¯/转女身经¯/无上依经¯/未曾

　　1E41. 有经¯/甚希有经¯/决定总持经¯/谤佛经¯/宝积三昧文殊问法身经¯/入法界体性经¯/如来师子吼经¯/大方广师子吼经¯/大

　　1E42. 乘百福相经¯/大乘百福庄严相经¯/大乘四法经¯/菩萨修行四法经¯/希有校量功德经¯/最无比经¯/前世三转经¯

　　2. 一层南面

　　1S1. 银色女经¯/阿阇世王受决经¯/采莲违王上佛授决号妙华经¯/亦直云采莲违王经/正恭敬经¯/善敬经¯/称赞大乘功

　　1S2. 德经¯/说妙法决定业障经¯/谏王经¯/如来示教胜军王经¯/佛为胜光天子说王法经¯/大方等修多罗王经¯/转有经¯/文殊师利

　　1S3. 巡行经¯/文殊尸利行经¯/贝多树下思惟十二因缘经¯/缘起圣道经¯/稻秆经¯/了本生死经¯/自誓三昧经¯/如来独证自誓三

　　1S4. 昧经¯/灌佛形像经¯/摩诃刹头经¯一名灌洗佛/造立形像福报经¯/作佛形像经¯/龙施女经¯/龙施菩萨本起经¯/八吉祥神咒经¯

1S5. <u>八阳神咒经</u>¯/<u>八吉祥经</u>¯/<u>八佛名号经</u>¯/<u>盂兰盆经</u>¯/<u>报恩奉盆经</u>¯/<u>浴像功德经</u>¯/<u>浴像经</u>¯/<u>校量数珠功德经</u>¯/<u>数珠</u>

1S6. <u>功德经</u>¯/<u>不空羂索神变真言经</u>三十/<u>不空羂索咒经</u>¯/<u>不空羂索神咒心经</u>¯/<u>不空羂索陀罗尼自在王咒经</u>三/<u>不空羂索</u>

1S7. <u>陀罗尼经</u>¯/千眼千臂观世音菩萨陀罗尼神咒经¯/千手千<u>眼观世音菩萨姥陀罗尼身经</u>¯/千手千眼观世音菩萨

1S8. 广大圆满无碍大悲心陀罗尼经¯/观世音菩萨秘密藏神咒经¯/<u>观世音菩萨如意摩尼陀罗尼经</u>¯/<u>如意轮陀</u>

1S9. 罗尼经¯/文殊师利根本一字陀罗尼经¯/曼殊室利菩萨咒藏中一<u>字咒王经</u>¯/<u>十二佛名神咒经</u>¯/称赞如来功德神咒经¯/<u>观自在</u>

1S10. 菩萨如意陀罗尼经¯/孔雀王咒经¯/大金色孔雀王咒经¯/佛说大金色<u>孔雀王咒经</u>¯/<u>孔雀王咒经</u>二/<u>大孔雀王经</u>三/<u>陀罗尼集</u>

1S11. 经十二/十一面观世音神咒经¯/十一面神咒心经¯/摩利支天经¯/咒五首经¯/千转陀罗尼观世音菩萨咒经¯/<u>六字神咒经</u>¯/七俱胝佛

1S12. 大心准提陀罗尼经¯/七俱胝佛母准提大明陀罗尼经¯/观自在<u>菩萨随心咒经</u>¯/种种杂咒经¯/<u>佛顶胜陀罗尼经</u>¯/<u>佛顶</u>

1S13. 最胜陀罗尼经¯/佛顶尊胜陀罗尼经¯/最胜佛顶陀罗尼<u>净除业障经</u>¯/<u>佛顶尊胜陀罗尼经</u>¯/<u>无量门微密</u>

1S14. 持经¯/出生无量门持经¯/阿难陀目佉尼呵离陀经¯/无量<u>门破魔陀罗尼经</u>¯/阿难陀目佉诃离陀邻尼经¯/<u>舍</u>

1S15. 利弗陀罗尼经¯/一向出生菩萨经¯/出生无边门陀罗尼<u>经</u>¯/<u>胜幢臂印陀罗尼经</u>¯/妙臂印幢陀罗尼经¯/<u>无崖</u>

1S16. 际持法门经¯/尊胜菩萨所问一切诸法入无量门陀罗尼经¯/<u>金刚上味陀罗尼经</u>¯/<u>金刚场陀罗尼经</u>¯/师子奋迅

1S17. 菩萨所问经¯/华聚陀罗尼咒经¯/华积陀罗尼神咒经¯/六字咒王经¯/<u>六字神咒王经</u>¯/<u>虚空藏菩萨问七佛经</u>¯/<u>如来方</u>

1S18. 便善巧咒经¯/持句神咒经¯/陀邻尼钵经¯/东方最胜<u>灯王如来经</u>¯/<u>善法方便陀罗尼咒经</u>¯/<u>金刚秘密善门陀</u>

1S19. 罗尼经[一]/护命法门神咒经[一]/无垢净光大陀罗尼经[一]/请观世音菩萨消伏毒害陀罗尼咒经[一]/内藏百宝经[一]/温

1S20. 室洗浴众僧经[一]/须赖经[一]/须赖经[一]/私诃三昧经[一]/菩萨生地经[一]/四不可得经[一]/梵女守意经[一]/成具光明定意经[一]/宝网

1S21. 经[一]/菩萨行五十缘身经[一]/菩萨修行经[一]/诸德福田经[一]/大方等如来藏经[一]/佛语经[一]/金色王经[一]/演道俗业经[一]/百佛名经[一]/称扬

1S22. 诸佛功德经[三]/须真天子经[二]/摩诃摩耶经[二]/除恐灾患经[一]/孛经[一]/观世音菩萨受记经[一]/海龙王经[四]/首楞严三昧经[三]/观

1S23. 普贤菩萨行法经[一]/观药王药上菩萨经[一]/不思议光菩萨所问经[一]/十住断结经[十四]/诸佛要集经[二]/未曾有因缘经[二]/菩萨

1S24. 璎珞经十三/超日明三昧经[二]/贤劫经[十]/大乘经单译一百三十一/大法炬陀罗尼经[二十]/大威德陀罗尼经[二十]/佛名经[十二]/三劫三千佛名经[三]过去

1S25. 庄严劫千佛名经[一]现在贤劫千佛名未来星宿劫千佛名/五千五百佛名经[八]/不思议功德诸佛所护念经[二]/华手经[十]

1S26. 大方等陀罗尼经[四]/僧伽吒经[四]/力庄严三昧经[三]/大方广圆觉修多罗了义经[一]观佛三昧海经[十]/大方便佛报恩经[七]/菩萨本

1S27. 行经[三]/法集经[六]/观察诸法行经[四]/菩萨处胎经[五]/弘道广显三昧经[四]/然灯功德经[一]/央崛魔罗经[四]/无所有菩萨经[四]/明度五十校

1S28. 计经[三]/中阴经[二]/大法鼓经[二]/文殊师利问经[二]/月上女经[二]/大方广如来秘密藏经[二]/大乘密严经[三]/占察善恶业报经[二]/莲华

1S29. 面经[一]/文殊师利问菩萨署经[一]/大乘造像功德经[二]/广大宝楼阁善住秘密陀罗尼经[三]/一字佛顶轮王经[五]/大陀罗尼

1S30. 末法中一字心咒经[一]/大佛顶如来密因修证了义诸菩萨万行首楞严经[十]/大毗卢遮那成佛神变加持经[七]/苏婆呼

1S31. 童子经[三]/苏悉地羯罗经[三]/牟梨曼陀罗咒经[一]/金刚顶瑜伽中略出念诵法[四]/七佛所说神咒经[四]/大吉义神咒经[四]/文殊师

1S32. 利宝藏陀罗尼经[一]/金刚光焰止风雨陀罗尼经[一]/阿吒婆拘鬼神大将上佛陀罗尼经[一]/阿弥陀鼓音声王陀罗尼经[一]/大普

1S33. 贤陀罗尼经¯/大七宝陀罗尼经¯/六字大陀罗尼经¯/安宅神咒经¯/<u>摩尼罗</u><u>亶经</u>¯/玄师子飓陀所说神咒经¯/<u>护诸童子陀罗</u>

1S34. 尼经¯/诸佛心陀罗尼经¯/拔济苦难陀罗尼经¯/八名普密陀罗尼经¯/<u>持世</u><u>陀罗尼经</u>¯/六门陀罗尼经¯/<u>清净观世音普贤陀罗尼</u>

1S35. 经¯/智炬陀罗尼经¯/诸佛集会陀罗尼经¯/随求即得大自在陀<u>罗尼神咒</u><u>经</u>¯/百千印陀罗尼经¯/<u>救面燃饿鬼陀罗尼神咒</u>

1S36. 经¯ 或云施饿鬼食咒经/庄严王陀罗尼经¯/香王菩萨陀罗尼咒经¯/<u>一切功</u><u>德庄严王经</u>¯/<u>拔除罪障咒王经</u>¯/<u>善夜经</u>¯/<u>虚空藏菩</u>

1S37. 萨能满诸愿最胜心陀罗尼求闻持法经¯/金刚顶经曼殊室利菩萨五字心陀罗尼品¯/<u>观自在如意轮菩萨瑜伽法</u>

1S38. 要¯/佛地经¯/佛垂般涅槃略说教诫经¯/<u>出生菩提心经</u>¯/<u>佛印三昧经</u>¯/<u>文</u><u>殊师利般涅槃经</u>¯/<u>异出菩萨本起经</u>¯/<u>千佛因缘</u>

1S39. 经¯/贤首经¯/月明菩萨经¯/<u>心明经</u>¯/<u>灭十方冥经</u>¯/<u>鹿母经</u>¯/<u>魔逆经</u>¯/<u>德</u><u>光太子经</u>¯<u>一名赖</u>

1S40. 吒和罗所问光太子经/大意<u>经</u>¯/<u>坚固女经</u>¯/<u>商主天子所问经</u>¯/<u>诸法最上王</u><u>经</u>¯/<u>师子庄严王</u>

1S41. <u>菩萨请问经</u>¯/<u>离垢慧菩萨所问礼佛法经</u>¯/<u>受持七佛名号所生功德经</u>¯/<u>佛</u><u>临涅槃记法住经</u>¯/<u>寂照神变三摩地经</u>¯

1S42. <u>差摩婆帝受记经</u>¯/<u>不增不减经</u>¯/<u>造塔功德经</u>¯/<u>绕佛塔功德经</u>¯/<u>大乘四法</u><u>经</u>¯/<u>有德女所问大乘经</u>¯/<u>大乘流转诸有经</u>¯

3. 一层西面

1W1. 妙色王因缘经¯/佛为海龙王说法印经¯/师子素驮娑王断肉经¯/般泥洹后<u>灌腊经</u>¯/<u>八部佛名经</u>¯/<u>菩萨内习六波罗蜜</u>

1W2. 经¯/菩萨投身饿虎起塔因缘经¯/金刚三昧本性清净不坏不灭经¯/师子<u>月</u><u>佛本生经</u>¯/<u>长者法志妻经</u>¯/<u>萨罗国经</u>¯/<u>十吉</u>

1W3. 祥经¯/长者女庵提遮师子吼了义经¯/一切智光明仙人慈心因缘不食<u>肉</u><u>经</u>¯/<u>金刚三昧经</u>¯/<u>法灭尽经</u>¯/<u>甚深大回向经</u>¯/<u>天王太子辟罗</u>

1W4. 经¯ 僧祐录中云安公关中异经/优婆夷净行法门经¯/八大人觉经¯/三品弟

子经[一]/四辈经[一]/当来变经[一]/过去佛分卫经[一]/十二头陀经[一]

1W5. 树提伽经[一]/长寿王经[一]/法常住经[一]/菩萨调伏藏[五十四]/菩萨地持经[八]/菩萨善戒经[八]/净业障经[一]/优婆塞戒经[七]/梵网经[一]/受十善戒经[一]

1W6. 菩萨璎珞本业经[二]/佛藏经[四]/菩萨戒本[二]/菩萨戒羯磨文[一]/菩萨善戒经[一]/菩萨内戒经[一]/优婆塞五戒威仪经[一]/文殊师利净律经[一]

（《菩萨戒本》本为二经，各一卷，此处合一，而作二卷）

1W7. 或云净律经/清净毗尼方广经[一]/寂调音所问经[一]/大乘三聚忏悔经[一]/菩萨五法忏悔文/或云菩萨五法忏悔经/菩萨藏经[一]/三曼

1W8. 陀飓陀罗菩萨经[一]/菩萨受斋经[一]/文殊悔过经[一]/一名文殊五体悔过经/舍利弗悔过经[一]/亦直云悔过经/法律三昧经[一]/亦直云法

1W9. 律经/十善业道经[一]/菩萨对法藏/大乘释经论/大智度论[一百]/十地经论[十二]/弥勒菩萨所问经论[六]/大乘宝积经论[四]/宝髻菩萨四法

1W10. 经论[一]/能断金刚般若波罗蜜多经论颂[一]亦云能断金刚论/金刚般若论[三]/佛地经论[七]/金刚般若波罗蜜经论[三]/能断金刚般

1W11. 若波罗蜜多经论[三]/金刚般若波罗蜜经破取著不坏假名论[一]亦云功德论/文殊师利菩萨问菩提经论[二]/妙法莲华经

1W12. 论[一]/法华经论[二]/胜思惟梵天所问经论[四]/涅槃论[一]/涅槃经本有今无偈论[一]/遗教经论[一]/无量寿经论[一]/三具足经

1W13. 论[一]/转法轮经论[一]/大乘集义论/瑜伽师地论[一百]/显扬圣教论[二十]/瑜伽师地论释[一]/显扬圣教论颂[一]/王法正理论[一]

1W14. 大乘阿毗达磨杂集论[十六]/中论[四]/般若灯论释[十四]/十二门论[一]/十八空论[一]/百论[二]/广百论[一]/大乘广百论释论[十]/十住毗婆沙论[十五]/菩提资粮论[六]/大

1W15. 乘庄严经论[十三]/大庄严经论[十五]/顺中论[二]/摄大乘论[八]/摄大乘论释[十五]/摄大乘释论[十]/摄大乘论释论[一]/摄大乘论释[十]/佛性论[四]/决定藏

（《略出》中有真谛译《摄大乘论》三卷、佛陀扇多译《摄大乘论》二卷、玄奘译《摄大乘论本》三卷，此处合为一，作八卷）

1W16. 论[三]/辩中边论颂[一]/中边分别论[二]/辩中边论颂[三]/究竟一乘宝性论[四]/业成就论[一]/大乘成业论[一]/因明正理门论本[一]/因明正理门论[一]旧理

1W17. 门论/因明入正理论一/显识论一/转识论一/大乘唯识论一/唯识二十论一/成唯识宝生论五/唯识三十论一/成唯识论十/大丈

1W18. 夫论二/入大乘论二/大乘掌珍论二/大乘五蕴论一/大乘广五蕴论一/宝行王正论一/大乘起信论二/发菩提心论一/三无性论二/方便心论一/如实

[《略出》中有真谛译《大乘起信论》一卷、实叉难陀译《大乘起信论》二卷，按此复原则本行字数过多，这里按照其他部分的刻法，将两经合一作"三卷"，这样本行复原正文字数为47，上一行复原字数为46，下一行复原字数为47（其中数字"十二"横写占一字位），三者相较，相差不大]

1W19. 论一/无相思尘论一/观所缘论一/观所缘论释一/回诤论一/缘生论一/十二因缘论一/一输卢迦论一/大乘百法明门论一/百字论一/解卷论一/掌中论一

1W20. 取因假设论一/观总相论颂一/止观门论颂一/手杖论一/长阿含经二十二/中阿含经六十/增一阿含经五十一/杂阿含经五十/别译杂阿含经二十/佛般泥洹

（据《略出》，《手杖论》之后漏四经，分别为《六门教授习定论》一卷、《大乘法界无差别论》一卷、《破外道小乘四宗论》一卷、《破外道小乘涅槃论》一卷。方广锠先生指出所缺漏的部分"如果是折装本佛经，正好是半叶。因此，颇为怀疑刻工所依据的《开元录》底本有残缺"，这种对刊刻底本残缺的怀疑是有道理的）

1W21. 经二或直云泥洹经/般泥洹经二/大般涅槃经三/人本欲生经一/尸迦罗越六向拜经一/梵志阿飏经一一名佛开解字/梵网六十二见经一一名梵网

1W22. 经/寂志果经一/起世经十/起世因本经十/楼炭经六或云大楼炭经/长阿含十法报经一一名多增道章经或直云十报经/中本起经一或云太子中

1W23. 本起经/七知经一或云七智经/咸水喻经一或云咸水譬经/一切流摄守因经一/四谛经一/恒水经一亦云恒水喻经/本相倚致经一亦云大相倚致经/缘

1W24. 本致经/顶生王故事经一或云顶生王经/文陀竭王经一/阎罗王五天使者经一一名铁城泥犁经/铁城泥犁经一/古来世时经一/阿那律八

1W25. 念经一或直云八念经亦名禅行敛意经/离睡经一亦名菩萨诃睡眠经/是法非法经一/求欲经一/受岁经一/梵志计水净经一/苦阴经一一

1W26. 名阴因事经/释摩男本经一/苦阴因事经一/乐想经一/漏分布经一/阿耨飏经一/诸法本经一/瞿昙弥记果经一/瞻婆比丘经一或云瞻

1W27. 波经/伏淫经¯/魔娆乱经¯一名魔王入目连腹经亦云弊魔试目连经/弊魔试目连经¯一名魔娆乱经/赖吒和罗经 一名

1W28. 罗汉赖吒和罗经/善生子经¯/数经¯/梵志颊罗延问种尊经¯/三归五戒慈心厌离功德经¯/须达经¯一名须达长者经/佛为黄竺园老婆罗门

1W29. 说学经¯/梵魔喻经¯/尊上经¯/鹦鹉经¯亦名兜调经/兜调经¯/意经¯/应法经¯/泥犁经¯或云阿泥犁经/优婆夷堕舍迦经¯/斋

1W30. 经¯一名持斋经/鞞摩肃经¯/婆罗门子命终爱念不离经¯/十支居士八城人经¯亦直云十支经/邪见经¯/箭喻经¯/普法义经¯一

1W31. 名具法行经¯/广义法门经¯/戒德香经¯或云戒德经/四人出现世间经¯/波斯匿王太后崩尘土坌身经¯/须摩提女经¯/婆罗门

1W32. 避死经¯/食施获五福报经¯一名施色力经一名福德经/频毗娑罗王诣佛供养经¯亦云频婆/长者子六过出家经¯/鸯崛摩经¯一名指

1W33. 鬘经/鸯崛髻经¯/力士移山经¯或直云移山经亦云四未有经/四未曾有法经¯亦云四未曾有经/舍利弗摩目捷连游四衢经¯/七佛父母姓字经¯

1W34. 一名七佛姓字经/放牛经¯亦云牧牛经/缘起经¯/十一想思念如来经¯/四泥犁经¯/阿那邠邸化七子经¯/大爱道般泥洹经¯/佛母般泥洹

1W35. 经¯/国王不犁先尼十梦经¯/舍卫国王梦见十事经¯/阿难同学经¯/五蕴皆空经¯/七处三观经¯/圣法印经¯亦直云圣印经/杂阿含

1W36. 经¯/五阴譬喻经¯一名水沫所漂经/水沫所漂经¯或云聚沫譬经/不自守意经¯/满愿子经¯/转法轮经¯或云法轮转经/三

1W37. 转法轮经¯/八正道经¯/难提释经¯/马有三相经¯/马有八态譬人经¯/相应相可经¯/治禅病秘要经¯/摩邓女经¯一名阿难

1W38. 为蛊道女惑经¯/摩邓女解形中六事经¯/摩登伽经¯/舍头谏经¯一名太子二十八宿经¯/鬼问目连经¯/杂藏经¯与前后经文理稍别

1W39. 饿鬼报应经¯一名说地狱饿鬼因缘经/阿难问事佛吉凶经¯或云阿难问事经亦云事佛吉凶经/慢法经¯/阿难分别经¯/五

1W40. 母子经¯/沙弥罗经¯/玉耶女经¯/玉耶经¯一云长者诣佛说子妇无敬经/阿遬达经¯/修行本起经¯/太子瑞应本起经¯

1W41. <u>过去现在因果经</u>⁽四⁾/法海经⁻/海八德经⁻/四十二章经⁻/奈女耆域因缘经⁻
或直云奈女经/<u>罪业应报教化地狱经</u>⁻或

1W42. <u>云地狱报应经</u>/龙王兄弟经⁻<u>一名难龙王经一名降龙王经</u>/长者音悦经⁻或
云长者音悦不兰迦叶经/禅秘要经⁻⁻⁻或云

4. 一层北面

1N1. 大藏佛说禅秘要法经/七女经⁻<u>一名七女本经</u>/八师经⁻/越难经⁻<u>一名曰难长
者经一名难经</u>/所欲致患经⁻/阿阇世王问

1N2. 五逆经⁻/五苦章句经⁻<u>一名五道章句经</u>/坚意经⁻<u>一名坚心正意经一名坚心
经</u>/净饭王涅槃经⁻/进学经⁻或云劝进学经/得道

1N3. 梯蹬锡杖经⁻亦云锡杖经①/贫穷老翁经⁻<u>一名贫老经</u>/三摩竭经⁻<u>一名恕和
檀王经一名难国王经</u>/萍沙王五愿经⁻<u>一名佛沙迦王</u>

1N4. 经/琉璃王经⁻/生经⁽五⁾有云五十五经/义足经⁻⁻/<u>小乘经单译</u>/<u>正法念处经</u>
七十/佛

1N5. 本行集经六十/本事经⁽七⁾/兴起行经⁻<u>亦名严诫宿缘经题云</u>

1N6. 出杂藏/业报差别经⁻/<u>大安般守意经</u>⁻<u>亦直云</u>

1N7. 大安般经安公云小安般/<u>阴</u>

1N8. 持入经⁻<u>或作除字误</u>

1N9. 也/<u>处处经</u>⁻

1N10. 分别善恶所起

1N11. 经⁻/出家缘经⁻<u>一名出家</u>

1N12. 因缘经/阿含正行经⁻<u>一名正意经</u>/<u>十八</u>

1N13. 泥犁经⁻或云十八地狱经/<u>骂意经</u>⁻/<u>法受尘经</u>⁻

1N14. 禅行法想经⁻/长者子懊恼三处经⁻<u>亦名长者懊恼经亦名三</u>

1N15. 处恼处/捷陀国王经⁻/须摩提长者经⁻/阿难四事经⁻/<u>未生怨经</u>⁻/<u>四愿
经</u>⁻/<u>黑氏梵志经</u>⁻

1N16. 狮狗经⁻祐云与獭狗同/分别经⁻旧云与阿难分别经等同本者<u>非也</u>/<u>八关斋</u>

---

① 《经目塔报告》与《大足石刻全集》均作"一名锡杖经",据拓片应为"亦云锡杖经"。

经¯/阿鸠留经¯/孝子经¯亦云孝子报恩经/五百弟子

1N17. 自说本起经¯或云自说亦云本末经/大迦叶本经¯/四自侵经¯/罗云忍辱经¯或直云忍辱经/佛为年少比丘说正事经¯/沙

1N18. 曷比丘功德经¯/时非时经¯或直云时经/自爱经¯或云自不自爱经/中心经¯亦云中心正行经/见正经¯名生死变识经

5. 二层东面

2E1. 大藏佛说大鱼事经¯/阿难七

2E2. 梦经¯

2E3. 或

2E4. 直

2E5. 云七梦

2E6. 经/诃雕阿那含经¯一名荷雕或作苛字

2E7. 灯指因缘经¯/妇人遇辜经¯一名妇遇对经/四天王经¯/摩诃迦叶度贫母经¯/十二品生死经¯/罪福报

2E8. 应经¯一名转轮五道罪福报应经/五无返复经¯一名五返复大义经/佛

2E9. 大僧大经¯/耶祇经¯/末罗

2E10. 王经¯/摩达国

2E11. 王经¯/旃陀

2E12. 越国

2E13. 王经¯

2E14. 五恐

2E15. 怖世

2E16. 经¯/弟子死

（二层东面的释迦佛龛近乎圆形，14～16 三行系按照左右对称的原则所做的复原）

2E17. 复生经¯或云死亡

2E18. 更生经/懈怠耕者经¯或云耕儿/辩意长者子经¯或云长者子辩意经/无垢优婆夷问经¯/贤者五

2E19. 福经¯/天请问经¯/僧护经¯/护净经¯/木槵子经¯或作患字又作樏/无上处

经/卢志长者因缘经/五

2E20. 王经/出家功德经/栴檀树经/颂多

2E21. 和多

2E22. 者

2E23. 经

2E24. 普达

2E25. 王经/佛灭度后棺敛葬送经

6. 二层南面

2S1. 亦云比丘师经亦名师比丘经/鬼子母经/梵摩难国王经/父母恩难报经亦云勒报经/孙多耶

（"亦云勒报经"的"勒"字，《资福藏》和《碛砂藏》本作"勒"，《丽藏》本作"勤"，各大藏的《入藏录》本亦作"勤"字，塔上所刻为"勒"字）

2S2. 致经/新岁经/群牛譬经/九横经/禅行三十七经/比丘避女恶名欲自

2S3. 杀身经/比丘听施经

2S4. 身观经/无常经

2S5. 亦名三启经

2S6. 八无暇有

2S7. 暇经/

2S8. 长爪

2S9. 梵志请问

2S10. 经/譬喻经/

2S11. 略教诫经/疗痔病经亦云痔瘘经

2S12. 声闻调伏藏[五十四部]/摩诃僧祇律[四十]/十诵

2S13. 律[六十一]/后毗尼序[三]/根本说一切有部毗奈耶五十/根本说一切有部苾刍尼毗奈耶二十/根本说一切有部毗奈耶杂事四十/根

2S14. 本说一切有部尼陀那目得迦[十]/五分律三十亦云弥沙塞律/四分律六十/僧祇比丘戒本亦云摩诃僧祇戒本

7. 二层西面

2W1. 僧祇比丘尼戒本￣亦云比丘尼波罗

2W2. 提木叉僧祇

2W3. 戒本/十诵

2W4. 比丘戒

2W5. 本￣亦云

2W6. 十诵波

2W7. 罗提木叉戒本/十诵

2W8. 比丘尼戒本￣亦云十诵比丘尼波罗提木叉戒本

2W9. 根本说一切有部戒￣/根本说一切有部苾刍尼戒￣/五分比丘戒本￣亦云弥沙塞戒本/五分比丘尼戒本￣亦云弥沙塞

2W10. 尼戒/四分比丘戒本￣题云四分戒本/四分比丘尼戒本￣题云四分尼戒本/四分

2W11. 僧戒本￣或云昙无德戒本/解脱戒本￣/沙弥

2W12. 十戒法并威仪￣亦名沙弥威

2W13. 仪/沙弥威仪￣/沙弥

2W14. 尼杂

2W15. 戒

2W16. 文￣/失

2W17. 译今附东晋录

2W18. 沙弥尼戒经￣/舍利弗问经￣/根本

2W19. 说一切有部百一羯磨⁺/大沙门百一羯磨

2W20. 法￣出十诵律/十诵羯磨比丘要用￣出十诵律/优波离问佛经￣或云优波

2W21. 离律/五分羯磨￣题云弥沙塞羯磨本/四分杂羯磨￣题云昙无德律部杂羯磨以结戒场为首

2W22. 昙无德羯磨￣以结大界为首/四分比丘尼羯磨

2W23. 法￣祐

2W24. 云

2W25. 昙

2W26. 无德

2W27. 羯磨或云杂羯磨

2W28. 四分律删补随机羯磨⎺/四分僧羯磨⎺

8. 二层北面

2N1. 题云羯磨卷上等出四分律/四分尼羯磨⎺/大爱道比丘尼经⎺亦云大爱受戒经或直云大爱道经/迦叶禁

2N2. 戒经⎺一名摩诃比丘经亦直云真伪沙门经/犯戒报应轻重经⎺出目连问毗尼经或云目连问经

2N3. 戒销灾经⎺或云戒伏销灾经/优婆塞五戒相经⎺一名优婆塞五

2N4. 戒略论/根本说一切

2N5. 有部毗奈耶

2N6. 颂⎺/根本

2N7. 说一

2N8. 切有

2N9. 部毗奈

2N10. 耶杂事摄颂⎺/根

（9、10 两行系根据塔身空间补充）

2N11. 本说一切有部毗奈耶尼陀那目得迦摄颂⎺/五

2N12. 百问事经⎺/根本萨婆多部律摄⁺⁴/毗尼摩得勒伽⁺⎺/鼻奈耶

2N13. 律⁺一名戒因缘经/善见律毗婆沙⁺⁸或云毗婆娑律亦直云善见律/佛阿毗昙经⎺/毗尼母经⁸/大比

2N14. 丘三千威仪经⎺亦云大

2N15. 僧威仪/萨婆多毗尼婆沙⁹/律二十二明了论⎺亦直云明了论/声闻对法藏⁺⁶部/阿毗昙八捷度论⁺

9. 三层经目

三层经目漫漶甚严重，依据《经目塔报告》和《大足石刻全集》（第八卷）① 中

---

① 大足石刻研究院编，黎方银主编《大足石刻全集》（第八卷），第 431～455 页。

刊布的拓片，结合现场照片，可大致确定已识读经名的位置，在此基础上可对三层经目进行复原。

阿毗达磨发智论二十/阿毗达磨法蕴足论十二/阿毗达磨集异门足论二十/施设足论/阿毗达磨识身足论十六/阿毗达磨界身足论三/阿毗达磨品类足论十八/众事分阿毗昙论十二/阿毗昙毗婆沙论八十二/阿毗达磨大毗婆沙论二百/阿毗达磨俱舍释论二十二/阿毗达磨俱舍本论颂一/阿毗达磨俱舍论二十/阿毗达磨顺正理论八十/阿毗达磨显宗论四十/阿毗昙心论四/法胜阿毗昙心论六/杂阿毗昙心论十一亦云杂毗昙毗婆沙/阿毗昙甘露味论二或云甘露味阿毗昙/随相论一或云求那摩谛相随论/尊婆须蜜菩萨所集论十/三法度论三/入阿毗达磨论二/成实论二十/立世阿毗昙论十/解脱道论十二/舍利弗阿毗昙论二十二/五事毗婆沙论二亦云阿毗达磨五事论/鞞婆沙论十四亦名鞞婆沙阿毗昙论/三弥底部论三/分别功德论三/四谛论四/辟支佛因缘论一/十八部论一/部执异论一一名部异执论/异部宗轮论一/佛所行赞经传五亦云佛本行经/佛本行经七一名佛本行赞传/撰集百缘经十/出曜经二十/贤愚经十三/道地经一/修行道地经七或云修行经/僧伽罗刹所集经五/百喻经二/菩萨本缘经四/大乘修行菩萨行门诸经要集三/付法藏因缘传六/坐禅三昧经一一名菩萨禅法经或云禅经/佛医译亦云佛医王经/惟曰杂难经一/佛般泥洹摩诃迦叶赴佛经一亦云迦叶赴佛涅槃经/菩萨诃色欲法一

（《塔刻经目》称存经6行，事实上拓片靠近存字"先比丘"之前仍能辨认出一行，即便如此，自《阿毗达磨发智论》到《菩萨诃色欲法》的53部经仍无处安置，这可能是刻工的疏漏所致）

3E1. 四品学法经一/佛入涅槃密迹金刚力士哀恋经一/迦旃延说法没尽偈经一/佛治身经一

3E2. 或云治身经/治意经一或云佛治意经/杂宝藏经八/那先比丘经一或直云那先经/五门禅

3E3. 要用经一/达摩多罗禅经二一名不净观禅经修行方便/禅法要解一一名禅要经/禅要诃

3E4. 欲经一题云禅要经诃欲品/内身观章句经一/法观经一/思惟略要法一/十二游经一/旧杂

3E5. 譬喻经二/杂譬喻经一/杂譬喻经一一名菩萨度人经/杂譬喻经一/阿育王譬

3E6. <u>喻经</u>⁻/<u>阿育王经</u>⁺/<u>阿育王传</u>⁵亦云大阿育王经/<u>阿育王息坏目因缘经</u>⁻一名王子

3E7. <u>法益坏目因缘经</u>/<u>四阿含暮抄解</u>⁻/<u>法句经</u>⁻亦云法句集/<u>法句譬喻经</u>⁴一名法句

3E8. <u>本末经</u>/<u>迦叶诘经</u>⁻/<u>撰集三藏及杂藏传</u>⁻/<u>三慧经</u>⁻/<u>阿毗</u>

3E9. <u>昙五法行经</u>⁻亦云阿毗昙苦惠经/<u>阿</u>

3E10. <u>含口解十二因缘经</u>⁻

图3.4　大足宝顶山小佛湾经目塔第三层东面经目复原示意图（加竖线的文字为复原经目，底图采自《经目塔报告》）

3E11. <u>亦直云阿含口解经</u>

3E12. <u>亦名断十二因缘经</u>/<u>小道地经</u>⁻/<u>文殊</u>

3E13. <u>师利发愿经</u>⁻/<u>六菩萨名</u>⁻长房入藏录云六菩萨名亦当

3E14. <u>诵持</u>/<u>一百五十赞佛颂</u>⁻/<u>赞观世音菩萨颂</u>⁻/<u>无明罗刹集</u>⁻亦云无明罗

3E15. <u>刹经</u>/<u>马鸣菩萨传</u>⁻/<u>龙树菩萨传</u>⁻/<u>提婆菩萨传</u>⁻/<u>婆薮盘豆法师传</u>⁻/<u>龙树</u>

3E16. <u>菩萨为禅陀迦王说法要偈</u>⁻/<u>劝发诸王要偈</u>⁻/<u>龙树菩萨劝诫王颂</u>⁻/<u>宾</u>

3E17. <u>头卢突罗阇为优陀延王说法经</u>⁻亦云宾头卢为王说法经/<u>请宾头</u>

3E18. <u>卢法</u>⁻/<u>分别业报略</u>⁻/<u>迦丁比丘说当来变经</u>⁻/<u>大阿罗汉难提蜜多罗所</u>

3E19. <u>说法住记</u>⁻/<u>金七十论</u>³一名僧佉论/<u>胜宗十句义论</u>⁻/<u>此方撰述集传</u>⁴⁺部/<u>释</u>

3E20. <u>迦谱</u>⁺/<u>释迦氏略谱</u>⁻/<u>释迦方志</u>⁻/<u>经律异相</u>⁵⁺/<u>陀罗尼杂集</u>⁺/<u>诸经要集</u>²⁺/

出三

3S1. 藏记集[十五]/众经目录[七]/开皇三宝录[十五]内题云历代三宝纪/众经目录[五]/大唐内典录[十]

3S2. 续大唐内典录[一]/古今译经图纪[四]/续古今译经图纪[一]/大周刊定众经目录[十五]/开元（"南左1"原作"本说"，应为"今译"之误读）①

3S3. 释教录[二十五]/一切经音义[二十五]/新译大方广佛华严经音义[二]大唐西域记[十二]/集古

3S4. 今佛道论衡[四]/续集古今佛道论衡[一]/东夏三宝感通录[三]/集沙门不拜俗仪[六]（"南左3"原作"论衡东真"，应为"论衡东夏"）

3S5. 大慈恩寺三藏法师传[十]/大唐西域求法高僧传[二]/法显传[一]亦云历游天竺（"南左4"原作"水法亦"，应为"求法高"）

3S6. 记传/高僧传[十四]/续高僧传[三十一]/辩正论[八]/破邪论[二]/甄正论[三]/十门辩惑论[二]/弘明集[十四]

3S7. 广弘明集[三十]/集诸经礼忏仪[二]/大唐南海寄归内法传[四]/比丘尼传[四]/别说

3S8. 罪要行法[一]/受用三水要法[一]亦云要行法/护命放生轨仪[一]或云轨仪法

3S9. 开元释教录[四]/汉法本内传[五]/沙门法琳别传[二]/密迹金刚力士经[七]/菩

3S10. 萨梦经[二]改名净居天子会/法界（"南左9"原作"阱"，应为"净"）

3S11. 体性无分别经[二]

3S12. 十法经[一]加名大

3S13. 集十法会/菩萨藏经[二十]/佛为

3S14. 难陀说出家入胎经[二]/文殊师利授记经[三]/菩萨见实三昧经[十六]/菩萨藏

3S15. 经[二]改名贤长那会/护国菩萨经[二]/郁伽长者所问经[一]迦叶经[二]有名摩

3S16. 诃迦叶会/善臂菩萨所问经[二]/无垢施菩萨分别应辩经[一]/无畏德女

3S17. 经[一]/大方等善住意天子问经[四]/大乘方便经[三]/移识经[二]改名贤长者会（"南右2"原作"意天子问经十八方便经"，应为"意天子问经大乘方便经"）

3S18. 弥勒菩萨所问经[一]改名弥勒问八法会/大宝积经[一]改名普明菩萨会

---

① "南左1"表示《塔刻经目》中识别的位于第三层南面佛龛左侧第1行中识别的文字，文中"南左2""西左6"等表示方法相同。

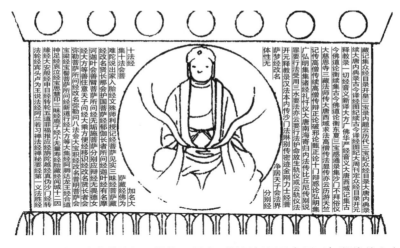

图3.5　大足宝顶山小佛湾经目塔第三层南面经目复原示意图（加竖线的文字为复原经目，底图采自《经目塔报告》）

3S19. 宝梁经^二/宝髻菩萨所问经^二/新道行经^七/大方等大集经^八/阿耨达龙王经^二/合道

3S20. 神足经^三/哀泣经^二/宝思慧印三昧经^一/鹿子经^一/小无量寿经^一/胎藏经^一/闻城十二因

3S21. 缘经^一/大安般经^一/申日经^一/转轮五道罪福报应经^一/游陀越经^一/真伪沙门经^一/转

3S22. 法轮经^一/宾头卢为王说法经^一/阿兰若习禅法经^二/禅秘要经^五/第一义法胜经^一

3W1. 弥勒菩萨所问本愿经^一/发菩提心经^二亦云论/法句经^二亦云集摄大

3W2. 乘释论^{十二}/虚空藏所问经^八/虚空藏菩萨所问持经得几福经^一/大方广

3W3. 如来性起微密藏经^二/随愿往生经^一

3W4. 旧药师经^一/密迹金刚力士经^二

3W5. 增一阿含经^一/行七行现报经^一/十二因缘经^一

3W6. 戒相应法经^一/比丘问佛多优婆塞命终经^一（"西左6"原作"命终所"，应为"命终经"）

3W7. 独富长者经^一/有众生三世

3W8. 作恶经^一/出家功德经^一摩竭

3W9. 鱼因缘经^一/尊者邬陀夷引

3W10. 导诸人礼佛僧经^一/还本

3W11. <u>国度父王经</u>¯（"西左12"原作"父母"，应为"父王"）

3W12. <u>水生太子经</u>¯施

3W13. <u>物法非法经</u>¯/教戒罗怙

3W14. <u>罗经</u>¯<u>五趣生死轮转经</u>¯/善来求苾刍因

3W15. <u>缘经</u>¯<u>七有事无事福业经</u>¯/摩竭鱼因缘已下九经并出根本说一切

3W16. <u>有部毗奈耶中</u>/<u>火生长者受报经</u>¯/<u>尊者善和好声经</u>¯/五种水

3W17. <u>罗经</u>¯/<u>胜鬘夫人本缘经</u>¯/<u>胜光王信佛经</u>¯/<u>诛释种受报经</u>¯/大世主苾

3W18. <u>刍尼入涅槃经</u>¯/<u>敬法舍身经</u>¯/<u>度二邪见童子得果经</u>¯/清净威仪

3W19. <u>经</u>¯<u>或云洗净</u>/<u>大目连受报经</u>¯/<u>初诞生现大瑞应经</u>¯/<u>度迦多衍那经</u>¯

3W20. <u>珰罗钵龙王业报因缘经</u>¯/<u>安乐夫人因缘经</u>¯/<u>增长因缘经</u>¯/妙光

3W21. <u>因缘经</u>¯/<u>降伏外道现大神通经</u>¯/<u>大药善功方便经</u>¯/佛从天下瞻部洲

3W22. <u>经</u>¯/<u>度瘦瞿答弥经</u>¯/<u>诃利底母因缘经</u>¯/<u>法与尼在家得果经</u>¯

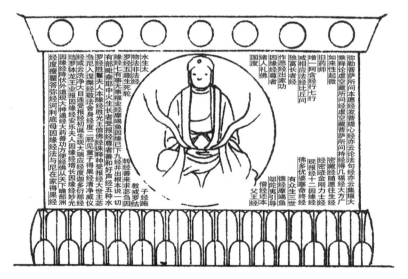

图3.6　大足宝顶山小佛湾经目塔第三层西面经目复原示意图（加竖线的文字为复原经目，底图采自《经目塔报告》）

3N1. <u>树生婆罗门憍慢经</u>¯/<u>弟子事师经</u>¯/<u>七种不退转经</u>¯/佛为长者

3N2. <u>说放逸经</u>¯/<u>地动因缘经</u>¯/<u>四种黑白法印经</u>¯/佛将入涅槃度善

3N3. <u>贤经</u>¯/<u>佛般涅槃两大臣告王经</u>¯/<u>八大国王分舍利经</u>¯/幻师阿夷邹咒

3N4. <u>经</u>¯/<u>宝性论</u>⁼/<u>宝积经论</u>⁼/<u>净度三昧经</u>¯/<u>法社经</u>¯/<u>毗罗三昧经</u>¯/<u>决定罪</u>

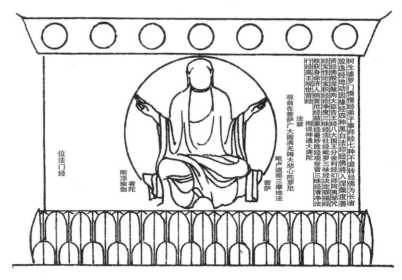

图3.7　大足宝顶山小佛湾经目塔第三层北面经目复原示意图（加竖线的文字为
复原经目，底图采自《经目塔报告》）

福经⌐

3N5. 救获身命济人病苦厄经⌐/益意经⌐/最妙胜经⌐/观世音三昧经⌐/清净法
行经⌐

3N6. 高王观世音经⌐……刚说神通大满陀（"北左6"原作"善说神通大满陀"）

3N7. 法禁（"北左7"）

3N8. 观自在菩萨广大圆满无碍大悲心陀罗尼（"北左8"原作"观自在菩萨必
圆满无碍大悲心陀罗尼"）

3N9. 毗卢遮那三摩地法（"北左9"）

3N10. 菩萨（"北左10"）

"北右1"：者陀

"北右2"：刚顶瑜伽

"北右3"：愿（原作"头"，盖"頭""願"字形接近的误读）

"北右4"：

"北右5"：位法门经

（二）关于本经目塔的刊刻底本

本书所做复原，除了《手杖论》之后漏四经和自《阿毗达磨发智论》到《菩萨诃色欲法》的 53 部经可能漏刻这两个问题之外，《方文》依据《入藏录》复原所发现或未能解决的问题几乎都得到了解决。我们知道，《略出》虽然以《入藏录》为底本，但是两者之间存在一定的差异，其差异主要体现在所收经的部数、顺序、经名、注文以及附录等，依据《入藏录》复原所呈现的问题多是由上述差异所造成的。

收经部数的差异：如该塔一层东面第 5 行（1E5）现存"金刚能断般若波罗蜜"对应的佛经为《金刚能断般若波罗蜜经》一卷，隋大业中三藏笈多译，《入藏录》所收《金刚经》共有五译，《略出》在《入藏录》的基础上续收入笈多的译本。与之类似的情况还有第一层南面第 20 行（1S20）《须赖经》刻了两遍，《入藏录》中仅收入了支施仑的译本，而《略出》另收有曹魏时期帛延的译本。

收经顺序的差异：如第一层东面第 7 行（1E7）《摩诃般若波罗蜜大明咒经》之后为《大宝积经》，若据《入藏录》，其间漏刻《般若波罗蜜多心经》（一般简称《心经》），《略出》中《心经》位于《摩诃般若波罗蜜大明咒经》之前，复原显示出该经系漫漶掉了而非漏刻。第一层南面第 10 行（1S10）行首对应的佛经为《观自在菩萨如意陀罗尼经》，若据《入藏录》应该在第 9 行行首对应佛经《如意轮陀罗尼经》之前，塔上所刻反映的是《略出》中的次序。第一层西面第 21 行（1W21）的《般泥洹经》刻于《大般涅槃经》之前，这也是《略出》中的次序而非《入藏录》的次序。

收经名字的差异：如第一层南面第 10 行（1S10）存字"菩萨如意陀罗尼经"，对应的佛经名为《观自在菩萨如意陀罗尼经》，这也是《略出》中的题名，而《入藏录》中题名为《观自在菩萨如意心陀罗尼咒经》；第一层南面第 23 行（1S23）所刻《观药王药上菩萨经》与《略出》一致，在《入藏录》中原作《观药王药上二菩萨经》；第二层西面第 9 行（2W9）所刻《根本说一切有部戒》和《根本说一切有部苾刍尼戒》在《入藏录》中其后皆有"经"字，而《略出》本无"经"字。

经后注文的差异：如第一层南面第 25 行（1S25）残存文字"庄严劫千佛名经现在贤劫千佛名未来星宿劫"对应的是《略出》中《三劫三千佛名经》的注文"《过去庄严劫千佛名经》《现在贤劫千佛名》《未来星宿劫千佛名》"，该注文与《入藏录》中的"《庄严劫上》《贤劫中》《星宿劫下》"不同；第一层西面第 4 行（1W4）所刻"僧祐录中云安公关中异经"系《天王太子辟罗经》的注文，该注文不见于

《入藏录》而见于《略出》；第一层西面第 25 行（1W25）所刻《离睡经》的注文
"亦名菩萨诃睡眠经"，第一层西面第 26 行（1W26）所刻《苦阴经》之后的注文
"（一）名阴因事经"以及第一层西面第 33 行（1W33）《力士移山经》注文的后半
部"亦云四未有经"等，《入藏录》中无载而均见于《略出》。

　　文后附录的差异：《塔刻经目》第三级塔身南面佛龛左侧第 8 行存字"沙门"对
应的佛经应为《沙门法琳别传》，在《资福藏》《碛砂藏》等南方系统大藏本的《略
出》中，该经与其前的《汉法本内传》一起，位于《略出》入藏经典之后的部分，
是《略出》附录的开端。我们知道，《丽藏》本和《赵城金藏》本《入藏录》之后
有两个附录，第一个是自《密迹金刚力士经》到《高王观世音经》100 余部经的目
录，《丽藏》本《入藏录》称它们"多是诸录见入藏经，今以皆是繁重，或有寻求
未获，故并不为定见之数。恐不知委，且略述之。若欲委知根由，并如《删繁录》
中广述"①；第二个是唐兴元元年（784 年）于正觉寺新写入藏的不空新译众经论及
念诵仪轨法等。《略出》中保留了第一个附录，但是其前的《沙门法琳别传》和
《汉法本内传》二经不见于《入藏录》，而为《略出》所特有（图 3.8）。

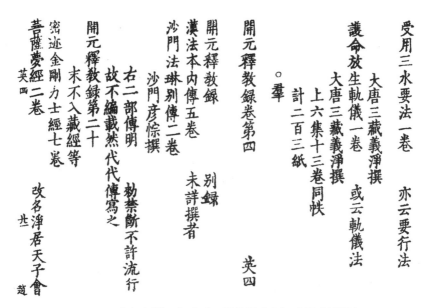

图 3.8　《碛砂藏》本《开元释教录略出》卷四书影局部

---

① 《域外汉籍珍本文库》编辑委员会编《高丽大藏经》第 57 册，第 579 页。

通过经典部数、顺序、经名、注文与附录等的考察，可以确证该塔主体部分刊刻的底本是《略出》而非《入藏录》。

另外，三层北面第 6 行（3N6）的《高王观世音经》即《略出》中的最后一部佛经，之后仅能根据残存的为数不多的文字推测所刻经名，从现有情况看，该部分的刊刻依据可能为《贞元续开元释教录》（以下简称《贞元续录》）的《入藏录》①。

将该部分经目与《贞元续录》的《入藏录》对比可知（表 3.1）：塔刻经名皆可对应《贞元续录》中的经名，且塔刻经名的次序基本与《贞元续录》中的经名次序一致（唯有"北左 8"对应经典次序有异），说明塔刻经名与《贞元续录》的关系是很密切的。《贞元续录》系补充《开元录》失收佛籍和续收宣宗、肃宗、代宗和德宗四朝的新增佛籍，其时密教正盛，所以新增佛籍中密教经典最为引人瞩目。该塔在《略出》后续刻这一目录，与其所在为密教道场的地位是相契合的。

表 3.1　第三层北面后部经目与《贞元续开元释教录》的《入藏录》对比

塔刻经目	《贞元续开元释教录》的《入藏录》
	金刚恐怖集会方广仪轨观自在菩萨三世最胜心明王经
	大威力乌抠瑟摩明王经
北左 6：刚说神通大满陀	秽迹金刚说神通大满陀罗尼法术灵要门
北左 7：法禁	秽迹金刚法禁百变法
	普遍智藏般若波罗蜜多心经
北左 9：毗卢遮那三摩地法	金刚顶经瑜伽修习毗卢遮那三么地法
北左 10：菩萨	千手千眼观世音菩萨大身咒本
北左 8：观自在菩萨广大圆满无碍大悲心陀罗尼	千手千眼观自在菩萨广大圆满无碍大悲心陀罗尼咒本
北右 1：者陀	不动使者陀罗尼秘密法
北右 2：刚顶瑜伽	金刚顶瑜伽真实大教王经
	金刚顶瑜伽般若理趣经

---

① ［唐］圆照：《大唐贞元续开元释教录》，《大正藏》第 55 册，No. 2156，第 766 ~ 770 页。

续表 3.1

塔刻经目	《贞元续开元释教录》的《入藏录》
	观自在菩萨授记经
	瑜伽念殊经
	奇特佛顶经
	观自在菩萨最胜明王心经
	金刚顶瑜伽文殊师利菩萨经
	阿唎多罗阿噜力经
北右 3：愿	普贤行愿赞
	地藏菩萨问法身赞
	出生无边门经
	大吉祥天女经
	底哩三昧耶
	十一面观自在菩萨经
	吉祥天女十二名号经
	金刚顶瑜伽十八会指归
北右 5：位法门经	金刚顶瑜伽三十七尊分别圣位法门
	……

（三）作为法宝崇拜对象的大藏目录

对于《略出》，一般公认曾作为大藏的目录使用，如宿白先生在《汉文佛籍目录》中讲道："《略出》应该是当时大藏的简目，也即是当时真正作为目录使用的目录。"[①]方广锠先生也说过《略出》是"一部简明扼要，切合实用的随架目录"[②]。在翻检现存几部大藏的过程中，我们发现，《略出》的题名及其性质在流传过程中有一定的变化。

中国第一部雕版藏经——《开宝藏》的初雕本应该是基本按照《开元录·入藏录》编定的，故有 480 函，五千余卷[③]。北宋崇宁年间，东京法云禅寺住持惟白所撰的《大藏经纲目指要录》在"指要"完自"天"至"英"（本号包括《三水要行法》《礼忏仪》《尼传》等佛籍）字号经典后称："通前计大小乘经律论，总五千四

---

① 宿白：《汉文佛籍目录》，第 64 页。

② 方广锠：《中国写本大藏经研究》，第 417 页。

③ 吕澂：《佛典泛论》，第 29 页。

十余卷、四百八十帙，以《开元释教录》为准，则今撮略品目所集也。其余随藏添赐，经传三十帙、未入藏经二十七帙，天下寺院藏中，或有或无，印经官印板却足。故未录略在，知者可鉴耳。"① 对于尚未"随藏添赐"的大藏来说，以编定藏经所依据的底本作为大藏目录再适合不过了。

如敦煌遗书 S. 5594 号所称："左街相国寺精义大师赐紫沙门臣德神进《开元释教大藏经目录》……逐部帙卷数字号如后……"（图 3.9；彩版六）该《开元释教大藏经目录》系《入藏录》附以千字文帙号，实际上即后世所谓《略出》的早期版本，反映了唐末五代宋初之时《略出》曾作为大藏经目录的性质。

图 3.9 相国寺沙门德神所进《开元释教大藏经目录》［采自国际敦煌项目（IDP）］

南方系统的大藏中，在《此方撰述集传》部分收入《开元释教录》二十卷，而在《此方撰述集传》之后复有《开元释教录》四卷，这个四卷本实际上即曾作为大藏随架目录的《略出》（此时还不叫《略出》）。如依据《昭和法宝总目录》所附福州《东禅寺大藏》（或称《崇宁万寿大藏》，刻于北宋元丰三年至政和二年，1080 ~

---

① ［宋］惟白集，夏志前整理《大藏经纲目指要录》，第 871 页。

1112 年）目录①，二十卷本《开元释教录》为千字文"笙""升"两号，在以《集诸经忏仪》为首的"群"字号十三卷经（《昭和法宝总目录》中所载的该藏目录，仅标各帙号下的第一部经）之后，为"英"字号"《开元释教录》计四卷"，其后为宋续入藏的以"杜"字号开始的《法苑珠林》。该目录后所附日本永享六年（1434年）批注云："自'天'字至于'英'字，已上《贞元录》五千藏。自《法苑珠林》至于《华严合论》，福州新入。"事实上，对比该藏所收佛籍可知，"英"字号以前的五千藏主要依据的是《开元录》而非《贞元录》。通过《东禅寺大藏》的目录可以看出，该藏的结构可以大体认为是主要依据《入藏录》组织的"开元录部分"加上《开元录》之后的陆续入藏部分，四卷本的《开元录》对应的是开元录部分的目录。

北宋宣和末年开雕、南宋绍兴三年（1133 年）完工的《思溪圆觉藏》（简称《圆觉藏》）的情况与《东禅寺大藏》相同，该藏开元录部分收录编号为"笙"和"升"的"释教录一部二十卷"，开元录部分的结尾为"英"字号的"释教录四卷"和"释音精严集三卷"，其后为以《法苑珠林》开始的续入藏部分②。而在《资福藏》（开雕于南宋淳熙二年，1175 年）中，"英"字号的四卷本《开元释教录》则直名为《开元释教录略出》③，这种情况也被后来雕印的《碛砂藏》所继承④。

《资福藏》本的《略出》在不入藏的"别录"之前为"开元释教录卷第四"及其注文"大唐西崇福寺释智昇撰"（图 3.10）。据《中华大藏经》《略出》卷四的校勘记，《丽藏》本在"别录"之前作"开元释教录四卷"⑤，后来的《嘉兴藏》和《龙藏》也是这种写法。笔者认为，"开元释教录四卷"的名字应更为准确，这样的写法加上其后的"大唐西崇福寺释智昇撰"是经录中对佛籍的典型记录方式，指的就是这部曾经被作为大藏目录使用的所谓《略出》。

---

① 高楠順次郎：《昭和法寶總目錄》第三卷，第 686～690 页。
② 高楠順次郎：《昭和法寶總目錄》第三卷，第 680 页。
③ 高楠順次郎：《昭和法寶總目錄》第一卷，第 921 页。
④ 《碛砂大藏经》整理委员会编《碛砂大藏经》第 102 册，第 334～425 页。
⑤ 《中华大藏经》编辑局：《中华大藏经》第 55 册，第 538 页。目前笔者在线装书局于 2004 年影印的《丽藏》中未见到《略出》。

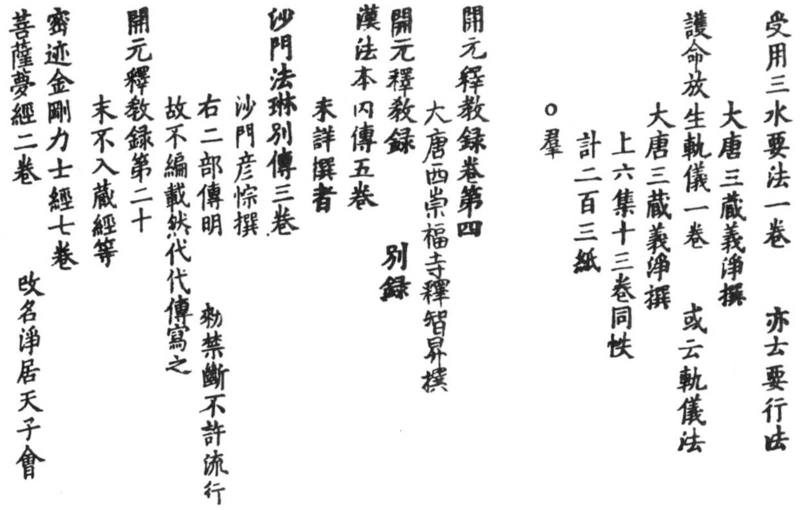

菩薩夢經二卷　　　改名淨居天子會

窮迹金剛力士經七卷

開元釋教錄第二十　　末不入藏經等

故不編載銖代代傳寫之

右二部傳明　　　勅禁斷不許流行

沙門彥悰撰

沙門法琳別傳三卷　　　　別録

未詳撰者

漢法本内傳五卷

開元釋教錄

大唐西崇福寺釋智昇撰

開元釋教錄卷第四

上六集十三卷同帙　　計二百三紙

大唐三藏義淨撰

護命放生軌儀一卷　　或云軌儀法

大唐三藏義淨撰

受用三水要法一卷　　亦云要行法

○羣

图 3.10　　《资福藏》本《开元释教录略出》卷四书影局部

　　关于大藏目录另可以《丽藏》为参考，《丽藏》在帙号为"宁、晋、楚"的三十卷《佛说佛名经》之后为三卷本的《大藏目录》，千字文帙号"更"，之后为以"霸"字号开始的《法苑珠林》①。这一独占一函的三卷《大藏目录》，在千字文帙号"英"之前部分大体还是以《略出》为基础，实际上即修造《丽藏》时根据实际情况修改接续的《略出》，反映出大藏目录在整部大藏经中的一种形态。

　　结合以上分析可以看出，在被称为"略出"之前，"《开元释教录》四卷"应当是将《入藏录》从《开元录》中节略出来之后的名字（最初也可能像敦煌遗书 S. 5594 号中那样直呼为《开元释教大藏经目录》），作为大藏随架目录，置于整部大藏之后。随着其他经典的陆续入藏，一方面，四卷本的《开元录》不再适合作为整部大藏的目录；另一方面，该书也以其独特的"入藏"方式，成为大藏中的一部经典。为了和二十卷本的《开元录》有所区别，根据该书的性质而更名为《开元释教录略出》，从在大藏中的题名看，这种改变应该完成于南宋时期。

---

① 《域外汉籍珍本文库》编辑委员会编《高丽大藏经》第 69 册，第 382 页。

二 四川安岳石窟孔雀洞经目塔

四川省安岳县因其密集的古代佛教造像遗迹而被誉为"中国石刻之乡",安岳石窟系该县境内石窟寺石刻类文物的总称,其中被公布为全国重点文物保护单位的有九处,分别为卧佛院、玄妙观、千佛寨、圆觉洞、华严洞、毗卢洞、茗山寺、孔雀洞、木门寺。孔雀洞西约50米的报国寺第二进院落内、现大雄宝殿后三清殿前有一座三层八角石塔,因塔身檐柱外侧刻佛经名录而被称为经目塔。该塔塔顶两层宝珠在"5·12"汶川地震中被震落,震后残高10.55米,现状为2011年当地文物部门对其维修后的结果(图3.11)。

由于该塔平面为八边形,各层角部立八边形檐柱一根,各檐柱外侧六面刻字,目前关于该塔上所刻经目多通过简单的数学计算认为共有佛经名144部(即8×6×3＝144)[1]。事实上,该塔二层北面两根檐柱上对刻"唯有吾师金骨在"和"曾经百炼色长新",形成一对偈语,该偈语占去两个刻字面;另外,各层檐柱刻字面以同时刻两部经为主流,所以简单数学计算出的144部佛经并不能反映该塔所刻经目的情况。刻经部数尚不能被正确认识,经目的刻写逻辑更缺乏正确解读。下面,在对该塔进行调查、记录与整理的基础上,分析塔上经目的刊刻逻辑,并对其所反映的法宝崇拜思想略做探讨。

(一)孔雀洞经目塔现状

孔雀洞经目塔坐南朝北偏西约20度,全塔为石砌,平面八边形,自下而上可分为塔座、塔身、塔刹三部分,塔身逐级略有收分(图3.12)。

塔座现高0.86米,分上下两层:下层高0.6米,外观呈屋檐状;上层高0.26米,原为仰莲,现已大部分残损。塔身三层,每层正中为宽1.45米的正八边形塔心柱,角部各立宽0.38米的八边形檐柱。塔心柱柱顶角部与檐柱柱头之间以及相邻的檐柱柱头之间,均以木枋相连,柱头间的木枋相当于通常所谓的"阑额"。角柱柱顶

---

[1] 如张荣、李贞娥、徐世超:《安岳石窟经目塔5.12汶川大地震后抢救性修缮——兼论三维激光扫描、计算机模拟技术在文物保护中的运用》,《文物保护与考古科学》2010年第22卷第2期。

图 3.11　安岳石窟孔雀洞经目塔现状（赵献超摄）

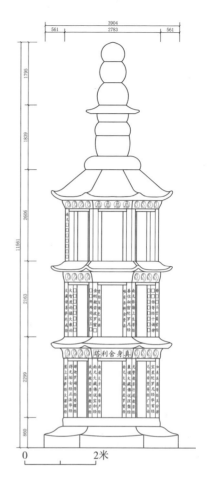

图 3.12　孔雀洞经目塔北立面图
（赵献超绘）

置檐枋，檐枋上承塔檐。第三层塔檐之上为石质塔刹，自上而下由莲座、相轮、宝盖、莲座、宝珠组成。

一层北面檐枋上现存"身舍利"三字，据 2015 年所摄照片，"身"字前依稀可辨为一"真"字，该檐枋上原刻应为"真身舍利塔"五字（图 3.13；彩版六）；二层北面檐枋上依稀可辨几个文字的笔画，所刻何字已无法识读。除上述二檐枋外，其余 22 根檐枋上各于正面镌刻小佛像四尊，共计 88 尊。

该塔檐柱朝向外侧的六面刻有佛经名，为了便于指代，自北面起将檐柱按照顺时针方向编为 A 到 H 号，各檐柱的刻经面则按顺时针方向编为 1 到 6 号，层数在檐柱编号前以阿拉伯数字表示，如上述刻偈语"唯有吾师金骨在""曾经百炼色长新"

两面的编号分别为 2A5 和 2B2（图 3.14）。

图 3.13　孔雀洞经目塔一层和二层北面檐枋上残存刻字情况（彭冰摄）

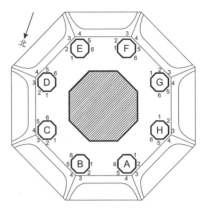

图 3.14　孔雀洞经目塔檐柱及刻经面编号示意图（赵献超绘）

　　兹将该经目塔檐柱上的残存文字抄录如下，所有文字皆用简体中文（塔上所刻"经"字有"经""径"和由"口"内"幺"组成的异体字"囜"，本书皆用"经"字抄录），复原的文字下加横线，同面不同经间标以逗号，本书作者按语置于经名后的圆括号内。

1. 第一层

　　第一层除 1A6 和 1B1 刻 8 字外，其余各面皆刻 9 字，原刻 430 字。该层刻经保存较好，仅 G 柱、H 柱等下部刻字有残损，现存 419 字，原刻佛经 85 部，现存 84 部。

1A1：月灯三昧经，宝光明经

1A2：小品般若经，三界等经（按："三界"应为"三戒"之误）

1A3：光赞般若，行道般若经（按："行道般若"应为"道行般若"之误）

1A4：曩谟大藏佛说涅槃经

1A5：南无大般若波罗蜜经

1A6：南无文殊般若杂经

1B1：南无大明度无极经

1B2：南谟大方广佛华严经

1B3：南无大藏佛说宝积经

1B4：放光般若，摩诃般若经

1B5：南无大乘地藏十轮经

1B6：阿閦佛国等经，悲华经

1C1：郁迦罗越等经，普曜经

1C2：得无垢女经，正法华经

1C3：慧上菩萨经，大灌顶经

1C4：大方等大集经，宝雨经

1C5：南无大方广十轮等经

1C6：虚空藏等经，金光明经

1D1：念佛三昧经，大佛名经

1D2：大集月藏经，大云等经

1D3：大集日藏经，入楞伽经

1D4：般若三昧经，阿差末经（按："般若三昧经"即"般舟三昧经"）

1D5：譬喻王等经，苏悉地经

1D6：宝女所问等经，贤劫经

1E1：方广大庄严经，百喻经

1E2：大般泥洹经，般泥洹经

1E3：一切智德等经，出曜经

1E4：入印法门等经，起世经

1E5：古译华严经，大华严经

1E6：法华三昧经，十住等经

1F1：南无大乘妙法莲华经

1F2：维摩诘等经，中阴等经

1F3：善思童子经，大庄严经

1F4：金光明最胜□经，生经

1F5：紧那罗王经，长阿含经

1F6：不退转轮等经，贤愚经

1G1：众德三昧等经，成实论

1G2：思益梵天经，杂阿含经

1G3：持人菩萨等经，佛性论

1G4：现宝藏等经，毗尼母经

1G5：深密解脱等经，破邪论

1G6：解脱了义等经，□□□

1H1：南无大乘入楞伽等经

1H2：南无大萨遮尼乾子经

1H3：诸法无行经，鸯崛髻经

1H4：如来本愿等经，五分律

1H5：宝星陀罗尼经，华首经

1H6：无所希望等经，广百论

2. 第二层

第二层除 2A5 和 2B2 刻 7 字偈语"唯有吾师金骨在""曾经百炼色长新"外，其他各面均刻 8 字。因保存状况较差，现存字 33 面，304 字，存经 42 部，可识别佛经 40 部。

2A1：南无无字宝箧等经

2A2：六度集等经，四分律

2A3：南无弥勒上生等经

2A4：善住秘密陀罗尼经

2A5：唯有吾师金骨在

2B2：曾经百炼色长新

2B3：金刚般若波罗蜜论

2B4：瑜伽师地论，宝王□

2B5：大藏优婆提舍□□

2C2：大智度论，摄大乘论

2C3：大藏诸菩萨内戒经

2C4：南无优婆塞戒等经

2C5：大□□□□□经□

2D3：南无智炬陀罗尼经

2D4：南无宝藏陀罗尼经

2D5：成佛加持经，十地经

2E1：南无大乘密严等经

2E2：南无英崛魔罗等经

2E3：菩萨处胎经，中论等

2E4：大方便佛报恩等经

2E5：南无观佛三昧海经

2E6：南无大方等陀罗尼

2F1：南无三千佛名等经

2F2：千佛名经，法集等经

2F3：南无大威德陀罗尼

2F5：南无超日月三昧经（按："超

日月三昧"应为"超日明三昧"之误）

2F6：菩萨璎珞经，高僧传

2G1：南无诸佛要集等经

2G2：□□经，十住断结经

2G4：大藏佛说须赖等经

2G5：随心咒经，无涯际经

2H4：释迦谱，不空羂索经

2H5：无上依等经，十诵律

3. 第三层

第三层残损极为严重，仅可于残存的 11 个刻经面中知该层各面刻经 9 字，现识别出文字 52 字，存经 21 部，可识别佛经 15 部。

3A5：毗婆尸佛经，□□□□

3C3：南无□□□□□□

3C4：佛阿毗昙经，胜□□□（按：疑为"圣庄严经"）

3C5：□□□□经，正法等经

3D2：善恶报应经，三法度论

3D3：随求陀罗尼，三法华经

3D4：法集要颂经，秘密相经

3E1：集异门足论，□身足论

3E3：菩提资粮论，品类足论

3E4：□□□□论，毗婆沙论

3G2：决定名义等经，□□□

（二）孔雀洞经目塔经目考

该塔所刻经名看似杂乱无章，乍看不易找到规律。在整理过程中我们发现，塔上所刻经目与北宋中后期开始雕印的南方系统的大藏经经目有比较高的契合度，说明该塔经目的刊刻底本极有可能是当地流传的某部大藏经的目录。以下以开雕于北宋元丰三年（1080 年）完工于政和二年（1112 年）的福州《东禅寺大藏》（或称《崇宁万寿大藏》）的目录为底本①，以《开元释教录》对佛籍的分类为参照，将本经目塔上所刻经目与《东禅寺大藏》经目进行对比（表 3.2，对于《东禅寺大藏》中帙数为一的经典标出帙号）。

---

① 高楠顺次郎：《昭和法宝总目录》第三卷，第 686～690 页。

表 3.2　《东禅寺大藏》经目与安岳石窟孔雀洞经目塔经目对比

福州《东禅寺大藏》经目				安岳石窟孔雀洞经目塔经目	《开元录》分类
序号	经名	卷	帙	编号	经名	
1	大般若经	600	60	1A5	南无大般若波罗蜜经	大乘经（菩萨契经藏）—大乘经单重合译—般若部
2	放光般若经	30	3	1B4 上	放光般若	
3	摩诃般若经	30	3	1B4 下	摩诃般若经	
4	光赞般若经	15	2	1A3 上	光赞般若	
5	道行般若经	10	鳞	1A3 下	行道般若经	
6	小品般若经	10	潜	1A2 上	小品般若经	
7	大明度无极经	13	羽	1B1	南无大明度无极经	
8	文殊般若杂经	15	翔	1A6	南无文殊般若杂经	
9	大宝积经	120	12	1B3	南无大藏佛说宝积经	大乘经（菩萨契经藏）—大乘经单重合译—宝积部
10	三戒等经	8	乃	1A2 下	三界等经	
11	阿閦佛国等经	10	服	1B6 上	阿閦佛国等经	
12	郁迦罗越等经	10	衣	1C1 上	郁迦罗越等经	
13	得无垢女经	10	裳	1C2 上	得无垢女经	
14	慧上菩萨经	10	推	1C3 上	慧上菩萨经	
15	大方等大集经	29	4	1C4 上	大方等大集经	大乘经（菩萨契经藏）—大乘经单重合译—大集部
16	大集日藏经	10	虞	1D3 上	大集日藏经	
17	大集月藏经	10	陶	1D2 上	大集月藏经	
18	大乘地藏十轮经	10	唐	1B5	南无大乘地藏十轮经	
19	大方广十轮等经	10	吊	1C5	南无大方广十轮等经	
20	虚空藏等经	11	民	1C6 上	虚空藏等经	
21	念佛三昧经	10	伐	1D1 上	念佛三昧经	
22	般舟三昧经	9	罪	1D4 上	般若三昧经	
23	阿差末经	11	周	1D4 下	阿差末经	
24	譬喻王等经	10	发	1D5 上	譬喻王等经	
25	宝女所问等经	10	殷	1D6 上	宝女所问等经	
26	宝星陀罗尼经	10	汤	1H5 上	宝星陀罗尼经	

续表 3.2

福州《东禅寺大藏》经目				安岳石窟孔雀洞经目塔经目		《开元录》分类
序号	经名	卷	帙	编号	经名	
27	古译华严经	50	5	1E5 上	古译华严经	大乘经（菩萨契经藏）—大乘经单重合译—华严部
28	大华严经	80	8	1B2 1E5 下	南谟大方广佛华严经 大华严经	
29	入印法门等经	13	伏	1E4 上	入印法门等经	
30	一切智德等经	13	戎	1E3 上	一切智德等经	
31	十住等经	11	羌	1E6 下	十住等经	
32	度世品经	11	遐			
33	大涅槃经	40	4	1A4	曩谟大藏佛说涅槃经	大乘经（菩萨契经藏）—大乘经单重合译—涅槃部
34	大般泥洹经	8	宾	1E2 上	大般泥洹经	
35	般泥洹经	10	归	1E2 下	般泥洹经	
36	方广大庄严经	10	王	1E1 上	方广大庄严经	大乘经（菩萨契经藏）—大乘经单重合译—五大部外诸重译经
37	普曜经	10	鸣	1C1 下	普曜经	
38	法华三昧经	10	凤	1E6 上	法华三昧经	
39	正法花经	10	在	1C2 下	正法华经	
40	妙法莲花经	10	树	1F1	南无大乘妙法莲华经	
41	维摩诘等经	11	白	1F2 上	维摩诘等经	
42	善思童子经	11	驹	1F3 上	善思童子经	
43	悲华经	10	食	1B6 下	悲华经	
44	金光明最胜王经	10	场	1F4 上	金光明最胜□经	
45	金光明经	11	化	1C6 下	金光明经	
46	紧那罗王等经	11	被	1F5 上	紧那罗王经	
47	宝雨经	10	草	1C4 下	宝雨经	
48	宝云经	11	木			
49	不退转轮等经	10	赖	1F6 上	不退转轮等经	
50	众德三昧等经	10	及	1G1 上	众德三昧等经	

续表 3.2

| 福州《东禅寺大藏》经目 | | | 安岳石窟孔雀洞经目塔经目 | | 《开元录》分类 |
序号	经名	卷	帙	编号	经名	
51	思益梵天经	10	万	1G2 上	思益梵天经	大乘经（菩萨契经藏）—大乘经单重合译—五大部外诸重译经
52	持人菩萨等经	10	方	1G3 上	持人菩萨等经	
53	现宝藏等经	8	盖	1G4 上	现宝藏等经	
54	深密解脱等经	10	此	1G5 上	深密解脱等经	
55	解脱了义等经	10	身	1G6 上	解脱了义等经	
56	入楞伽经	10	发	1D3 下	入楞伽经	
57	大乘入楞伽等经	10	四	1H1	南无大乘入楞伽等□	
58	萨遮尼乾子经	10	大	1H2	南无大萨□□□□□	
59	大云等经	8	五	1D2 下	大云等经	
60	诸法无行经	10	常	1H3 上	诸法无行经	
61	大灌顶经	12	恭	1C3 下	大灌顶经	
62	如来本愿等经	11	惟	1H4 上	如来本愿等经	
63	月灯三昧经	11	鞠	1A1 上	月灯三昧经	
64	无所希望等经	13	养	1H6 上	无所希望等经	
65	弥勒上生等经	13	岂	2A3	南无弥勒上生等经	
66	六度集等经	14	敢	2A2 上	六度集等经	
67	无字宝箧等经	22	毁	2A1	南无无字宝箧等经	
68	无上依等经	24	伤	2H5 上	□□依等经	
69	了本生死等经	29	女			
70	不空羂索经	30	3	2H4 下	不空羂索经	
71	千手千眼等经	13	男			
72	大孔雀王等经	14	效			
73	陀罗尼集经	7	才			
74	十一面观音等经	13	良			

续表 3.2

福州《东禅寺大藏》经目				安岳石窟孔雀洞经目塔经目		《开元录》分类
序号	经名	卷	帙	编号	经名	
75	随心咒等经	15	知	2G5 上	随心咒经	大乘经（菩萨契经藏）—大乘经单重合译—五大部外诸重译经
76	无崖际等经	19	过	2G5 下	无涯际经	
77	佛说须赖等经	18	必	2G4	大藏佛说须赖等经	
78	称扬赞佛功德经	10	改			
79	海龙王等经	9	得			
80	十住断结经	9	能	2G2 下	十住断结经	
81	诸佛要集等经	9	莫	2G1	南无诸佛要集等经	
82	菩萨璎珞经	7	忘	2F6 上	菩萨璎珞经	
83	超日明三昧等经	8	罔	2F5	南无超日月三昧经	
84	贤劫经	10	谈	1D6 下	贤劫经	
85	大法炬陀罗尼	20	2			大乘经（菩萨契经藏）—大乘经单译
86	大威德陀罗尼	20	2	2F3	南无大威德陀罗尼	
87	大佛名经	8	己	1D1 下	大佛名经	
88	千佛名等经	7	长	2F1	南无三千佛名等经	
89	五千佛名等经	10	信	2F2 上	千佛名经	
90	华首经	10	使	1H5 下	华首经	
91	大方等陀罗尼经	12	可	2E6	南无大方等陀罗尼	
92	观佛三昧海经	10	覆	2E5	南无观佛三昧海经	
93	大方便佛报恩经	10	器	2E4	大方便佛报恩等经	
94	法集等经	10	欲	2F2 下	法集等经	
95	菩萨处胎经	10	难	2E3 上	菩萨处胎经	
96	央崛魔罗等经	10	量	2E2	南无英崛魔罗等经	
97	中阴等经	10	墨	1F2 下	中阴等经	

续表 3.2

福州《东禅寺大藏》经目			安岳石窟孔雀洞经目塔经目		《开元录》分类
序号	经名	卷	帙	编号	经名	
98	大乘密严等经	10	悲	2E1	南无大乘密严等经	大乘经（菩萨契经藏）—大乘经单译
99	秘密陀罗尼经	9	丝	2A4	善住秘密陀罗尼经	
100	大佛顶首楞严经	10	染			
101	成佛加持经	10	诗	2D5 上	成佛加持经	
102	苏悉地经	10	赞	1D5 下	苏悉地经	
103	宝藏陀罗尼	29	羔	2D4	南无宝藏陀罗尼经	
104	智炬陀罗尼	10	羊	2D3	南无智炬陀罗尼经	
105	德光太子经	22	景			
106	六波罗蜜经	25	行			
107	菩萨地持经	8	维			大乘律（菩萨调伏藏）
108	菩萨善戒经	11	贤			
109	优婆塞戒经	10	克	2C4	南无优婆塞戒等经	
110	菩萨璎珞经	10	念			
111	菩萨内戒经	14	作	2C3	大藏诸菩萨内戒经	
112	大智度论	100	10	2C2 上	大智度论	大乘论（菩萨对法藏）—大乘释经论
113	十地经论	12	谷	2D5 下	十地经	
114	弥勒所问经论	11	传			
115	能断金刚经	10	声			
116	金刚般若经论	11	虚	2B3	金刚般若波罗蜜□	
117	优婆提舍论	11	堂	2B5	大藏优婆提舍□□	
118	瑜伽师地论	100	10	2B4 上	□□师地论	大乘论（菩萨对法藏）—大乘集义论
119	显扬圣教论	20	2			
120	阿毗达磨集论	10	非			
121	阿毗达磨杂集	10	宝			
122	中论等	10	寸	2E3 下	中论等	
123	般若灯论释	10	阴			
124	十八空论等	10	是			

续表 3.2

福州《东禅寺大藏》经目				安岳石窟孔雀洞经目塔经目		《开元录》分类
序号	经名	卷	帙	编号	经名	
125	广百论释	10	竞	1H6 下	广百论	大乘论（菩萨对法藏）—大乘集义论
126	十住毗婆沙论	10	资			
127	菩提资粮论	11	父	3E3 上	菩提资粮论	
128	庄严经论	13	事			
129	大庄严经论	10	君	1F3 下	大庄严经	
130	顺中论等	10	曰			
131	摄大乘论	10	严	2C2 下	摄大乘论	
132	摄大乘论释	10	与			
133	摄大乘论	10	敬			
134	摄大乘论释	10	孝			
135	摄大乘论释	10	当			
136	佛性论	10	竭	1G3 下	佛性□	
137	辩中边论颂	10	力			
138	因明正理门论	14	忠			
139	成唯识论	10	则			
140	大丈夫论	10	尽			
141	大乘起信论	11	命			
142	回诤论等	15	临			
143	长阿含	22	2	1F5 下	长阿含经	小乘经（声闻契经藏）
144	中阿含经	60	6			
145	增一阿含经	50	5			
146	杂阿含经	50	5	1G2 下	杂阿含经	
147	别译杂阿含经	20	2			
148	佛般泥洹经	12	澄			
149	起世经	10	取	1E4 下	起世经	
150	起世因本经	10	映			
151	楼炭等经	10	容			
152	佛说七知经	30	止			

续表 3.2

福州《东禅寺大藏》经目				安岳石窟孔雀洞经目塔经目		《开元录》分类
序号	经名	卷	帙	编号	经名	
153	赖吒和罗经	32	若			小乘经（声闻契经藏）
154	鸯崛髻经	33	思	1H3 下	鸯崛髻经	
155	摩邓伽女等经	19	言			
156	瑞应本起经	14	辞			
157	禅秘要法经	17	安			
158	生经	7	定	1F4 下	生经	
159	正法念处经	70	7			
160	佛本行集经	60	6			
161	本事等经	10	甚			
162	大安般中意等经	24	无			
163	自说本起等经	30	竟			
164	贤者五福等经	30	学			
165	摩诃僧祇律	40	4			小乘律（声闻调伏藏）
166	十诵律	61	6	2H5 下	十诵律	
167	根本有部毗奈耶	50	5			
168	苾刍尼毗奈耶	20	2			
169	毗奈耶杂事	40	4			
170	根本目得迦	10	尊			
171	五分律	30	3	1H4 下	五分律	
172	四分律	60	6	2A2 下	四分律	
173	僧祇比丘戒本	7	外			
174	五分比丘尼戒本	10	受			
175	根本白一羯磨	10	傅			
176	大沙门白一羯磨法	7	训			
177	四分僧羯磨	8	入			
178	大爱道比丘尼经	10	奉			
179	萨婆多部律摄	14	2			
180	毗尼摩得勒伽	10	诸			

福州《东禅寺大藏》经目			安岳石窟孔雀洞经目塔经目		《开元录》分类
序号	经名	卷	帙	编号	经名	
181	鼻奈耶律	10	姑			小乘律（声闻调伏藏）
182	善见律毗婆沙	10	伯			
183	佛阿毗昙经	10	叔	3C4 上	佛阿毗昙经	
184	毗尼母经	10	犹	1G4 下	毗尼母经	
185	萨婆多毗尼婆沙	10	子			
186	八揵度论	30	3			小乘论（声闻对法藏）
187	阿毗达磨发智论	20	2			
188	法蕴足论	12	弟			
189	集异门足论	20	2	3E1 上	□□门足论	
190	识身足论	10	连	3E1 下	□身□□	
191	界身足论	9	枝			
192	品类足论	20	2	3E3 下	品类足□	
193	众事分阿毗昙论	10	投			
194	毗婆沙论	82	8	3E4 下	毗婆□□	
195	大毗婆沙论	200	20			
196	俱舍释论	23	2			
197	阿毗达磨俱舍论	30	3			
198	阿毗达磨顺正理论	80	8			
199	阿毗达磨显宗论	40	4			
200	阿毗昙心论	10	都			
201	杂阿毗昙心论	7	邑			
202	甘露味论	15	华			
203	须密所集论	7	夏			
204	三法度论	15	东	3D2 下	三法□□	
205	成实论	20	2	1G1 下	成实论	
206	立世阿毗昙论	10	京			
207	解脱道论	12	背			
208	舍利弗阿毗昙论	12	邙			

续表 3.2

福州《东禅寺大藏》经目				安岳石窟孔雀洞经目塔经目		《开元录》分类
序号	经名	卷	帙	编号	经名	
209	五事毗婆沙论	24	面			小乘论（声闻对法藏）
210	鞞婆沙论	10	洛			
211	三弥底部论	17	浮			
212	分别功德论	11	渭			
213	佛所行赞经	12	据			圣贤传记录—梵本翻译集传
214	撰集百缘经	10	泾			
215	出曜经	20	2	1E3 下	出曜经	
216	贤愚经	14	2	1F6 下	贤愚经	
217	修行道地经	13	楼			
218	百喻经	9	观	1E1 下	百喻经	
219	付法藏等经	17	飞			
220	杂宝藏等经	11	惊			
221	禅法要等经	13	图			
222	杂譬喻等经	14	写			
223	阿育王等经	8	禽			
224	法句等经	16	兽			
225	马鸣菩萨传	17	画			
226	释迦谱	7	彩	2H4 上	释□□	圣贤传记录—此方撰述集传
227	释迦方志	13	仙			
228	经律异相	50	5			
229	陀罗尼杂集	10	甲			
230	诸经要集	20	3			
231	出三藏记集	10	肆			
232	众经目录等	12	筵			
233	开皇三宝录	10	设			
234	众经目录	10	席			
235	大唐内典录	10	鼓			
236	续大唐内典录	11	瑟			

福州《东禅寺大藏》经目				安岳石窟孔雀洞经目塔经目		《开元录》分类
序号	经名	卷	帙	编号	经名	
237	刊定众经目录	10	吹			圣贤传记录—此方撰述集传
238	开元释教录	20	2			
239	一切经音义	27	4			
240	大唐西域记	8	转			
241	集古今佛道论	9	疑			
242	三宝感通录	9	星			
243	慈恩法师传	10	右			
244	求法高僧传	9	通			
245	高僧传	8	广	2F6 下	高僧传	
246	续高僧传	31	4			
247	辩正论	8	明			
248	破邪论	7	既	1G5 下	破邪□	
249	弘明集	14	2			
250	广弘明集	30	3			
251	集诸经忏仪	13	群			
252	开元释教录	4	英			原大藏目录
253	法苑珠林	100	10			续入藏经
254	宝王等经	10	将	2B4 下	宝王□	
255	宝光明经	12	相	1A1 下	宝光明经	
256	善恶报应经	13	路	3D2 上	□□报应经	
257	随求陀罗尼	12	侠	3D3 上	□求陀罗尼	
258	法集要颂经	11	槐	3D4 上	□□要颂经	
259	正法等经	14	卿	3C5 下	正法□□	
260	仪轨等经	10	户			
261	根本仪轨	14	封			
262	妙臂等经	14	八			
263	曼荼罗等经	11	县			
264	圣庄严等经	19	家	3C4 下	胜□□□	

续表 3.2

福州《东禅寺大藏》经目			安岳石窟孔雀洞经目塔经目		《开元录》分类
序号	经名	卷	帙	编号	经名	
265	众许摩帝经	13	给			
266	毗婆尸佛等经	14	千	3A5 上	□□尸佛经	
267	庄严等经	14	兵			
268	大教宝王经	14	高			
269	成就仪轨等经	15	冠			
270	观想仪轨经	13	陪			
271	大教王等经	31	辇			
272	正句王等经	18	驱			
273	决定义等经	14	毂			
274	景德传灯录	30	3			
275	宗镜录	100	10			
276	天圣广灯等录	32	3			
277	续灯等录	33	3			续入藏经
278	大藏指要录	8	溪			
279	御制逍遥咏	16	伊			
280	御制佛赋	13	尹			
281	御制密藏诠	10	佐			
282	注入楞伽经	10	时			
283	注楞伽经纂	8	阿			
284	菩萨名经	10	衡			
285	未曾有等经	10	奄			
286	三法藏经	25	3			
287	善巧方便等经	10	微			
288	大集法门等经	8	旦			
289	集大乘相论	9	孰			
290	光明童子等经	9	营			
291	秘密相等经	15	桓	3D4 下	秘密□□	
292	太子因缘等经	15	公			

续表 3.2

福州《东禅寺大藏》经目			安岳石窟孔雀洞经目塔经目		《开元录》分类
序号	经名	卷	帙	编号	经名	
293	大教王经	30	3			
294	心地观经	8	弱			
295	宝要义论	10	扶			
296	除盖障经	10	倾			
297	佛冠等经	18	绮			
298	不动使者等经	13	回			
299	念诵仪轨等	13	汉			
300	一字顶轮王等经	17	惠			
301	善住秘密等经	11	说			
302	菩提场等经	18	感			
303	七俱胝等经	13	武			
304	王法等经	13	丁			
305	决定名义等经	9	俊	3G2 上	□定名义等经	续入藏经
306	菩提心等经	21	义			
307	深印法门等经	19	密			
308	缘起等经	10	勿			
309	御降大慧语录	20	3			
310	御降楞严义海	30	3			
311	法华玄义	10	2			
312	法华释签	10	赵	3D3 下	三法华经	
313	法华文句	10	魏			
314	文句记	10	2			
315	摩诃止观	10	2			
316	辅行	15	2			
317	御降台宗三大部	81				
318	李长者合论华严等					

　　会昌法难之后,《开元录》成为各地恢复、修造大藏经的主要标准,无论是写本

还是之后的刻本大藏经，其结构体系均为《开元录》系统。本书用以对比的《东禅寺大藏》，以上表编号 252 的四卷本《开元释教录》为分野，之前是主要依据《开元录》组织的"开元录部分"，之后为《开元录》编辑之后陆续被编入大藏的"续入藏经部分"①。

和《开元录》（具体来说应为该书的《入藏录》部分以及四卷单行本《开元释教录略出》）相比，《东禅寺大藏》目录是一个简化后的实用目录，简化主要体现在对于多经合帙的情况，仅著录该帙内起首或具有代表性的一部经典。如表中编号 8 "文殊般若杂经"，千字文帙号"翔"，实际上包括《文殊师利所说摩诃般若波罗蜜经》、《文殊师利所说般若波罗蜜经》、《濡首菩萨无上清净分卫经》（二卷）、《金刚经》前后六译（共六卷）、《实相般若波罗蜜经》、《仁王护国般若波罗蜜经》（二卷）、《摩诃般若蜜大明咒经》、《般若波罗蜜多心经》等共计十三部十五卷经典，在该经目中，这些经典仅以"文殊般若杂经"指代，后标"共十五卷"；再如表中编号 25 "宝女所问等经"共十卷，"殷"字号，所指则为《宝女所问经》（四卷）、《无言童子经》（二卷）、《自在王菩萨经》（二卷）、《奋迅王问经》（二卷）等四部经典。

通过上表可以看出，安岳石窟孔雀洞经目塔上所刻经目与作为实用目录的《东禅寺大藏》目录的匹配度非常高：塔上现存经名全部可以在该大藏目录中找到对应的经典；不仅如此，塔上所刻经目涵盖了大乘经中般若部、宝积部、大集部、涅槃部的全部经典，华严部、五大部外诸重译经、大乘经单译等的大部分经典，以及大乘律、大乘论、小乘经、小乘律、小乘论、圣贤传记录和续入藏经等的小部分经典，各部分保存经典的多寡与塔刻文字的保存状况略呈正相关。上述情况说明该经目塔刊刻的底本无疑是当时所能见到的某一部大藏经的目录②，只是塔上的经目没有完全按照大藏目录的顺序进行摩刻，下面就该塔刊刻经目的次序略作分析。

---

① 《东禅寺大藏》目录后所附日本永享六年（1434 年）批注云："自《法苑珠林》至于《华严合论》，福州新入。"

② 关于该塔年代，多认为是晚唐所建，如新近出版的《安岳卧佛院考古调查与研究》一书（秦臻、张雪芬、雷玉华：《安岳卧佛院考古调查与研究》，第 10 页）。从该塔上刻续入藏经的内容以及"唯有吾师金骨在，曾经百炼色长新"这一偈语判断，该塔的建造年代应该在北宋中后期至南宋初，而不会早于北宋仁宗天圣朝。

上文已述，该塔二层北面二柱在相对的位置（编号 2A5 和 2B2）所刻并非经目，而是一副偈语，该偈语来源于宋仁宗天圣九年（1031 年）的御制舍利赞，该赞云："三皇掩质皆归土，五帝潜形已化尘。夫子域中夸是圣，老君世上亦言真。埋躯只见空遗冢，何处将身示后人。唯有吾师金骨在，曾经百炼色长新。"① 北面二柱上截取镌刻御制舍利赞的后两句，说明这座经目塔以北面为正面，该面的 A 柱与 B 柱相当于通常所谓的"楹柱"。一层"楹柱"正对观者的四面（即编号为 1A4、1A5、1B2、1B3 的刻经面）所刻依次为"曩谟大藏佛说涅槃经""南无大般若波罗蜜经""南谟大方广佛华严经""南无大藏佛说宝积经"，对应的佛籍分别为北凉昙无谶译《大般涅槃经》40 卷、唐玄奘译《大般若波罗蜜多经》600 卷、唐实叉难陀等译《大方广佛华严经》80 卷、唐菩提流支等译《大宝积经》120 卷，一般合称为"四大部经"，也称"小藏"。如宋人李吕在《剑州普成县孙氏置四大部经记》中论曰："佛……故为书凡五千余卷，而其徒集而藏之，曰大藏。既以为浩繁，莫适遍览，则又摘其帙之最巨而心要之总辖者，曰般若、曰宝积、曰华严、曰涅槃，别而藏焉，曰四大部。故凡喜事之阇黎、信心之檀施，力不足以及大藏者，则为是经之为。嗟乎，佛以一妙音，足以证真而入理、荐祉而却灾，彼五千卷、四大部，何多少之校哉？"② 安岳孔雀洞经目塔将四大部经刻于该塔最显著的位置，一方面反映出设计者对四大部经的重视③，另一方面也说明塔上经目并非随意为之，而是有其设计意匠的。

四大部经之外，依据《开元录》的分类，般若部的其他经典主要刻于第一层 A 柱的其余 4 面和第一层 B 柱与之相邻的 2 面，宝积部的其他经典主要刻于第一层 B 柱和 C 柱间的 4 面，大集部的其他经典主要刻于第一层 D 柱的 6 面和与 D 柱相对的 C

---

① ［宋］释志磐撰，释道法校注《佛祖统纪校注》卷四六，第 1070 页。

② ［宋］李吕：《剑州普成县孙氏置四大部经记》，《澹轩集》卷六，影印文渊阁《四库全书》第 1152 册，第 242 页。

③ 或者有一定的可能该塔所依据的大藏是先有四大部经，后又配齐为整部大藏的。类似的情况如两浙西路秀州海宁安国寺于南宋绍兴四年（1134 年）完工的转轮藏，"经自四大部，下逮诸律论，皆有之"。事见［宋］傅达可：《安国寺轮藏记》，朱锡恩等续纂《海宁州志稿》卷一九，《中国方志丛书》华中地方·第 562 号，影印民国十一年排印本，第 2061~2063 页。另如四川通泉澄心院于南宋嘉定十五年（1222 年），"法尧先造大部四合八百四十卷，祖意觉证又足以五千五百四十八卷"，事见［宋］释居简：《澄心院藏记》，［宋］释居简撰，纪雪娟点校《北磵文集》卷三，第 74~75 页。

柱上的 3 面，华严部和涅槃部的其他经典主要刻于第一层 E 柱，五大部外诸重译经续刻于第一层的其他柱并向第二层延伸。该塔的刻经顺序大体上仍呈《开元录》著录佛籍目录次序的趋势，这亦可作为该塔上经目的刊刻底本为大藏经目录的证据之一。

至于为何没有完全依据《开元录》系统的大藏经目录进行刊刻，笔者推测主要是由于追求形式的整齐造成的：

从存字情况可以看出，该塔各个刻经面的摩刻字数相对固定，每面又仅刻一部或者两部经典，而经录中经典名字的长短并不固定，为了使各面所刻字数保持统一，故将单部佛经名字进行添改，或者将可以凑成相应字数（第一、三层九字，第二层八字）的两部经合刻在一起。

对于一个刻经面刻一部经典的情况，除了对经名进行微调之外，也通过在经名前增加"南无"（或"南谟""曩谟"）、"大藏"、"大藏佛说"、"南无大藏佛说"等字眼进行调整，从而使不同面的刻经字数显得整齐划一。

合刻的两部佛经可能有一定的内在联系，但是整体上看则以并无内在联系的二经合刻为主。有关者如第一层 B 柱第 4 面上、下所刻"放光般若"和"摩诃般若经"二经，均属般若部且在经录中也是相连的；无关者如第一层 C 柱第 2 面上、下所刻的"得无垢女经"和"正法华经"二经，前者属于"宝积部"，元魏瞿昙般若流支译，后者并未归入五大部，西晋竺法护译，两者并无明显的关联。

为了外观的齐整而不顾经籍间的内在逻辑，在法宝崇拜实践中，是"信仰型"大藏经①较为常见的一种情况。如唐人黄滔在《大唐福州报恩定光多宝塔碑记》中记载唐末威武军节度使王审知造寿山、定光二塔皆辅以经藏，其造塔和修藏皆以祈功德为务，该碑记称：

> 金圣人之教功与德，鲁圣人之教忠与孝，以忠孝之祈功德，莫之大也。天复元年（901 年）辛酉，天子西巡，岐、汴交兵，京洛颙颙。我威武军节度使、相府琅琊王王公，祝天地鬼神以至忠之诚，发大誓愿于开元之寺，造塔建号

① 方广锠：《论大藏经的三种功能形态》，《宗教哲学》1997 年第 3 卷第 2 期。

"寿山"，仍辅以经藏，乞车驾之还宫也。其三年（903 年）甲子，以大孝之诚，发大誓愿于兹九仙山，造塔建号"定光"，仍辅以经藏，为先君司空、先秦国太夫人、元昆故司空，荐祉于幽阴也。……释之西天谓之窣堵波，中华谓之塔，塔制以层，增其敬也，造之获无量无边功德。……（定光塔）东则翼以经藏焉，其藏也，外构以扃，八角两层，刻栴檀，镂金铜，饰朱漆之炳焕，仍卫以华堂七间，名之转经焉。致其沙门比丘，比比厥迹，以为拜唱、趺读、丛谈、聚听之凑，日系乎月，月系乎时，轩轩阗阗，奚景福之不幽资乎？……其经也，帙十卷于一函，凡五百四十有一函，总五千四十有八卷，皆极剡藤之精，书工之妙，金轴锦带以为之饰。天祐二年（905 年）乙丑夏四月朔，我公宿诚于州，束烹于肆，及胁降之辰，大陈法会，以藏其经。缁徒累千，士庶越万，若缁若士，一而行之，正身翔手，右捧左授，自州之阰，起于我公，传至于藏，观者如堵墙，佛声入霄汉。[①]

我们知道，《开元录》对于佛经的组织，在合帙时适当照顾了所收佛经的内容，尽量使同一帙内为同类经或同本异译经，故每帙所收经在 10 卷左右，帙间略有出入，总帙数为 480 帙。而王审知所造经藏尽管也是按照《开元录》5048 卷的标准组织的，却机械地"帙十卷于一函"，故 5048 卷佛经被整齐地划分为"五百四十有一函"，是为了追求外观的齐整而打破了《开元录》的合帙逻辑。可见对于出于做功德目的而修建的大藏经来说，便于检索或阅读并非首要追求，书刻精妙、装饰华丽、外观整齐完全能满足祈福荐祉的需求。

安岳石窟的这例经目塔，对经名进行调整或者将本无联系的两部经名合刻在一起，主要也是为了追求外观的整齐。毕竟对于广大信众来说，没有必要——很多时候也没有能力进行佛经义理的探讨，他们更多的是将其作为崇拜的对象，更注重其徼福祐、防患难的实用性，因此更加在意外观的整齐和雕刻的精严。可以说，在这样世俗化的法宝崇拜实践中，经籍内在逻辑的"乱"是屈从于外观的"齐"的。

①　［唐］黄滔：《大唐福州报恩定光多宝塔碑记》，《全唐文》卷八二五，第 8690~8694 页。

三 小结

《造塔功德经》有云："于彼塔内藏掩如来所有舍利，发、牙、髭、爪，下至一分；或置如来所有法藏十二部经，下至一四句偈。其人功德如彼梵天，命终之后生于梵世。于彼寿尽，生五净居，与彼诸天等无有异。"① 对于汉文佛籍来说，大藏经即相当于"如来所有法藏"，既然供养"一四句偈"即可产生功德，那么将大藏经的目录视为大藏的代表进行供养无疑更容易产生功德。

以藏经目录作为大藏代表的做法至少在 10 世纪末已经较为广泛地流布于敦煌地区，英藏 S. 3565 和法藏 P. 2987 两件敦煌遗书即明确表明其所载佛经目录为"佛宝"，"供养如一藏经"，"须殷重供养，得福无量"。

S. 3565 正面为归义军节度使检校太保曹元忠的布施疏，背面题名《西天大小乘经律论并在唐都数目录》，题名下一行序文曰："世有现前三宝，此事须殷重供养，得福无量，永无灾祸，出入行藏，常蒙观音覆护，灭罪恒沙，福□延永。"② 之后分上下四栏书写，上三栏为诸佛经在西天及唐都的数目，共 38 目，下一栏相当于跋文，载西天大藏经总数、唐藏经总数、去西天里程数、西天僧寺、尼寺、道流宫观与观驿数，大致对应于周绍良先生所谓的《唐僧到西天里数，沿途寺观馆驿数目》（图 3. 15）。

P. 2987 题名为《西天大小乘经律论并及见在大唐国内都数目录》，录经 39 目，与 S. 3565 略有差别，正面末尾跋文曰："佛子，世有现前三宝，此是法宝，但供养如一藏经，在家长福无量。"背面曰："西天大藏经有八万四千亿五百卷，为一藏经；大唐国有五千四十八卷，为一藏经。"之后为去西天里程数，旧唐国僧寺、尼寺、道观与诸道馆驿数，再后为禅月大师（俗姓姜，名贯休，唐末五代时名僧）诗作（图 3. 16）。

---

① ［唐］地婆诃罗译《佛说造塔功德经》，《大正藏》第 16 册，No. 699，第 801 页。

② 敦煌研究院编《敦煌遗书总目索引新编》，北京：中华书局，2000 年，第 108 页。

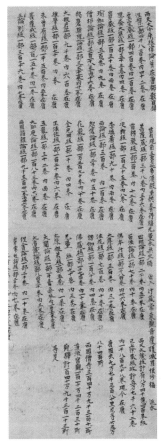

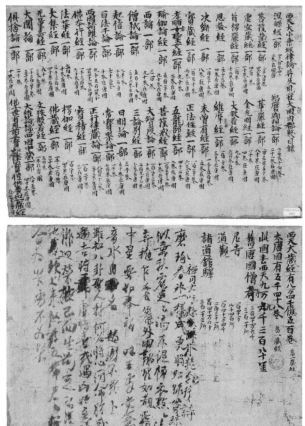

图 3.15　敦煌遗书英藏 S.3565 背面［采自国际敦煌项目（IDP）］

图 3.16　敦煌遗书法藏 P.2987 正面（上）与背面（下）［采自国际敦煌项目（IDP）］

　　细读二文书所载经目（以下以《西经在唐目录》代指），可以发现其与《开元录》之类被学问僧群体广泛认可的经目有较大差异，表明其流传的群体应该是文化程度不高的普通信众。周绍良先生曾于旅途中获赠明宣德二年（1427 年）刻本《佛说大藏经目录》，显系《西经在唐目录》的后期修补本，该目录"残书尚存二十四开，每开十一行，行九字，作软体。内容有目凡十一，首经名缺，次《佛说大藏经总（目）》，又次《唐僧西天取经目录》，次《唐僧到西天里数，沿途寺观馆驿数目》，次《佛说菩萨修行四法经》，次《阿弥陀佛心咒》，次《大随求佛好咒》，次《观音菩萨名咒》，次《地藏菩萨名咒》，次《吉祥天母心咒》；最后有题记六行作：

大明国京都在城居住奉佛信官王福庆，舍财印施《大藏经总目录》一藏，散施善信人等看念顶带，上报四恩，下资三有，普愿见闻，同生（净土之）内，如意吉祥"①。这本《佛说大藏经目录》宣称其功德作用为：

> 若有善男子、善女人信心得闻此《藏经题目》，皆是宿有因缘，曾种善根，始遇真诠，定生佛国。若人信心批阅《藏经总目》一遍，获无量无边功德，诸佛密加佑护。若有善男子、善女人如得此《经题目》，是人世世不失男子之身，永断诸恶，生众善心。若人仍能信心书写，散施于人，受持读诵，得大功德。若不能持诵，于佛前虔诚供养，朝暮恭敬此《大藏经目》，功德亦不可思议。若有善男子、善女人，病重临危，至心请得《经目》一部，佩带在胸，命终归于冥司，王官前见了此人胸有《大藏经目》，王官合掌赞叹，便令此人径直往生西方净土，面奉阿弥陀佛，莲品托生。普劝一切正信善男、信女，精勤敬礼，早觉修持，诸恶莫作，众善奉行，永免三途，得生善道。②

山东莱芜万福山圣水庵石刻中，立于明正德七年（1512 年）的"圣水庵记"碑的主要内容为《佛说大藏颂经目录》。该目录主要分为两部分：前一部分为"西天佛国大乘经目录，南西天佛国大唐总经目录"，列自"涅槃经"至"俱舍论经"共三十五部佛经，之后为西国和唐土佛经总数，自唐去西国里程数、西天僧寺、尼寺、道观与馆驿数，与 S. 3565 和 P. 2987 大致相同，在经目之后、两地佛经总数之前复有功德铭曰："若有善男子、善女人得此经题目录，若能志心读诵一遍，如看大藏经一遍；若书写十卷，所集功德无量无边，常得圣贤护佑；每日顶戴一遍，如看大藏经一遍"；第二部分主要为表明该经目功能的功德铭（即本章题记部分），之后为颂文，可分为取经颂和宝塔名两小部分③。总体上看，该目录与周绍良先生获赠的《佛说大藏经目录》具有相同的内容结构。上述目录和敦煌遗书的继承关系表明，尽管这些所谓的"藏经目录"不被学问僧们所认可，但是仍被作为膜拜的对象而流传民间，

---

① 周绍良：《得〈佛说大藏经目录〉因缘记——为启元白先生 90 华诞作》，《北京师范大学学报》（人文社会科学版）2002 年第 3 期。
② 方广锠：《佛教典籍概论》，北京：中国逻辑与语言函授大学宗教系教材，1993 年，第 103 页。
③ 郝永杰：《圣水庵石刻简述》，《莱芜政协》2017 年第 3 期。

是佛教世俗化的一种表现。

　　佛经目录本来是在编辑、整理或清点藏经等过程中的一个实用文本，由于《开元录》撰写得精要，《略出》作为从《开元录》中节略出的入藏录的单行本，"（成为）后世抄写或雕刻佛经的司南，北宋以后的《大藏经》大多是以它为目录，按图索骥，进行雕造的"①。自唐代中后期至宋初的相当长的时期内，《略出》被广泛地作为大藏经的随架目录使用。

　　本书证明大足宝顶山小佛湾经目塔的摩刻底本为《略出》而不是《入藏录》的意义，固然是试图做出更加符合历史真实的复原，更重要的是要说明：《略出》才是《入藏录》与大藏经发生关系时的主流形态，当人们需要一个简明的文本以象征大藏经时，长时间被作为随架目录使用并已经成为大藏中一部经典的《略出》更容易被视为各种灵力的来源而被顶礼膜拜。在这座自铭有"佛说十二部大藏经""普为四恩，看转大藏"等内容的经目塔上，《略出》的摩刻使得该塔成为大藏经名副其实的代表和象征，也是做功德和崇拜的对象。

　　安岳石窟孔雀洞经目塔上经目的刊刻底本极有可能是当时所能见到的某部大藏经的目录。该塔部分经名前所加"大藏"或"大藏佛说"即是将所刻经目作为大藏经代表的意思，塔中所供养的佛经一般可视为"法身舍利"，一层北侧檐枋上所刻"真身舍利塔"的其中一层意思应该是将塔上所刻大藏经目录作为"法身舍利"看待的。该塔上经目的刊刻顺序在大体上与大藏目录保持一致的趋势下，通过对单部佛经名称进行微调、将两部佛经名进行组合的手段，使不同刻经面的刻经字数达到整齐划一的效果。在法宝崇拜实践中，这种打乱经籍内在逻辑的做法，主要是为了追求外观的严整效果。

---

① 　陈士强：《大藏经总目提要·文史藏》，上海古籍出版社，2008 年，第 80 页。

第四章　某部经与佛塔的结合——法舍利塔管见

> 若此现在诸天众等，及未来世一切众生，随所在方未有塔处，能于其中建立之者，其状高妙出过三界，乃至至小如庵罗果；所有表刹上至梵天，乃至至小犹如针等；所有轮盖覆彼大千，乃至至小犹如枣叶，于彼塔内藏掩如来所有舍利、发、牙、髭、爪，下至一分；或置如来所有法藏十二部经，下至于一四句偈。其人功德如彼梵天，命终之后生于梵世。于彼寿尽，生五净居，与彼诸天等无有异。
>
> ——［唐］地婆诃罗译《佛说造塔功德经》

1986 年，浙江湖州飞英塔在维修过程中于外塔首层塔壁中发现黑漆木胎嵌螺钿经函一件（图 4.1），发现时已经散架，复原尺寸长 40.3、宽 20.8、高 23 厘米（图 4.2）。该经函函盖顶板装饰宝相团花，壁板饰礼佛图，其他部位以狮子、白象、花鸟、羽人、飞天、华盖、祥云与几何纹等装饰，极为华丽。函内装经折装印本《妙法莲华经》一部七卷，经函底板外部朱书题记曰："吴越国顺德王太后吴氏，谨舍宝装经函肆只，入天台山广福金文院转轮经藏永充供养，时口亥广顺元年十月日题纪。"① 广顺元年为辛亥年（951 年），施主"吴氏"为吴越国王钱弘俶的母亲吴汉月（图 4.3）。

据建造历史，飞英塔外层木塔始建于宋初开宝年间，上述经函应当是此时砌入塔壁的②。题记显示该经函是吴氏于广顺元年舍入天台山广福金文院转轮经藏的四只经函中的一只，天台山与飞英塔相距不啻 200 千米，尽管该经函如何辗转 20 余年后入藏飞英塔我们不得其详，但是像飞英塔这样于塔内装藏佛经则反映了唐代以后的新风尚。

---

① 湖州市飞英塔文物保管所：《湖州飞英塔发现一批壁藏五代文物》，《文物》1994 年第 2 期。
② 林星儿：《湖州飞英塔建造历史初探》，《湖州师专学报》1988 年第 3 期。

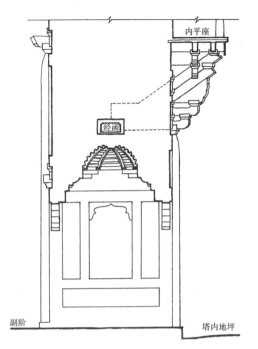

内平座

经函

副阶　　　　　　　　　　　　塔内地坪

图 4.1　湖州飞英塔经函出土位置示意图（采
　　　　自湖州市飞英塔文物保管所：《湖州
　　　　飞英塔发现一批壁藏五代文物》）

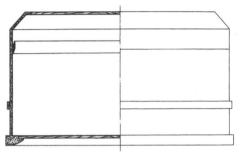

图 4.2　湖州飞英塔壁藏经函复原示意图
　　　　（采自湖州市飞英塔文物保管所：
　　　　《湖州飞英塔发现一批壁藏五代
　　　　文物》）

图 4.3　湖州飞英塔经函及函底题记（采自黎毓馨：《吴越国时期的佛教遗物——以阿育王
　　　　塔、刻本〈宝箧印经〉、金铜造像为例》，《东方博物》第 53 辑，第 11 ~ 19 页）

一　经藏塔与法舍利塔

不同于湖州飞英塔塔壁中仅有的一部七卷《妙法莲华经》，唐代以来还曾经存在过在佛塔中存放大量佛教经典乃至众经、一切经的做法，如《三藏法师传》卷七称："（永徽）三年春三月，法师欲于寺端门之阳造石浮图，安置西域所将经、像，其意恐人代不常，经本散失，兼防火难。……基塔之日，三藏自述诚愿……唯恐三藏梵本，零落忽诸……所以敬崇此塔，拟安梵本。"① 今陕西西安大慈恩寺大雁塔的建塔意图原即"安置西域所将经、像"，而尤以"三藏梵本"即梵本藏经为重，故可以称之为"经藏塔"。本书第一章已述，这种内藏经、像且以藏经为重的佛塔在初唐以后被称为"蜂台"。

（一）关于经藏塔

敦煌莫高窟第 61 窟西壁五台山图中（图 4.4；彩版七），在"大佛光之寺"与"大法华之寺"之间，有一座用回廊围合的平面方形的寺院，题榜为"清凉院瑞经论藏"②，院内正中设八角形砖塔一座，塔内藏经，或可视为经藏塔。该塔立于上高下低的两层砖砌台基上，台基正面（面向观者一面）设斜坡踏道，踏道起步处铺覆莲，踏道两侧设木质重台勾栏。台基上立单层塔，塔周围的重台勾栏样式与踏道相同。该塔正面一间画出四层三列经架，架内堆满经卷。八角攒尖顶上设刹，刹顶部设宝珠，宝珠下置宝盖，盖下垂铁链两条，链上悬铃，链端系于檐角。宿白先生认为日本法隆寺"梦殿"与之相似③，实际上该"清凉院瑞经论藏"即以单层塔作为众经的庋藏之所，是典型的"蜂台"。图中有两个比丘合掌绕经台做礼拜状，体现了礼经和绕塔的结合，也表明塔这一建筑形象化的外观对于庄严佛经和传播佛教教义的重要作用。

---

① ［唐］慧立、彦悰著，孙毓棠、谢方点校《大慈恩寺三藏法师传》卷七，第 160 ~ 161 页。
② 赵声良：《敦煌壁画中的五台山图》，敦煌研究院编，赵声良主编《敦煌壁画五台山图》，南京：江苏凤凰美术出版社，2018 年，第 45 页。
③ 宿白：《敦煌莫高窟中的"五台山图"》，《文物参考资料》1951 年第 5 期。

图4.4　莫高窟第61窟西壁五台山图中的"清凉院瑞经论藏"（采自敦煌研究院编，赵声良主编《敦煌壁画五台山图》，第97页）

2003年，济南老城区县西巷发现一座北宋砖筑地宫（图4.5），地宫所在夯层中出土有墨书"经藏""西经""西藏"等题记的白瓷碗底[1]，地宫中出土一块题名为《开元寺修杂宝经藏地宫记》的石碑[2]。碑文略曰：

开元寺修杂宝经藏地宫记

维大宋齐州开元寺西经藏院主僧智全，有祖师内外临坛大德、广教大师、讲《维摩经》、赐紫僧词演，自开宝元年（968年）于当寺三门里面盖经阁一座。至太平兴国四年（979年）七月二十四日，奉圣宋南衙秦王（赵廷美）牒一道，诣升州（今南京）取杂宝经一藏，计五千四十八卷，其经尽是旃檀香木为轴，安置于阁下。自开宝元年至熙宁元年（1068年），整一百三年，风雨坏

① 高继习、郭俊锋、李春华：《济南市县西巷发现地宫和精美佛教造像》，《中国文物报》2004年10月2日，第1版。

② 高继习、刘斌、常祥：《济南"开元寺"重考》，《春秋》2006年第5期。

漏。智全于熙宁二年前十一月（熙宁二年闰十一月，故言"前"）二十一日移归本院，安置添修，砖石、瓦木、人工、手工，计费用钱五千余贯文。地宫下用金银打造须弥佛座、卧佛、菩萨并罗汉等。如后人别生兴建，不得将此金银别将使用。愿天龙八部、药叉、神王常为守护，定光佛灵感舍利愿万万亿年永镇于此地。……（智全）次门人义初共师同修经阁。次有修经阁施主等具列姓名如后（姓名从略）。①

　　该地宫内安置定光佛感应舍利，金银制须弥佛座、卧佛、菩萨与罗汉等，并有天龙八部、药叉神王等为守护，似与已发掘的其他舍利塔基地宫无差别。与常见的舍利塔基地宫不同的是，该地宫自铭"杂宝经藏地宫"，其中"杂宝"应即各式珍宝的意思②，"杂宝经藏"意指百宝庄严的经藏，"其经尽是旃檀香木为轴"即表现，另从"计五千四十八卷"可知其为开元录系统的整部大藏。从地宫记行文来看，至熙宁元年，建于开宝元年的开元寺三门内的经阁已"风雨坏漏"，于是智全将经阁内庋藏的得自太平兴国四年的大藏经移归开元寺西经藏院，"安置添修"，考古发现的砖筑地宫即是在智全的主持下修建的。那么，该寺经藏是瘗藏在地宫中还是庋藏在地宫之上的建筑中呢？

　　该地宫的主持发掘者高继习认为，因原来的经阁风雨坏漏而损失了众多经卷，修建地宫时经阁内的大藏经已经不完整，地宫的作用是"收藏残经"③。对此，笔者有不同意见，因为即使经卷有所残损，但是从主僧智全的行为看，其"安置添修"之举与"同修经阁"的活动仍是以流通佛法为主要目的的，大藏经得之甚艰，不会轻易以之作为地宫中的镇藏，若视之为残经瘗而藏之，似已无修治经阁的必要。

---

①　高继习：《济南市县西巷地宫及相关问题初步研究》，《东方考古》第 3 集，北京：科学出版社，2006年，第 388 页。

②　如《白山院舍利石匣记》称："奉为皇太后皇帝皇后万岁。亲王公主千秋。文武百寮州尊妃太师恒居禄位。雨顺风调。万民乐业。维清宁四年。岁次戊戌年。显州北赵太保寨白山院建千佛舍利杂宝藏经塔壹所。六月庚子朔。十五甲寅日启手。至七月己巳朔。十五己未日未时葬舍利讫。"陈述辑校《全辽文》卷八，北京：中华书局，1982 年，第 174 页。

③　高继习：《济南县西巷佛教地宫初论》，香港大学饶宗颐学术馆，2010 年。该书实际上是略加修改的高继习的硕士学位论文，详见高继习：《济南市县西巷出土佛教地宫及几个相关问题的初步研究》，山东大学硕士学位论文，2005 年，第 24 页。

另外，地宫记明确该地宫内镇以感应舍利、佛像及其他守护神明，考古发掘情况亦显示，该地宫结构严整、装饰华丽（图4.6），表明地宫内是一个具备一定秩序性的神圣空间，该空间的主人无疑是被视为具备镇藏或守护功能的舍利、佛像与天龙、神王等。至于规模浩繁的大藏经，应当是安放在地宫之上的建筑之中。根据目前已发现的舍利地宫无一例外地都是作为佛塔建筑的地下部分而营建的情况分析①，济南县西巷开元寺杂宝经藏地宫的地上建筑，应该也是一座塔，故而，该寺于熙宁二年后营修的可以算是名副其实的"经藏塔"。

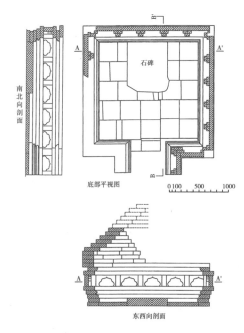

图4.5　济南县西巷地宫平剖面图（采自高继习：《济南市县西巷地宫及相关问题初步研究》，《东方考古》第3集，第382页）

图4.6　济南县西巷地宫立面展开图（采自高继习：《济南市县西巷地宫及相关问题初步研究》，《东方考古》第3集，第383页）

（二）关于法舍利塔

由于纸质材料的不耐久性，加上考古发现的限制②，除西安慈恩寺塔和济南开元

---

① 刘友恒、聂连顺：《河北正定开元寺发现初唐地宫》，《文物》1995年第6期。

② 张忠培：《浅谈考古学的局限性》，《故宫博物院院刊》1999年第2期。

寺内，尚未见到塔内庋藏经藏，即"经藏塔"的其他实例，在经过清理的内藏佛经的塔中，几乎皆为"藏经塔"（慈恩寺塔眼下也已经无经，济南开元寺内则仅存地宫）。即使出土纸本佛经数量和种类皆为考古发现之最的陕西耀州神德寺塔[1]，由于其内经籍并非像经藏那样按照一定的结构逻辑摆放，再加上佛经是"秘藏"于塔身第四层且不具备供人经常阅览的条件，故而不能称其为经藏塔，而只能归入藏经塔的范畴。

以纸张为载体的写印经卷是塔内藏经的主要形式，实例中也不乏以石材或金银之类的贵金属铭刻经文者，也有直接将经文摩刻于塔身内外壁或地宫壁上者。无论是写印、铭刻还是摩刻，就经典数量与建筑的关系来看，多是某部经或某类经乃至某句、某偈经与塔的结合。这种结合，不像经藏塔那样原则上是以塔作为有较为严整的内部结构逻辑的经藏的庋藏之所，那么是否将这些经视为供养于塔内的一般奉献品呢？

宿白先生在汉文佛籍目录的课上曾经讲到，辽代续刻房山石经时，"藏石经出现了一个新方式：掘地穴，上建塔。这种藏经方式应和唐宋塔中藏抄本和刻本佛经有关"[2]。徐苹芳先生在系统梳理考古发现的舍利塔基（也包括塔身和塔刹）的基础上，指出"在塔内除供养舍利、佛像之外，五代宋初以来还流行向塔内舍经卷做功德"[3]。沈雪曼在对比北宋与辽塔内藏经的情况时，主要通过对北宋东南沿海舍利塔内藏经题记的解读，认为这些佛经"多数是作为献纳给佛陀的舍利骨或舍利子的供纳品而被收藏在舍利塔中"，是"建立供养人与佛陀间之个人关系的供养品，从而具备人类学上'礼物'的社会功能与意义"[4]。事实上是否如此呢？下面主要通过慧光塔内出土的一组佛经题记的解读，试图回答这个问题。

慧光塔位于温州瓯海区仙岩寺内，原称仙岩寺塔，《仙岩山志》卷二"慧光塔"

---

① 黄征、王雪梅：《陕西神德寺塔出土文献编号简目》，《敦煌研究》2012 年第 1 期；黄征主编《陕西神德寺塔出土文献》，南京：凤凰出版社，2012 年。

② 宿白：《汉文佛籍目录》，第 40 页。

③ 徐苹芳：《中国舍利塔基考述》，《传统文化与现代化》1994 年第 4 期，收入作者文集《中国历史考古学论集》，第 419～440 页。

④ ［美］沈雪曼：《辽与北宋舍利塔内藏经之研究》，台湾大学美术史研究集刊编辑委员会编《美术史研究集刊》第 12 期，第 169～212 页。

条："延祐五年（1318 年），致蕴禅师将至，三日前塔杪神光煜煜，若悬灯然，众指以为佳兆，故名。"① 该塔在中华人民共和国成立前已被炸毁，1966 年复于砖墙内发现大批文物（简报称 69 件）②，由于特殊的历史原因，未经科学清理，文物的具体出土位置不详。据笔者梳理，慧光塔内共出土佛经 52 卷，有题记者皆为北宋庆历三年（1043 年）及之前，尤以《宝箧》《佛顶》《大悲》等陀罗尼经和《法华》为大宗（表 4.1），反映出此时对塔内瘗藏佛典的倾向。

表 4.1　温州仙岩寺慧光塔出土佛经一览表

经名	卷	本③	施主	施主身份	纪年
妙法莲华经	7	写折	灵素	仙岩寺看经院住持	大中祥符八年（1015 年）
妙法莲华经（瓷青纸）	1	写卷			明道二年（1033 年）
大方广佛华严经普贤行愿品	1	写折	长吉	净名庵主梵才大师	景祐三年（1036 年）
大方广佛华严经净行品	1	写折			
般若波罗蜜多心经	1	写折	会符	仙岩寺看经院比丘	庆历三年（1043 年）
般若波罗蜜多心经	1	写折	了遵	仙岩寺看经院比丘	庆历三年（1043 年）
般若波罗蜜多心经	8	写折		居民或看经院童行	庆历三年（1043 年）
金刚般若波罗蜜经	1	印卷			
佛顶尊胜陀罗尼经	1	写折	灵旦	仙岩寺比丘	庆历三年（1043 年）
宝箧、大悲、佛顶三经合裱	3	写卷	道先	比丘	庆历三年（1043 年）
宝箧、佛顶、大悲三经合裱	3	写卷	叔邦	福昌寺比丘	庆历三年（1043 年）
宝箧印陀罗尼经（金书）	1	写卷	严士元	大檀越	庆历二年（1042 年）
宝箧印陀罗尼经（包首金书绘）	2	写卷			
宝箧印陀罗尼经	1	写卷	陈欢	崇儒乡汤浦保弟子	景祐二年（1035 年）
宝箧印陀罗尼经	1	写卷	钱寅		

① 白化文、张智主编《中国佛寺志丛刊》第 94 册，第 60 页。
② 浙江省博物馆：《浙江瑞安北宋慧光塔出土文物》，《文物》1973 年第 1 期。
③ 表中"写"表示写本，"印"表示印本，"卷"为卷轴装，"折"为经折装。

续表 4.1

经名	卷	本	施主	施主身份	纪年
宝箧印陀罗尼经	1	写卷			
宝箧印陀罗尼经	5	印卷			北宋初
大悲心陀罗尼经	1	写折	公诏	仙岩寺看经院童行	庆历三年（1043 年）
大悲心陀罗尼经	1	写折		仙岩寺看经院童行	庆历三年（1043 年）
大悲心陀罗尼经	3	写折		仙岩寺附近居民	庆历三年（1043 年）
大悲心陀罗尼经（包首金书绘）	1	写卷			庆历三年（1043 年）
大悲心陀罗尼经	1	写卷	怀印	仙岩寺看经院童行	庆历三年（1043 年）
大悲心陀罗尼经	1	写卷	灵韵	仙岩寺看经院比丘	庆历三年（1043 年）
大悲心陀罗尼经（胡则印施）	4	印折			明道二年（1033 年）
无垢净光大陀罗尼经	1	写卷	允亦	比丘	

兹将上述佛经中有发愿文者开列如下表（题记均录自《白象慧光》① 一书刊布照片）：

表4.2　温州仙岩寺慧光塔出土佛经发愿文一览表

经名与施主		发愿文	页码
妙法莲华经	灵素	仙岩寺看经院住持沙门灵素，恭为四恩三有、法界怨亲等，刺指血和墨书写此经一部，每一字一唱一绕一拜。至大中祥符八年秋毕，手庆赞讫，故题记。 女弟子孔氏十六娘施财买纸并函子。	231
大方广佛华严经普贤行愿品	长吉	值师建造舍利宝塔甫毕，乃发至诚，刺身血缮写《普贤菩萨行愿品经》《金刚般若波罗蜜经》共二卷，仍熏沐课成五赞并忏悔偈总六首，书于经之末。内于舍利塔中，永作人天见闻妙胜之缘，为当来与一切众生，同证菩提之张本云尔。……时景祐三年岁次丙子季夏月二十有三日，寓仙岩寺圭峰教院西轩长吉谨题记。	249

---

① 温州博物馆编《白象慧光：温州白象塔、慧光塔典藏大全》，北京：文物出版社，2010 年。

续表 4.2

经名与施主		发愿文	页码
般若波罗蜜多心经	会符	温州瑞安县仙岩寺看经院比丘会符，恭为亡姊王二十五娘，写此经一卷，永钟宝塔龛内，以此妙因，同生净国者。时庆历三年癸未岁二月初八日谨志。	250
般若波罗蜜多心经	了遵	温州瑞安县仙岩寺看经院比丘了遵，恭为在堂慈母徐氏十五娘，自书此经一卷，入宝塔龛内，保安庚甲。愿已此功德普及于一切，我等与众生皆共成佛道。时庆历三年癸未岁二月初八日谨志。	251
佛顶尊胜陀罗尼经	灵旦	大宋国温州仙岩寺释迦遗教比丘灵旦，于景祐元年甲戌岁，遇本寺传教悦阇梨于寺前造宝塔一所，舍衣钵钱一贯二百文，入缘造塔，兼自诵此《陀罗尼经》，共计五藏，恭为四恩三有法界含情。至庆历三年癸未二月八日，其塔造成，迎舍利、经、像入塔次，而灵旦谨发心请僧书写此经，镇藏塔中，永为不朽。	209
宝箧、大悲、佛顶三经合裱	道先	比丘道先，敬刺血书写宝箧经、大悲经、佛顶经同卷，入仙岩寺宝塔，永作佛事。导缘比丘叔良、同志比丘叔邦。时庆历三年，岁次癸未，正月庚午朔，二十一日壬寅，故直书记耳。	227
宝箧、佛顶、大悲三经合裱	叔邦	温州福昌寺比丘叔邦，谨秉心洗心、稽首顿首，仰白十方遍法界一切三宝：愿赐慈悲，俯垂明证。斯者，伏遇本州仙岩寺新建宝塔一所，比丘叔邦谨志心刺血和墨，书写《宝箧印陀罗尼经》一卷、《佛顶尊胜陀罗尼经》一卷、《大悲心陀罗尼经》一卷，安在塔中。以此功德，资荐亡母亲吴三娘、亡考刘五郎，然及四恩三友、法界众生同登彼岸。时庆历三年癸未岁二月初八日题记。	226
宝箧印陀罗尼经	陈欢	景祐二年八月二十三日，温州瑞安县崇儒乡汤浦保弟子陈欢，自手写此经入塔，唯愿欢并妻林十四娘、阖家男女等，生生世世，常为眷属。宝箧在手，应用无穷，罪障销灭，福德圆满。与造塔阇梨及同缘人等，舍报得生兜率院内，觐侍弥勒菩萨，龙花会中同得授记。	223
宝箧印陀罗尼经	钱寅	弟子钱寅，谨发心刺血写此经，往仙岩塔下供养。	221
大悲心陀罗尼经	公诏	大宋国温州瑞安县仙岩寺看经院童行公诏，奉为亡母周氏九娘远年生界者，敬写此经一卷，刺血书，入宝塔永充供养。庆历三年二月初八日书记。	241
大悲心陀罗尼经	怀印	仙岩寺看经院童行怀印，行年一十五岁，遇造塔圆就。庆历三年二月初八作会庆赞次，请僧书大悲神咒经一卷入塔内供养，奉为在堂母亲郑念二娘保安庚甲。愿已此功德普及于一切，我等与众生皆共成佛道。岁在癸未二月初八写。	238

续表 4.2

经名与施主		发愿文	页码
无垢净光大陀罗尼经	允亦	比丘允亦敬写此咒，随喜入塔。伏愿若僧若俗、天龙鬼神、飞鸟虫蛾，见闻此塔，或与供养，仗此殊缘，罪灭福生，临命终时，生极乐国，及至成佛，永无退转。愿以此功德，普及于一切。我等与众生，皆共成佛道。	224

表中，公诏、怀印与钱寅之流或为仙岩寺看经院童行，或为附近普通居民，社会地位不高，经济状况贫困，他们的写经质量粗劣，写经的目的多为为亲人祈福，程式化地将写经置于塔下或塔内"供养"了事。而灵素、长吉等不仅有较高的社会地位，而且是精于内典的学问僧，从发愿文中可以看出他们并非将佛经作为一般的供养品，而是"永作人天见闻妙胜之缘"的一种体现。那么，所谓的"胜缘"是什么呢？可以从塔内出土的《建塔助缘施主名位》（以下简称《施主名位》）这一与建塔有关的核心文献中找到答案（图4.7），《施主名位》略曰：

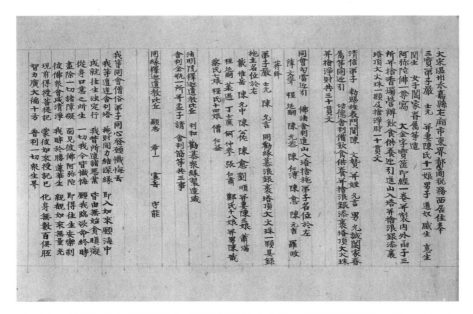

图4.7　温州仙岩寺慧光塔出土《建塔助缘施主名位》（采自温州博物馆编《白象慧光：温州白象塔、慧光塔典藏大全》，第211页）

大宋温州永嘉县左廂市东界都商税务西居住奉三宝弟子严士元并妻陈氏十一娘、男子道奴、感生、惠生、闰生、女子阖家眷属等造阿弥陀佛一尊，写大金字《宝箧印经》一卷，并制内外函子三所，并舍香烛，营办饮食供养，迎引进山入塔，并舍浪银添裹塔顶大火珠一颗，及舍净财一十贯文。

清信弟子，敕赐旌表门闾陈文赞并侄允言、男允诚阖家眷属等，同迎引功德舍利，备饮食供养，并舍浪银添裹塔顶大火珠，并舍净财共三十贯文。

同会勾当，迎引佛法舍利进山入塔，舍施弟子名位于左：薛文耸、程延嗣、陈允恭、陈仁溥、陈愈、陈元吉、罗政、蒋绛。

弟子严士元、陈允言，同劝缘慕浪银裹塔顶大火珠一颗，具录施主名位于左：戴惟岳、陈允中、陈公佐、陈愈、刘顺并妻陈三娘、萧满、程延嗣、叶遇、丁士廉、何仲参、张仁肃、郑氏十八娘并男陈戬、蔡氏七娘、程氏十四娘、僧仁益。

法明院释迦遗教比丘利和劝慕众缘制造盛舍利金瓶一所并盂子，请舍利箸等共三事。

同缘释迦遗教比丘显忠、希一、灵岳、守能。

我等同会僧俗弟子同心发愿忏悔云：

我等遭逢舍利塔，施财同力结深缘。即入如来愿海中，成就往生决定行。

我昔所造诸恶业，皆由无始贪嗔痴。从身口意之所生，一切我今皆忏悔。

愿我临欲命终时，尽除一切诸障碍。面见彼佛阿弥陀，即得往生安乐刹。

彼佛众会咸清净，我时于胜莲华生。亲睹如来无量光，现前得授菩提记。

蒙彼如来授记已，化身无数百俱胝。智力广大遍十方，普利一切众生界。

《施主名位》所见，在添裹塔顶大火珠一事之外，助缘慧光塔营建的施主们主要营办的事宜有四：其一，阿弥陀佛一尊、金字《宝箧印经》一卷并函子；其二，功德舍利；其三，佛法舍利；其四，装盛和请舍利的金器。《施主名位》之后的忏悔偈的首句称"我等遭逢舍利塔，施财同力结深缘"，所结深缘主要体现在他们施财营办的上述事项上。这里的"深缘"和长吉发愿文中的"胜缘"对照，不难看出，在慧光塔的营建活动中，佛像、佛经与佛舍利一样，都是被恭敬迎引、镇藏塔内的对象。其中的佛经不应该被视为一般的奉献于信众所要祈福对象的供养品，从它们在塔中的地位和瘗入塔内的处理方式上看，应该被作为法舍利来看待。

目前所见瘗埋法身舍利最早的记载为南朝宋文帝元嘉二年（425 年），《佛祖统纪》卷五四："宋文帝遣僧道祐广兴创建，凿基得大石函、颇黎钟、金合银罂，安三法身舍利。"① 同书卷三七："（元嘉）二年，诏于京师为高祖建报恩寺。敕沙门道祐往鄮县修阿育王寺，掘地得金合，盛三舍利佛爪佛发，诏建浮图三级。"②《阿育王山寺志》卷二、卷三和卷六亦载该事，称："宋元嘉中，遣陈精并僧道祐广兴创建，掘基，下得石函，盛玻璃钟，覆以铜镜，又金合盛银罂，安三法身舍利，并迦叶佛爪一，其色红，发一茎，伸之数尺，置之成螺。"③ 上引二文献的年代颇晚，且其中"大石函""金合""银罂"之属，为唐以前常见的舍利容器，此处的"法身舍利"即使不是后人的误写误植，也并不符合通常意义上以佛经为主要内涵的法身舍利概念。

关于舍利与法舍利，宋僧法云所编《翻译名义集》卷五《名句文法篇》明确称："舍利，新云室利罗，或设利罗，此云骨身，又云灵骨，即所遗骨分，通名舍利。《光明》（《金光明经》）云：此舍利者，是戒定慧之所熏修，甚难可得，最上福田。《大论》云：碎骨是生身舍利，经卷是法身舍利。《法苑》明三种舍利：一是骨，其色白也；二是发舍利，其色黑也；三是肉舍利，其色赤也。"④《大论》一般指《大智度论》，如隋天台大师智顗所说《妙法莲华经文句》卷八亦引曰："《释论》云：碎骨是生身舍利，经卷是法身舍利。"⑤ 其中《释论》一般也被认为是《大智度论》的另一简称，翻诸该经，未见与上述引文相关的论述，不确知"经卷是法身舍利"的论述究竟出自哪部经典。

风行魏晋时期的般若经典⑥已呈现出较为成体系的经典崇拜思想，以《小品般

---

① ［宋］释志磐撰，释道法校注《佛祖统纪校注》，第 1253 页。

② ［宋］释志磐撰，释道法校注《佛祖统纪校注》，第 838 页。

③ ［明］郭子章纂，［清］释畹荃续补《阿育王山寺志》卷六，白化文、张智主编《中国佛寺志丛刊》第 89 册，第 322～323 页。

④ ［宋］法云编《翻译名义集》，《大正藏》第 54 册，No. 2131，第 1138 页中栏。

⑤ ［隋］智顗：《妙法莲华经文句》，《大正藏》第 34 册，No. 1718，第 110 页下栏。

⑥ 汤用彤先生曾说："自汉之末叶，直讫刘宋初年，中国佛典之最流行者，当为《般若经》。即以翻译言之，亦译本甚多。……玄理既盛于正始之后，《般若》乃附之以光大。"汤用彤：《汉魏两晋南北朝佛教史》，第 157 页。

若》为例，该经不仅宣称应将经书敬视如佛①，并进一步将般若波罗蜜提高到一种至高无上的地位，甚至高于佛②。又由于经卷是般若的载体，供养经卷即供养萨婆若（萨婆若是梵文 Sarvajñā 的音译，意译为"一切智"，是可以因之成佛的智慧，般若波罗蜜即所以能成为佛的原因），故对经卷的崇拜甚至高于佛舍利，高于七宝塔。该经直言："供养般若波罗蜜，即是供养恭敬过去、未来、现在诸佛萨婆若……供养般若波罗蜜经卷，恭敬尊重赞叹，华香乃至伎乐供养，于前功德（供养佛舍利、供养七宝塔），百分不及一，一千分万分、百千万亿分不及一，乃至算数譬喻所不能及。"③

不过般若经典中宣扬的通过佛经累积功德的途径，大致可以归纳为三大类：其一，个人持诵供养，包括受持、读诵，书写，恭敬供养，依法修行等；其二，传播佛经以增广流布，包括将经卷传与他人令其书写读诵、为他人读诵、为他人解说、书写佛经传于他人令其供养等；其三，财物供养与庄严佛经，如《小品般若经》通过萨陀波仑菩萨向昙无竭菩萨求法的故事，不仅宣扬用财物珍宝供养佛经④，而且向信徒描绘的庄严供养佛经的蓝图为："（众香城）昙无竭菩萨所，有七宝台，牛头栴檀而以校饰。真珠罗网，宝铃间错。四角各悬明珠，以为光明。有四白银香炉，烧黑沉水，供养般若波罗蜜。其宝台中，有七宝大床。床上有四宝函，以真金镀，书般若波罗蜜，置是函中。其台四边，垂诸宝幡。"⑤

———————————

① 《小品》卷三《泥犁品第八》："如敬视佛。敬礼般若波罗蜜，如敬礼佛。……今闻般若波罗蜜，即生欢喜，如从佛闻。若见般若波罗蜜，如见佛。"［后秦］鸠摩罗什译《小品般若波罗蜜经》，《大正藏》第 8 册，No. 227，第 550 页上栏至下栏。

② 《小品》卷二《塔品第三》："佛不以身故，名为如来；以得萨婆若故，名为如来"，"诸佛萨婆若，从般若波罗蜜生，是身萨婆若智所依止故"，"一切诸佛萨婆若智皆从般若波罗蜜生"。［后秦］鸠摩罗什译《小品般若波罗蜜经》，《大正藏》第 8 册，No. 227，第 542 页中栏~第 543 页中栏。

③ ［后秦］鸠摩罗什译《小品般若波罗蜜经》卷二《塔品第三》，《大正藏》第 8 册，No. 227，第 543 页中栏。

④ 《小品》卷一〇《萨陀波仑品第二十七》："尔时萨陀波仑菩萨与五百女人，各持种种华香璎珞、幡盖衣服、金银珍宝，以半供养般若波罗蜜，以半供养昙无竭菩萨。"［后秦］鸠摩罗什译《小品般若波罗蜜经》，《大正藏》第 8 册，No. 227，第 583 页下栏。

⑤ ［后秦］鸠摩罗什译《小品般若波罗蜜经》卷一〇《萨陀波仑品第二十七》，《大正藏》第 8 册，No. 227，第 583 页中栏。

　　从主张上看，供养经卷与供养佛舍利、供养七宝塔等在般若经典中应当是并行的。即使流传极广的《金刚经》所宣扬的"在在处处，若有此经，一切世间天、人、阿修罗所应供养；当知此处则为是塔，皆应恭敬、作礼、围绕，以诸华香而散其处"①，也多被理解为经之所在与塔庙同，所谓："塔者，诸佛遗像之所在也。了义当趣菩提，闻经即如见佛。故是经所在之处，同于塔庙遗像。故天人修罗所应供养，作礼围绕，示尊敬之意，华香散洒，表清净信之心。"② 可以说，般若经典并非"经卷是法身舍利"的直接思想来源。

　　早期佛教教义中拥有最接近法身舍利概念的首推《妙法莲华经》，该经在认为"于此经卷敬视如佛"③ 基础上，不仅将所应持诵供养与增广流布的对象从整部佛经扩展到某品④乃至一句一偈⑤，而且将经卷与舍利相提并论。该经卷四《法师品第十》称："在在处处，若说若读若诵若书，若经卷所住处，皆应起七宝塔极令高广严饰，不须复安舍利。所以者何？此中已有如来全身。此塔应以一切华香、璎珞、缯盖、幢幡、伎乐歌颂，供养恭敬，尊重赞叹。若有人得见此塔礼拜供养，当知是等皆近阿耨多罗三藐三菩提。"⑥ 卷六《如来神力品第二十一》复称："是故汝等于如来灭后，应一心受持、读诵、解说、书写、如说修行。所在国土，若有受持、读诵、解说、书写、如说修行，

---

① ［后秦］鸠摩罗什译《金刚般若波罗蜜经》，《大正藏》第 8 册，No. 235，第 750 页下栏。

② 麥谷邦夫编《唐玄宗金剛般若波羅蜜經注索引》，京都大學人文科學研究所附屬漢字情報研究センター，2007 年，第 xviii 页。

③ ［后秦］鸠摩罗什译《妙法莲华经》卷四《法师品第十》，《大正藏》第 9 册，No. 262，第 30 页下栏。

④ 《法华经》卷六《药王菩萨本事品第二十三》："若人得闻此《法华经》，若自书，若使人书，所得功德，以佛智慧筹量多少不得其边。若书是经卷，华香、璎珞、烧香、末香、涂香、幡盖、衣服，种种之灯——酥灯、油灯、诸香油灯、瞻卜油灯、须曼那油灯、波罗罗油灯、婆利师迦油灯、那婆摩利油灯供养，所得功德亦复无量。宿王华，若有人闻是药王菩萨本事品者，亦得无量无边功德。"［后秦］鸠摩罗什译《妙法莲华经》，《大正藏》第 9 册，No. 262，第 54 页中栏。

⑤ 《法华经》卷四《法师品第十》："如来灭度之后，若有人闻《妙法华经》乃至一偈一句一念随喜者，我亦与授阿耨多罗三藐三菩提记。若复有人，受持、读诵、解说、书写《妙法华经》乃至一偈，于此经卷敬视如佛，种种供养，华香、璎珞、末香、涂香、烧香、缯盖、幢幡、衣服、伎乐，乃至合掌恭敬。药王当知，是诸人等，已曾供养十万亿佛，于诸佛所成就大愿，愍众生故，生此人间。……若善男子、善女人，我灭度后，能窃为一人说《法华经》乃至一句。当知是人则如来使，如来所遣行如来事，何况于大众中广为人说！"［后秦］鸠摩罗什译《妙法莲华经》，《大正藏》第 9 册，No. 262，第 30 页下栏。

⑥ ［后秦］鸠摩罗什译《妙法莲华经》，《大正藏》第 9 册，No. 262，第 31 页中栏～下栏。

若经卷所住之处，若于园中，若于林中，若于树下，若于僧坊，若白衣舍，若在殿堂，若山谷旷野，是中皆应起塔供养。所以者何？当知是处即是道场，诸佛于此得阿耨多罗三藐三菩提，诸佛于此转于法轮，诸佛于此而般涅槃。"① 明确表明不仅可以用经卷代替舍利起塔供奉，而且经卷所在之处皆应起塔供养，只是从文献记载和考古发现来看，基于上述认识的宗教实践明显滞后于该经的流行传布。也就是说，尽管将经卷作为舍利的替代品或者舍利的一个类型的宗教理论在《法华经》中已经比较成熟了，但是该经在中土流传开后，人们并没有立即按照经中的宣扬起塔供养《法华经》或者真的将经卷作为舍利对待，《法华经》也不是此土"经卷是法身舍利"的直接思想来源。

《大唐西域记》卷九《摩揭陀国下》称："印度之法，香末为泥，作小窣堵波，高五六寸，书写经文，以置其中，谓之法舍利也。数渐盈积，建大窣堵波，总聚于内，常修供养。"② 初唐之时，流行于印度地区的"法舍利"做法对于玄奘来说尚属新鲜事物。玄奘归国近三十年后，僧人义净于唐高宗咸亨二年（671 年）自广州浮海赴印求法，回国后于武周天授二年（691 年）进呈其记述西行所见佛教仪轨的《南海寄归内法传》（简称《寄归传》），该书卷四第三十一条《灌沐尊仪》中载：

> 造泥制底，及拓模泥像，或印绢纸，随处供养；或积为聚，以砖裹之，即成佛塔；或置空野，任其销散。西方法俗，莫不以此为业。
>
> 又复凡造形像及以制底，金、银、铜、铁、泥、漆、砖、石或聚沙雪，当作之时，中安二种舍利：一谓大师身骨，二谓缘起法颂。其颂曰：诸法从缘起，如来说是因；彼法因缘尽，是大沙门说。要安此二，福乃弘多。由是经中广为譬喻，叹其利益，不可思议。若人造像如穬麦、制底如小枣，上置轮相竿若细针，殊因类七海而无穷，胜报遍四生而莫尽。其间委细，具在别经，幸诸法师等时可务哉。③

其间不仅明言"大师身骨"和"缘起法颂"共同构成了舍利的两种形式，和"碎骨是生身舍利，经卷是法身舍利"的认识比较接近，而且法舍利的造作已经从《西域记》中所载

---

① ［后秦］鸠摩罗什译《妙法莲华经》，《大正藏》第 9 册，No. 262，第 52 页上栏。
② ［唐］玄奘、辩机原著，季羡林等校注《大唐西域记校注》，第 712 页。
③ ［唐］义净著，王邦维校注《南海寄归内法传校注》，北京：中华书局，1995 年，第 173～174 页。

于香泥小塔上"书写经文"转变为于佛像或塔内安法身偈。结合前文"拓模泥像""或印绢纸"的记载，像、塔内所置法身偈若非全部，至少也有一部分是绢本或纸本的经卷。

二 "经卷是法身舍利"的思想来源

经历诸如灭法、战争以及其他人为和自然因素等的破坏，唐代的中央王朝统治区域目前尚未见到较为明确的法舍利塔案例。不过"礼失求诸野"，日本称德天皇发愿修造的"百万塔"、吴越国钱弘俶兴造的宝箧印经塔以及武周时期开始出现并迅速流行的经幢等，可以为我们探讨早期法舍利塔提供重要参考。

（一）《无垢净光陀罗尼经》与"百万塔"

东亚地区符合印度法舍利之法的较早实例首推日本称德天皇于天平宝字八年（764年）至神户景云四年（770年）发愿制作的百万塔。749年，圣武天皇之女即位，是为孝谦天皇，至758年，孝谦让位于淳仁天皇，自称孝谦上皇。764年，外戚惠美押胜（藤原仲麻吕）叛乱（史称"惠美押胜之乱"），孝谦上皇平之，淳仁被废，孝谦重新上位，改称"称德天皇"，至770年，称德崩，此六年间为"孝谦重祚"时期。

《续日本纪》称："［宝龟元年（770年）夏四月］初，天皇八年乱平，乃发弘愿，令造三重小塔一百万基，高各四寸五分，基径三寸五分。露盘之下，各置《根本》《慈心》《相轮》《六度》等陀罗尼，至是功毕，分置诸寺。"[①] 所谓"《根本》《慈心》《相轮》《六度》"系截取《无垢净光陀罗尼经》（以下或简称《无垢经》）中"根本""自心印""相轮樘""六波罗蜜"等四篇用汉字标注的梵音咒语。百万塔制成后，分别安置于奈良的大安寺、元兴寺、东大寺、西大寺、药师寺、兴福寺、法隆寺、川原寺，大阪的四天王寺，滋贺县的崇福寺等位于京畿的十座寺院中，存世的百万塔均出自奈良法隆寺，共有约四万三千座[②]。百万塔中所藏《无垢净光大陀罗尼经》因一度被视为世界上现存最早的雕版印刷品而被海内外学者所关注[③]，后被

---

① 黑板勝美主编，國史大系编修會編《續日本紀》卷三〇，東京：經濟雜誌社，1914年，第563~567页。

② 日本京都国立博物館"百万塔とは？"：https://www.kyohaku.go.jp/jp/dictio/kouko/hyakuman.html.

③ 辛德勇：《记百万塔陀罗尼清末传入中国的一条史料》，《藏书家》第十六辑，济南：齐鲁书社，2009年。收入辛德勇：《纵心所欲：徜徉于稀见与常见书之间》，北京大学出版社，2011年，第291~299页。

证明系用着墨木印版捺印而成，因仅有"印"而无"刷"的过程，与真正的雕版印刷尚有区别①（图4.8）。

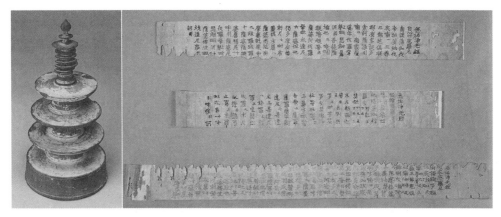

图4.8　日本国立国会图书馆藏百万塔与百万塔陀罗尼（采自日本国立国会图书馆官网）

百万塔的制作首先符合塔中所供奉《无垢净光大陀罗尼经》的经义，经中称：

> 佛言：除盖障，此是根本陀罗尼咒，若欲作此法者……（或）右绕舍利塔满七十七匝，诵此陀罗尼亦七十七遍，……书写此咒满七十七本；……或施七宝或随力施，当持咒本置于塔中供养此塔；或作小泥塔满足七十七，各以一本置于塔中而兴供养。如法作已，命欲尽者而更延寿，一切宿障诸恶趣业悉皆灭尽，永离地狱饿鬼畜生，所生之处常忆宿命，一切所愿皆得满足。则为已得七十七亿诸如来所而种善根，一切众病及诸烦恼咸得消除。……若有善男子善女人，于此佛塔或右绕或礼拜或供养者，当得授记于阿耨多罗三藐三菩提而不退转。一切宿障、一切罪业悉皆消灭，不至飞鸟畜生之类。至此塔影，当得永离畜生恶趣。若有五无间罪，或在塔影，或触彼塔，皆得除灭。置塔之处无诸邪魅夜叉罗刹、富单那毗舍阇等、恶兽恶龙毒虫毒草；亦无魍魉诸恶鬼神夺精气者；亦无刀兵水火霜雹饥馑、横死恶梦不祥苦恼之事。于彼国土若有诸恶先相现时，其塔即便现于神变出大光焰，令彼诸恶不

---

① 藤枝晃：《文字の歴史》，東京：岩波書店，1971年，第220～223页（中译本见：李运博译《汉字的文化史》，北京：新星出版社，2005年，第160～162页）；中根勝著，日本印刷学会西部支部編《百万塔陀羅尼の研究》，東京：八木書店，1987年，第42～43页。

祥之事无不殄灭。若复于彼有恶心众生，或是怨雠及怨伴侣并诸劫盗寇贼等类欲坏此国，其塔亦便出大火光，即于其处现诸兵仗，恶贼见已，自然退散。常有一切诸天善神守护其国，于国四周各百由旬结成大界，其中男女乃至畜生，无诸疫疠疾苦斗诤，不作一切非法之事。其余咒术所不能坏，是名根本陀罗尼法。……

相轮橖中陀罗尼法……善男子应当如法书写此咒九十九本，于相轮橖四周安置。又写此咒及功能法，于橖中心密覆安处。如是作已，则为建立九万九千相轮橖已，亦为安置九万九千佛舍利已，亦为已造九万九千佛舍利塔，亦为已造九万九千八大宝塔，亦为已造九万九千菩提场塔。若造一小泥塔，于中安置此陀罗尼者，则为已造九万九千诸小宝塔。若有众生右绕此塔，或礼一拜或一合掌，或以一花或以一香，烧香涂香铃铎幡盖而供养者，则为供养九万九千诸佛塔已。是则成就广大善根福德之聚，若有飞鸟蚊虻蝇等至塔影中，当得授记于阿耨多罗三藐三菩提而不退转。若遥见此塔或闻铃声或闻其名，彼人所有五无间业，一切罪障皆得消灭，常为一切诸佛护念，得于如来清净之道。是名相轮陀罗尼法。……

自心印陀罗尼法……此陀罗尼是九十九亿诸佛所说。若有至心暂念诵者，一切罪业悉皆消灭。若有依法书写此咒，满九十九本置于塔中或塔四周，有人礼拜及以赞叹，或以香花涂香灯烛供养此塔，彼善男女于现生中，灭一切罪除一切障满一切愿。则为供养九十九亿百千那由他恒河沙等诸如来已，亦为供养九十九亿百千那由他恒河沙等舍利塔已，是则成就广大善根福德之聚。……

若复有人欲得满足六波罗蜜者，当……写前四种陀罗尼咒各九十九本，手作小塔满九十九，于此塔中各置一本。……若依此法而受持者，六波罗蜜悉皆成满，是则同造九十九亿百千那由他恒河沙等七宝塔已。①

如上面引文所见，该经明确表明：塔中安置相应的陀罗尼即相当于安置了佛舍利，安置有陀罗尼经的塔即相当于佛舍利塔。同时，经中另有"造佛塔陀罗尼法"宣称：无论是自造塔还是教人造塔，修旧塔还是做小塔，无论是泥塔还是砖石塔，"其塔分量或如爪甲，或长一肘乃至由旬"，"皆得成就广大善根福德之聚"。进而，

---

① ［唐］弥陀山译《无垢净光大陀罗尼经》，《大正藏》第19册，No. 1024，第717～721页。

对比百万塔的做法与《西域记》和《寄归传》中所载的印度"法舍利"之法，可以看出，除了所用经典为《无垢净光大陀罗尼经》而非法身偈之外，其以供养为主要目的、以经卷作为舍利的代表、经卷与塔结合的方式等，均具备法舍利的特色。如果再附证以庆州白塔中发现的自铭"法舍利"塔（图 4.9；彩版七）①，以及白象塔一层出土车辘旋制木舍利塔（图 4.10），百万塔之类小塔中安置的陀罗尼经无疑承担了"法舍利"的角色，可以看作是在新的技术条件下（主要是捺印）为获得更大果报而将印度法舍利之法东方化的积极尝试。这样，百万塔则可算得上是东亚地区现存年代最早的塔内藏经的"法舍利塔"了。

图 4.9　内蒙古庆州白塔出土法舍利塔（采自中国历史博物馆、内蒙古自治区文化厅编《契丹王朝：内蒙古辽代文物精华》，第 324、332 页）

图 4.10　白象塔出土木舍利塔（采自温州博物馆编《白象慧光：温州白象塔、慧光塔典藏大全》，第 166 页）

---

① 　德新、张汉君、韩仁信：《内蒙古巴林右旗庆州白塔发现辽代佛教文物》，《文物》1994 年第 12 期。

关于《无垢净光大陀罗尼经》,《开元释教录》卷九称:"沙门弥陀山……于天后末年,共沙门法藏等译《无垢净光陀罗尼经》一部,译毕进内,辞帝归邦,天后厚遣,任归本国。"① 其中"天后末年"一般被认为是武周末期的长安年间(701~704 年),若要确定译经的具体年份,辛德勇认为长安四年"应该更为合理"②。也就是说,该经译毕约一个甲子之后,即已漂洋过海至日本并被大批量复制用作法舍利。关于百万塔的"百万"之数,自然是以数量之巨以彰发愿之"弘"并求大功德,不过笔者颇怀疑该数是对唐土弘佛行为的模仿,如《大慈恩寺三藏法师传》中所载:

> (显庆三年)帝以法师先朝所重,嗣位之后礼敬逾隆,中使朝臣问慰无绝,飓施绵帛、绫锦前后万余段,法服、纳、袈裟等数百事,法师受已,皆为国造塔及营经像,给施贫穷并外国婆罗门客等,随得随散,无所贮畜。发愿造十俱胝像,百万为十俱胝,并造成矣。……

> (麟德元年春正月)遂命嘉尚法师具录所翻经、论,合七十四部,总一千三百三十五卷。又录造俱胝画像、弥勒像各一千帧,又造素像十俱胝,又写《能断般若》《药师》《六门陀罗尼》等经各一千部,供养悲、敬二田各万余人,烧百千灯,赎数万生。录讫,令嘉尚宣读,闻已合掌喜庆。③

玄奘受赐的财物,"皆为国造塔及营经像",其中有发愿并造成的十俱胝像,十俱胝恰为百万④。称德天皇发愿造百万塔是否直接受玄奘发愿造十俱胝像的启发我们不得而知,不过考虑到彼时日本与唐王朝的关系,在百万塔修造之前,唐统区内也

---

① [唐]智昇撰,富世平点校《开元释教录》,第 548~549 页。

② 辛德勇:《中国印刷史研究》,第 228 页。

③ [唐]慧立、彦悰著,孙毓棠、谢方点校《大慈恩寺三藏法师传》卷一〇,第 215~220 页。

④ 关于"俱胝"一词所指具体的数目,[唐]释玄应撰《一切经音义》卷五称:"俱致,或言俱胝,此言千万,或言亿。而甚不同。"[唐]释澄观撰《华严经疏》卷一三:"测公深密记第六云:俱胝相传释有三种:一者十万,二者百万,三者千万。"此处权从《三藏法师传》中"百万为十俱胝"的记载,日本学者秃氏祐祥在其《東洋印刷史序說》一书中将一俱胝释为十万,十俱胝则为百万,详见秃氏祐祥:《東洋印刷史序說》,京都:平樂寺書店,1951 年。

可能有过以《无垢净光大陀罗尼经》之类佛（密）教经典作为法舍利的做法①。

（二）宝箧印经塔

关于模仿，佛教史上最著名的被模仿对象莫过于阿育王。阿育王是古印度摩揭陀国孔雀王朝的第三代国王，约公元前 273 年即位。阿育王最初是一个暴君的形象，弑兄长、诛妇弱、杀无辜，征讨屠戮，杀伐甚众，在统一南亚次大陆后，开始崇信佛教，皈依三宝，并立佛教为国教。公元前 253 年，阿育王下令在首都华氏城举行佛教僧团的第三次结集，编纂整理经、律、论三藏佛典，对佛教的传播有重要影响。不过，阿育王最被称道的举动无疑是佛舍利塔的修建"遍阎浮提"。释迦牟尼涅槃荼毗所得舍利最初被八王平分后供奉于八国的八个舍利塔中，阿育王将其中七个塔中的舍利取出后重新分为八万四千份，每份置于以金银琉璃做装饰的宝函中，在同一天内起八万四千舍利塔供奉之，《阿育王传》卷一曰：

> （比丘言）："大王当知佛亦记汝将来佛灭百年后，王华氏城号阿恕伽，转轮圣王王四分之一，为正法王广分舍利，而起八万四千宝塔。王今乃返造大狱城如似地狱，残害百千众生之命。大王汝今应当施于一切众生无畏，亦复应当满足佛意，人中帝释必施无畏起悲愍心，分布舍利广作真济。"王闻是语于佛法中深生信悟，合掌恭敬十力之子而作是言："我先所作极有罪过，听我忏悔，今归依佛、归依如来所说胜法，当开福业庄严大地。"……便诣王舍城取阿阇世王所埋四升舍利，即于此处造立大塔。第二第三乃至第七所埋舍利悉皆取之。……王还于本处便造八万四千宝箧，金银琉璃以严饰之，一宝箧中盛一舍利。复造八万四千宝瓮，八万四千宝盖，八万四千匹彩以为装校。一一舍利付一夜叉，使遍阎浮提，其有一亿人处造立一塔，于是鬼神各持舍利四出作塔。……到于上座夜舍之前合掌而言："我今欲于阎浮提内造立八万四千宝塔。"上座答言："善哉善哉，王若欲得一时作塔，我于大王作塔之时，以手障日可遍敕国界，手障日时，尽仰立塔。"于是后即以手障日，阎浮提内一时造塔。造塔已竟，一切

---

① 王国维先生就曾指出："日本百万塔中所有刻本陀罗尼，大小亦与此（指钱弘俶所造《宝箧印陀罗尼经》）略同。其制当出于唐，是唐大历以前必已有此种印本，而无传世者。"王国维：《显德刊本〈宝箧印陀罗尼经〉跋》，《观堂集林》卷二一，石家庄：河北教育出版社，2001 年，第 650 页。

> 人民号为正法阿恕伽王，广能安隐饶益世间，遍于国界而起塔庙，善得滋长，
> 恶名消灭，天下皆称为正法王。①

阿育王从一个暴戾的恶王而信悟佛法，以舍利塔的修建为标志，"善得滋长、恶名消灭"，转而被推崇为"正法王"乃至"转轮圣王"，成为崇法、护法的象征。阿育王修造八万四千佛舍利塔的传说随《阿育王传》《阿育王经》② 等经典传入中国以后，不仅对中土舍利信仰的传布产生了举足轻重的影响③，而且因阿育王的营塔之举具备"去恶""正法"与"益世"的功用而成为人主效法模仿的对象。如隋文帝于仁寿元年（601 年）首次在全国分道送舍利起塔供奉时所作《隋国立舍利塔诏》称："朕归依三宝重兴圣教，思与四海之内一切人民俱发菩提共修福业，使当今现在爰及来世永作善因同登妙果。宜请沙门三十人，谙解法相，兼堪倡导者，各将侍者二人、并散官各一人，熏陆香一百二十斤，马五匹，分道送舍利，往前件诸州起塔。其未注寺者，就有山水寺所，起塔依前山。旧无寺者，于当州内清静寺处，建立其塔。所司造样，送往当州。……限十月十五日午时，同下入石函。"著作郎王邵所作《舍利感应记》记此次营建活动曰"三十州同刻十月十五日正午入于铜函石函，一时起塔"；仁寿二年（602 年）隋文帝再次于全国分送舍利建塔，"复分布五十一州建立灵塔，……一如前式。期用四月八日午时，合国化内同下舍利封入石函"④。仁寿四年（604 年）隋文帝复下诏云："朕已分布远近皆起灵塔，其间诸州犹有未遍，今更请大德奉送舍利，各往诸州依前造塔。""登又下敕，三十余州一时同送。"⑤

《续高僧传》卷一八《隋西京禅定道场释昙迁传》载："（仁寿元年）将欲建立，乃出本所舍利与迁，交手数之，虽各专意，而前后不能定数。帝问所由。迁曰：'如

---

① ［西晋］安法钦译《阿育王传》，《大正藏》第 50 册，No. 2042，第 101～102 页。

② ［南朝梁］僧伽婆罗译《阿育王经》，《大正藏》第 50 册，No. 2043，第 131～170 页。除《阿育王传》和《阿育王经》之外，阿育王的传记复见于《杂阿含经》卷二三和卷二五。［南朝宋］求那跋陀罗译《杂阿含经》，《大正藏》第 2 册，No. 99，第 161～170、178～182 页。

③ 如初唐成书（总章元年，668 年）的《法苑珠林》在卷三八中称，包括会稽鄮县塔、金陵长干寺塔等在内的十九座塔是存于汉地的阿育王所造之塔，在八万四千之数中。［唐］释道世著，周叔迦、苏晋仁校注《法苑珠林校注》，第 1208 页。

④ ［唐］道宣：《广弘明集》卷一七《佛德篇》，《大正藏》第 52 册，No. 2103，第 213～217 页。

⑤ ［唐］道宣撰，郭绍林点校《续高僧传》，第 665～666 页。

来法身，过于数量，今此舍利，即法身遗质。以事量之，诚恐徒设耳。'帝意悟，即请大德三十人，安置宝塔为三十道，建轨制度，一准育王。"① 隋文帝主持的舍利瘗埋活动采用统一时间、统一规制的做法被认为是对阿育王遍阎浮提内造立舍利塔的模仿，将这种模仿发挥到极致，并且明确将经卷作为舍利的一个种类造塔供养，从而极大地促进了法身舍利思想之弘布者，无疑是吴越王钱俶。

钱俶原名钱弘俶，为吴越国开国国王钱镠之孙，后汉乾祐元年（948 年）即位，入宋以后为避宋太祖之父赵弘殷讳而去"弘"字。钱俶于太平兴国三年（978 年）纳土归宋，后被羁留于中原，卒于端拱元年（988 年），被宋廷追谥为"忠懿王"。钱俶崇信佛教，自称"口不辍诵释氏之书，手不停批释氏之典"②，在其主政吴越国期间，兴建寺院、开凿石窟、修造塔幢、刊刻佛经，形成了举国崇佛的氛围。

钱俶开官方大规模刻经的先河，《佛祖统纪》卷四四"建隆元年（960 年）十月条"称："吴越王钱俶天性敬佛，慕阿育王造塔之事，用金铜精钢造八万四千塔，中藏《宝箧印心咒经》，［此经咒功云：造像造塔者，奉安此咒者，即成七宝，即是奉藏三世如来全身舍利。］布散部内，凡十年而讫功。"③ 所谓《宝箧印心咒经》即《一切如来心秘密全身舍利宝箧印陀罗尼经》④，简称《宝箧印陀罗尼经》或《宝箧印经》。考古发现所见，钱俶分别于显德三年丙辰岁（956 年）、乙丑岁（965 年）、乙亥岁（975 年）三次大规模雕印《宝箧印经》，原置于铜阿育王塔、铁阿育王塔和雷峰塔内。

1917 年，浙江湖州天宁寺佛顶尊胜陀罗尼石幢象鼻内发现《宝箧印经》数卷⑤，卷首刻题记四行："天下都元帅吴越国王/钱弘俶印宝箧印经/八万四千卷在宝塔内供/养显德三年丙辰岁记。"题记后依次为变相和经文（图 4.11），存世的一卷现藏于

① ［唐］道宣撰，郭绍林点校《续高僧传》，第 840～841 页。

② ［宋］潜说友纂修《咸淳临安志》卷八二"雷峰塔"条附"吴越王钱俶记"，中华再造善本，影印国家图书馆藏宋咸淳临安府刻本，第 28 页。现代考古学者将本"钱俶记"定名为《华严经跋》，详见浙江省文物考古研究所编著《雷峰塔遗址》，北京：文物出版社，2005 年，第 41 页。

③ ［宋］释志磐撰，释道法校注《佛祖统纪校注》，第 1018 页。

④ ［唐］不空译《一切如来心秘密全身舍利宝箧印陀罗尼经》，《大正藏》第 19 册，No. 1022A，第 710～714 页。

⑤ 浙江省立图书馆编《浙江文献特辑说明》，《美术生活》1937 年第 34 期。

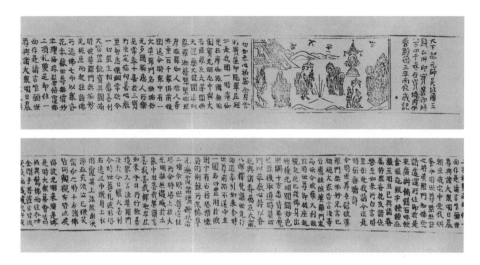

图 4.11　湖州天宁寺石幢出土钱弘俶造丙辰本（956 年）《宝箧印经》（采自黎毓馨主编《吴越胜览国际学术研讨会论文集》，第 182 页）

瑞典斯德哥尔摩市的东方博物馆（öSTASIATISKAMUSEET）[1]。1917 年，安徽无为中学宋代舍利塔下发现同版刻本一卷[2]，发现时保存状况不如瑞典藏本，现藏安徽博物院，为丙辰本的国内唯一藏本（图 4.12）。考古发现所见，钱弘俶于造经的前一年即乙卯岁（955 年）造八万四千铜阿育王塔（图 4.13；彩版八），造塔与刻经年代相衔

图 4.12　无为宋塔出土钱弘俶造丙辰本（956 年）《宝箧印经》（采自黎毓馨主编《吴越胜览：唐宋之间的东南乐国》，第 157 页）

---

① Sören Edgren（艾思仁），The Printed Dharani – Sutra of A. D. 956, *Bulletin of the Museum of Far Eastern Antiquities*，No. 44，1972，pp. 141 – 152. 台湾淡江大学高禩熹曾将其译为中文，详见：Soren Edgren 著，高禩熹译《公元九五六年印本陀罗尼经》，《教育资料科学月刊》1978 年第 14 卷第 2 期。又：王宣艳译《公元 956 年陀罗尼经》，黎毓馨主编《吴越胜览国际学术研讨会论文集》，北京：中国书店出版社，2011 年，第 190 ~ 193 页。

② 出土文物展览工作组：《出土文物展览简介》，《文物》1972 年第 1 期。

图 4.13　钱俶造乙卯岁（955 年）铜阿育王塔（左侧塔及拓片为东阳中兴寺塔出土，右侧塔及塔内照片为连江小石塔出土。采自黎毓馨主编《吴越胜览：唐宋之间的东南乐国》，第 229、221 页）

接，且数目俱为八万四千，尽管存在两者并非一一对应的可能①，但是据《佛祖统纪》中所谓钱俶造铜、铁塔中"藏《宝箧印心咒经》"的记载，钱俶所造阿育王塔主要还是为了安放雕印的《宝箧印经》。

　　1971 年，浙江绍兴市区内物资公司工地（现越城区大善塔附近）出土铁阿育王塔一座，塔底铭文四行："吴越国王俶/敬造宝塔八万/四千所永充供/养时乙丑岁记。"塔内置一长约 10 厘米的小木筒，筒内藏刻本《宝箧印经》一卷，经总长 182.8、高 8.5 厘米，框高 7.1 厘米，共 220 行，满行 10 ~ 15 字②（图 4.14；彩版八）。卷首题记三行："吴越国王钱俶敬造宝/箧印经八万四千卷永/充供养时乙丑岁记"，之后依次为经变画和经文（图 4.15；彩版九）。该经不仅是目前所见唯一一卷乙丑本《宝箧印经》，而且乙丑本刻经藏在乙丑岁铸塔内，印证了《佛祖统纪》中造宝塔以藏《宝箧印经》的记载。正是由于塔内藏《宝箧印经》，钱弘俶所造八万四千铜阿育王塔和铁阿育王塔也被称为"宝箧印经塔"。

---

① 陈平：《钱（弘）俶造八万四千〈宝箧印陀罗尼经〉（下）——兼谈吴越〈宝箧印陀罗尼经〉与阿育王塔的关系》，《荣宝斋》2012 年第 2 期。

② 浙江省博物馆编《天覆地载：雷峰塔天宫阿育王特展》，香港：中国文化艺术出版社，2009 年，第 13 页。

图 4.14　浙江绍兴出土钱俶造乙丑岁（965 年）铁阿育王塔（采自浙江省博物馆编《远尘离垢：唐宋时期的〈宝箧印经〉》，第 64～65 页）

图 4.15　浙江绍兴出土钱俶造乙丑本（965 年）《宝箧印经》（采自黎毓馨主编《吴越胜览：唐宋之间的东南乐国》，第 159 页）

　　1924 年 9 月 25 日，杭州雷峰塔倒塌，有大批藏于塔砖中的《宝箧印经》面世，一般也称之为"雷峰塔藏经"①。尽管雷峰塔藏经有不同的版本，但是它们"题记＋经变画＋经文"的组成方式以及经文、行数、尺寸、装潢等情况基本一致，卷首三行题记曰："天下兵马大元帅吴越国王钱俶/造此经八万四千卷舍入西关/砖塔永充供养乙亥八月日纪。"（图 4.16）乙亥为北宋开宝八年（975 年），"西关砖塔"即后世所谓雷峰塔，这批佛经是专为雷峰塔而印造的。"出土之全经，粗如拇指，长约二

<hr />

① 任光亮、沈津：《杭州雷峰塔及〈一切如来心秘密全身舍利宝箧印陀罗尼经〉》，《文献》2004 年第 2 期。

寸。外有半腐朽之黄绢套，两头作结，而首端之结尤巨而结实。腰系以蓝色扁绶。眉端署'宝箧印经'四字。经卷如小横披。开首有一细竹条。卷心之轴亦以竹制，粗如小椒粒，长二寸强，两端涂丹。"① 出土的佛经皆置于特制藏经砖的小圆孔内，圆孔外端或封以黄泥，或堵以木塞，"给藏经营造了一个密封的保存氛围"②。

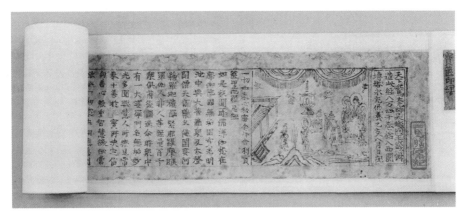

图 4.16　钱俶造乙亥本（975 年）《宝箧印经》（局部）（采自浙江省文物考古研究所编著《雷峰塔遗址》，第 183 页）

钱俶三次大规模雕印的《宝箧印经》中，借佛祖之口明言：

> 若人作塔或土石木金银赤铜，书此法要安置其中，才安置已，其塔即为七宝所成，上下阶陛、露盘、伞盖、铃铎、网缀纯为七宝。其塔四方如来形像亦复如是。则一切如来神力所持，其七宝塔大全身舍利藏，高至阿迦尼吒天宫，一切诸天守卫供养。……此是一切如来未来、现在及已般涅盘者全身舍利，皆在宝箧陀罗尼中，是诸如来所有三身亦在是中。③

这一段最被广泛引用的《宝箧印经》经文，明确地赋予了《宝箧印经》"全身舍利"的功能：不管什么材质的塔，只要安置了本经，因经威力自为七宝塔，即相

---

①　俞平伯：《记西湖雷峰塔发现的塔砖与藏经》，《小说月报》1925 年第 16 卷第 1 期，收入作者文集《俞平伯散文杂论编》，上海古籍出版社，1990 年，第 117～130 页。

②　浙江省文物考古研究所编著《雷峰遗珍》，北京：文物出版社，2002 年，第 66 页。

③　[唐] 不空译《一切如来心秘密全身舍利宝箧印陀罗尼经》，《大正藏》第 19 册，No. 1022A，第 711 页中栏。

当于安置了三世诸佛的全身舍利。至于塔中安置此经所获的福报，经中称：

> 若有有情能于此塔种殖善根，必定于阿耨多罗三藐三菩提得不退转。乃至应堕阿鼻地狱，若于此塔一礼拜一围绕必得解脱，皆得不退转于阿耨多罗三藐三菩提。

> 塔及形像所在之处，一切如来神力所护，其处不为恶风雷电霹雳所害，又复不为毒蛇毒虫毒兽所伤，不为恶星怪鸟鹦鹉鸲鹆虫鼠虎狼蜂虿之所伤害，亦无夜叉罗刹部多比舍遮癫痫之怖，亦不为一切寒热诸病疬瘘痈毒疮癣疥癞所染。若人暂见是塔，一切皆除，其处亦无人马牛疫童子童女疫，亦不为非命所夭，亦不为刀杖水火所伤，亦不为他敌所侵、饥馑所逼，厌魅咒诅不能得便。四大天王与诸眷属昼夜卫护，二十八部大药叉将及日月衡晕彗星昼夜护持，一切龙王加其精气顺时降雨，一切诸天与忉利天三时下来。亦为供养礼拜塔故，一切诸仙三时来集赞咏旋绕，释提桓因与诸天女，昼夜三时来下供养，其处即为一切如来护念加持。①

概而言之，庋藏有本经的塔主要有两种功能：其一为针对个人的"除罪"功能，即礼拜、供养庋此经典的塔可以免堕地狱，并可解脱成佛；其二为面向人主的"护国"功能，即塔所在处常被佛法护持，不受灾害、虫兽、鬼怪、疾病、敌兵等的侵扰。对除罪与护国，尤其是护国功能的企望，应该是钱俶前两次大规模雕印《宝箧印经》分置铜、铁阿育王塔中"布散部内"并第三次雕印该经藏于"西关砖塔"的原因。类似的企望另见于钱俶所造梵天寺经幢上，乾德三年（965 年），钱俶新造梵天寺成，于寺前建石幢两座，分别刻《大随求即得大自在陀罗尼神咒经》（宝思惟译本）和《佛顶尊胜陀罗尼经》，两幢经文末有相同的建幢记，记文略曰："窃以奉空王之大教，尊阿育之灵踪。崇雁塔于九层，卫鸿图于万祀。梵刹既当于圆就，宝幢是镇于方隅。……勒佛顶随求之加句，为尘笼砂界之良因。所愿家国恒康，封疆永肃，祖世俱乘于多福，宗亲常沐于慈恩，职掌官寮，中外宁吉，仍将福祉，遍及幽

---

① ［唐］不空译《一切如来心秘密全身舍利宝箧印陀罗尼经》，《大正藏》第 19 册，No. 1022A，第 711 页上栏 ~ 中栏。

明，凡在有情，希沾妙善。"① 修建塔幢的目的是"卫鸿图于万祀"，其所祈愿也是为家为国，"凡在有情，希沾妙善"。

钱俶三次大规模雕印《宝箧印经》皆与营塔之举紧密相连：丙辰本（956 年）经庋于前一年即乙卯岁（955 年）所铸铜塔中，乙丑本（965 年）经与乙丑岁铁塔共出，乙亥本（975 年）经主要舍入即将完工的西关砖塔（综合考古发现和历史记载，该塔营造时间应为开宝五年至太平兴国二年，972 ~ 977 年）②。《宝箧印经》宣称："若人作塔或土石木金银赤铜，书此法要安置其中，才安置已，其塔即为七宝所成，……此是一切如来未来、现在及已般涅盘者全身舍利，皆在宝箧陀罗尼中。"③ 作为"一切如来未来、现在及已般涅盘者全身舍利"象征的《宝箧印经》，对于佛塔来说均承担了舍利的角色，更具体来说是"法身舍利"，或简称"法舍利"。

从包含与被包含的关系分析，钱俶前两次所造"宝箧印经塔"又有两层内涵：其一，涂金铜塔与铁塔（因这些铜塔与铁塔表面涂金，又被称为"金涂塔"）是法舍利塔，即以此小塔作为礼拜、供养的对象④；其二，庋经金涂塔相当于"舍利容器"⑤，即以此小塔瘗藏于更大体量的塔内，或石或砖或土或木的大塔则为舍利

① 黎毓馨主编《吴越胜览：唐宋之间的东南乐国》，北京：中国书店出版社，2011 年，第 52 页；管菊芬：《杭州梵天寺经幢及其佛教造像》，黎毓馨主编《吴越胜览国际学术研讨会论文集》，第 140 ~ 145 页。

② 浙江省文物考古研究所编著《雷峰塔遗址》，第 181 ~ 182 页。

③ ［唐］不空译《一切如来心秘密全身舍利宝箧印陀罗尼经》，《大正藏》第 19 册，No. 1022A，第 711 页中栏。

④ 如日僧道喜所记宝箧印经塔缘起曰："去应和元年（961 年）春，游右奉扶风，于时肥前国刺史（多治比实相）称唐物出一基铜塔示我，高九寸余，四面铸镂佛菩萨像，德宇四角，上有龛，龛形如马耳，内亦有佛菩萨像，大如姜核，捧持瞻视之顷，自塔中一囊落，开见一经，其端纸注云：天下都元帅吴越王钱弘俶摺本宝箧印经八万四千卷之内，安宝塔之中，供养回向已毕，显德三年丙辰岁记也。……但常州沙门日延，天庆年中入唐，天历之杪（按：即天历的末年，957 年）归来，即称唐物。"释东初编著《中日佛教交通史·东初老人全集 2》，台北：东初出版社，1970 年，第 361 页。

⑤ 在《法门寺塔基发掘与中国古代舍利瘗埋制度》一文中，杨泓先生已经开始使用"舍利容器"指代"盛放舍利的器具"（杨泓：《法门寺塔基发掘与中国古代舍利瘗埋制度》，《文物》1988 年第 10 期）。后又发表了多篇篇名含有"舍利容器"一词的论文（杨泓：《中国佛教舍利容器艺术造型的变迁——佛教美术中国化的例证之一》，《艺术史研究》第 2 辑，第 231 ~ 262 页；杨泓：《中国隋唐时期佛教舍利容器》，《中国历史文物》2004 年第 4 期；杨泓：《中国古代和韩国古代的佛教舍利容器》，《考古》2009 年第 1 期），"舍利容器"逐渐成为考察舍利瘗埋的重要术语。

宝塔。据黎毓馨统计，目前发现的钱俶所造阿育王塔绝大多数出土于塔的天宫或地宫中①，说明这些塔多作为法舍利容器使用。关于作为舍利容器的阿育王塔，需要特别指出的是，约略与钱俶造宝箧印经塔同时以及此后，与宝箧印经塔相同或相似形制的阿育王塔内主要供奉通常意义上的佛舍利。如雷峰塔遗址天宫和地宫分别出土银阿育王塔一座，天宫出土的银阿育王塔内供奉内盛舍利的金舍利瓶一只，据钱俶所撰《华严经跋》，地宫中的银阿育王塔中供奉者为"佛螺髻发"②。民间所造阿育王塔，多将其直称为"舍利塔"，如杭州萧山祇园寺东西塔出土铜阿育王塔（958 年）称"铸真身舍利塔两所"③，苏州虎丘云岩寺塔三层出土铁阿育王塔外的辛酉岁（建隆二年，961 年）绢袱自铭为"裹迦叶如来真身舍利宝塔"④，故宫博物院藏雍熙三年（986 年）银阿育王塔称"造多宝佛舍利银塔壹所"⑤，南京大报恩寺塔基地宫出土的大中祥符四年（1011 年）七宝阿育王塔为金陵长干寺舍利塔地宫中位于石函、铁函与银椁、金棺之间的一重舍利容器⑥，苏州瑞光塔第三层天宫出土乙卯岁（1015 年）铜阿育王塔称"敬舍铸造释迦如来真身舍利宝塔

① 黎毓馨：《阿育王塔实物的发现与初步整理》，《东方博物》第 31 辑，北京：中国书店，2009 年，第 33～49 页。

② 浙江省文物考古研究所编著《雷峰塔遗址》，第 41 页。

③ 两塔形制相同，须弥座座面沿塔身四边刻有相同的铭文："弟子夏承厚并妻林一娘，阖家眷属，舍净财铸真身舍利塔两所，恐有多生罪障业障，并愿消除，承兹灵善，愿往西方净土，戊午显德五年十一月三日记。"显德五年戊午岁为 958 年，比钱弘俶首次大规模铸造阿育王塔的乙卯岁（955 年）仅晚三年。黎毓馨主编《地涌天宝：雷峰塔及唐宋佛教遗珍特展》，香港：中国文化艺术出版社，2010 年，第 213～217 页。

④ 虎丘云岩寺塔第三层天宫发现铁阿育王塔外的绢袱上用毛笔墨书二行："惠朗舍此袱子一枚裹迦叶如来真身舍利塔"，另一残绢上墨书"辛酉岁题"，塔内有一金瓶，瓶中盛一粒细如小米的舍利子。辛酉岁被认定为建隆二年（961 年）。苏州市文物保管委员会：《苏州虎丘云岩寺塔发现文物内容简报》，《文物参考资料》1957 年第 11 期；苏州市文物保管委员会编《苏州虎丘塔出土文物》，北京：文物出版社，1958 年。

⑤ 该塔基座上錾刻一圈铭文："左街卫国寺讲维摩经沙门从诚与母赵氏造多宝佛舍利银塔壹所，愿近亲慈氏，远值龙花，法界有情，同成佛果。时大宋雍熙三年八月二十四日记，打塔人李令巽。"黎毓馨主编《吴越胜览：唐宋之间的东南乐国》，第 248 页。

⑥ 南京市考古研究所：《南京大报恩寺遗址塔基与地宫发掘简报》，《文物》2015 年第 5 期。

壹所"①，安吉县灵芝塔天宫出土银阿育王塔（1047 年）称"制造塔一所，安真身舍利佛骨"②。作为容器的阿育王塔（区别于造立于户外的塔，或可称之为"阿育王塔模"），可以盛放生身舍利，也可容纳法身舍利③，对于彼时的舍利塔崇拜来说，法身舍利与生身舍利一样，都可以作为舍利塔的重要灵力来源。

对于钱俶第三次雕印《宝箧印经》与雷峰塔的关系，既然该塔地宫中瘗埋有"佛螺髻发"，天宫中又于阿育王塔内以金瓶盛舍利，那么秘藏于塔砖内的《宝箧印经》还是法舍利吗？在《宝箧印经》中，并未明确说明经卷的安置方式，仅言"书此法要安置其中"，从对教义的理解出发，雷峰塔独特的藏经方式并不影响经卷发挥法舍利的作用。另外，《寄归传》所载的"造泥制底，及拓摸泥像，或印绢纸，随处供养；或积为聚，以砖裹之，即成佛塔"④，即将印于绢、纸的佛像"以砖裹之，即

① 该塔须弥座座面铭文曰："苏州长洲县通贤乡清信弟子顾彦超，将亡妣（已发表材料中均写作"妇"，经核对《苏州博物馆藏虎丘云岩寺塔、瑞光寺塔文物》第 196 页所刊铭文照片，此字形更近"妣"字）在生衣物，敬舍铸造释迦如来真身舍利宝塔壹所，伏用资荐亡妣胡氏五娘子生界，永充供养，岁次乙卯十月日舍。"乙卯多被认为是后周显德二年（955 年），即钱俶第一次大规模铸造阿育王塔的当年。按五代时期民间所铸阿育王塔有铭文者多是于须弥座座面沿边缘环刻，此塔则刻于座面中部，且自右而左竖行；吴越国时期阿育王塔须弥座覆莲下的叠涩为两层（如黄岩灵石寺塔天宫出土"乾祐三年"铭者、东阳中兴寺塔出土"吴越国龙册寺"铭者、萧山祇园寺塔出土"戊午显德五年"铭者，见黎毓馨主编《吴越胜览：唐宋之间的东南乐园》，第 237 ~ 246 页），此塔则为三层；另外，此塔山花蕉叶的顶部和塔顶角部均挂风铎，这一做法不见于吴越国时期的阿育王塔；且该塔须弥座、须弥座盖、塔身、山花蕉叶、塔刹、相轮分别铸后插合，分件数特多。从以上特征判断该塔年代应该较钱俶所造铜阿育王塔晚，若据与该塔共出的刻本《妙法莲华经》题记"天禧元年（1017 年）九月初五日，雍熙寺僧永宗转舍《妙法莲华经》一部七卷入瑞光院新建多宝佛塔相轮珠内"以及《佛说相轮陀罗尼》卷尾题记"南瞻部洲大宋国苏州长州县通口乡（疑即此"长洲县通贤乡"）清信奉佛女弟子盛氏二娘谨舍净财口赎此经舍入当州瑞光禅院塔上永充供养。时天禧元年七月二十二日记"（苏州市文管会、苏州博物馆：《苏州市瑞光寺塔发现一批五代、北宋文物》，《文物》1979 年第 11 期）判断，此阿育王塔舍入之乙卯岁当为瑞光塔塔成之前的大中祥符八年，即 1015 年。
② 浙江安吉县灵芝塔 1994 年修缮时于天宫出土银阿育王塔一座，塔底四边铭文曰："安吉县永安乡城南保奉佛女弟子裴氏三娘，将妆奁浪银制造塔一所，安真身舍利佛骨，舍入永安院塔心内，资荐夫主施十二郎。庆历七年，岁次丁亥四月朔日毕工记。银匠李宥昌。"庆历七年为 1047 年，出土时塔内有代舍利用的水晶珠等。周意群：《安吉五代灵芝塔》，《东方博物》第 53 辑，北京：中国书店，2014 年，第 1 ~ 11 页。
③ 隋天台大师智颛所说《妙法莲华经文句》卷八："《释论》云：碎骨是生身舍利，经卷是法身舍利。"此处以"生身舍利"指代区别于"法身舍利"的舍利概念，即通常包括骨舍利、发舍利与肉舍利等。
④ ［唐］义净著，王邦维校注《南海寄归内法传校注》，第 173 页。

成佛塔"，应该是彼时西方法俗增加佛塔法力的一种举措，雷峰塔藏经不过是易像为经，以砖裹经，视此佛经为增加佛塔灵力的法舍利，不亦可乎？

（三）具备"尘沾影覆"功能的经幢

据雷峰塔遗址发现的钱俶撰文并手书的《华严经跋》："塔之成日，又镌华严诸经围绕八面，真成不思议劫数大精进幢，于是合十指爪以赞叹之。塔因名之曰皇妃云。吴越国王钱俶拜手谨书于经之尾。"①

关于"精进幢"，《华严经》卷二三《兜率宫中偈赞品第二十四》中有菩萨名精进幢②，李长者释曰："此位菩萨以幢为称者，明大悲之行，处生死大海，能摧破一切众生烦恼，自智无倾动故。……精进幢菩萨者，此位是第七方便行，善能知根同事，处俗不迷，同尘不污，是精进幢义故。"③ 其他经典中也多有以建立精进幢作为努力修持佛法的一种指代，如《贤劫经》称"以忍为铠及行定意，立精进幢乐种禁戒。智慧为药力无等伦，降伏众魔逮甘露果"④；《大方等大集经》中谓："惭愧勇健修施教戒，被忍辱铠建精进幢，游戏神通庄严慈悲。"⑤

精进同时也是佛家欲成佛道而应当修行的重要法门之一，《华严经》中即有"不可思议劫，精进修诸行"⑥的偈语。该经临近结尾善财童子五十三参之后，欲"见普贤菩萨，增益善根，见一切佛；于诸菩萨广大境界，生决定解，得一切智。……于时，善财普摄诸根，一心求见普贤菩萨，起大精进，心无退转"⑦，足见精进之被重视程度。

钱俶称皇妃塔为精进幢，一方面应是取该词的象征意义，将该塔作为精进修持、

---

① 浙江省文物考古研究所编著《雷峰塔遗址》，第 41 页。
② ［唐］实叉难陀译《大方广佛华严经》，《大正藏》第 10 册，No. 279，第 121 页。
③ ［唐］李通玄：《新华严经论》卷二〇，《大正藏》第 36 册，No. 1739，第 855 页。
④ ［西晋］竺法护译《贤劫经》卷八《千佛发意品第二十二》，《大正藏》第 14 册，No. 425，第 63 页中栏。
⑤ ［北凉］昙无谶译《大方等大集经》卷七《不眴菩萨品第四》，《大正藏》第 13 册，No. 397，第 41 页上栏。
⑥ ［唐］实叉难陀译《大方广佛华严经》卷一三《光明觉品第九》，《大正藏》第 10 册，No. 279，第 63 页上栏。
⑦ ［唐］实叉难陀译《大方广佛华严经》卷八〇《入法界品第三十九》，《大正藏》第 10 册，No. 279，第 440 页上栏。

破诸烦恼、心不退转的一种象征；另一方面又因塔上"镂华严诸经围绕八面"，有的论著将该精进幢解释为"精致华丽的大经幢"① 固然不确切，但是该塔符合经幢的一般特点应是不争的事实。关于经幢，清人叶昌炽在《语石》中有很精到的论述，其首略曰：

> 经幢，陕人通称为"石柱"，俗亦曰"八楞碑"，以其八面有楞也。幢顶每面或有造象，故又呼为"八佛头"。……唐人文字多曰"宝幢"，亦曰"花幢"。……辽、金多称为"顶幢"，或以经文称为"尊胜幢子"。唐碑从"巾"之字如"帷""幄"等，类皆误从"心"，故"幢"字往往写作"憧"。宋以后多从石作"礃"。……其制类皆八面刻，间有六面或少至四面者。惟开皇五年《王俱造象》至逾十面，盖是时《陀罗尼经》尚未入中国，亦未有经幢。造象本有四面刻者，此犹转轮经藏，面面皆呈圆相耳。高者至逾寻丈，……小者不过径尺。②

关于经幢的几个关键特质皆有所呈现：石质、多为八面、与陀罗尼经尤其是"顶"经或称"尊胜"经（即《佛顶尊胜陀罗尼经》）关系密切、与转轮经藏的特点相类似（更确切地说，是以之作为"佛具"③）。从文献和实物考察可知，经幢是因《佛顶尊胜陀罗尼经》（或简称《尊胜经》）的流传而出现并流行的一种塔形佛教石刻，刻经部分多为八面，早期经幢均刻《尊胜经》，后来有刻其他经典或兼刻多种经典者，但以陀罗尼为主。

《尊胜经》传入中国以后④，率一译而再译，最流行者则为佛陀波利的译本，《开元释教录》称"比诸众译，此最弘布"⑤，该经特别强调其破地狱功能，号称"此陀罗尼所在之处。若能书写流通受持读诵听闻供养，能如是者，一切恶道皆得清

---

① 路秉杰：《雷锋（峰）塔创建记——关于吴越王钱俶所书雷锋（峰）塔跋记的解读》，《同济大学学报》（社会科学版）2000 年第 2 期；浙江省文物考古研究所编著《雷峰遗珍》，第 87 页。

② ［清］叶昌炽著，姚文昌点校《语石》，杭州：浙江大学出版社，2018 年，第 132 页。

③ 宿先生称五代两宋的寺院"出现了新的佛具——转轮藏"。见宿白：《汉唐宋元考古——中国考古学（下）》，北京：文物出版社，2010 年，第 151 页。

④ 宿白先生认为北周保定四年（564 年）摩伽陀国三藏禅师阇那耶舍等所译《佛顶咒经并功能》一卷"为《佛顶尊胜陀罗尼经》传入之始"。宿白：《敦煌莫高窟密教遗迹札记（上）》，《文物》1989 年第 9 期。

⑤ ［唐］智昇撰，富世平点校《开元释教录》卷九，第 542 页。

净，一切地狱苦恼悉皆消灭"①。破地狱功能和唐代社会上流行的地狱信仰暗合，是该经大受欢迎并广为流布的重要因素之一；而佛陀波利赍梵本东来的传奇及其与五台山文殊信仰的交涉，促进了此经的迅速流传②。该经的修行方式，除了所谓"书写流通受持读诵听闻供养"之外，最为殊胜的地方在于：

> 佛告天帝：若人能书写此陀罗尼，安高幢上，或安高山或安楼上，乃至安置窣堵波中。天帝，若有苾刍、苾刍尼、优婆塞、优婆夷、族姓男、族姓女，于幢等上或见或与相近，其影映身；或风吹陀罗尼上幢等上尘落在身上，天帝，彼诸众生所有罪业，应堕恶道、地狱、畜生、阎罗王界、饿鬼界、阿修罗身恶道之苦，皆悉不受，亦不为罪垢染污。天帝，此等众生，为一切诸佛之所授记，皆得不退转，于阿耨多罗三藐三菩提。③

上引经文往往被概括为"尘沾影覆"，这是《尊胜经》除了像其他佛籍一样书写、受持、读诵之外的一种更为简易的流通方式，即将其与幢、山崖、高楼、窣堵波等相结合，置经的幢等之上的尘土落在人的身上或者幢等的影子映在身上，此人即可除罪不受，并得佛之授记而不退转，"尘沾影覆"功能是《尊胜经》幢出现与流行的主要原因。据志静所撰《佛顶尊胜陀罗尼经序》，佛陀波利于唐高宗永淳二年（683 年）译该经，武周天册万岁元年（695 年）编定的《大周刊定众经目录》（或简称《大周录》）亦称："大唐永淳二年佛陀波利译，新编入录。"④ 实例所见，山西文水县于 2014 年发现的圣历二年（699 年）尊胜幢不仅是现存最早的佛顶尊胜陀罗尼经幢实例⑤，而且幢身所载尊胜经已为流传于后世的代表性版本⑥，考虑到佛陀波

---

① ［唐］佛陀波利译《佛顶尊胜陀罗尼经》，《大正藏》第 19 册，No. 967，第 351 页中栏。

② 刘淑芬：《灭罪与度亡：佛顶尊胜陀罗尼经幢之研究》，上海古籍出版社，2008 年，第 9 ~ 33 页。

③ ［唐］佛陀波利译《佛顶尊胜陀罗尼经》，《大正藏》第 19 册，No. 967，第 351 页中栏。

④ ［唐］明佺等撰《大周刊定众经目录》，《大正藏》第 55 册，No. 2153，第 396 页下栏。

⑤ 陕西富平县莲湖小学内的"永昌元年（689 年）八月"铭残石幢曾被认为是现存最早的佛顶尊胜陀罗尼经幢（陕西省文物管理委员会：《陕西所见的唐代经幢》，《文物》1959 年第 8 期），事实上，永昌元年八月是定觉寺沙门志静作《佛顶尊胜陀罗尼经序》的年月，"非建幢之时"（宿白：《敦煌莫高窟密教遗迹札记（上）》，《文物》1989 年第 9 期）。

⑥ 李淑：《新见圣历二年〈佛说佛顶尊胜陀罗尼经〉幢的文献价值》，《文献》2017 年第 5 期。

利译本"垂拱以后，始有流传译本"①的情况，从该经流传到尊胜幢的建立还是很迅速的，这种迅速恐怕主要得益于经中所宣扬的"尘沾影覆"功能。不仅如此，"尘沾影覆"也是经幢这种佛教石刻形式迅速流传的主要原因，如《语石》所谓"以是，唐时造幢，遍于十三道，精蓝名刹，觚棱相望"②。只是由于经幢这一石刻形式是如此的成功，随着时间的流转，经幢上所刻经典已经不再局限于经幢初创时期的《尊胜经》，而是兼刻其他陀罗尼，或改刻其他陀罗尼或其他非陀罗尼类佛经③。

　　关于经幢的性质，1996年，陕西白水县妙觉寺塔基地宫中出土幢形舍利容器一组，该塔地宫中的舍利首先被放置于银盒中，银盒放置于金银塔中，金银塔再放置于石塔的八棱状柱石内。石塔塔身铭刻曰"乾兴元年（1022年）岁次壬戌二月庚子朔十五日甲寅建立舍利塔记"，金银塔塔身铭文为"维大宋同州白水县妙觉寺/舍利宝塔记，时天圣元年（1023年）岁次癸亥/二月乙未朔十五日己酉建，施主杨福政妻阿龙，/文林郎守县令孔继周，河中府修塔僧义缘，/上生院赐紫僧德诠，副镇谢景忠，/打造金银塔人张义，同造人田守智"④（图4.17）。石塔和金银塔塔身皆为八面，尤其金银塔，外观与同时期的经幢了无差别，而自铭为"塔"，显示出经幢具备塔的性质。冀洛源在比较了辽南京地区的三座经幢与当地佛塔后，指出"这是辽南京地区建幢就是建塔这一观念的实物证据"⑤。刘淑芬主要依据有的经幢上刻"如来法身偈"、有的经幢中也埋舍利、幢与塔的结构类似、塔和幢在修造题记和约定俗成的看法中往往互通等，认为经幢是"糅合了刻经、造像，并且具有宗教上特殊作用的"塔⑥。可以说，经幢的性质是塔已经基本成为学界共识，需要强调的是，经幢与某些佛经拥有密切的关系，如《尊胜经》中宣称：

　　天帝（按：原作"大帝"），何况更以多诸供具、华鬘、涂香、末香、幢幡

---

① ［清］叶昌炽著，姚文昌点校《语石》，第136页。
② ［清］叶昌炽著，姚文昌点校《语石》，第135页。
③ 刘淑芬：《灭罪与度亡：佛顶尊胜陀罗尼经幢之研究》，第66～85页。
④ 陕西省考古研究所、白水县文物管理委员会：《陕西白水北宋妙觉寺塔基及地宫的发掘》，《考古与文物》2005年第4期。
⑤ 冀洛源：《辽南京地区城镇中的经幢三例》，《文物》2013年第6期。
⑥ 刘淑芬：《灭罪与度亡：佛顶尊胜陀罗尼经幢之研究》，第103～113页。

盖等、衣服、璎珞，作诸庄严，于四衢道造窣堵波，安置陀罗尼，合掌恭敬、旋绕行道、归依礼拜。天帝，彼人能如是供养者，名摩诃萨埵，真是佛子持法栋梁，又是如来全身舍利窣堵波塔。①

明言窣堵波中安置陀罗尼"是如来全身舍利窣堵波塔"，即《尊胜经》置于塔中可以承担法舍利的角色，置《尊胜经》的塔即为法舍利塔，类似的经义也见于《宝箧印陀罗尼经》《无垢净光陀罗尼经》等其他经典。

实例中以经幢盛经卷的情况并不鲜见，如苏州瑞光塔天宫出土幢形舍利容器极华丽，该幢出土于塔身第三层天宫，盛放于两重盝顶木函内，外木函上书"瑞光院第三层塔内真珠舍利宝幢"，内木函上有大中祥符六年（1013 年）题记，幢身刻七佛名及"南无摩诃般若波罗蜜"（详见本书第 258 页），幢体内置葫芦形舍利瓷瓶，瓶内藏舍利九粒及折叠的雕版印刷梵文和汉文《大随求陀罗尼》经咒各一张②。云南大理崇圣寺千寻塔塔顶天宫中出土"木质经幢"两件，其一平面八角形，用整段圆木雕刻而成，通高 1.5 米，底径 26 厘米，幢身分三层，外涂红褐色漆，通体朱书梵文，幢内藏塔模、写经、佛像等文物；另一件为方形，通高 77 厘米，底边长 17 厘米，单层，幢底刻"卐"形，内藏佛像、金刚杵、铜铃等文物，从装盛物分析，两幢均为不折不扣的舍利容器③（图 4.18）。瑞光塔和千寻塔天宫中的幢形舍利容器内均装盛有佛经，法舍利塔的性质比较明显。

徐苹芳先生曾经指出："从五代宋初以后，不只用塔幢盛舍利，而流行在塔内供养塔幢。……辽金瘗埋舍利的制度，基本上继承了唐宋以来的制度，没有大的变化。由于辽代密宗盛行，塔基中特别流行供养塔幢，刻陀罗尼经。"④ 用塔幢盛舍利之外，在塔内供养塔幢，尤其具体到经幢者，其典型代表如辽宁朝阳延昌寺塔（俗称"朝阳北塔"）和浙江金华万佛塔地宫中所见。

① ［唐］佛陀波利译《佛顶尊胜陀罗尼经》，《大正藏》第 19 册，No. 967，第 351 页中栏。

② 苏州市文管会、苏州博物馆：《苏州市瑞光寺塔发现一批五代、北宋文物》，《文物》1979 年第 11 期；苏州博物馆编著《苏州博物馆藏虎丘云岩寺塔、瑞光寺塔文物》，北京：文物出版社，2006 年。

③ 冉万里：《略论云南大理崇圣寺主塔发现的舍利容器及其瘗埋方式》，《文博》2017 年第 5 期。

④ 徐苹芳：《中国舍利塔基考述》，《传统文化与现代化》1994 年第 4 期，收入作者文集《中国历史考古学论集》，第 431～437 页。

图 4.17　白水妙觉寺塔地宫出土石塔与金银塔（采自陕
　　　　西省考古研究所、白水县文物管理委员会：《陕
　　　　西白水北宋妙觉寺塔基及地宫的发掘》，《考古
　　　　与文物》2005 年第 4 期）

图 4.18　千寻塔出土木
　　　　幢（采自云南
　　　　省文物工作队：
　　　　《大理崇圣寺三
　　　　塔主塔的实测
　　　　和清理》，《考
　　　　古学报》1981
　　　　年第 2 期）

　　朝阳北塔地宫建于辽重熙十三年（1044 年），其中立有一座八角石经幢，该经幢幢身四层，下面三层矗立于地宫中稍偏北，通高 4.28 米（图 4.19），第四层幢身和幢顶（《简报》① 和《报告》② 中原称"莲座"）散置地上，若将散置的幢身和幢顶复原组装，则全幢高 5.26 米，比地宫高 0.78 米。幢身刻经依次为：第一层刻《大佛

①　朝阳北塔考古勘察队：《辽宁朝阳北塔天宫地宫清理简报》，《文物》1992 年第 7 期。

②　辽宁省文物考古研究所、朝阳市北塔博物馆编《朝阳北塔考古发掘与维修工程报告》，北京：文物出版社，2007 年。

顶如来放光悉怛多钵怛啰陀罗尼》，第二层刻《大随求陀罗尼经》，第三层刻《梵本般若波罗蜜多心经》《大悲心陀罗尼》《金刚大摧碎延寿陀罗尼》《大乘百字密语》（按：《报告》中称《大乘百字密语》位于第四层，据《报告》后图版应为第三层），第四层刻《佛顶尊胜陀罗尼经》《菩提场庄严陀罗尼》《大轮陀罗尼》。第四层经尾铭曰："愿以此功德，普及于一切，我等与众生，皆共成佛道。司户轩辕亨勘梵书，东班小底张日新书。/大契丹国重熙十三年岁次甲申四月壬辰朔八日己亥午时再葬讫。像法更有七年入末法。石匠作头刘继克镌孟承裔镌。"①

浙江金华万佛塔地宫建于嘉祐七年（1062 年），内部东西长 1.49 米，南北宽 1.48 米，略呈正方形，高 1.57 米，由厚 0.15 米的石板拼成，其上为边长 1.5 米的方形盖板，地宫内文物上的铭刻称其为"龙宫"②。地宫靠北壁正中出土有高 1.47 米的经幢一座，上刻《无垢净光大陀罗尼经》，经后题记曰："弟子使院观察孔目官吴善并妻王一娘家眷/等携舍净财装此幢子永充供养。弟子刘知古舍此幢子一所，永镇龙宫供养。/嘉祐七年岁次壬寅十月二十八日沙门灵寿书。"③（图 4.20）经幢前有铁函一个，长 0.68、宽 0.62 米，函身高 0.43 米，函盖盝顶，盖高 0.165 米，因被盗掘者打破扰动，函内遗存较少④，估计函内原装盛有舍利。龙宫四壁刻《佛说随求即得大自在陀罗尼神咒经》，顶部盖板刻《宝箧印经》⑤。

舍利容器的本质是舍利的载体，内部装盛有舍利的塔幢固然是舍利容器，装盛有佛经的塔幢亦可视为法舍利塔，那么对于具备佛塔性质的经幢来说，如果将铭刻视为一种独特的承载形式，刻经的幢是否可以视为特殊形制的法舍利塔呢？

---

① 辽宁省文物考古研究所、朝阳市北塔博物馆编《朝阳北塔考古发掘与维修工程报告》，第 85 页。

② 如靠地宫北壁石座上刻"石匠徐文广戴文遂王文意舍此石座龙宫供养者"，地宫内经幢上刻"……舍此幢子一所，永镇龙宫供养"。

③ 浙江省文物管理委员会：《金华市万佛塔塔基清理简报》，《文物参考资料》1957 年第 5 期；浙江省文物管理委员会编《金华万佛塔出土文物》，北京：文物出版社，1958 年。

④ 浙江省文物管理委员会编《金华万佛塔出土文物》，第 6 页。

⑤ 浙江省文物管理委员会：《金华市万佛塔塔基清理简报》，《文物参考资料》1957 年第 5 期。据第 41 页刊布的地宫平面图，北壁首句为"稽首光明大佛顶"，是世俗石刻中"陀罗尼启请"的常用句式，见于网传伪经《大佛顶楞严神咒》的"祈请文"，怀疑该塔地宫四壁所刻在《大随求陀罗尼》之外还有其他陀罗尼。

图 4.19　辽宁朝阳北塔地宫中的石经幢（采　　　图 4.20　浙江金华万佛塔出土经幢（采
　　　　　自辽宁省文物考古研究所、朝阳市　　　　　　　自浙江省博物馆编《东土佛
　　　　　北塔博物馆编《朝阳北塔考古发掘　　　　　　　光》，第 169 页）
　　　　　与维修工程报告》，图版 64）

　　辽宁兴城白塔峪塔地宫平面八边形，地宫壁每面高 112、宽 65 厘米，宫壁之上
为八块上宽 22.5、下宽 65、高 76 厘米的八面坡石板，顶部为边长 22.5、距地面 168
厘米的八边形石板。该地宫曾被盗扰，原位于地宫中的辽道宗大安八年（1092 年）
《兴城县觉花岛海云寺舍利塔碑志铭》（以下简称《碑志》）于 1972 年被发现于白塔
峪的一口古井中（现藏锦州市博物馆），《碑志》曰：

　　觉花岛海云寺空通山悟寂院创建舍/利塔，于地宫内安置八角石藏，于上
并/镌诸杂陀罗尼、造塔功德经、九圣八明/王、八塔各名及偈、一百二十贤
圣、五佛/七佛名号。石藏中间容空五尺，于内安/置水晶塔一坐。偕石匣内次
铁匣，次铜/匣，次银匣，于银匣内金瓶银瓶各一支。/于金瓶内杂色舍利数百
粒，于银瓶内/感应舍利一颗。其外石盛量似槟榔，并□/孔窍。隔石睹之，随
摇而动，其形如豆，既/无出入之处，是知灵异故尔。于水晶塔/左右，有银菩

提树两株，石像数尊，诸杂/供具遍盈藏内，于石匣下有此塔记。/大安八年岁次壬申九月辛巳朔二十/九日己酉辛□□分掩藏记。①

据已刊布的地宫材料，构成地宫的十七块石板朝向地宫的一面刻满铭文，分三个层次，其中地宫壁为第一层，坡石板下部为第二层，坡石板上部和顶板为第三层。"第一层次中，正南刻建塔缘起和目的，正北刻《造塔功德经》，东北夹杂在陀罗尼中刻《法舍利颂》《经颂》为意译经文，其余六面铭刻十七部陀罗尼真言，均为梵文音译；第二层次中，铭刻五方诸佛、过去七佛、一百二十贤圣、阿弥陀十二光佛名号；第三层次中，铭刻九圣八明王、八大灵塔以及赞颂词和偈语。"② （图4.21、4.22；彩版九）所刻内容即对应于上引《碑志》中的"诸杂陀罗尼、造塔功德经、九圣八明王、八塔各名及偈、一百二十贤圣、五佛七佛名号"。

图4.21　白塔峪塔地宫刻九圣八明王八塔（采自辽宁省辽金契丹女真史研究会编《辽金历史与考古》第4辑，图版三-2）

图4.22　白塔峪塔地宫顶部刻毗卢遮那佛（采自辽宁省辽金契丹女真史研究会编《辽金历史与考古》第4辑，图版四-2）

对比地宫铭刻和《碑志》所载，所谓"八角石藏"的所指无疑即以佛经、佛号为主要铭刻对象的地宫石壁，这里"石藏"的"藏"字似可对应于"经藏"之"藏"，是以铭刻为主要形式的藏经方式。

李清泉在解释自11世纪初开始墓葬形制从方形、圆形向多边形发展的原因时指

①　王晶辰主编《辽宁碑志》，沈阳：辽宁人民出版社，2002年，第36页（标点为笔者所加）。

②　陈术石、佟强：《兴城白塔峪塔地宫铭刻与辽代晚期佛教信仰》，辽宁省辽金契丹女真史研究会编《辽金历史与考古》第4辑，沈阳：辽宁教育出版社，2013年，第219~242页。

出："由于《佛顶尊胜陀罗尼经》对亡过尸骨具有尘沾影覆的救助作用，于墓上建造陀罗尼经幢，一度成为僧俗社会的一种风气。而且，随着墓上经幢的逐步墓塔化，地下墓室也开始出现模仿佛塔地宫的倾向，以至墓室平面呈现出与墓上经幢相对应的八角形或六角形形制，成为一种坟塔化的墓葬样式。"① 得出上述结论的证据之一就是当时的世俗墓葬形制与佛塔地宫的趋同，那么佛塔地宫形制的变化②是否同样受经幢的影响呢？

金华万佛塔方形地宫（1062 年）四壁及顶板遍刻《大随求陀罗尼》与《宝箧印经》等陀罗尼经典；白塔峪塔地宫（1092 年）平面八角形，地宫壁上满刻佛经、佛号，可视为一座形制独特的经幢。两相比较，似可作为佛塔地宫平面形式受经幢影响的关键证据。尤其是白塔峪塔地宫，采用与经幢相同的平面布局和刻经方式，而自铭为"八角石藏"，在时人看来，铭刻无疑是一种独特的藏经方式，经幢应被视为法舍利塔的一种。

（四）密教陀罗尼经是法舍利塔的思想来源

经幢是因《佛顶尊胜陀罗尼经》而出现并流行的一种石刻形式，即使不考虑该经首译本译出后"禁在内不出"③ 的情况，以永淳二年（683 年）的译经年作为建立法舍利塔的宗教理论具备的时间，现存最早尊胜经幢为圣历二年（699 年）的遗存，相应宗教实践不仅滞后性很低，而且在诸法舍利塔类型中出现得也比较早。

沙门弥陀山译《无垢净光陀罗尼经》的"天后末年"，若依辛德勇之说定于长安四年④，现存依之建立法舍利塔的最早实例则为日本称德天皇于天平宝字八年（764 年）至神户景云四年（770 年）发愿制作的"百万塔"。唐大历六年（771 年），不空上表陈请将其所译包括《宝箧印陀罗尼经》在内的七十七部佛经入大藏经目录，"敕旨依奏，仍宣付中外，并编入一切经目录"⑤，现存依之建立法舍利塔的最早实例

---

① 李清泉：《宣化辽墓：墓葬艺术与辽代社会》，北京：文物出版社，2008 年，第 315 ~ 316 页。

② 1995 年发掘的河北正定舍利寺塔基地宫建于五代后晋天福五年至十二年（940 ~ 947 年），宫室平面为八角形，是目前已知最早的多角形平面塔基地宫。樊瑞平、郭玲娣：《河北正定舍利寺塔基地宫清理简报》，《文物》1999 年第 4 期。

③ ［唐］志静：《佛顶尊胜陀罗尼经序》，《大正藏》第 19 册，No. 967，第 349 页中栏。

④ 辛德勇：《中国印刷史研究》，第 228 页。

⑤ ［唐］圆照：《大唐贞元续开元释教录》，《大正藏》第 55 册，No. 2156，第 750 页上栏。

则为吴越王钱弘俶于后周显德三年（956 年）所造"八万四千"铜阿育王塔。

而《妙法莲华经》流传最广的译本，由鸠摩罗什"弘始八年（406 年）夏于长安大寺译出"①，现存最早以该经作为法身舍利的实例则是同为北宋建隆二年（961 年）完工的浙江东阳中兴塔②和江苏苏州虎丘云岩寺塔③。

表 4.3　法舍利塔所据宗教理论与宗教实践对比

所据经典	宗教理论具备的时间	宗教实践出现的时间
佛顶尊胜陀罗尼经	唐永淳二年（683 年）	武周圣历二年（699 年）
无垢净光陀罗尼经	武周长安四年（704 年）	（日）神户景云四年（770 年）
宝箧印陀罗尼经	唐大历六年（771 年）	后周显德三年（956 年）
妙法莲华经	后秦弘始八年（406 年）	北宋建隆二年（961 年）

如果大致以经典的译出作为具备相应宗教理论的标志，以法舍利塔的实例作为开始相关宗教实践的标志，可将上述几类法舍利塔列表对比如表 4.3。从表中可以看出，《尊胜经》《无垢经》《宝箧经》等诸密教经传入之后，在较短的时间内，中土人士已经按照经中所宣刻经造幢或起塔供奉，希望通过造塔之举以广泛弘布佛经的威力。相比较而言，以《妙法莲华经》作为法舍利的实例不仅出现在上述诸密教经法舍利塔出现并流行之后，而且其宗教实践是极大地滞后于其宗教理论具备的时间的。

从上述对比可以看出，认为"经卷是法身舍利"并以之指导法舍利塔修建的主要思想来源不是《法华》经，而应该是《尊胜经》《无垢经》《宝箧经》之类的密教经，如吴越王钱俶所任命的僧正彙征即认为"夫立幢之垂范，乃造塔之滥觞"④，言

---

① ［南朝梁］释僧祐撰，苏晋仁、萧錬子点校《出三藏记集》卷二，第 49 页。

② 李祝尧、金锵：《中兴寺若干问题探究》，《东方博物》第 20 辑，北京：中国书店，2006 年，第 6 ~ 17 页；俞珊瑛：《东阳南寺塔出土北宋经函中的彩绘乐舞及相关问题》，《东方博物》第 29 辑，北京：中国书店，2008 年，第 18 ~ 28 页。

③ 苏州市文物保管委员会：《苏州虎丘云岩寺塔发现文物内容简报》，《文物参考资料》1957 年第 11 期；苏州市文物保管委员会编《苏州虎丘塔出土文物》；苏州博物馆编著《苏州博物馆藏虎丘云岩寺塔、瑞光寺塔文物》。

④ ［五代］彙征：《上天竺寺经幢记》，《全唐文》卷九二一，第 9603 页。

塔之起源于经幢固然不确，不过，称法舍利塔的广泛修建受尊胜幢之类密教经法舍利塔的影响当是事实。《造像量度经解》之《装藏略》称："显密两教，俱有装藏之说。而悉言用舍利，中具二种，或曰四种。法身舍利作第一，生身舍利次之。故西土风俗多用法身舍利。即五部大陀罗尼以为上首，一切经咒文辞是也。五大陀罗尼者：一、佛顶尊胜咒，二、佛顶放无垢光明咒，三、正法秘密箧印咒，四、菩提场庄严咒，五、十二因缘咒也。"[1] 明言法身舍利与密教陀罗尼经咒之间的关系。

罗炤先生在对比法门寺地宫与南诏—大理、辽代以及巴蜀地区佛教遗存的密教特征后指出："在宗教信仰上，长城内外的辽与西南边陲的南诏—大理有共同的源头——长安。从隋朝开始，直到唐末，只有在首都长安（唐太宗后期至开元时期还包括东都洛阳）形成和发展出来的信仰，才有可能同时向南北边陲传播。"[2]经幢之外，本书所讨论的法舍利塔的早期实例以及考古发现的法舍利塔其他案例（详见表4.4），尽管均位于政治核心区之外，但是称其源头在京畿地区应不至于大谬。

三　塔内瘗入的经卷与法身舍利

关于天台大师智𫖮在其所说《妙法莲华经文句》中最早引用的"碎骨是生身舍利，经卷是法身舍利"[3]，上文在讨论法舍利塔的早期实例时涉及铭刻之外，百万塔和宝箧印经塔内瘗藏经卷，符合其中关于法身舍利的认识，但是这里的"卷"字似乎应该对应三声（juǎn），而不是通常概念中的经卷（juàn）。也就是说，这些佛经卷起来之后体量很小，如雷峰塔"出土之全经，粗如拇指，长约二寸"[4]，百万塔中陀罗尼的尺寸与之接近，如日本国立国会图书馆藏《自心印陀罗尼》高5.7厘米，《相轮陀罗尼》高5.5厘米，《根本陀罗尼》高5.5厘米（见图4.8），套用现代概念来

---

① ［清］工布查布译解《造像量度经解》，《大正藏》第21册，No.1419，第951页上栏。
② 罗炤：《法门寺塔地宫及其藏品的几个问题》，中国古迹遗址保护协会石窟专业委员会、龙门石窟研究院编《石窟寺研究》第5辑，北京：文物出版社，2014年，第121～153页。
③ ［隋］智𫖮：《妙法莲华经文句》，《大正藏》第34册，No.1718，第110页下栏。
④ 浙江省博物馆藏叶恭绰旧藏雷峰塔藏经的纸高为7.6厘米，框高6.6厘米。

说，这些塔内经卷并不是正常的佛经"开本"①。

　　上文指出，藏经塔多是将其内佛经作为"法舍利"对待的。兹将考古发现的元以前藏经塔分区域按年代顺序排列如下：

表 4.4　考古发现的元以前的藏经塔

序	年代	地理位置	塔名	概况
1	建隆二年（961 年）	浙江东阳	中兴寺塔②	石雕经函内出土《法华经》一部
2	建隆二年（961 年）	江苏苏州	虎丘云岩寺塔③	《法华经》石函木函、金涂塔
3	开宝年间（968 ~ 976 年）	浙江湖州	飞英塔④	塔壁藏《法华经》及经函
4	开宝九年（976 年）后	陕西耀州	神德寺塔⑤	四层发现大批佛经
5	咸平元年（998 年）	河南新密	法海寺塔⑥	塔身刻法华经，塔内、石函刻法华变。

---

① 正常的佛经高度多为 20 ~ 30 厘米，如敦煌莫高窟藏经洞中的写经多纸高 25 厘米左右（敦煌研究院主编《敦煌石窟全集 20：藏经洞珍品卷》，香港商务印书馆，2001 年），唐咸通九年（868 年）刻本《金刚经》框高 25.6 厘米（宿白：《唐宋时期的雕版印刷》，第 191 页），山西高平博物馆藏开宝藏初雕本《大云经》纸高 32.5 厘米（赵冬生、陈文秀：《山西高平县发现的两卷〈开宝藏〉及有关〈开宝藏〉的雕印情况》，《文物》1995 年第 4 期）。

② 东阳市博物馆编，陈荣军主编《天心光明：东阳市中兴寺塔出土文物》，北京：文物出版社，2019 年；李祝尧、金锵：《中兴寺若干问题探究》，《东方博物》第 20 辑，第 6 ~ 17 页；俞珊瑛：《东阳南寺塔出土北宋经函中的彩绘乐舞及相关问题》，《东方博物》第 29 辑，第 18 ~ 28 页；贡昌：《浙江东阳南市塔出土青瓷》，《考古》1985 年第 1 期。

③ 苏州市文物保管委员会编《苏州虎丘塔出土文物》；苏州市文物保管委员会：《苏州虎丘云岩寺塔发现文物内容简报》，《文物参考资料》1957 年第 11 期；苏州博物馆编著《苏州博物馆藏虎丘云岩寺塔、瑞光寺塔文物》。

④ 湖州市飞英塔文物保管所：《湖州飞英塔发现一批壁藏五代文物》，《文物》1994 年第 2 期。

⑤ 黄征主编《陕西神德寺塔出土文献》；黄征、王雪梅：《陕西神德寺塔出土文献编号简目》，《敦煌研究》2012 年第 1 期；黄征、王雪梅：《陕西神德寺塔藏经洞出土文献 Y0001〈金光明经〉卷第二为唐人写经考》，《中华文史论丛》2011 年第 2 期；王雪梅、黄征：《陕西神德寺塔出土文献 Y0067〈佛说随愿往生经〉校录考订》，《西华师范大学学报》（哲学社会科学版）2012 年第 3 期。

⑥ 金戈：《密县北宋塔基中的三彩琉璃塔和其它文物》，《文物》1972 年第 10 期；崔耕、张家泰、魏殿臣：《密县法海寺石塔撷遗》，《中原文物》1987 年第 4 期。

续表 4.4

序	年代	地理位置	塔名	概况
6	宋初	浙江黄岩	灵石寺塔①	《十王经》，另有金涂塔、佛像等。
7	1000 年左右	浙江丽水	龙泉金沙塔②	以岳阳王感应舍利、李长者《华严合论》，匮而藏之，目之曰"华严宝塔"；塔内出土有《金光明经》等写经。
8	大中祥符六年至天禧元年（1013～1017年）	江苏苏州	瑞光塔③	二层、三层天宫出土真珠舍利宝幢、金涂塔、各种佛经
9	天圣元年（1023 年）	江西赣州	慈云寺舍利塔④	四层天宫发现经、像
10	天圣元年（1023 年）	陕西白水	妙觉寺塔⑤	地宫上部夯土层出土经幢，地宫石塔中出土塔形舍利容器。
11	庆历三年（1043 年）	浙江温州	慧光塔⑥	多种佛经
12	嘉祐三年（1058 年）	江西南丰	大圣舍利塔⑦	《金刚经》和银塔模

---

① 台州地区文管会、黄岩市博物馆：《浙江黄岩灵石寺塔文物清理报告》，《东南文化》1991 年第 5 期；杨松涛：《灵石寺塔〈佛说预修十王生七经〉考释》，《佛教文化研究》2015 年第 1 期；杨松涛：《灵石寺塔〈佛说预修十王生七经〉简况》，《上海文博论丛》2014 年第 1 期。

② 邢东风：《从〈金沙塔院记〉看龙泉华严塔》，《中国佛学》2016 年第 2 期；王丽苹：《温州博物馆藏龙泉东大寺双塔及金沙塔文物整理》，《东方博物》第 57 辑，北京：中国书店，2015 年，第 1～19 页。

③ 苏州市文管会、苏州博物馆：《苏州市瑞光寺塔发现一批五代、北宋文物》，《文物》1979 年第 11 期；陈玉寅：《苏州瑞光寺塔再次发现北宋文物》，《文物》1986 年第 9 期；苏州博物馆编著《苏州博物馆藏虎丘云岩寺塔、瑞光寺塔文物》。

④ 中国社会科学院考古研究所文化遗产研究保护中心：《赣州慈云寺塔出土书画修复的探索》，《中国文物报》2012 年 5 月 4 日第 7 版；陈旭：《赣州舍利塔》，《江西历史文物》1984 年第 2 期；中国社会科学院考古研究所、赣州市博物馆编《慈云祥光——赣州慈云寺塔发现北宋遗物》，北京：文物出版社，2019 年。

⑤ 陕西省考古研究所、白水县文物管理委员会：《陕西白水北宋妙觉寺塔基及地宫的发掘》，《考古与文物》2005 年第 4 期。

⑥ 浙江省博物馆：《浙江瑞安北宋慧光塔出土文物》，《文物》1973 年第 1 期；温州博物馆编《白象慧光：温州白象塔、慧光塔典藏大全》。

⑦ 南丰县博物馆：《南丰大圣舍利塔地宫清理简报》，《江西文物》1989 年第 2 期。

续表 4.4

序	年代	地理位置	塔名	概况
13	嘉祐七年（1062 年）	浙江金华	万佛塔①	经幢、石函上刻陀罗尼经、金涂塔
14	熙宁九年（1076 年）	浙江丽水	龙泉崇因寺双塔②	多种写经
15	熙宁二年（1069 年）以后	山东聊城	莘县燕塔③	天宫发现写本《陀罗尼经》一部，刻本《妙法莲华经》五部；第七层发现十三层的银塔模，地宫中存舍利。
16	元丰元年（1078 年）	江苏镇江	甘露寺铁塔④	地宫出土漆盒内有包经的经袱和木轴，证明该漆盒是经函。
17	崇宁四年（1105 年）	山东济宁	崇觉寺铁塔⑤	疑《法华经》与舍利共出于石函内
18	政和五年（1115 年）	浙江温州	白象塔⑥	二层出土阿育王塔、木塔模和各类经
19	咸淳元年（1265 年）	浙江绍兴	钱清环翠塔⑦	塔基出土印于 965 年的陀罗尼经一卷
20	宋	四川邛崃	邛崃石塔⑧	塔上刻《大悲神咒经》一部、《观音经》一部、《地藏本愿经》一部

① 浙江省文物管理委员会：《金华市万佛塔塔基清理简报》，《文物参考资料》1957 年第 5 期；浙江省文物管理委员会编《金华万佛塔出土文物》。

② 王丽苹：《温州博物馆藏龙泉东大寺双塔及金沙塔文物整理》，《东方博物》第 57 辑，第 1～19 页。

③ 崔巍：《山东省莘县宋塔出土北宋佛经》，《文物》1982 年第 12 期；韩志平：《莘县塔及塔文化撷谈》，《春秋》2008 年第 6 期。

④ 丁淇、林元白：《镇江甘露寺铁塔塔基出土释迦佛舍利及唐宋文物考》，《现代佛学》1962 年第 1 期；江苏省文物工作队镇江分队、镇江市博物馆：《江苏镇江甘露寺铁塔塔基发掘记》，《考古》1961 年第 6 期。

⑤ 夏忠润：《济宁铁塔发现一批文物》，《文物》1987 年第 2 期。

⑥ 温州市文物处、温州市博物馆：《温州市北宋白象塔清理报告》，《文物》1987 年第 5 期；温州博物馆编《白象慧光：温州白象塔、慧光塔典藏大全》。

⑦ 浙江省博物馆：《三十年来浙江文物考古工作》，文物编辑委员会编《文物考古工作三十年（1949～1979）》，北京：文物出版社，1979 年，第 225 页；浙江省博物馆：《浙江两处塔基出土宋青花瓷》，《文物》1980 年第 4 期。

⑧ 胡立嘉：《邛崃石塔寺石塔介绍》，邛崃市政协文史资料研究委员会编辑《邛崃文史资料》第 15 辑，2001 年，第 179～191 页；胡立嘉：《邛崃大悲院石塔建筑艺术》，《四川文物》1995 年第 1 期；曾中懋：《邛崃石塔的维修》，《四川文物》1984 年第 4 期；罗哲文：《石塔寺释迦如来真身宝塔》，《四川文物》1984 年第 4 期；陈振声：《四川邛崃石塔寺宋塔》，《文物》1982 年第 3 期。

续表4.4

序	年代	地理位置	塔名	概况
21	辽开泰二年（1013年）	北京顺义	净光塔①	经幢
22	辽重熙十三年（1044年）	辽宁朝阳	朝阳北塔②	经、经幢
23	辽重熙十三年（1044年）	辽宁沈阳	无垢净光舍利塔③	佛经
24	辽重熙十八年（1049年）	内蒙古	庆州白塔④	各种佛经
25	辽重熙二十年（1051年）	北京房山	北郑村塔基⑤	经幢、塔模
26	辽清宁二年（1056年）	山西应县	应县木塔⑥	四层佛像内藏辽代经卷
27	辽清宁四年（1058年）	天津蓟州	独乐寺塔⑦	塔身浮雕碑碣上刻法身偈，上层塔室出土塔模、香泥小塔等。
28	辽清宁八年（1062年）	河北丰润	天宫寺⑧	《契丹藏》等
29	辽寿昌二年（1096年）	北京（辽南京）	永安寺释迦舍利塔⑨	香泥小塔、铁塔、无垢净光等陀罗尼经五部

① 北京市文物工作队：《顺义县辽净光舍利塔基清理简报》，《文物》1964年第8期；任思音：《顺义辽无垢净光舍利塔出土文物资料整理与浅析》，《首都博物馆论丛》2015年总第29辑。

② 朝阳北塔考古勘察队：《辽宁朝阳北塔天宫地宫清理简报》，《文物》1992年第7期；辽宁省文物考古研究所、朝阳市北塔博物馆编《朝阳北塔考古发掘与维修工程报告》。

③ 沈阳市文物管理办公室、沈阳市文物考古工作队：《沈阳塔湾无垢净光舍利塔塔宫清理报告》，《辽海文物学刊》1986年第2期。

④ 德新、张汉君、韩仁信：《内蒙古巴林右旗庆州白塔发现辽代佛教文物》，《文物》1994年第12期。

⑤ 齐心、刘精义：《北京市房山县北郑村辽塔清理记》，《考古》1980年第2期。

⑥ 国家文物局文物保护科学技术研究所、山西省古代建筑保护研究所、山西省雁北地区文物工作站、山西省应县木塔文物保管所：《山西应县佛宫寺木塔内发现辽代珍贵文物》，《文物》1982年第6期；山西省文物局、中国历史博物馆主编《应县木塔辽代秘藏》，1991年。

⑦ 天津市历史博物馆考古队、蓟县文物保管所：《天津蓟县独乐寺塔》，《考古学报》1989年第1期。

⑧ 陈国莹：《丰润天宫寺塔保护工程及发现的重要辽代文物》，《文物春秋》1989年创刊号。

⑨ 宿白：《元大都〈圣旨特建释迦舍利灵通之塔碑文〉校注》，《考古》1963年第1期。

续表 4.4

序	年代	地理位置	塔名	概况
30	辽大安八年（1092年）	辽宁兴城	海云寺舍利塔①	地宫内安置八角石藏，镌诸杂陀罗尼、造塔功德经、诸佛名号等。
31	辽天庆五年（1115年）	河北易县	净觉寺塔	地宫西壁墨书陀罗尼经，出土有高 19.5 厘米的银塔②。塔形制见刘敦桢文③。
32		云南大理	崇圣寺千寻塔④	塔刹以木幢安置舍利、佛像、佛经等
33		云南大理	下关佛图塔⑤	塔刹出土塔模、经卷轴、佛经等
34	西夏时期	宁夏贺兰	宏佛塔⑥	天宫出土佛画、木塔模、西夏文经书与经板等
35	西夏时期	宁夏贺兰	拜寺口塔群⑦	擦擦
36	西夏时期	宁夏贺兰	拜寺沟方塔⑧	西夏文和汉文佛经，泥塔等。
37	西夏时期	宁夏青铜峡	一百零八塔⑨	擦擦、经卷等

表中可见，除了陀罗尼之类密教经之外，以江浙地区为中心，流行以写印佛经

---

① 王晶辰主编《辽宁碑志》第二节《兴城县觉华岛海云寺舍利塔碑志铭》，第 36 页。

② 河北省文物管理处：《河北易县净觉寺舍利塔地宫清理记》，《文物》1986 年第 9 期。

③ 刘敦桢：《河北省西部古建筑调查纪略》，《中国营造学社汇刊》1935 年第 5 卷第 4 期。

④ 云南省文物工作队：《大理崇圣寺三塔主塔的实测和清理》，《考古学报》1981 年第 2 期；姜怀英、邱宣充编著《大理崇圣寺三塔》，北京：文物出版社，1998 年；冉万里：《略论云南大理崇圣寺主塔发现的舍利容器及其瘗埋方式》，《文博》2017 年第 5 期；邱宣充：《大理崇圣寺三塔》，《中国文化遗产》2008 年第 6 期。

⑤ 大理州文管所、下关市文化馆：《下关市佛图塔实测和清理报告》，《文物》1986 年第 7 期。

⑥ 宁夏回族自治区文物管理委员会办公室、贺兰县文化局：《宁夏贺兰县宏佛塔清理简报》，《文物》1991 年第 8 期；宁夏文物考古研究所编著《西夏宏佛塔》，北京：文物出版社，2017 年。

⑦ 宁夏回族自治区文物考古研究所、贺兰县文化局：《宁夏贺兰县拜寺口北寺塔群遗址的清理》，《考古》2002 年第 8 期；宁夏回族自治区文物管理委员会办公室、贺兰县文化局：《宁夏贺兰县拜寺口双塔勘测维修简报》，《文物》1991 年第 8 期；孙昌盛、朱存世：《拜寺口北寺塔群的发现——兼论"擦擦"的用途》，《寻根》2000 年第 2 期。

⑧ 牛达生、孙昌盛：《宁夏贺兰县拜寺沟方塔废墟清理纪要》，《文物》1994 年第 9 期。

⑨ 宁夏回族自治区文物管理委员会办公室、青铜峡市文物管理所：《宁夏青铜峡市一百零八塔清理维修简报》，《文物》1991 年第 8 期；哈彦成、韩志刚：《一百零八塔考略》，《固原师专学报》1998 年第 5 期；哈彦成：《走进一百零八塔》，《文物世界》2005 年第 1 期。

供奉于塔内，这些佛经多呈现出正常的佛经开本。下面着重讨论正常"开本"的佛经被用作法舍利的情况。

（一）镇江甘露寺铁塔地宫宋藏舍利重识

1960 年，在修复江苏镇江甘露寺铁塔过程中，发现建于北宋元丰元年（1078年）的砖砌地宫一座，出土文物 2576 件[①]，尤因其内出土了不同年代的舍利容器和唐宋两代三次瘗埋舍利的各类题记而为大家所重视[②]。

甘露寺铁塔地宫东西长 97、南北宽 86、深 80 厘米（图 4.23），地宫正中为元丰元年雕造的盝顶大石函，大石函内的放置物自西向东分为三组：其西为禅众寺舍利小石函，函盖为元丰元年瘗藏时重配，函内以银椁、金棺盛禅众寺舍利（图 4.24，1）；中间为长干寺舍利小石函，函内以银椁、金棺和小金棺盛长干寺舍利（图 4.24，2）；其东为宋人施入，以漆盒、银函、圆银盒三件为一组。

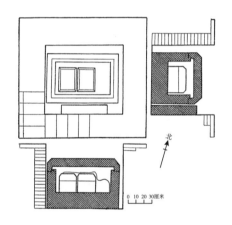

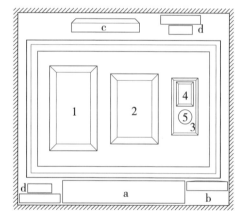

图 4.23　甘露寺铁塔塔基地宫平剖面图
（采自江苏省文物工作队镇江分队、镇江市博物馆：《江苏镇江甘露寺铁塔塔基发掘记》，《考古》1961 年第 6 期）

图 4.24　甘露寺铁塔地宫内石刻分布示意图
（赵献超绘）

---

① 江苏省文物工作队镇江分队、镇江市博物馆：《江苏镇江甘露寺铁塔塔基发掘记》，《考古》1961 年第 6期；丁淇、林元白：《镇江甘露寺铁塔塔基出土释迦佛舍利及唐宋文物考》，《现代佛学》1962 年第 1 期。

② 毛颖：《镇江甘露寺唐代舍利瘗埋制度及舍利子研究》，《唐史论丛》第 11 辑，西安：三秦出版社，2009 年，第 212～220 页。

　　宋人所施：漆盒位于最下（图4.24，3），漆盒之上最北侧为长方形银函一件（图4.24，4），银函南侧为一件圆银盒（图4.24，5）。圆银盒内盛木函、琉璃瓶与舍利等。圆银盒北侧的长方形银函函盖内墨书题记"临川王安礼/元丰元年/四月七日记"三行十四字，王安礼即王安石之弟，时为润州太守。函身背面阴刻题记曰："大宋嘉祐初，太学医生刘/永徒，携佛骨自西来，/欲率润之巨姓，建琉璃/宝塔以葬。不幸大缘未/就，而刘生卒。天锡求/而得之，今郡人焦氏施/铁塔，埋李卫公所/藏舍利，因牵就葬塔下。/元丰元年四月八日。/许天锡谨记。"另据大石函函盖内侧的题记："唐大和己酉年，卫公（按：即李德裕）得上元县长干寺阿育王塔舍/利十一粒，并禅众寺旧塔基下舍利，仍古石函，用金/棺二、银椁二，重瘗藏于甘露寺之东塔。至宋熙宁己/酉岁，凡二百四十年，因治地复得之。元丰元年四月/初八日，住持传法沙门应夫募缘，就旧基建铁塔一/座，谨重纳于地宫内，并卫公手记大小三片附焉。丹/徒苏鸿题。勾当塔主僧守严。刘照刊。/弟子许天锡舍佛骨、银函，弟子许巽舍定光佛舍利三颗琉璃瓶内。"[①] 漆盒之上的圆银盒即盛许巽所施定光佛舍利，银盒之北的银函系许天锡所施，其内主要盛放许氏辗转所得的佛骨。至于银盒与银函之下的漆盒，其内残存银牌与木轴：银牌正面刻"佛"字，反面刻"比丘惠平施"五字；木轴长22、直径1厘米，两端用银皮包饰，发掘简报称"是佛经（或佛像）的内轴，经（或像）已经不存在了，原来还用绢、锦制作的经袱包裹"[②]。根据唐宋时期的塔内不见卷轴装佛像而常见写印佛经的情况，基本可以确定漆盒内的木轴是卷轴装佛经的内轴，施入塔基地宫时，佛经外原以锦绣经袱包裹。

　　在元丰元年的舍利瘗埋活动中，以大石函为分野，地宫内的空间被划分为内外两部分。

　　大石函外并不宽裕的空间除石函顶上置元丰元年《润州甘露寺重瘗舍利塔记》之外，其南北两侧主要安放李德裕瘗藏舍利的石刻：位于大石函南侧的是《李德裕重瘗禅众寺舍利》的手记石刻一方（图4.24，a）和《李德裕重瘗长干寺阿育王塔

①　丁淇、林元白：《镇江甘露寺铁塔塔基出土释迦佛舍利及唐宋文物考》，《现代佛学》1962年第1期。
②　江苏省文物工作队镇江分队、镇江市博物馆：《江苏镇江甘露寺铁塔塔基发掘记》，《考古》1961年第6期。

舍利记》一合（图4.24，b）；位于大石函北侧的是李德裕重瘗禅众寺舍利时所用的石函盖子一个（图4.24，c），函盖内侧有题记七行，《考古》上所刊发掘简报名之为《禅众寺舍利石函盖阴题记》。上述三件对应于大石函函盖内侧题记中的"卫公手记大小三片附焉"语。卫公手记之外，大石函南北各有残石刻一对（图4.24，d），据《考古》上所载拓片上"□德裕敬造石塔"铭文及尺寸判断，应为李德裕瘗藏长干寺舍利时修造的石函的四面函壁残片，元丰元年重瘗时，李德裕所造石函残破不堪用，宋人新造石函易之，并将唐函残壁与李德裕手记一起安放于同为元丰元年新造的大石函外的南北两侧。

　　大石函内的空间则为佛教圣物之专属，确切地说大石函是整座舍利塔地宫中的外重舍利容器，其内安置的是各类舍利及相应的核心容器。大石函内的舍利包括：最西侧的是上元县禅众寺旧塔基下的舍利，中部为原瘗藏于上元县长干寺阿育王塔下的二十一粒释迦舍利中的十一粒，以上二类皆为熙宁二年（1069年）发现于李德裕修建的舍利塔基内的旧物。元丰元年的舍利瘗埋活动，除了将禅众、长干二寺舍利重新入藏之外，复纳入定光佛舍利（以圆银盒盛之）、佛骨舍利（安放于许天锡铭文、王安礼题记的银函内）和以锦绣经袱包裹的经卷（庋于漆盒中，疑亦为比丘惠平所施）。在这里，经卷和其他类型的舍利一样，均位于大石函内的核心容器之中，与其他舍利具有相同地位，故而，大石函内的漆盒应视为核心舍利容器，其内的经卷则为舍利无疑了——确切地说，是法身舍利或曰法舍利。镇江甘露寺铁塔塔基地宫中所见舍利瘗埋情况几乎可以视为"经卷是法身舍利"的完美注脚了。

　　放置于宋元丰元年新造大石函顶上的《润州甘露寺重瘗舍利塔记》之后的《发愿文》曰：

　　　　大宋熙宁十年岁在丁巳八月戊寅朔丙申日，丹徒焦巽施钱二百万，范黑金为浮图九级，重瘗藏旧塔基下舍利于北固山甘露寺之东偏，浮图成，谨焚香稽首而发愿言：
　　　　觉皇乘是悲智全，以一大事为因缘。
　　　　誓生忍土拯沉绵，导以妙法为敷宣，遗其设利（按：即"舍利"）福无边。
　　　　建兹窣堵山之巅，香风宝铎来人天，一瞻一礼增擎奉。

　　同登解脱无先后，法城出入何穷年。[①]

　　这里，笔者将发愿文中的赞语分为"起承转合"的四个小节。

　　第一节为缘起赞，《法华经》中佛告舍利弗曰："诸佛世尊唯以一大事因缘故出现于世。舍利弗！云何名诸佛世尊唯以一大事因缘故出现于世？诸佛世尊，欲令众生开佛知见，使得清净故，出现于世；欲示众生佛之知见故，出现于世；欲令众生悟佛知见故，出现于世；欲令众生入佛知见道故，出现于世。舍利弗！是为诸佛以一大事因缘故出现于世。"[②] 发愿文即以此"大事因缘"作为起首之赞。第二节为方便赞，上承佛之出现于世，言佛以其所说之妙法与所遗之舍利作为开悟众生的工具，所宣之佛法与遗世之舍利皆为传道之凭依。第三节为营塔赞，转以功德主切实的营塔之举，将舍利塔作为信众恭敬礼拜的对象，从而大利于佛教的传布。第四节为功德赞，即希望通过营塔与礼塔之举达到解脱成佛的目的。

　　从上述赞语可以看出，佛所遗留之舍利无疑是佛教传播中被广泛认可的圣物，舍利塔的修建除了是供养礼敬圣物的一种形式之外，更重要的是以之作为弘扬佛教的一种手段，即通过建造与瞻礼宝塔而达到同登解脱、共入法城[③]的目的。法身舍利作为舍利的一种形式，与生身舍利具有相同或相似的地位，也具备与之相应的灵力。

（二）法舍利容器新知

　　甘露寺铁塔地宫中大石函内的漆盒主要盛放经卷，对于佛塔装藏来说，以"经卷是法身舍利"论之，盛经卷的经函无疑即为法身舍利函了。

　　本章开篇以湖州飞英塔首层塔壁中发现的钱俶生母吴汉月于后周广顺元年（951年）舍入天台山广福金文院转轮经藏的四只宝装经函中的一只作为引言，该经函如何从转轮经藏中流出，转而被砌入他乡塔壁的机缘固然可以引发人们的好奇心，但是该经函不经改造而直接被"供养"于塔中难道仅是巧合而已吗？

---

① 江苏省文物工作队镇江分队、镇江市博物馆：《江苏镇江甘露寺铁塔塔基发掘记》，《考古》1961 年第 6 期；丁淇、林元白：《镇江甘露寺铁塔塔基出土释迦佛舍利及唐宋文物考》，《现代佛学》1962 年第 1 期。

② ［后秦］鸠摩罗什译《妙法莲华经》卷一《方便品第二》，《大正藏》第 9 册，No. 262，第 7 页上栏。

③ 《方广大庄严经》所谓"断除一切无明烦恼爱故名法城"。［唐］地婆诃罗译《方广大庄严经》卷一一《转法轮品第二十六之一》，《大正藏》第 3 册，No. 187，第 609 页下栏。

考古发现所见，吴越之地有多个塔中供养经函的切实案例，除湖州飞英塔外，东阳中兴寺塔、苏州虎丘云岩寺塔与瑞光寺塔、温州白象塔与慧光塔等塔内不仅以特定形制的木石函盛写印佛经，而且经、函与其共存遗物的关系也多比较明晰，提供了探讨塔内所藏经卷与其容器关系的重要资料。

1. 东阳中兴寺塔出土经函

东阳市区南部的勒马峰北麓旧有法华寺，俗称南寺，寺内佛塔始建于北宋建隆元年（960年），建隆二年塔成之后，寺改称中兴寺，塔称中兴寺塔。该塔于1963年倒塌，事后，浙江省文物管理委员会对其进行了清理，出土有金属器、陶瓷器、木器、漆器、石器、料器与经卷七种不同类别文物170余件①，其中尤可注意者为贴金彩绘石雕经函及其内经卷。

中兴寺塔经函通高23厘米，函身长33、宽17.2厘米，座长37、宽23.4厘米。盖、身两石，外观为盝顶石函置于须弥座上。须弥座角部浮雕力士，束腰两侧雕十人乐舞队，其中乐工九人，一人着红袍独舞②。函身浮雕彩绘僧人取经、立塔供奉的故事，函身其他部分及函盖雕饰团花、牡丹、飞天、莲蓬、几何纹等作为填充。函盖内阴刻题记两行曰："建隆二年（961年）辛酉岁九月二十五日，勾当塔弟子军将/葛仁皎、弟人吏葛仁遇造，并经，永充供养。"③（图4.25；彩版九）

函内所存《妙法莲华经》共七卷，卷轴装，其中第一卷卷首残有"弟子葛仁皎奉为四□"，第四卷卷首残有"生灭刺血书此经供养"，第六卷卷首残有"弟子葛仁皎"，第七卷卷首残有"弟子葛仁皎奉为四恩三友"等字样（图4.26）。

塔内出土的《婺州东场县中兴寺新砖塔舍利记》略曰："建隆元年庚申岁，天台国师德韶罄舍资金鼎新构砌，寺有僧文捷、敬温、敬超匡信师德，并近居檀越葛仁皎、郑□金晖徐□□同力募缘，结兹砖塔，□□□□□，□分（天台赤城山砖塔四十九粒舍利中的）一粒缄在第三层。"④其中的葛仁皎是中兴寺新砖塔修建的大檀越，说明当时在舍利塔营建活动中，生身舍利供养之外，供养佛经占有相当重要的地位。

---

① 李祝尧、金锵：《中兴寺若干问题探究》，《东方博物》第20辑，第6~17页。

② 俞珊瑛：《东阳南寺塔出土北宋经函中的彩绘乐舞及相关问题》，《东方博物》第29辑，第18~28页。

③ 东阳市博物馆编，陈荣军主编《天心光明：东阳市中兴寺塔出土文物》，第54页。

④ 东阳市博物馆编，陈荣军主编《天心光明：东阳市中兴寺塔出土文物》，第27页。

图 4.25　浙江东阳中兴寺塔出土经函及函盖内题记（采自浙江省博物馆编《东土佛光》，
　　　　第 175、176 页）

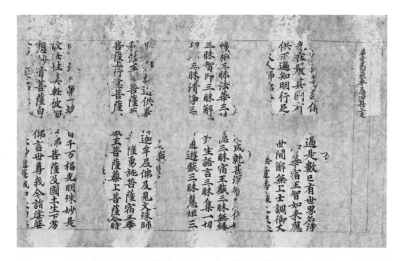

图 4.26　浙江东阳中兴寺塔出土经函内《妙法莲华经》卷七（采自浙
　　　　江省博物馆编《东土佛光》，第 108 页）

2. 苏州虎丘云岩寺塔出土经函

虎丘云岩寺塔位于虎丘山顶，习称虎丘塔，为七级八面仿木结构楼阁式砖塔，始建于后周显德六年（959 年），完工于宋建隆二年（961 年）。1957 年，在对该塔的维修过程中于塔身二层、三层和四层各发现天宫一所，出土了大批珍贵文物，重要的文物主要见于第二层和第三层①。

---

① 苏州市文物保管委员会：《苏州虎丘云岩寺塔发现文物内容简报》，《文物参考资料》1957 年第 11 期；
　苏州市文物保管委员会编《苏州虎丘塔出土文物》；苏州博物馆编著《苏州博物馆藏虎丘云岩寺塔、
　瑞光寺塔文物》。

　　第三层天宫 65 厘米见方，高 73 厘米，正中安放石函一个。函为盝顶方函，分五节叠成，底部边长 27 厘米，顶部边长 22.5 厘米，通高 44.1 厘米，表面素平无雕饰。石函内为盝顶铁函一个，由底板和梯形函罩组成，底板边长 20.1 厘米，下函口边长 19.1 厘米，盝顶边长 10 厘米，通高 34.2 厘米。铁函内为用绢袱包裹的阿育王塔一座，塔通高 11.8 厘米，底座边长 11 厘米，塔身中空，内置高 7、腹径 2.9 厘米的金瓶一个，瓶内盛细砂粒大小的舍利。阿育王塔外的一件绢袱上存题记曰"辛酉岁题"，另一残绢上存墨书"惠朗舍此袱子一枚裹迦叶□来真身舍利宝塔"。从出土位置与题记判断，第三层天宫主要为瘗藏"迦叶如来真身舍利"之所（图 4.27；彩版一〇）。

图 4.27　苏州虎丘云岩寺塔第三层出土石函、铁函和铁阿育王塔（采自苏州博物馆
　　　　编著《苏州博物馆藏虎丘云岩寺塔、瑞光寺塔文物》，第 34～37 页）

　　第二层天宫平面呈十字形，东西长 1140、南北长 1004、宽 68、高 63 厘米。天宫正中放长方形石函一个，函长 46、宽 26.5、高 25 厘米，盝顶，函身每面浮雕一佛二弟子二菩萨（图 4.28）。函盖内涂成漆底，其上以银朱书写题记，可辨者有"□信心造□□盛众□金字法华经"等字。

　　石函内置鎏金镂花包边楠木经函（已发表资料中"经函"多作"经箱"，本书统一用"经函"，下同），函长 37.8、宽 19.2、高 21 厘米。底座为须弥座，束腰部分雕有镂空如意头，正面镶边上横凿小字一行："建隆二年男弟子孙仁郎镂，愿生安乐国为僧。"函底墨书题记："□□言□□舍净财造此函盛金字法华经。/孙仁遇舍金银并手工装。/□□孙仁郎舍手工镂花。/辛酉岁建隆二年十二月十七日丙午□□。"（图 4.29；彩版一〇）

图4.28　苏州虎丘云岩寺塔第二层出土石质经函（左图采自苏州博物馆官网；右图采自苏州
　　　　博物馆编著《苏州博物馆藏虎丘云岩寺塔、瑞光寺塔文物》，第24～29页）

图4.29　苏州虎丘云岩寺塔第二层出土鎏金镂花包边楠木经函（左图采自苏州博物馆官
　　　　网；右图采自苏州博物馆编著《苏州博物馆藏虎丘云岩寺塔、瑞光寺塔文物》，
　　　　第33页）

　　经函中放已朽坏的《妙法莲华经》一部七卷，经为卷轴装，原为碧纸金书，中心为银质鎏金包头的木轴，纸高26厘米，轴长32厘米。每卷经外用一至四块绢质经袱包裹，经袱上有"舍裹金字经""舍裹金字法华经""永充供养"等字样。函中有经帙一块，以细竹为纬、绢丝为经编织成经帙的内里，外表套以锦绣，帙的右端有用于捆扎的锦条。函内除经和经帙外，另有供养人题名一纸、长方形牙牌一块（上刻"弟子顾超舍，愿三世亲生父母疾证菩提佛道"）、银丝珠串一圈、残锦绣数块。经函之外，二层天宫中的出土物主要有香炉、油碗、油盏和钱币等，从出土位置和共存遗物判断，经函与其内佛经无疑是该层天宫的主要供奉对象。

　　据苏州博物馆编著《苏州博物馆藏虎丘云岩寺塔、瑞光寺塔文物》，塔底"在挖到 2.25 米深处仍未发现有地宫"①，结合该塔文物出土情况，可以确定第二层和第三层天宫是该塔最主要的佛教圣物瘗藏之所。对比该塔第三层和第二层天宫的出土物，可以看到，第三层天宫为生身舍利的瘗埋之所，其舍利容器组合为"盝顶石函—盝顶铁函—阿育王塔—金瓶"；第二层天宫为法身舍利的瘗藏之地，如果将经帙也视为一重容器的话，其舍利容器组合为"盝顶石函—盝顶木函—经帙"。其共同特点是以两重形制相近的盝顶方函（为方便指代，这里不对长方和正方做更细的划分，下同）作为外重容器，可见对于时人来说，法身舍利和生身舍利一样，具有相同或相近的瘗埋规制。

3. 苏州瑞光塔出土法舍利容器

1978 年，苏州市内的瑞光寺塔（简称瑞光塔）第三层发现天宫一所，天宫平面为正方形，边长 79、深 152 厘米，其内发现主要为舍利及盛放舍利的容器②。

湖州飞英塔塔壁所藏嵌螺钿经函出土时已经残破，除发现之初的结构复原示意图之外（见图 4.2），最新发表的情况仍是初发现时散架的样子（见图 4.3）。瑞光塔则出土完整的嵌螺钿木经函一只，华丽程度亦不遑多让。该函长 34.8、宽 13.7、高 12.7厘米，盝顶，函身下为设壶门的须弥座，通体髹黑漆，表面用螺钿镶嵌出花卉、飞鸟、蝴蝶等图案（图 4.30；彩版一〇），函内装碧纸金书卷轴装《妙法莲华经》一部七卷

图 4.30　苏州瑞光塔天宫出土嵌螺钿木经函（采自苏州博物馆编著《苏州博物馆藏虎丘云岩寺塔、瑞光寺塔文物》，第 169 页）

---

① 苏州博物馆编著《苏州博物馆藏虎丘云岩寺塔、瑞光寺塔文物》，第 14 页。
② 苏州市文管会、苏州博物馆：《苏州市瑞光寺塔发现一批五代、北宋文物》，《文物》1979 年第 11 期。

（图4.31；彩版一一）。该经纸高27～27.6厘米，卷长951～1215.5厘米，其第七卷尾部金书题记曰："时显德三年（956年）岁次丙辰十二月十五日，弟子朱承惠特舍净财，收赎此古旧损经七卷，备金银及碧纸请人书写，已得句义周圆，添续良因。伏愿上报四重恩，下救三涂苦。法界含生，俱占利乐。永充供养。"①

嵌螺钿经函之外，另有木经函一件，长32.7、宽14.7、高14厘米，盝顶，表面髹红漆，素平无纹饰（图4.32）。据《文物》所刊简报，瑞光塔第三层天宫内除碧纸金书《妙法莲华经》外，另有刻本《妙法莲华经》一部（纸高16.8厘米）、碧纸金书《佛说阿弥陀经》一卷、墨书《佛说天地八阳经》一卷、《佛说相轮陀罗尼》一卷、《佛说相轮陀罗尼》残卷一卷，均为卷轴装，未详此髹漆木经函内所装为何经典，笔者推测为碧纸金书《佛说阿弥陀经》的可能性比较大②。

图4.31　苏州瑞光塔出土碧纸金书《法华经》（采自苏州博物馆编著《苏州博物馆藏虎丘云岩寺塔、瑞光寺塔文物》，第160页）

图4.32　苏州瑞光塔出土髹漆木经函（采自苏州博物馆编著《苏州博物馆藏虎丘云岩寺塔、瑞光寺塔文物》，第200页）

---

① 苏州市文管会、苏州博物馆：《苏州市瑞光寺塔发现一批五代、北宋文物》，《文物》1979年第11期。

② 刻本《妙法莲华经》第一卷引首部分有朱书题记："天禧元年（1017年）九月初五日，雍熙寺僧永宗转舍妙法莲华经一部七卷入瑞光院新建多宝佛塔相轮珠内，所其福利，上报四恩，下资三有，若有瞻礼顶戴□舍此一报身，同生极乐国。"明言施入该塔"相轮珠内"。两卷《佛说相轮陀罗尼》卷尾分别有题记曰："南瞻部洲大宋国苏州长州县通□乡（疑即"通贤乡"）清信奉佛女弟子盛氏二娘谨舍净财□赎此经舍入当州瑞光禅院塔上永充供养。时天禧元年七月二十二日记。""南瞻部洲大宋国苏州平江军吴县□□乡奉佛弟子□□□书写入瑞光院塔上永充供养，承此功德，十方法界众生同生净土。"（苏州市文管会、苏州博物馆：《苏州市瑞光寺塔发现一批五代、北宋文物》，《文物》1979年第11期，第31页照片）所谓《佛说相轮陀罗尼》即节自《无垢净光陀罗尼经》的"相轮樘中陀罗尼法"，若依经义，安于相轮樘内功德最为殊胜。《佛说阿弥陀经》与装于嵌螺钿经函内的《妙法莲华经》同为碧纸金书，因此，该经置于函内的可能性最大。

　　与该髹漆木经函形制相同的经函，温州白象塔（建成于北宋政和五年，1115 年）塔身一层曾出土三件，樟木质，均为盝顶，外髹红漆。其中一件长 34、宽 18、通高22.7 厘米（图 4.33 左），出土时内装经折装印本《妙法莲华经》一部七卷。经纸高32.7、宽 12.4 厘米，外包丝绢经袱，经袱上有墨书题记曰："四娘……舍此缘，大观三年（1109 年）三月。"① 另外两件尺寸分别为：长 27、宽 17、通高 20.5 厘米（图4.33 右）和长 23.7、宽 13.3、通高 19.9 厘米，未详这两件经函内所装为何经典。

图 4.33　温州白象塔出土髹漆樟木经函（采自温州博物馆编《白象慧光：温州白象
　　　　　塔、慧光塔典藏大全》，第 200 页）

　　瑞光塔天宫出土文物中，最华丽且最为大家所熟知的莫过于真珠舍利宝幢。该幢置于双重正方形盝顶木函内，外木函边长 52、通高 134.7 厘米，外涂黑漆，正面白漆楷书"瑞光院第三层塔内真珠舍利宝幢"；内木函边长 42.5、通高 124 厘米，四面绘天王四尊，内壁墨书"大中祥符六年（1013 年）四月十八日记"和"都勾当方允升妻孙氏十娘"等署名。外木函下有三块木板拼成的垫底板，上有墨书题记："寓迹僧子端，幸值诸上善人建第三层浮图，安置盛诸佛圣贤遗身舍利宝幢，藏盒之次，特拾此木于底，少贵戴荷，永假缘结。虽渐多宝之大功，且效聚沙之少善。以兹迴向悉等，真所愿者，世世生生。兴正法，似马鸣；兴象法，如龙树。奉佛弘法，度生利物。诸余善签咸同文殊、普贤诸大菩萨等。更愿此生所诵法华、维摩、仁王、般若常不忘失句逗，皆得如说修行矣。略题记耳。"幢身八面阴刻填金七佛名及"南无摩诃般若波罗蜜。"（图 4.34；彩版一一）幢体中空，内置一乳青色葫芦形小瓷瓶，

① 　温州市文物处、温州市博物馆：《温州市北宋白象塔清理报告》，《文物》1987 年第 5 期。

瓶内藏舍利九粒及折叠的雕版印刷梵文和汉文《大随求陀罗尼》经咒各一张。

图4.34　苏州瑞光塔天宫出土装幢内木函、真珠舍利宝幢及其局部（采自苏州博物馆编著
　　　　《苏州博物馆藏虎丘云岩寺塔、瑞光寺塔文物》，第76、135、149页）

瑞光塔内所见，嵌螺钿经函及其内碧纸金书《法华经》为五代时期的作品（956
年），北宋重建瑞光塔时（1013～1017年）与真珠舍利宝幢一起被供奉于塔内。而
真珠舍利宝幢则为九粒舍利和两纸《大随求陀罗尼》经咒共同的容器，其外是两重
木质盝顶方函。此外，还有一些佛经并非置于特制的容器中，而是直接放置在塔内，
如第三层天宫内的部分佛经（如两卷《佛说相轮陀罗尼》），以及1980年于第二层塔
壁中另发现有刻本《金光明经》残卷[①]。上述情况表明，北宋初期，塔内瘗藏经卷的
情况已经比较复杂了。

4. 温州仙岩寺慧光塔出土舍利容器

慧光塔中出土识文描金堆漆檀木舍利函一件，函以檀木为胎，须弥座底座，方
形盝顶，底面边长24.5厘米，通高41.2厘米。盝顶部分、函身和底座边缘金描堆漆

① 陈玉寅：《苏州瑞光寺塔再次发现北宋文物》，《文物》1986年第9期。

缠枝花纹，嵌小珍珠，函身四面金线绘人物画四幅，须弥座束腰处每面堆塑麒麟一只。函内底部金书题记曰："具录施主舍钱造宝函盛舍利名位于左：弟子朱翔并妻……大宋庆历二年（1042年）壬午岁十二月题记。"（图4.35；彩版一二）

图4.35　温州慧光塔出土识文描金堆漆檀木舍利函（采自温州博物馆编
《白象慧光：温州白象塔、慧光塔典藏大全》，第192~193页）

函内物品为：刘珣所舍装"西天感应舍利二十颗"的银舍利瓶一只、"蒋绛舍"铭银舍利瓶一只、比丘利和劝募的"景祐二年"铭鎏金银舍利瓶一只、陈二十四郎所施内贮细粒珠玉的银葫芦瓶一只、盛细珠粒的刻花玻璃瓶一个、小玻璃瓶一个（已碎）、沈质等所造鎏金银塔一座；应是作为舍利替代的玻璃珠二颗；"景祐四年"铭银神王像二身、涂金木雕天王像二身、涂金木雕泗州大圣像一躯；比丘利和劝募的鎏金银盂子和鎏金银请舍利箸各一只。以上物品中，造像之外，主要为不同施主所奉献的舍利及装盛、迎引供养舍利的各式器具，这些物品表明，装盛他们的木函为通常意义上的生身舍利函是没有异议的。

生身舍利函之外，慧光塔还出土有识文描金堆漆檀木经函一只（图4.36；彩版一二），函长40、宽18、高16.5厘米，盝顶，须弥座底座，外表做法与装饰特点一

图 4.36　温州慧光塔出土识文描金堆漆檀木经函（采自浙江省博物馆编《东
　　　　土佛光》，第 179 页）

如上文中朱翔等所施的生身舍利函。须弥座底部有金书题记数行，其中可辨者有
"大宋庆历二年"字样。堆漆经函之内另有与之形制相同的木函一只，函长 33.8、宽
11、高 11.5 厘米，未堆漆，表面除函底外均工笔描金绘出团花、如意、瑞禽、忍冬
与菊花等图案。该经函内装《宝箧印陀罗尼经》一卷，纸高 30 厘米，金丝栏金书，
缥头内外均金笔描出花卉图案（图 4.37；彩版一三）。塔内出土《建塔助缘施主名
位》称："大宋温州永嘉县左厢市东界都商税务西居住奉三宝弟子严士元并妻陈氏十
一娘、男子道奴、感生、惠生、闰生、女子阖家眷属等造阿弥陀佛一尊，写大金字
《宝箧印经》一卷，并制内外函子三所，并舍香烛，营办饮食供养，迎引进山入塔，

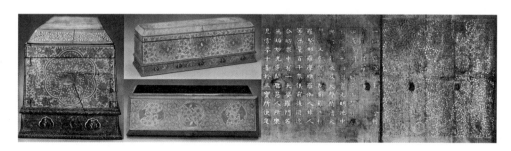

图 4.37　温州慧光塔出土描金内经函及其内金书《宝箧印陀罗尼经》（采自温州博物馆编
　　　　《白象慧光：温州白象塔、慧光塔典藏大全》，第 196～197、212 页）

并舍浪银添裹塔顶大火珠一颗,及舍净财一十贯文。"据此知该经及经函为建塔大檀越严士元所施,不过,严氏施入的"内外函子三所"仅存此一所。

(三) 盛装法舍利的盝顶方函

在佛经的写本时代,佛经的装帧形式主要为卷轴装,为了便于收藏、管理和查找,古代僧人参考传统书籍的制作方式,将十卷左右的佛经组成一帙,并用经帙将其包裹起来①。南朝齐梁间人沈约所作《内典序》称:"经记繁广,条流舛散。一事始末,帙理卷分。"②说明当时已经用"帙"作为组织佛经的方法。发展成熟的大藏经,更是以《千字文》作为经帙的编号,千字文帙号"可以说是我国现存最古的排架号,那时候,排架号和索书号是统一的,这种千字文的编号也可以说是我国最古的索书号"③。对于规模庞大的大藏经而言,"帙"是对动辄数千卷佛籍进行组织、管理的一个基本单位,所以佛籍目录中常见"上 X 经,XX 卷,同帙"的标注。"帙"对佛籍的重要性是不言而喻的,这种重要性的起源则在于它在相当长的时期内曾是佛经的包裹,或称"书衣"。

敦煌莫高窟藏经洞初打开时,"有白布包等无数,充塞其中,装置极整齐,每一白布包裹经十卷。复有佛帧绣像等则平铺于白布包之下,此光绪二十五年(1899 年)岁庚子四月二十七日事"④。斯坦因到来时(1907 年),尽管洞里的藏品已经被扰乱,不过保存较好的经卷仍然是分帙整齐地放置的,如斯坦因所拍摄关于藏经洞的两幅最常被引用的照片中,展示了成帙的经卷刚移出藏经洞的样子(图4.38、4.39),其中的一个经帙上尚可辨识出"摩诃般若 海"字,是帙号为"海"的《摩诃般若波罗蜜经》(亦名"大品般若经"),帙号与《开元释教录略出》相同。敦煌壁画中经台内的佛经,也均为卷轴装,有的尚画出将数卷经裹在一起的经帙(见图1.3 ~ 1.10)。

---

① 方广锠:《佛教典籍概论》,第 103 页。
② [南朝梁] 沈约:《内典序》,[唐] 道宣:《广弘明集》,《大正藏》第 52 册,No. 2103,第 232 页上栏。
③ 王重民:《中国目录学史论丛》,北京:中华书局,1984 年,第 129 ~ 130 页。
④ 谢稚柳:《敦煌石室记》,1949 年,第 3 页。

图 4.38　成峡经卷刚移出藏经洞时的样子（采自［英］奥雷尔·斯坦因著，巫新华等译：《西域考古图记》，插图 200）

图 4.39　斯坦因劫掠的成峡佛经（采自敦煌研究院主编《敦煌石窟全集20：藏经洞珍品卷》，第 16 页）

现存敦煌壁画中的经台绘制于盛唐至五代间，藏经洞内的文献多产生于唐五代宋初，时间跨度很长，研究敦煌的学者多将藏经洞的封闭时间定在 11 世纪初①。上述情况表明，以经帙包裹成捆佛经至少在 11 世纪初以前是通用而常见的做法（图4.40，1）。

《营造法式》卷十一经藏（包括转轮经藏和壁藏）制度中，藏身内所用经匣："长一尺五寸，广六寸五分，高六寸。［盝顶在内。］上用趄尘盝顶，陷顶开带，四角打卯，下陷底。"②（图 4.41）如果我们认同《法式》相关制度的任务"是为估算工料提供有代表性的部件式样和尺寸作为样板"③，那么可以说至北宋后期，经藏内的佛籍装藏方式的主流是置于盝顶经匣，即经函内，经藏内的藏经呈现出与经帙包裹佛经迥异的面貌。装经的木匣从结构和外观上看似乎和经折装（或称"梵笑装"）的"书皮"较为相似（图4.40，2），那么，用经匣装盛和用经帙包裹是因其内佛经装帧形式的不同吗？金人赵沨所撰《济州普照禅寺照公禅师塔铭》称，照公禅师于

---

① 如荣新江认为封闭时间在 1002 年后不久（荣新江：《敦煌藏经洞的性质及其封闭原因》，《敦煌吐鲁番研究》第二卷，北京大学出版社，1997 年，第 23～48 页。此据作者文集《辨伪与存真：敦煌学论集》，上海古籍出版社，2010 年，第 1～27 页），沙武田认为在 1006～1020 年或稍后的可能性很大（沙武田：《敦煌藏经洞封闭原因再探》，《中国史研究》2006 年第 3 期）。张先堂：《古代佛教法供养与敦煌莫高窟藏经》，《敦煌研究》2010 年第 5 期。

② 梁思成：《营造法式注释》，《梁思成全集：第七卷》，第 242 页。

③ 潘谷西、何建中：《〈营造法式〉解读》，第 3 页。

金大定二十九年至明昌六年（1189～1195年）在寺内建立经藏，"闻京师弘法寺有藏教板，当往彼印造之，即日启行，遂至其寺，凡用钱二百万有畸，得金文二全藏以归。一宝轮藏，黄卷赤轴□□□□□□殿中安置，壁藏皆□梵册，漆板金字，以为严饰。庶几清众易于翻阅"①。照公印造自弘法寺的大藏经，一为卷轴装，装于转轮藏内，一为经折装，装于壁藏内。两大藏印版相同，仅装帧方式不同，尽管不能确定是否装入经函，从两者都装藏于经藏中判断，采用经函与否和佛经的装帧方式似无关系。

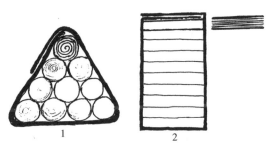

图4.40　帙与函裹经断面对比示意图（采自宿白：《汉文佛籍目录》，第99页）

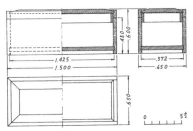

图4.41　《营造法式》中的经匣（采自竹岛卓一：《营造法式の研究》二，第703页）

宣化辽墓M1后室东壁的"备经图"中，一黑衣侍吏双手抱一黄色盝顶函盒跨门而入，门内朱色方桌上还有一个大小和形制类似的盝顶函盒，盒旁为两摞各四本叠放着的方册状经书（或即经折装），左侧封面题"常清静经"，右侧封面题"金刚般若经"②，图中的两个盝顶函盒至少有一个是用于装经的经函（图4.42；彩版一三）；宣化辽墓M4后室东北壁的"备经图"中，方桌上置一条几，几上摆着一个圆盘和四卷经卷，条几后的侍女双手捧一长方盝顶函盒，两股云气自函盖左右飘出，似乎表达的是香烟环绕于室，条几之前有一妇人双手合十做祈祷状，图中之盝顶函盒显系庋经的经函（图4.43；彩版一三）③。宣化辽墓壁画所见，经函既用来装盛经折装的

---

① ［清］张金吾编纂《金文最》卷一一一，第1593页。

② 河北省文物研究所：《宣化辽墓：1974～1993年考古发掘报告》，北京：文物出版社，2001年，第207～208页。

③ 河北省文物研究所：《宣化辽墓：1974～1993年考古发掘报告》，第297页。

经书，又可作为卷轴装经卷的函盒，经函是表达经书使用者和信奉者崇敬之心的一种容器，以函盛经与经书的装帧方式无关。

图 4.42　宣化辽墓 M1 "备经图"（采自河北省文物研究所：《宣化辽墓：1974 ~ 1993 年考古发掘报告》，彩版六二）

图 4.43　宣化辽墓 M4 "备经图"（采自河北省文物研究所：《宣化辽墓：1974 ~ 1993 年考古发掘报告》，彩版九四）

再者，《洛阳伽蓝记》记佛教传中国之始的白马寺，"寺上经函，至今犹存。常烧香供养之，经函时放光明，耀于堂宇。是以道俗礼敬之，如仰真容"[1]。以时间而论，彼时被烧香供养的经函内若有佛经的话，基本可以确定是卷轴装，不仅说明经函与函内所盛经的装帧形式无关，而且表明经函是道俗礼敬供养法宝时目之所见的对象。

上述情况表明，以函盛经是尊经的手段，意在突出函内佛经的尊贵与神圣。至此，我们不妨回头审视本章开篇所用钱俶生母吴汉月舍入天台山广福金文院转轮经藏的一只经函直接被"供养"于飞英塔塔壁内的情况，从上引其他实例来看，彼时被砌入塔内的经函是被作为法身舍利容器对待的，这一举动似乎显示出经藏中的经函与舍利塔中的法舍利容器具有某些相通性。这种相通性体现在，它们都是尊经的一种手段，主要为了显示出其内佛经的"贵重"和"神圣"。

其一，盝顶容器收藏世俗财物的"贵重性"。收贮贵重物品的箱函之类的容器采用复杂的制作方式和庄重的外观是常见的做法，据孙机先生研究，汉代用于收藏珠宝、赘币等贵重物品的箧、籯、匵、笈、筐等，往往制作得更考究些，其盖常做成盝顶（图 4.44）[2]。宣化辽墓的"备茶图"中，多绘制有置于地上的较大的盝顶多层

---

① ［北魏］杨衒之撰，杨勇校笺《洛阳伽蓝记校笺》，第 171 页。

② 孙机：《汉代物质文化资料图说（增订本）》，上海古籍出版社，2011 年，第 395 ~ 398 页。

方盒和放于桌上的较小的盝顶函盒，如 M10 东壁所见（图 4.45），较大的盝顶方盒五层，两端有双提环，束腰壶门座，放于茶碾、茶炉之后；较小的盝顶函盒四足，置于执壶、托盏之旁，应当是类似于法门寺地宫出土的"鎏金飞天仙鹤纹壶门座银茶罗子"（图 4.46）① 之属。采用盝顶的函盒一方面是做工考究的体现，另一方面，如果考虑备茶图与备经图之间的密切关联②，备茶图中的盝顶函盒应该具备经函之属的神圣性特点。

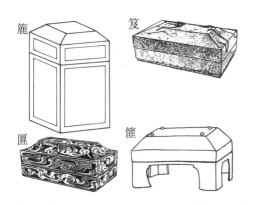

图 4.44　汉代用于收藏贵重品的箱函（采自孙机：《汉代物质文化资料图说（增订本）》，第 396 页）

图 4.45　宣化辽墓 M10 "备茶图"（采自河北省文物研究所：《宣化辽墓：1974～1993 年考古发掘报告》，彩版五）

　　其二，盝顶方函供奉宗教圣物的"神圣性"。我们知道，出现于北魏时期的盝顶方形舍利函③，随着隋文帝在全国范围内的分送舍利、起塔供奉之举而被广泛推广，"盝顶方函成为之后地方各州佛寺供养舍利所普遍使用的容器形制"④。宿白先生在论及白沙宋墓第一号墓前室与过道均为盝顶时，曾指出"盝顶是六朝迄唐殿堂内部所流行的平闇形式"⑤。赵超从象征意义上将穹隆顶墓室和盝顶墓志与古代墓葬中

---

① 韩伟：《从饮茶风尚看法门寺等地出土的唐代金银茶具》，《文物》1988 年第 10 期。

② 如李清泉认为："宣化辽墓中大量出现的备茶画面，与另一重要题材——备经图在图像关系上有十分密切的联系。"详见李清泉：《宣化辽墓：墓葬艺术与辽代社会》，第 199 页。

③ 现存最早者为河北定州静志寺塔基地宫出土"大代兴安二年"（453 年）铭舍利函（定县博物馆：《河北定县发现两座宋代塔基》，《文物》1972 年第 8 期）。定州出土北魏"太和五年"（481 年）铭舍利函则为孝文帝与冯太后发愿所施（河北省文化局文物工作队：《河北定县出土北魏石函》，《考古》1966 年第 5 期）。

④ 于薇：《圣物制造与中古中国佛教舍利供养》，第 117 页。

⑤ 宿白：《白沙宋墓》，第 111 页。

"象天地"的思想联系起来，指出墓室和墓志构成了一个缩小的宇宙模型[1]。袁泉进一步指出盝顶方函可视为覆斗形方室墓的缩小化空间，这种舍利容器"体现了中国化的宇宙观"[2]。在这里，盝顶方函作为宗教圣物——舍利的容器，其所具有的象征意义可以概括为"神圣性"。目前见诸报道的舍利塔中出土经函，除极个别之外（如大理崇圣寺千寻塔天宫所见长方形鎏金铜函，见图4.47），绝大多数皆采用盝顶这一形式，如上文中所举东阳中兴寺塔、虎丘塔、瑞光塔、慧光塔等地宫或天宫中出土的经函，采用与生身舍利函相同的函身形制和相似的瘗埋规制，法身舍利和生身舍利在被"神圣"以待上达到了统一。本书在第一章和第二章中曾经指出，包括壁藏和转轮藏在内的经藏作为庋藏佛经的橱柜，是礼敬和供养佛经的一种手段，修建经藏的要旨在于通过华丽的外观突出其对神圣的宗教氛围的营造，是缁素顶礼膜拜佛经的凭依。从神圣性上考量，瘗埋于佛塔内、盛经的法身舍利函和庋藏于经藏内、匦经的经函具有较高的一致性。经藏中庋经采用特殊形制的容器，是将其内的佛经作为宗教圣物对待的，经函的盝顶形制在一定程度上是受之前相当长的时期内普遍采用的盝顶方函舍利容器的影响。

图4.46　法门寺地宫出土茶罗子（采自陕西省考古研究院、法门寺博物馆、宝鸡市文物局等编著《法门寺考古发掘报告》，彩版七二）

图4.47　千寻塔出土铜经函及其内经卷（采自姜怀英、邱宣充编著《大理崇圣寺三塔》，图版160）

---

[1]　赵超：《式、穹窿顶墓室与覆斗形墓志——兼谈古代墓葬中"象天地"的思想》，《文物》1999年第5期。

[2]　袁泉：《舍利安置制度的东亚化》，《敦煌研究》2007年第4期。

四　小结

佛经作为人工"制作"出来的书籍，其法力会不会受到影响呢？我们知道，中国古代的舍利崇拜，一方面表现出对佛陀生身舍利的狂热追求，《金光明经》云："尔时佛告一切大众：'汝等今可礼是舍利，此舍利是戒定慧之所熏修，甚难可得，最上福田。'"① 生身舍利因被认为是佛祖身体的一部分而具备无上的神圣性，顶礼膜拜可以获得极大功德，因此信徒孜孜于对真身舍利的狂热崇拜。另一方面，绝大多数被作为舍利而崇拜的对象仅仅是舍利的替代品而已。如大家所熟知的康僧会借助舍利在江左初传佛教的故事②，是舍利较早影响中国的记录，号称"舍利威神，岂直光相而已，乃劫烧之火不能焚，金刚之杵不能碎"③ 的，不过是感应所得用以证明佛教之神力的，与佛陀的真身并无瓜葛。此后，"感应舍利"一直在舍利崇拜中扮演重要角色④，如对中土舍利瘗埋产生深远影响的隋仁寿年间的三次全国范围内的舍利瘗埋活动，其舍利来源基本为感应所得，王邵所作《舍利感应记》称："皇帝当此十月之内，每因食于齿下得舍利，皇后亦然。以银碗水浮其一，出示百官，须臾忽见有两右旋相著。二贵人及晋王昭豫章王暕蒙赐蚬，敕令审视之，各于蚬内得舍利一。未过二旬，宫内凡得十九，多放光明。自是远近道俗，所有舍利率奉献焉。皇帝曰：'何必皆是真。'诸沙门相与推试之，果有十三玉粟，其真舍利铁宜而无损。"⑤ 关于"何必皆是真"，不空所译《如意宝珠转轮秘密现身成佛金轮咒王经》中的要求则更为简易，该经《如意宝珠品》中明言："若无舍利，以金银琉璃水精马脑玻梨众宝等造作舍利，珠如上所用。行者无力者，即至大海边拾清净砂石即为舍利。亦用药草

---

① ［北凉］昙无谶译《金光明经》，《大正藏》第 16 册，No. 663，第 354 页上栏。

② 此事的结果是"权大叹服，即为建塔，以始有佛寺，故号'建初寺'，因名其地为佛陀里，由是江左大法遂兴"。［南朝梁］释慧皎撰，汤用彤校注，汤一玄整理《高僧传》卷一，第 16 页。

③ ［南朝梁］释慧皎撰，汤用彤校注，汤一玄整理《高僧传》卷一，第 16 页。

④ 尚永琪：《佛舍利崇拜的地理困境与感应舍利之起源——对佛教偶像崇拜历史分流之认识》，《文史哲》2016 年第 4 期。

⑤ ［唐］道宣：《广弘明集》，《大正藏》第 52 册，No. 2103，第 216 页中栏～下栏。

竹木根节造为舍利。"① 考古发现所见，位于核心舍利容器内的不过是马牙、卵石、烧焦的骨头、珍珠等，几乎皆为"造作舍利"。不管是"感应"还是"造作"，这些所谓舍利都是佛真身舍利的替代品而已。

经卷作为佛陀所说经义的载体，印造行为本身即被认为具有极大的功德；法舍利塔的修造，不过是以经卷作为舍利的一种类型，也是真身舍利的一种替代品，具备其他类型舍利塔一般特点的同时，又因为经中的宣扬而具备特殊的神力。如钱俶所造《宝箧印经》及瘗经的铜铁阿育王塔和雷峰塔，功德主对佛经法力的追求体现在其印经之举的基础上，更多的是希望通过其营塔之举广泛弘布佛经之神力，这种特定的神力体现在：不仅礼拜藏经的塔可以免堕地狱并可解脱成佛，而且塔所在之处即被神力所护（护国功能），乃至"若人暂见是塔，一切皆除"。经幢更是因为具备"尘沾影覆"的功能而深入人心并大为流行。

经卷是法身舍利，在这一思想的指导下，法身舍利与生身舍利具有相同或相似的地位和瘗埋规制。法身舍利函采用盝顶这一形制有较大的可能是受生身舍利函影响，不仅如此，从尊贵性和神圣性上考察，法身舍利函与经藏中经函在作为尊经手段上是相通的。法舍利塔的修建除了是供养礼敬法宝的一种形式之外，更重要的是以之作为弘扬佛教的一种手段，即通过建造与瞻礼宝塔而达到除罪与成佛的目的。下面以对浙江温州仙岩寺慧光塔内出土的比丘灵素写经题记及发愿文的探讨作为本章的结束并与上文的分析进行呼应。

慧光塔出土佛经中有写本经折装《妙法莲华经》一部七卷，朱丝栏，楷书，纸高 30.2 厘米，框高 23.7 厘米，首尾完整，卷七末题记曰："仙岩寺看经院住持沙门灵素，恭为四恩三有、法界怨亲等，刺指血和墨书写此经一部，每一字一唱一绕一拜。至大中祥符八年（1015 年）秋毕，手庆赞讫，故题记。"另页又题："女弟子孔氏十六娘施财买纸并函子。"（图 4.48）尽管孔氏十六娘所施经函现已不存，根据上文所论，其大致形制是可以想见的。

---

① ［唐］不空译《如意宝珠品第三》，《如意宝珠转轮秘密现身成佛金轮咒王经》，《大正藏》第 19 册，No. 961，第 332 页下栏。

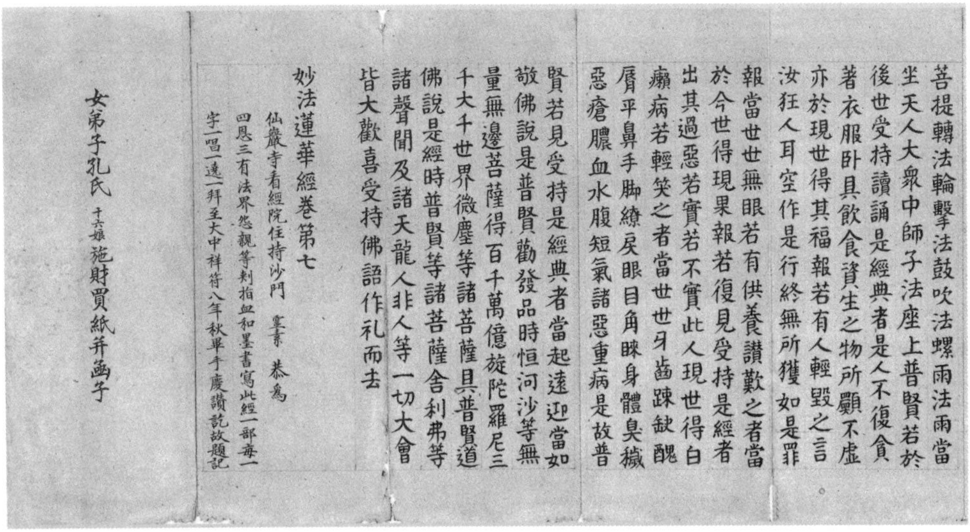

图 4.48　温州仙岩寺慧光塔出土灵素写本《妙法莲华经》卷七末尾（采自温州博物馆编《白象慧光：温州白象塔、慧光塔典藏大全》，第 232 页）

另据表 4.1，慧光塔内出土佛经的施主大部分来自仙岩寺看经院，灵素既为该院住持，应当具备较高的宗教理论水平。慧光塔内另出土有灵素所撰的施经发愿文，简报中定名为《经志》，称"不能通读全文"①。在《白象慧光》一书中，该《经志》被定名为《比丘灵素发愿文》，在书中是分开的两段，其中一段五折刊布于第252 页，另一段两折刊布于第 253 页。据文意不难发现，五折和两折分别是该发愿文的前后两半部分，该发愿文不仅可以通读，而且文意前后相续，是关于灵素其人、写经起讫、慧光塔建造经过以及施经志愿的重要文献（图 4.49）。兹将该发愿文录文如下：

> □□□□□□温州仙岩寺释迦遗教比丘灵素。/右灵素自身当淳化三年壬辰岁四月生，至/大中祥符五年壬子岁试经受戒为僧，至祥/符八年（1015 年）乙卯岁四月就本州法明西院修/法华忏，刺指血和墨，书写/《妙法莲华经》一部七卷，每一右绕一礼拜一唱/名题笔写一字，至当年八月中毕工。自此而来，/目阅心游，读五百部。至景祐元年（1034 年）甲戌岁遇/本寺传教/□□□□□□于寺前建造/□□□□□□有半，入缘。至庆历三年（1043 年）癸未/二月

① 浙江省博物馆：《浙江瑞安北宋慧光塔出土文物》，《文物》1973 年第 1 期。

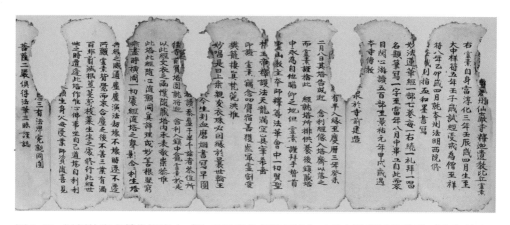

图 4.49　温州仙岩寺慧光塔出土《比丘灵素施经发愿文》（采自温州博物馆编《白象慧光：
温州白象塔、慧光塔典藏大全》，第 252～253 页，此为将图录中所刊布图片拼合后
的情形）

八日，其塔告成，迎舍利、经、像入塔，斋以落之。/而灵素谨舍此经就塔所排
供养，后镇藏塔/中，永为自他瞻仰之地。但灵素谨拜手稽首：/灵山教主，本
师释尊，法华会中，一切贤圣，/梵王帝释，护法天龙，满空真宰，希垂/印证。
灵素窃念叨膺，宿善获齿，最灵剖爱，/樊笼栖真，梵菀洪惟，/妙唱是日上乘。
亲友衣珠，必因缘于曩世；轮王/□□，□□□于今生。刺血磨烟，书写早圆/
□□；□□□□，读悉盈于半千。兹者恭值所/住寺前宝塔圆就，将迎舍利入镇
中龛，灵素于是/以此经文衣之函帙，随藏塔内，承表敬崇。恭惟/此塔此经，
随心随愿，同真谛理，成妙善根。竖穷/无尽时，横周一切处。经随塔之声，影
念念（按：发愿文中原写作字体较小的"二"符号，在写本中往往表示的是上
一个字的重复，此即"念"字）利生。塔/共经之威，通尘尘演法。劫坏不坏，
时迁不迁。/所愿灵素，背觉而来，合尘之后，不善三业，有漏/百非，剪灭根
茎，芟夷枝叶，生生之处，修行此经，世/世之时，遭逢此塔。作唯心佛事，坐
自己道场。自利利/……愿生身父母、授业师资，随喜见/……恩三有，法界冤
亲，同圆/菩萨二严，俱得法华三昧。谨志。

这篇发愿文不仅展示了灵素刺血写经一字一唱一绕一拜的拳拳之心和受持读诵
五百遍的殷殷之情，以及由此折射出的作者对法宝恭敬崇敬的态度，更为重要的地
方在于，该文为我们了解当时人们对待塔内镇藏佛经的认识提供了绝好的参考材料。

文中可见，庆祝宝塔落成最重要的活动在于"迎舍利、经、像入塔"，灵素作为看经院住持，将其刺血和墨书写并多年作为日常读诵之用的《法华经》"就塔所排供养，后镇藏塔中，永为自他瞻仰之地"，并明确随藏塔内的《法华经》是"衣之函幪"，印证了上文关于以函盛经是尊经的一种手段的讨论。那么，如何理解"永为自他瞻仰之地"呢？文中称"恭值所住寺前宝塔圆就，将迎舍利入镇中龛，灵素于是以此经文衣之函幪，随藏塔内，承表敬崇。恭惟此塔此经，随心随愿，同真谛理，成妙善根。竖穷无尽时，横周一切处。经随塔之声，影念念利生。塔共经之威，通尘尘演法"。怀着恭敬之情完成的写经与施净财购置的华美经函，和舍利、佛像等其他物品一样，随着宝塔的圆就而瘗入塔中，除非有破坏性的事件发生，一般来说不会再次进入人们的视野。而塔成之后，瞻仰礼拜佛塔对于僧俗来说不仅易行而且通常情况下不受时间制约，塔更因其高耸的体量往往成为远近瞩目的文化景观，并时时刻刻将经卷的法力辐射到视线可及之处。所谓"自他瞻仰之地"说的应该是瘗入舍利、佛像和佛经的佛塔，作为塔内佛经的施主，灵素希望通过将其珍视的《法华经》随藏塔内，达到翦除罪业、成佛得道的目的，而这一愿望的实现机制则体现在："经随塔之声，影念念利生。塔共经之威，通尘尘演法。"

除了"尘沾影覆"，我们找不到此偈更合适的其他解释。刺血和墨、每一字一唱一绕一拜写就并熟读满半千之数的灵素，对其所写所诵的《法华经》经义应该是相当熟悉的，他应该明了"尘沾影覆"并非直接出自此经，却将这一机制用于其舍入慧光塔的《法华经》。上文已经指出，认为"经卷是法身舍利"并以之指导法舍利塔修建的主要思想来源应该是《尊胜经》《无垢经》《宝箧经》之类的密教陀罗尼经典而非《法华经》，灵素将"尘沾影覆"应用于其施入塔内的《法华经》可作为上述认识的又一佐证。

涿州范阳乡贡进士段温恭于辽咸雍八年（1072 年）所撰《特建葬舍利幢记》曰："若起塔则止藏舍利，功德唯一；建幢则兼铭其秘奥，利益颇多。况尘飏影覆，恶脱福增，岂不为最胜者欤？"[①] 法舍利塔的修建，具有相似的功德逻辑：如果将经卷的制作视为制造宗教圣物的一种形式，制造过程往往是很短暂的，参与者也多寡

---

① 　陈述辑校《全辽文》卷八，第 202 页。

窭，成品的外观则相对普通。经卷是法身舍利，瘗有佛经的法舍利塔在宗教活动中是信众供养礼拜、恭敬赞叹的直接对象，对于佛塔不仅可以百宝进行庄严，信众也随时可以礼拜，并且可以通过塔这一形象的外观，借助"尘沾影覆"等机制，将经卷的法力进行有效的传播。

结　语

佛教之初入，尚依附于神仙方术；佛经之初传，则寄存于兰台石室。随着佛教的发展壮大，佛教典籍的种类与数量显著增长的同时，在体系化方面也取得了长足的进步，其典型标志就是"众经""一切经"或曰"大藏经"的编排。而三宝崇拜思想的流行，使得佛经不仅是佛陀所说经义的载体，也是信徒崇拜供养的圣物——法宝。藏经建筑的出现源于存放佛经的实际需要，在此基础上，佛经的神圣性要求其存放之所与其宗教圣物的地位相匹配，实际操作中，藏经建筑的华丽壮观又与法宝的庄严神圣相得益彰。

（一）法宝崇拜与"徼福防患"

作为佛、法、僧三宝中法宝的代表，佛教经典往往被作为圣物对待。对于宗教信仰来说，经与佛别无二致，对待佛经应"敬视如佛"，相应地，阅读、抄写与施造、收贮、供养这些经典均可以积累一定的功德。其中，通过阅读、抄写等方式研习经典以通晓佛法固然是佛教修行的一种手段，但考虑到古代社会的识字水平，这种修行方式恐怕只能在受过教育的少数精英阶层中才可实现。而施造、收贮、供养佛经则大大降低了有志于此道的门槛——社会各个阶层的人都可以找到适合自己的途径，通过崇拜法宝以获得功德。

佛教经典号召人们诵读佛经以得到无上正等正觉（即所谓"阿耨多罗三藐三菩提"，这是佛才能达到的觉悟）的同时，极力对佛籍的神圣性进行宣传，以招徕佛经崇拜的信徒。佛经的自鸣之外，佛经具有神力被佛教信徒孜孜不倦地宣扬的同时，讲述因果报应、神力应验的所谓"释氏辅教之书"也开始出现并有一定程度的流布，鲁迅先生曾指出："释氏辅教之书，《隋志》著录九家，在子部及史部，今惟颜之推《冤魂志》存，引经史以证报应，已开混合儒释之端矣，而余则俱佚。遗文之可考见者，有宋刘义庆《宣验记》，齐王琰《冥祥记》，隋颜之推《集灵记》，侯白《旌异记》四种，大抵记经像之显效，明应验之实有，以震耸世俗，使生敬信之心。"① 这些"释氏辅教之书"以及其他佛教文献中即有大量关于佛经的灵验故事②，在这些故事中，佛经的神异表现在放光、异香、消灾、离苦、延寿、致福。如从南朝宋、齐时候流传的观世音应验记可以看出，诵念观世音经的神异表现在火不能烧、刀不能杀、舟沉得济、沉疴得愈、寿命延长、枷锁得开、牢狱得免、死罪得脱、祛除厉鬼等③。

上述灵验故事作为佛经具有神圣力量的证明，固然是传教的重要手段，这些故事的流传也表明，将佛经视为圣物具备较为广泛的社会基础。灵验故事中对佛典的态度，往往不重在表现故事的主角如何研读经典以通晓佛教教义，而更多地表现其诵读、修造经书和礼拜经书的宗教崇拜活动。这些活动得以大范围地展开，一方面，是因为法宝崇拜的观念已经深入人心，人们相信佛经拥有神圣的力量，需要将之作为圣物加以恭敬对待；另一方面，则是希冀通过抄写、修造和礼拜活动以获得功德。

王昶在《北朝造像诸碑总论》中论及造像题记时称"综观造像诸记，其祈祷之词，上及国家，下及父子，以至来生，愿望甚赊（奢）"④，这样的评价也同样适用于修经造藏。如日本人橘瑞超从敦煌劫掠的《大般若波罗蜜多经》卷二七四、二七五两卷尾署"乾德四年（966 年）"题记曰：

> 清信弟子归义军节度监军使检校尚书左仆射兼御/史大夫曹延晟，撙割小财，写《大般若经》一帙，并锦帙，/施入显德寺者。奉为：军国永泰，祖业兴隆，/世路清平，人民安乐。大王遐寿，宝位坚于/丘山；宠荫日新，福祚过于江海。夫人仙颜/转茂，鱼轩永驾于芝宫；美貌长滋，鸾镜恒/辉于凤阁。伏为己躬，后生雄猛，纵意恣情，不觉不知，广造业障。或飞鹰走犬，捕捉众生，/或大箭长弓，伤他性命。惟愿承斯书写功德，奉/施因缘，罪灭福生，无之忧

---

① 鲁迅：《中国小说史略》，《鲁迅全集》第九卷，北京：人民出版社，2005 年，第 45 页。

② 刘亚丁：《佛教灵验记研究——以晋唐为中心》，成都：巴蜀书社，2006 年。

③ 董志翘：《〈观世音应验记三种〉译注》，南京：江苏古籍出版社，2002 年。

④ ［清］王昶：《金石萃编》卷三九，中国东方文化研究会历史文化分会编《历代碑志丛书》第 4 册，第 657 页。

恼。然后先亡远/代，识托西方，遂游净土之宫，速证无生之果。/于时乾德四年丙寅岁五月一日写记。①

《隋书·经籍志》称在官写一切经的带动下，"天下之人，从风而靡，竞相景慕，民间佛经，多于六经数十百倍"②。佛籍激增的背后，主要还是功德观念的促使，正如中唐人李肇在《东林寺经藏碑铭》中所点明的那样："五都之市，十室之邑，必设书写之肆，惟王公达于众庶，靡不求之，以至徼福祐，防患难。严之堂室，载之舟车，此其所以浩瀚于九流也。"③ 彼时对于佛经的态度和佛籍得以广为流传的原因被概括为"徼福祐，防患难"，诚为灼见。

（二）华丽的形象与佛法的象征

"佛之书，穷死生，论报应，其言曰：今世修某善，来世享某福；今世作某恶，来世获某罪。其书在前，虽甚愚不敢亵视，必稽首而对之，口不漱不诵，手不盥不执，谓其能罪福于己也。"④ 从这个层面来说，佛经并非一般意义上的图书；在三宝崇拜——更确切地说是法宝崇拜的视角下，藏经建筑明显区别于存放世俗图书的"藏书楼"或"藏书阁"之属的地方在于，其核心内涵并非存放佛经的图书馆，而是法宝崇拜活动发生的场所。也就是说，藏经建筑在满足存放佛经这一物质需求的基础上，更为注重的是供养、崇拜佛经的宗教需求。

满足上述特点的藏经建筑，首推与大藏经的修造相始终的经藏，盛唐以降的敦煌经变画中，则保留了其最早的形象资料。经变中表现的藏经建筑，多被置于高台上、楼上或架于廊上，突出其高耸的特点，故被贴切地称为"经台"。经台的表现手法更是与佛塔类似，如采用攒尖式屋顶，顶上设置宝珠或者安放塔刹等，表现了经台供养法宝的属性。不仅如此，文献中还有不少直接以佛塔作为众经的庋藏之所的

① 罗振玉：《日本橘氏敦煌将来藏经目录》，《丛书集成续编》第71册，影印雪堂丛刻本，上海书店出版社，1994年，第470页；[日] 井口泰淳著，贺小平译，施萍亭校《关于龙谷大学图书馆藏大谷探险队带来敦煌古写经》，《敦煌研究》1991年第4期。

② [唐] 魏徵、令狐德棻：《隋书》卷三五，第1099页。

③ [唐] 李肇：《东林寺经藏碑铭并序》，《全唐文》卷七二一，第7416~7417页。

④ [宋] 强至：《湖州德清县觉华寺藏经记》，《祠部集》卷三二，影印文渊阁《四库全书》第1091册，第368~369页。

情形，更具体的称谓为"蜂台"。上述有据可考的情形，一方面表明，经藏的主要作用在于通过其建筑的外观以营造出神圣的宗教氛围，是供养佛经的一种手段，正如山西大同华严寺薄伽教藏殿内的辽代天宫壁藏所展示的那样；另外一方面可见，塔这种建筑形式在庄严供养佛经时尤其被青睐。若进一步考虑，经台和蜂台之外，转轮经藏也多呈塔的外观，"经目塔"和"法舍利塔"本身就是塔，古人选择藏经之所时对塔的倾向性，只有通过法宝崇拜的视角，将藏经建筑视为庄严和礼敬佛典的设施才能解释得通。

转轮经藏是经藏的一种特殊形式，"特殊"的表层意思体现在，这种经藏具备普通经藏庋藏和供养佛经一般特点的同时，可以绕中心轴转动；其深层内涵则表现为，这种经藏旋转一周即相当于将其内的藏经持诵一遍，具备增广佛教传布的宗教法器特点。转轮经藏无不追求结构井严、雕刻精巧与装饰华美，乃至附以声、光和烟雾的表演，将对经藏庄严外观的追求发挥到淋漓尽致的同时，也使得其所宣称的旋转一周即诵经一遍的效果更为令人信服。与华丽外观的极致追求相对应的，是其内经籍的"日趋于苟简"①，这种"苟简"一方面体现在其内所装佛籍的数量上，另一方面体现在人们对于其内佛籍的重视程度上。就数量上而言，转轮藏内有装载完整的大藏经的，有装载四大部经或某部经的，甚至有不见佛经装载的，大体上呈现出一个由多而少的发展趋势。而时人对待其内佛经的态度，又远比不上对待转轮藏外观那般的重视，尤其是转轮藏的使用过程中，目及于转轮藏的"金纷碧华"，即可达到"游者改观，祷者起敬"②的效果，轮藏内装了什么经乃至于是否装经，并不被其使用者所关心。因为"人之情悦于巨丽，得佐其说以行"③，转轮藏在宗教活动中发挥的作用，主要是通过其华丽的外观以取悦于人心，从而达到辅行教旨的效果。

---

① 语出元人黄溍所作《经藏广福院记》。原文为："今之书益多且易得，而学者日趋于苟简……转相摹刻，流通之广，不难致而易忽也！"［元］黄溍著，王颋点校《黄溍集》卷一五，第 595 页。

② ［宋］曾丰：《南曹山集善禅院轮藏记》，《搏斋先生缘督集》卷二〇，四川大学古籍整理研究所编《宋集珍本丛刊》第 65 册，影印清抄本，第 179～180 页。

③ ［宋］罗愿：《徽州城阳院五轮藏记》，《罗鄂州小集》卷三，《北京图书馆古籍珍本丛刊》第 88 册，影印明万历四十二年华继祥刻本，第 567 页。

转轮经藏原指可绕中心轴旋转的经藏，实例中也有固定于地上不具备旋转条件的情况，这种不可旋转的轮藏的使用方式与佛塔无异，如果考虑这种转轮藏的塔形外观，又可将其视为藏经的佛塔——当然，可以旋转的转轮藏也可视为可以旋转的藏经塔。转轮藏之外，真正意义上藏经的佛塔有两种情况：一种是经藏塔，即将佛塔作为有较系统的结构逻辑的大量佛籍（以大藏经为代表）的庋藏之地，如本书所考辨的"蜂台"；另外一种情况是藏经塔，即以塔作为少数佛籍的瘞藏之所，即徐苹芳先生所谓"五代宋初以来还流行向塔内舍经卷做功德"[①] 的情况。对镇江甘露寺铁塔、东阳中兴塔、苏州瑞光塔和虎丘塔、温州慧光塔等典型案例的考察表明，塔内舍入的写印佛经与生身舍利具有相同或相似的地位与瘞埋规制，表明塔内舍入的经卷不同于一般的供养品，而是更多地被作为法舍利对待的。

经目塔是法舍利塔中的一种，其中承担法舍利角色的是刻于塔身的佛经目录，现存两座经目塔实例刊刻经目的底本均被证明系大藏经的实用目录，是以经目作为大藏经代表的做法。尤其是大足小佛湾经目塔，塔上刻有"佛说十二部大藏经""普为四恩，看转大藏"等语，使得该塔成为大藏经名副其实的代表。再加上俗世佛教中长期将佛经目录视为法宝，"但供养如一藏经"。从使用方式和象征意义上看，经目塔与转轮经藏有较多的交涉。它们共同的地方在于，经目塔与转轮藏都被视为大藏经的载体，对其礼拜供养犹如礼拜供养藏经，转转轮藏（多数情况下是藏转）与转经目塔（表现为人转）一匝至于数匝，相当于将大藏经受持诵读一遍乃至数遍。从这个意义上看，转轮藏和经目塔在作为大藏形象化载体的基础上，又可视为藏经符号化的象征了。

经目塔之外，其他类型的法舍利塔多表现为塔与某部经或某些经的结合，其结合方式有将写印经卷或经书瘞入塔内者，也有如经目塔之类铭刻于塔身者。法身舍利塔的核心思想是"经卷是法身舍利"，其主要作用机制则为"尘沾影覆"，这一机理源自《佛顶尊胜陀罗尼经》《无垢净光大陀罗尼经》与《宝箧印陀罗尼经》之类的密教经。尘沾影覆的传播方式至为简易，号称安置有佛经的塔幢即为释迦如来全身舍利塔，而这些塔上的尘土落在人身上或者塔影映在身上，沾尘或

---

① 徐苹芳：《中国舍利塔基考述》，《传统文化与现代化》1994 年第 4 期，收入作者文集《中国历史考古学论集》，第 419～440 页。

被影之人即可远尘离垢，并被诸佛所护持。在按照上述密教经经义修建的法舍利塔的影响下，约与北宋相始终，以江浙地区为中心，流行将写印佛经奉藏于舍利塔内，这些塔藏佛经不能被作为一般的奉献给佛陀的供养品，从它们在塔中的所处地位和被瘗入塔内的处理方式上看，应该被作为法舍利来对待，是增强舍利塔法力的一种措施。

对经藏、转轮经藏、经目塔、法舍利塔等几类藏经建筑的考察表明：写印经卷固然是一种功德，经卷的施入同时也使这些藏经建筑具备了特殊的法力，人们供奉、礼拜佛经希冀得到"消灾免难、延年益寿、时来运转"等济度的时候，目之所及的对象往往是具备华丽外观的藏经建筑。在以佛教经典为中心的宗教信仰活动中，"有形有相"的藏经建筑不仅是佛经的存放之所，也是传教所凭依的工具和手段。从建筑与佛经的关系上看，佛经是藏经建筑宗教性的灵魂，也是建筑成为瞻仰供奉对象的灵力来源；而建筑是法宝形象化的外壳，甚至成为佛法的象征与符号。

（三）"置而不道"与"方便法门"

"初，经之未广也，或以银，或以金，或以血，写者尝多。及经之既广也，印于福，印于杭，印于苏，读者益少。"[①] 得益于雕版印刷技术的应用，以大藏经为代表的佛教史籍较之写本时代明显增多并变得相对易得，这尽管在客观上具备增广佛教教义传布的条件，但是请经之后束之高阁的情况也显著地增多了。宋人胡寅即称："今释氏之书五千四十八卷，以词之多，故世人鲜能究之，……僧人于是中所常诵味举唱者，又亦六七品而止尔，余则置而不道也。"[②] 元人黄溍亦感慨："今之书益多且易得，而学者日趋于苟简……转相摹刻，流通之广，不难致而易忽也！"[③] 在绪论部分，本书明确将主要服务于寺僧研读佛典需求的所谓"藏经阁"排除在主要讨论对象之外，而重点从信仰层面关注经藏、转轮经藏、经目塔与法舍利塔等。从上述几类藏经建筑之内佛籍所扮演的角色上看，这些佛籍主要不是供人阅读，而均为"置而不

---

① ［元］张之翰：《普照寺藏殿记》，《西岩集》卷一六，影印文渊阁《四库全书》第 1204 册，第 488～489 页。

② ［宋］胡寅：《桂阳监永宁寺轮藏记》，［宋］胡寅撰，容肇祖点校《崇正辩　斐然集》卷二〇，北京：中华书局，1993 年，第 414 页。

③ ［元］黄溍：《经藏广福院记》，［元］黄溍著，王颋点校《黄溍集》卷一五，第 595 页。

道"之属。

在对转轮经藏的探讨中（详见第二章），本书称转轮藏是有形有相的"方便法门"，是善巧方便智慧的体现，其原因主要在于转轮藏具备旋转一圈即相当于将其内佛籍诵读一遍的效果，具有增广佛教教义传播的法器性质。审视本书所论及的几类藏经建筑，它们似乎都可以被归入"方便法门"的行列：薄伽教藏与莫高窟第 61 窟五台山图中的"清凉院瑞经论藏"一样，主要是供缁素顶礼膜拜，教乘的本意在于"设百千万种善巧方便，劝诚众生，迁善远罪而已"①；经目塔的修行方式与转轮经藏极为类似，通过绕塔礼拜即可达到"看转大藏"的目的；法舍利塔更是借助"尘沾影覆"的机制，将经卷的法力辐射到塔的形象可见之处。不同类型的藏经建筑均具备"方便法门"的特点，是彼时社会文化发展的一个缩影。

我们知道，唐宋之际是中国社会的一个转型期②，社会结构的变迁使得宋代文化呈现出与中古时期迥异的面貌，其最终结果则是"平民社会的到来"③。具体到宗教领域则体现为：影响上层贵族和少数知识分子的佛教义学从唐代的繁荣走向衰落，佛教愈来愈走向世俗化和平民化④，其具体表现即教义的简易通俗和修行方式的简单便捷。陆游曾称"予游四方，凡通都大邑，以致遐陬夷裔，十家之聚，必有佛刹"⑤，乃至"处处弥陀佛，家家观世音"⑥，佛教信仰之普及与简易修行方式的流行程度可见一斑。

与佛教的世俗化和平民化相适应，隋唐时期教派风起、宗派林立的状况⑦也有所改变，代之而起的是净土信仰的流行和禅宗的一枝独秀⑧，禅净双修之风相当盛

---

① ［金］段子卿：《大金国西京大华严寺重修薄伽藏教记》，［清］胡聘之：《山右石刻丛编》卷二〇。
② 张广达：《内藤湖南的唐宋变革说及其影响》，荣新江主编《唐研究》第 11 卷，北京大学出版社，2005 年，第 5～71 页；李华瑞编《"唐宋变革"论的由来与发展》，天津古籍出版社，2010 年。
③ 姚兆余：《宋代文化的生成背景及其特点》，《甘肃社会科学》2001 年第 1 期。
④ 刘浦江：《宋代宗教的世俗化与平民化》，《中国史研究》2003 年第 2 期。
⑤ ［宋］陆游：《法云寺观音殿记》，［宋］陆游著，马亚中校注《陆游全集校注 9 渭南文集校注 1》，第 485 页。
⑥ ［宋］普济著，苏渊雷点校《五灯会元》卷一六，北京：中华书局，1984 年，第 1056 页。
⑦ 汤用彤：《隋唐佛教史稿》，武汉大学出版社，2008 年，第 101 页。
⑧ 吕澂：《中国佛学源流略讲》，北京：中华书局，1979 年，第 388～394 页。

行①。净土信仰宣扬往生净土可以成佛并以称名念佛为修行方式，这种信仰西晋时期就已经出现，东晋南北朝时期日益兴盛，隋唐以降成为一个宗教学派而得到大力弘扬并具备相当广泛的群众基础。自唐代开始，"禅宗、天台宗、华严宗、法相宗等都成为净土的弘传者，净土普及于佛门，又通过佛门普及于民间"②。而经慧能改造后的禅宗，号称"直指人心，见性成佛"，或曰"明心见性"③，强调内心的体会与觉悟，所谓"故知不悟，即佛是众生；一念若悟，即众生是佛。故一切万法，尽在自身中，何不从于自心顿现真如本性?"④ "三世诸佛，十二部经，亦在人性中本自具有。"⑤ 不仅教义简单通俗，而且主要的修行方式也简化为"顿悟"：众生的佛性均蕴于其自身，成佛与否，仅在悟与不悟之间。"见性成佛"作为禅宗的理论基石，为禅宗的广泛传播奠定了教理基础，使之成为影响最大、生命力最旺盛的一个佛教宗派的同时，也使得其所宣扬的教义和修行方式为广大受众所认可和接受。众生皆有佛性并可由顿悟而成佛的思想奠定了上述"方便法门"得以流行的哲学基础。

如果说早期的"释氏辅教之书"中，主人公召唤神异效应的方法主要还是念诵相应经文的话，上文所提及的"方便法门"，均不与"诵读"相干。这种方便不仅是世俗群体获得济度的重要途径，而且在缁衣群体中也有比较高的认可度与吸引力，因为有相当一部分僧人是通过获得官方鬻卖的度牒的方式出家的，而非精通佛教教义，"缺少学识不再成为获得拯救的障碍"⑥。从这个角度上看，天国的门槛显得越来越低落，而通向彼岸的桥梁也越来越便易（简便易行）了。

---

① ［日］镰田茂雄著，郑彭年译《简明中国佛教史》，上海译文出版社，1986 年，第 270 页。

② 陈扬炯：《中国净土宗通史》，南京：江苏古籍出版社，2002 年，第 414～415 页。

③ ［元］释宗宝：《坛经跋》，《六祖大师法宝坛经》，《大正藏》第 48 册，No. 2008，第 364～365 页。

④ ［唐］慧能著，郭朋校释《坛经校释》，北京：中华书局，1983 年，第 58 页。

⑤ ［唐］慧能著，郭朋校释《坛经校释》，第 60 页。

⑥ ［美］韩森著，包伟民译《变迁之神——南宋时期的民间信仰》，上海：中西书局，2016 年，第 43 页。

参考文献

中文部分

一 历史文献

［汉］班固：《汉书》，北京：中华书局，1962 年。

［汉］司马迁：《史记》，北京：中华书局，1959 年。

［汉］赵晔原著，张觉校注《吴越春秋校注》，长沙：岳麓书社，2006 年。

［南朝梁］释宝唱著，王孺童校注《比丘尼传校注》，北京：中华书局，2006 年。

［南朝梁］释僧祐撰，苏晋仁、萧錬子点校《出三藏记集》，北京：中华书局，1995 年。

［南朝梁］释慧皎撰，汤用彤校注，汤一玄整理《高僧传》，北京：中华书局，1992 年。

［南朝梁］萧统编，［唐］李善等注《六臣注文选》，北京：中华书局，1987 年。

［南朝梁］萧绎撰，许逸民校笺《金楼子校笺》，北京：中华书局，2011 年。

［南朝梁］萧子显：《南齐书》，北京：中华书局，1972 年。

［南朝陈］徐陵著，［清］吴兆宜笺注《徐孝穆集》，北京：商务印书馆，1937 年。

［北魏］郦道元著，陈桥驿校证《水经注校证》，北京：中华书局，2007 年。

［北魏］杨衒之撰，范祥雍校注《洛阳伽蓝记校注》，上海古籍出版社，1978 年。

［北魏］杨衒之撰，杨勇校笺《洛阳伽蓝记校笺》，北京：中华书局，2006 年。

［北魏］杨衒之撰，周祖谟校释《洛阳伽蓝记校释》，上海书店出版社，2000 年。

［北齐］魏收：《魏书》，北京：中华书局，1974 年。

［北周］庾信撰，［清］倪璠注，许逸民校《庾子山集注》，北京：中华书局，2006 年。

［唐］白居易著，顾学颉校点《白居易集》，北京：中华书局，1979 年。

［唐］道宣撰，郭绍林点校《续高僧传》，北京：中华书局，2014 年。

［唐］段成式著，杜聪校点《酉阳杂俎》，济南：齐鲁书社，2007 年。

［唐］房玄龄等撰《晋书》，北京：中华书局，1974 年。

［唐］慧立、彦悰著，孙毓棠、谢方点校《大慈恩寺三藏法师传》，北京：中华书局，1983 年。

［唐］慧能著，郭朋校释《坛经校释》，北京：中华书局，1983 年。

［唐］李吉甫撰，贺次君点校《元和郡县图志》，北京：中华书局，1983 年。

［唐］李商隐著，［清］冯浩详注，钱振伦、钱振常笺注《樊南文集》，上海古籍出版社，1988 年。

［唐］李延寿：《北史》，北京：中华书局，1974 年。

［唐］释道世著，周叔迦、苏晋仁校注《法苑珠林校注》，北京：中华书局，2003 年。

［唐］王勃著，［清］蒋清翊注《王子安集注》，上海古籍出版社，1995 年。

［唐］魏徵、令狐德棻：《隋书》，北京：中华书局，1973 年。

［唐］徐坚等：《初学记》，北京：中华书局，1962 年。

［唐］许嵩撰，张忱石点校《建康实录》，北京：中华书局，1986 年。

［唐］玄奘、辩机原著，季羡林等校注《大唐西域记校注》，北京：中华书局，1985 年。

［唐］姚思廉：《梁书》，北京：中华书局，1973 年。

［唐］义净著，王邦维校注《南海寄归内法传校注》，北京：中华书局，1995 年。

［唐］张彦远撰，秦仲文、黄苗子点校《历代名画记》，北京：人民美术出版社，2016 年。

［唐］智昇撰，富世平点校《开元释教录》，北京：中华书局，2018 年。

［后晋］刘昫等撰《旧唐书》，北京：中华书局，1975 年。

［宋］晁补之：《济北晁先生鸡肋集》，《四部丛刊初编》172，影印明诗瘦阁仿宋刊本，上海书店，1989 年。

［宋］陈舜俞：《都官集》，影印文渊阁《四库全书》第 1096 册，台北：台湾商务印书馆，1983 年。

［宋］陈舜俞撰，吴宗慈校注《庐山记》，吴宗慈辑庐山志副刊本，重修庐山志总办事处，1934 年。

［宋］陈思：《宝刻丛编》，中国东方文化研究会历史文化分会编《历代碑志丛书》第 1 册，南京：江苏古籍出版社，1998 年。

［宋］程珌：《洺水集》，四川大学古籍整理研究所编《宋集珍本丛刊》第 71 册，北京：线装书局，2004 年。

［宋］程俱：《北山小集》，四川大学古籍整理研究所编《宋集珍本丛刊》第 33 册，北京：线装书局，2004 年。

［宋］邓肃：《栟榈集》，影印文渊阁《四库全书》第 1133 册，台北：台湾商务印书馆，1983 年。

［宋］邓肃：《栟榈先生文集》，四川大学古籍整理研究所编《宋集珍本丛刊》第 39 册，北京：线装书局，2004 年。

［宋］范成大撰，孔凡礼点校《范成大笔记六种》，北京：中华书局，2002 年。

［宋］范纯仁：《范忠宣公文集》，四川大学古籍整理研究所编《宋集珍本丛刊》第 15 册，北京：线装书局，2004 年。

［宋］费衮撰，金圆校点《梁溪漫志》，上海古籍出版社，1985 年。

［宋］葛胜仲：《丹阳集》，四川大学古籍整理研究所编《宋集珍本丛刊》第 32 册，影印清抄本，北京：线装书局，2004 年。

［宋］郭祥正：《青山集》，北京图书馆古籍出版编辑组编《北京图书馆古籍珍本丛刊 90》，北京：书目文献出版社，1988 年。

［宋］韩元吉：《南涧甲乙稿》，影印文渊阁《四库全书》第 1165 册，台北：台湾商务印书馆，1983 年。

［宋］洪迈撰，何卓点校《夷坚志》，北京：中华书局，1981 年。

［宋］胡铨：《胡澹庵先生文集》，北京大学图书馆藏，历原胡氏读书堂道光十三年刻本。

［宋］胡寅撰，容肇祖点校《崇正辩　斐然集》，北京：中华书局，1993 年。

［宋］黄庭坚著，刘琳、李勇先、王蓉贵校点《黄庭坚全集》，成都：四川大学出版社，2001 年。

［宋］黄震：《黄氏日抄》，影印文渊阁《四库全书》第 708 册，台北：台湾商务印书馆，1983 年。

［宋］李昉等编《文苑英华》，北京：中华书局，1966 年。

［宋］李昉等撰《太平御览》，北京：中华书局，1960 年。

［宋］李纲著，王瑞明点校《李纲全集》，长沙：岳麓书社，2004 年。

［宋］李诫编修《营造法式》，北京：荣宝斋出版社，2012 年。（即：增补陶湘仿宋刻本《营造法式》）

［宋］李吕：《澹轩集》，影印文渊阁《四库全书》第 1152 册，台北：台湾商务印书馆，1983 年。

［宋］李石：《方舟集》，影印文渊阁《四库全书》第 1149 册，台北：台湾商务印书馆，1983 年。

［宋］李心传：《建炎以来系年要录》，北京：中华书局，1956 年。

［宋］李之仪：《姑溪居士文集》，四川大学古籍整理研究所编《宋集珍本丛刊》第 27 册，北京：线装书局，2004 年。

［宋］刘一止著，龚景兴、蔡一平点校《刘一止集》，杭州：浙江古籍出版社，2012 年。

［宋］楼钥著，顾大朋点校《楼钥集》，杭州：浙江古籍出版社，2010 年。

［宋］陆佃：《埤雅》，影印文渊阁《四库全书》第 222 册，台北：台湾商务印书馆，1983 年。

［宋］陆游著，马亚中校注《陆游全集校注》，杭州：浙江教育出版社，2011 年。

［宋］罗颂：《罗鄂州小集：附罗郢州遗文》，《北京图书馆古籍珍本丛刊》第 88 册，影印明洪武二年罗宣明刻本，北京：书目文献出版社，1998 年。

［宋］罗愿：《罗鄂州小集》，《北京图书馆古籍珍本丛刊》第 88 册，影印明万历四十二年华继祥刻本，北京：书目文献出版社，1998 年。

［宋］吕午：《竹坡类稿》，《北京图书馆古籍珍本丛刊》第 89 册，影印清抄本，北京：书目文献出版社，1998 年。

［宋］梅尧臣著，朱东润编年校注《梅尧臣集编年校注》，上海古籍出版社，1980 年。

［宋］普济著，苏渊雷点校《五灯会元》，北京：中华书局，1984 年。

［宋］强至：《祠部集》，影印文渊阁《四库全书》第 1091 册，台北：台湾商务印书馆，1983 年。

［宋］秦观撰，徐培均笺注《淮海集笺注》，上海古籍出版社，1994 年。

［宋］释宝昙：《橘洲文集》，四川大学古籍整理研究所编《宋集珍本丛刊》第 56 册，北京：线装书局，2004 年。

［宋］释道璨著，黄锦君校注《道璨全集校注》，成都：巴蜀书社，2014 年。

［宋］释惠洪著，［日］释廓门贯彻注，张伯伟、郭醒、童岭、卞东波点校《注石门文字禅》，北京：中华书局，2012 年。

［宋］释居简撰，纪雪娟点校《北磵文集》，重庆：西南师范大学出版社，2016 年。

［宋］释契嵩著，邱小毛、林仲湘校注《镡津文集校注》，成都：巴蜀书社，2011 年。

［宋］释志磐撰，释道法校注《佛祖统纪校注》，上海古籍出版社，2012 年。

［宋］苏轼著，孔凡礼点校《苏轼文集》，北京：中华书局，1986 年。

［宋］孙觌：《鸿庆居士集补遗》，［清］盛宣怀编《常州先哲遗书》，武进盛氏汇刊，1899 年。

［宋］孙觌：《鸿庆居士文集》，［清］盛宣怀编《常州先哲遗书》第 1 集第 19～22 册，武进盛氏汇刊，清光绪二十五年。

［宋］孙觌：《孙尚书大全文集》，四川大学古籍整理研究所编《宋集珍本丛刊》第 35 册，北京：线装书局，2004 年。

［宋］孙应时：《烛湖集》，影印文渊阁《四库全书》第 1166 册，台北：台湾商务印书馆，1983 年。

［宋］唐士耻：《灵岩集》，《续金华丛书》，扬州：广陵古籍刻印社，1983 年。

［宋］王安石著，唐武标校《王文公文集》，上海人民出版社，1974 年。

［宋］王溥：《唐会要》，北京：中华书局，1955 年。

［宋］王庭珪：《卢溪先生文集》，四川大学古籍整理研究所编《宋集珍本丛刊》第 34 册，北京：线装书局，2004 年。

［宋］王象之：《舆地碑记目》，影印文渊阁《四库全书》第 682 册，台北：台湾商务印书馆，1983 年。

［宋］王象之：《舆地纪胜》，北京：中华书局，1992 年。

［宋］惟白集，夏志前整理《大藏经纲目指要录》，上海古籍出版社，2020 年。

［宋］幸元龙：《重编古筠洪城幸清节公松垣文集》，四川大学古籍整理研究所编《宋集珍本丛刊》第 73 册，影印清赵氏小山堂钞本，北京：线装书局，2004 年。

［宋］杨万里：《诚斋集》，四川大学古籍整理研究所编《宋集珍本丛刊》第 54 册，影印明嘉靖五年刻本，北京：线装书局，2004 年。

［宋］杨亿：《武夷新集》，四川大学古籍整理研究所编《宋集珍本丛刊》第 2 册，影印清嘉庆刻本，北京：线装书局，2004 年。

［宋］姚勉：《雪坡舍人集》，四川大学古籍整理研究所编《宋集珍本丛刊》第 86 册，影印傅增湘校豫章丛书本，北京：线装书局，2004 年。

［宋］叶梦得：《石林居士建康集》，四川大学古籍整理研究所编《宋集珍本丛刊》第 32 册，北京：线装书局，2004 年。

［宋］叶适：《水心先生文集》，四川大学古籍整理研究所编《宋集珍本丛刊》第 66 册，北京：线装书局，2004 年。

［宋］尤袤：《梁溪遗稿》，锡山尤氏丛刊甲集，民国二十四年锡山尤氏铅印本。

［宋］袁说友等编，赵晓兰整理《成都文类》，北京：中华书局，2011 年。

［宋］赞宁撰，范祥雍点校《宋高僧传》，北京：中华书局，1987 年。

［宋］曾丰：《缘督集》，影印文渊阁《四库全书》第 1156 册，台北：台湾商务印书馆，1983 年。

［宋］曾丰：《搏斋先生缘督集》，四川大学古籍整理研究所编《宋集珍本丛刊》第 65 册，影印清抄本，北京：线装书局，2004 年。

［宋］曾巩著，陈杏珍、晁继周点校《曾巩集》，北京：中华书局，1984 年。

［宋］赵明诚：《金石录》，中国东方文化研究会历史文化分会编《历代碑志丛书》第 1 册，南京：江苏古籍出版社，1998 年。

［宋］周必大：《庐陵周益国文忠公集》，四川大学古籍整理研究所编《宋集珍本丛刊》第 51、52 册，北京：线装书局，2004 年。

［宋］朱长文：《墨池编》，影印文渊阁《四库全书》第 812 册，台北：台湾商务印书馆，1983 年。

［宋］庄绰撰，萧鲁阳点校《鸡肋编》，北京：中华书局，1983 年。

［宋］宗泽著，黄碧华、徐和雍编校《宗泽集》，杭州：浙江古籍出版社，2012 年。

［宋］邹浩：《道乡先生邹忠公文集》，四川大学古籍整理研究所编《宋集珍本丛刊》第 31 册，北京：线装书局，2004 年。

［元］黄潜著，王颋点校《黄潜集》，杭州：浙江古籍出版社，2013 年。

［元］黄仲元：《莆阳黄仲元四如先生文稿》，《四部丛刊三编》影印北平图书馆藏明嘉靖刻本，上海涵芬楼，1936 年。

［元］刘敏中：《中庵先生刘文简公文集》，《北京图书馆古籍珍本丛刊》第 92 册，影印清抄本，北京：书目文献出版社，1998 年。

［元］刘诜：《桂隐文集》，影印文渊阁《四库全书》第 1195 册，台北：台湾商务印书馆，1983 年。

［元］任士林：《松乡集》，影印文渊阁《四库全书》第 1196 册，台北：台湾商务印书馆，1983 年。

［元］脱脱等撰《金史》，北京：中华书局，1975 年。

［元］脱脱等撰《辽史》，北京：中华书局，1974 年。

［元］脱脱等撰《宋史》，北京：中华书局，1977 年。

［元］张之翰：《西岩集》，影印文渊阁《四库全书》第 1204 册，台北：台湾商务印书馆，1983 年。

［明］董斯张辑《吴兴艺文补》，《续修四库全书》第 1678 册，影印明崇祯六年刻本，上海古籍出版社，2002 年。

［明］葛寅亮撰，何孝荣点校《金陵梵刹志》，南京出版社，2011 年。

［明］李翥：《慧因寺志》，杭州出版社，2007 年。

［明］彭大翼：《山堂肆考》，影印文渊阁《四库全书》第 977 册，台北：台湾商务印书馆，1983 年。

［明］钱谷编《吴都文粹续集》，影印文渊阁《四库全书》第 1385、1386 册，台北：台湾商务印书馆，1983 年。

［明］田汝成：《西湖游览志》，光绪二十二年钱塘丁氏嘉惠堂重刊。

［明］吴之鲸：《武林梵志》，杭州出版社，2006 年。

［明］张岱：《西湖梦寻》，杭州：浙江文艺出版社，1984 年。

［清］董棻编《严陵集》，北京：中华书局，1985 年。

［清］董诰等编《全唐文》，北京：中华书局，1983 年。

［清］傅增湘编《宋代蜀文辑存》，北京图书馆出版社，2005 年。

［清］顾炎武：《历代宅京记》，北京：中华书局，1984 年。

［清］胡聘之：《山右石刻丛编》，太原：山西人民出版社，1988 年。

［清］李骐：《虬峰文集》，清康熙三十九年刻本。

［清］厉鹗：《增修云林寺志》，杭州出版社，2006 年。

［清］刘喜海：《金石苑》，清道光二十八年，来凤堂刻本。

［清］钱良择：《出塞纪略》，《丛书集成续编》第 65 册，影印昭代丛书本，上海书店出版社，1994 年。

［清］阮元：《两浙金石志》，中国东方文化研究会历史文化分会编《历代碑志丛书》第 19 册，南京：

江苏古籍出版社，1998 年。

〔清〕王昶：《金石萃编》，中国东方文化研究会历史文化分会编《历代碑志丛书》第 4～7 册，南京：江苏古籍出版社，1998 年。

〔清〕王昶辑《湖海诗传》，上海古籍出版社，2013 年。

〔清〕王法枝：《敕建隆兴寺志》，全国公共图书馆古籍文献编辑出版委员会编《罗氏雪堂藏书遗珍》（八），北京：全国图书馆文献缩微复制中心，2001 年。

〔清〕魏锡曾：《续语堂碑录》，《石刻史料新编》第 2 辑第 1 册，台北：新文丰出版公司，1980 年。

〔清〕吴仰贤辑《小匏庵诗话》，嘉兴吴氏刻本，清光绪八年（1882 年）。

〔清〕徐松辑，高敏点校《河南志》，北京：中华书局，1994 年。

〔清〕徐松撰，李健超增订《增订唐两京城坊考》，西安：三秦出版社，1996 年。

〔清〕严观辑《江宁金石记》，中国东方文化研究会历史文化分会编《历代碑志丛书》第 18 册，南京：江苏古籍出版社，1998 年。

〔清〕严可均校辑《全上古三代秦汉三国六朝文》，北京：中华书局，1958 年。

〔清〕叶昌炽著，姚文昌点校《语石》，杭州：浙江大学出版社，2018 年。

〔清〕于敏中等编纂《日下旧闻考》，北京古籍出版社，1985 年。

〔清〕张金吾编纂《金文最》，北京：中华书局，1990 年。

〔清〕张鹏翮：《奉使俄罗斯行程录》，《丛书集成新编》第 97 册，台北：新文丰出版公司，1986 年。

〔清〕张廷玉等撰《明史》，北京：中华书局，1974 年。

白化文、张智主编《中国佛寺志丛刊》，影印乾隆三十四年修、民国二十四年广东编印局重刊本《光孝寺志》卷一〇，扬州：广陵书社，2011 年。

北京图书馆金石组、中国佛教图书文物馆石经组编《房山石经题记汇编》，北京：书目文献出版社，1987 年。

陈述辑校《全辽文》，北京：中华书局，1982 年。

〔日〕成寻著，王丽萍校点《新校参天台五台山记》，上海古籍出版社，2009 年。

大正新修大藏经刊行会：《大正新修大藏经》，东京：大正一切经刊行会，1924～1932 年（简称《大正藏》）。

杜洁祥主编《中国佛寺史志汇刊》，台北：明文书局，1980 年。

高楠顺次郎：《昭和法寶總目錄》第一至三卷，東京：大正一切經刊行會，1929 年。

故宫博物院编《故宫珍本丛刊》，海口：海南出版社，2001 年。

国家图书馆善本金石组编《宋代石刻文献全编》，北京图书馆出版社，2003 年。

黑板胜美主编，國史大系编修會编《續日本紀》，東京：經濟雜誌社，1914 年。

黄瑞辑《台州金石录》，中国东方文化研究会历史文化分会编《历代碑志丛书》第 20 册，南京：江苏古籍出版社，1998 年。

李修生主编《全元文》，南京：江苏古籍出版社，1999 年。

《碛砂大藏经》整理委员会编《碛砂大藏经》，北京：线装书局，2005 年。

《清代诗文集汇编》编纂委员会编《清代诗文集汇编》，上海古籍出版社，2010 年。

上海师范大学古籍整理研究所编《全宋笔记》，郑州：大象出版社，2003 ~ 2018 年。

《域外汉籍珍本文库》编辑委员会编《高丽大藏经》，北京：线装书局，2004 年。

［日］圆仁撰，顾承甫、何泉达点校《入唐求法巡礼行记》，上海古籍出版社，1986 年。

藏经书院：《卍续藏经》，台北：新文丰出版公司，1993 年。

曾枣庄、刘琳主编《全宋文》，上海辞书出版社，2006 年。

赵尔巽等撰《清史稿》，北京：中华书局，1977 年。

《中华大藏经》编辑局：《中华大藏经》，北京：中华书局，1990 年。

中国佛教协会、中国佛教图书文物馆编《房山石经》，北京：华夏出版社，2000 年。

中华书局编辑部点校《全唐诗（增订本）》，北京：中华书局，1999 年。

二　研究论著（按第一作者姓名音序排列）

安家瑶：《唐长安西明寺遗址发掘简报》，《考古》1990 年第 1 期。

安家瑶：《唐长安西明寺遗址的考古发现》，荣新江主编《唐研究》第 6 卷，北京大学出版社，2000 年。

［英］奥雷尔·斯坦因著，巫新华等译《西域考古图记》，桂林：广西师范大学出版社，1998 年。

白化文：《敦煌写本〈众经别录〉残卷校释》，《敦煌学辑刊》1987 年第 1 期。

白化文：《话"蜂台"》，《文献》2004 年第 2 期。

白化文：《汉化佛教经典及相关的供养、装藏等事与装帧问题》，沈乃文主编《版本目录学研究》第三辑，北京：国家图书馆出版社，2012 年。

白化文：《汉化佛教法器与服饰》，北京：中华书局，2015 年。

白化文：《汉化佛教与佛寺》，北京：中国书籍出版社，2016 年。

白化文：《敦煌学与佛教杂稿》，北京：中国书籍出版社，2016 年。

白勇：《大同华严寺薄伽教藏殿建筑风格略论》，《文物世界》2011 年第 3 期。

包伟民：《宋代城市研究》，北京：中华书局，2014 年。

北京市文物工作队：《顺义县辽净光舍利塔基清理简报》，《文物》1964 年第 8 期。

曹刚华：《〈大藏经〉在两宋民间社会的流传》，《社会科学》2006 年第 10 期。

曹刚华：《宋代佛教史籍研究》，上海：华东师范大学出版社，2006 年。

柴泽俊：《柴泽俊古建筑文集》，北京：文物出版社，1999 年。

［日］常盘大定、关野贞：《中国佛教史迹》，东京：佛教史迹研究会，1925 年。

［日］常盘大定、关野贞：《中国文化史迹》，东京：法藏馆，1939 年。

［日］常盘大定、关野贞著，复旦大学文史研究院编《中国文化史迹》，上海辞书出版社，2018 年。

朝阳北塔考古勘察队：《辽宁朝阳北塔天宫地宫清理简报》，《文物》1992 年第 7 期。

陈明达：《〈营造法式〉辞解》，天津大学出版社，2010 年。

陈平：《八万四千阿育王塔（上）——吴越阿育王塔赏介》，《荣宝斋》2011 年第 1 期。

陈平：《八万四千阿育王塔（下）——吴越阿育王塔赏介》，《荣宝斋》2011 年第 3 期。

陈平：《钱（弘）俶造八万四千〈宝箧印陀罗尼经〉（上）——兼谈吴越〈宝箧印陀罗尼经〉与阿育王塔的关系》，《荣宝斋》2012 年第 1 期。

陈平：《钱（弘）俶造八万四千〈宝箧印陀罗尼经〉（下）——兼谈吴越〈宝箧印陀罗尼经〉与阿育王塔的关系》，《荣宝斋》2012 年第 2 期。

陈士强：《大藏经总目提要·文史藏》，上海古籍出版社，2008 年。

陈术石、佟强：《兴城白塔峪塔地宫铭刻与辽代晚期佛教信仰》，辽宁省辽金契丹女真史研究会编《辽金历史与考古》第 4 辑，沈阳：辽宁教育出版社，2013 年。

陈涛：《〈营造法式〉小木作帐藏制度反映的模数设计方法初探》，《中国建筑史论汇刊（第 4 辑）》，北京：清华大学出版社，2011 年。

陈薇：《数字化时代的方法成长——21 世纪中国建筑史研究漫谈》，《建筑师》2005 年第 2 期。

陈旭：《赣州舍利塔》，《江西历史文物》1984 年第 2 期。

陈亚建：《中国佛教经塔写本流变考》，《南京艺术学院学报》（美术与设计）2017 年第 2 期。

陈扬炯：《中国净土宗通史》，南京：江苏古籍出版社，2002 年。

陈寅恪：《隋唐制度渊源略论稿　唐代政治史述论稿》，北京：商务印书馆，2011 年。

陈玉寅：《苏州瑞光寺塔再次发现北宋文物》，《文物》1986 年第 9 期。

陈垣：《中国佛教史籍概论》，上海书店出版社，2005 年。

陈振声：《四川邛崃石塔寺宋塔》，《文物》1982 年第 3 期。

成丽：《中国营造学社对宋〈营造法式〉的研究》，《建筑学报》2013 年第 2 期。

成一农：《"科学"还是"非科学"——被误读的中国传统舆图》，《厦门大学学报》（哲学社会科学版）2014 年第 2 期。

程恭让：《佛典汉译、理解与诠释研究——以善巧方便一系概念思想为中心》，北京：中国社会科学出版社，2017 年。

程恭让：《〈善巧方便波罗蜜多经〉中"善巧方便"概念思想之研究》，《华东师范大学学报》（哲学社会科学版）2018 年第 2 期。

重庆大足石刻艺术博物馆、四川省社会科学院大足石刻艺术研究所：《大足宝顶山小佛湾祖师法身经目塔勘查报告》，《文物》1994 年第 2 期。

出土文物展览工作组：《出土文物展览简介》，《文物》1972 年第 1 期。

崔耕、张家泰、魏殿臣：《密县法海寺石塔摭遗》，《中原文物》1987 年第 4 期。

崔巍：《山东省莘县宋塔出土北宋佛经》，《文物》1982 年第 12 期。

大理州文管所、下关市文化馆：《下关市佛图塔实测和清理报告》，《文物》1986 年第 7 期。

大足石刻研究院编，黎方银主编《大足石刻全集》，重庆出版社，2018 年。

戴俭：《禅与禅宗寺院建筑布局研究》，《华中建筑》1996 年第 3 期。

德新、张汉君、韩仁信：《内蒙古巴林右旗庆州白塔发现辽代佛教文物》，《文物》1994 年第 12 期。

邓少琴、王家祐：《窦圌山道教转轮藏雕像初探》，《宗教学研究》1983 年第 4 期。

丁淇、林元白：《镇江甘露寺铁塔塔基出土释迦佛舍利及唐宋文物考》，《现代佛学》1962 年第 1 期。

定县博物馆：《河北定县发现两座宋代塔基》，《文物》1972 年第 8 期。

东阳市博物馆编，陈荣军主编《天心光明：东阳市中兴寺塔出土文物》，北京：文物出版社，2019 年。

董华锋：《成都出土石刻阿育王瑞像研究》，《敦煌学辑刊》2017 年第 1 期。

董志翘：《〈观世音应验记三种〉译注》，南京：江苏古籍出版社，2002 年。

杜继文主编《佛教史》，南京：江苏人民出版社，2008 年。

［日］渡边信一郎著，徐冲译《中国古代的王权与天下秩序》，上海人民出版社，2021 年。

敦煌文物研究所编《中国石窟：敦煌莫高窟》，北京：文物出版社，1987 年。

敦煌研究院编《敦煌遗书总目索引新编》，北京：中华书局，2000 年。

敦煌研究院主编《敦煌石窟全集 5：阿弥陀经画卷》，香港商务印书馆，2002 年。

敦煌研究院主编《敦煌石窟全集 6：弥勒经画卷》，香港商务印书馆，2002 年。

敦煌研究院主编《敦煌石窟全集 20：藏经洞珍品卷》，香港商务印书馆，2001 年。

敦煌研究院主编《敦煌石窟全集 21：建筑画卷》，香港商务印书馆，2001 年。

敦煌研究院主编《敦煌石窟全集 22：石窟建筑卷》，香港商务印书馆，2003 年。

敦煌研究院编，赵声良主编《敦煌壁画五台山图》，南京：江苏凤凰美术出版社，2018 年。

樊瑞平、郭玲娣：《河北正定舍利寺塔基地宫清理简报》，《文物》1999 年第 4 期。

方广锠：《四川大足宝顶山小佛湾大藏塔经目考》，《佛学研究》1993 年总第 2 期。

方广锠：《佛教典籍概论》，北京：中国逻辑与语言函授大学宗教系教材，1993 年。

方广锠：《敦煌佛教经录辑校》，南京：江苏古籍出版社，1997 年。

方广锠：《论大藏经的三种功能形态》，《宗教哲学》1997 年第 3 卷第 2 期。

方广锠：《中国写本大藏经研究》，上海古籍出版社，2006 年。

方广锠：《关于〈开宝藏〉刊刻的几个问题——写在〈开宝遗珍〉出版之际》，《法音》2011 年第 1 期。

方广锠、李际宁主编《开宝遗珍》，北京：文物出版社，2010 年。

方晓阳、韩琦：《中国古代印刷工程技术史》，太原：山西教育出版社，2013 年。

［日］肥田路美著，颜娟英、张名扬、郭珮君等译《云翔瑞像：初唐佛教美术研究》，台北：台湾大学出版中心，2018 年。

傅熹年：《麦积山石窟中所反映的北朝建筑》，文物编辑委员会编《文物资料丛刊》（4），北京：文物出版社，1981 年。

傅熹年：《日本飞鸟、奈良时期建筑中所反映出的中国南北朝、隋唐建筑特点》，《文物》1992 年第 10 期。

傅熹年：《傅熹年建筑史论文集》，北京：文物出版社，1998 年。

傅熹年：《中国古代城市规划、建筑群布局及建筑设计方法研究》，北京：中国建筑工业出版社，2001 年。

傅熹年主编《中国古代建筑史 第二卷：三国、两晋、南北朝、隋唐、五代建筑》，北京：中国建筑工业出版社，2001 年。

高继习、郭俊锋、李春华：《济南市县西巷发现地宫和精美佛教造像》，《中国文物报》2004 年 10 月 2 日，第 1 版。

高继习、刘斌、常祥：《济南"开元寺"重考》，《春秋》2006 年第 5 期。

高继习：《济南市县西巷地宫及相关问题初步研究》，《东方考古》第 3 集，北京：科学出版社，2006 年。

高继习：《济南县西巷佛教地宫初论》，香港大学饶宗颐学术馆，2010 年。

高明和：《塔院寺建筑与塑像概述》，《五台山研究》1996 年第 4 期。

葛洲子：《慧因教院改制与宋代华严宗的"中兴"》，《西北民族论丛》2017 年第 2 期。

龚国强：《隋唐长安城佛寺研究》，北京：文物出版社，2006 年。

龚廷万：《合川净果寺南宋转轮经藏》，《四川文物》2017 年第 2 期。

贡昌：《浙江东阳南市塔出土青瓷》，《考古》1985 年第 1 期。

辜其一：《江油县圌山云岩寺飞天藏及藏殿勘查记略》，《四川文物》1986 年第 4 期。

［新加坡］古正美：《再谈宿白的凉州模式》，段文杰主编《敦煌石窟研究国际讨论会文集 石窟考古》，沈阳：辽宁美术出版社，1990 年。

谷更有、林文勋：《唐宋乡村社会力量与基层控制》，昆明：云南大学出版社，2005 年。

郭黛姮：《〈营造法式〉研究回顾与展望》，《建筑史》2003 年第 3 期。

郭黛姮主编《中国古代建筑史 第三卷：宋、辽、金、西夏建筑》（第 2 版），北京：中国建筑工业出版社，2009 年。

郭璇、戴秋思主编《平武报恩寺》，重庆大学出版社，2015 年。

国家文物局文物保护科学技术研究所、山西省古代建筑保护研究所、山西省雁北地区文物工作站、山西省应县木塔文物保管所：《山西应县佛宫寺木塔内发现辽代珍贵文物》，《文物》1982 年第 6 期。

哈彦成、韩志刚：《一百零八塔考略》，《固原师专学报》1998 年第 5 期。

哈彦成：《走进一百零八塔》，《文物世界》2005 年第 1 期。

［美］韩森著，包伟民译《变迁之神——南宋时期的民间信仰》，上海：中西书局，2016 年。

韩伟：《从饮茶风尚看法门寺等地出土的唐代金银茶具》，《文物》1988 年第 10 期。

韩志平：《莘县塔及塔文化摭谈》，《春秋》2008 年第 6 期。

郝春文、金滢坤编著《英藏敦煌社会历史文献释录》，北京：社会科学文献出版社，2006 年。

郝永杰：《圣水庵石刻简述》，《莱芜政协》2017 年第 3 期。

何清谷：《三辅黄图校注》，西安：三秦出版社，1995 年。

何孝荣：《明代南京寺院研究》，北京：故宫出版社，2013 年。

河北省文化局文物工作队：《河北定县出土北魏石函》，《考古》1966 年第 5 期。

河北省文物管理处：《河北易县净觉寺舍利塔地宫清理记》，《文物》1986 年第 9 期。

河北省文物研究所：《宣化辽墓：1974～1993 年考古发掘报告》，北京：文物出版社，2001 年。

河北省正定县文物保管所编著《正定隆兴寺》，北京：文物出版社，2000 年。

侯旭东：《佛陀相佑：造像记所见北朝民众信仰》，北京：社会科学文献出版社，2018 年。

胡立嘉：《邛崃大悲院石塔建筑艺术》，《四川文物》1995 年第 1 期。

胡立嘉：《邛崃石塔寺石塔介绍》，邛崃市政协文史资料研究委员会编辑《邛崃文史资料》第 15 辑，2001 年。

胡小红、黎毓馨：《吴越国王钱（弘）俶造八万四千阿育王塔》，《杭州文博》2008 年第 1 期。

湖州市飞英塔文物保管所：《湖州飞英塔发现一批壁藏五代文物》，《文物》1994 年第 2 期。

黄进兴：《皇帝、儒生与孔庙》，北京：生活·读书·新知三联书店，2014 年。

黄敏枝：《宋代佛教社会经济史论集》，台北：台湾学生书局，1989 年。

黄敏枝：《再论宋代寺院的转轮藏（上）》，（台湾）《清华学报》1996 年第 2 期。

黄敏枝：《再论宋代寺院的转轮藏（下）》，（台湾）《清华学报》1996 年第 3 期。

黄敏枝：《关于宋代寺院的转轮藏》，《普门学报》2002 年第 8 期。

黄石林：《四川江油窦圌山云岩寺飞天藏》，《文物》1991 年第 4 期。

黄征、王雪梅：《陕西神德寺塔藏经洞出土文献 Y0001〈金光明经〉卷第二为唐人写经考》，《中华文史论丛》2011 年第 2 期。

黄征、王雪梅：《陕西神德寺塔出土文献编号简目》，《敦煌研究》2012 年第 1 期。

黄征主编《陕西神德寺塔出土文献》，南京：凤凰出版社，2012 年。

季爱民：《隋唐长安佛教社会史》，北京：中华书局，2016 年。

冀洛源：《辽南京地区城镇中的经幢三例》，《文物》2013 年第 6 期。

江苏省文物工作队镇江分队、镇江市博物馆：《江苏镇江甘露寺铁塔塔基发掘记》，《考古》1961 年第 6 期。

姜怀英、邱宣充编著《大理崇圣寺三塔》，北京：文物出版社，1998 年。

蒋人和、王平先：《阿育王式塔所具有的多种意义》，《敦煌研究》2017 年第 2 期。

蒋维乔：《中国佛教史》，北京：中华书局，2015 年。

金戈：《密县北宋塔基中的三彩琉璃塔和其它文物》，《文物》1972 年第 10 期。

金申：《吴越国王造阿育王塔》，《东南文化》2002 年第 4 期。

金维诺：《西方净土变的形成与发展》，《佛教文化》1990 年第 2 期。

［日］井口泰淳著，贺小平译，施萍亭校《关于龙谷大学图书馆藏大谷探险队带来敦煌古写经》，《敦煌研究》1991 年第 4 期。

景永时、王荣飞：《宁夏宏佛塔天宫装藏西夏文木雕版考述》，《敦煌学辑刊》2016 年第 2 期。

［美］柯嘉豪著，赵悠、陈瑞峰、董浩晖等译《佛教对中国物质文化的影响》，上海：中西书局，2015 年。

李并成、李玉林：《"三宝崇拜"与敦煌藏经洞——莫高窟藏经洞的性质再探》，《五邑大学学报》（社会科学版）2008 年第 1 期。

李崇峰：《经变初探》，杨泓先生八秩华诞纪念文集编委会编《考古、艺术与历史——杨泓先生八秩华诞纪念文集》，北京：文物出版社，2018 年。

李富华主编《金藏：目录复原及研究》，上海：中西书局，2012 年。

李富华、何梅：《汉文佛教大藏经研究》，北京：宗教文化出版社，2003 年。

李华瑞编《"唐宋变革"论的由来与发展》，天津古籍出版社，2010 年。

李际宁：《佛经版本》，南京：江苏古籍出版社，2002 年。

李际宁：《佛教大藏经研究论稿》，北京：宗教文化出版社，2007 年。

李建欣：《佛教传说中的转轮圣王阿育王对隋文帝的影响》，《宝鸡文理学院学报》（社会科学版）2017 年第 5 期。

李翎：《〈大随求陀罗尼咒经〉的流行与图像》，严耀中主编《唐代国家与地域社会研究：中国唐史学会第十届年会论文集》，上海古籍出版社，2008 年。

李翎：《佛教与图像论稿》，北京：文物出版社，2011 年。

李翎：《佛教与图像论稿续编》，北京：文物出版社，2013 年。

李清泉：《宣化辽墓：墓葬艺术与辽代社会》，北京：文物出版社，2008 年。

李若水：《南宋临安城北内慈福宫建筑组群复原初探——兼论南宋宫殿中的朵殿、挟屋和隔门配置》，王贵祥主编《中国建筑史论汇刊》第 11 辑，北京：清华大学出版社，2015 年。

李书吉：《北朝象教及其佛教造像意识》，《2005 年云冈国际学术研讨会论文集（研究卷）》，北京：文物出版社，2006 年。

李淑：《新见圣历二年〈佛说佛顶尊胜陀罗尼经〉幢的文献价值》，《文献》2017 年第 5 期。

李文遴、李笔浪：《再说〈一切如来心秘密全身舍利宝箧印陀罗尼经〉》，《华夏文化》2011 年第 1 期。

李小强：《大藏信仰与大足宝顶山石窟》，大足石刻研究院编《2014 年大足学国际学术研讨会论文集》，重庆出版社，2016 年。

李杏：《阿育王和早期佛教》，《湖北师范学院学报》（哲学社会科学版）1990 年第 2 期。

李永翘、刘长久、胡文和编著《大足石刻研究》，成都：四川省社会科学院出版社，1985 年。

李玉珉：《中国早期佛塔溯源》，（台湾）《故宫学术季刊》1989 年第 6 卷第 3 期。

李云生：《窦圌山道教飞天藏探究——兼谈佛教转轮经藏》，北京：清华大学建筑学院硕士学位论文，1990 年。

李允鉌：《华夏意匠：中国古典建筑设计原理分析》，天津大学出版社，2005 年。

李正宇：《佛塔丛识——从筑塔、雕塔到剪刻塔、写经塔》，《丝绸之路》2016 年第 14 期。

李祝尧、金锛：《中兴寺若干问题探究》，《东方博物》第 20 辑，北京：中国书店，2006 年。

黎毓馨：《阿育王塔实物的发现与初步整理》，《东方博物》第 31 辑，北京：中国书店，2009 年。

黎毓馨主编《地涌天宝：雷峰塔及唐宋佛教遗珍特展》，香港：中国文化艺术出版社，2010 年。

黎毓馨主编《吴越胜览：唐宋之间的东南乐国》，北京：中国书店出版社，2011 年。

黎毓馨主编《吴越胜览国际学术研讨会论文集》，北京：中国书店出版社，2011 年。

黎毓馨：《吴越国时期的佛教遗物——以阿育王塔、刻本〈宝箧印经〉、金铜造像为例》，《东方博物》

第 53 辑，北京：中国书店，2014 年。

[日] 镰田茂雄著，郑彭年译《简明中国佛教史》，上海译文出版社，1986 年。

梁思成：《正定古建筑调查纪略》，《中国营造学社汇刊》1933 年第 4 卷第 2 期。

梁思成、刘敦桢：《大同古建筑调查报告》，《中国营造学社汇刊》1933 年第 4 卷第 3～4 期合刊。

梁思成：《中国建筑史》，天津：百花文艺出版社，1998 年。

梁思成：《营造法式注释》，《梁思成全集：第七卷》，北京：中国建筑工业出版社，2001 年。

辽宁省文物考古研究所、朝阳市北塔博物馆编《朝阳北塔考古发掘与维修工程报告》，北京：文物出版社，2007 年。

林星儿：《湖州飞英塔建造历史初探》，《湖州师专学报》1988 年第 3 期。

刘敦桢：《"玉虫厨子"之价值并补注》，《中国营造学社汇刊》1931 年第 3 卷第 1 期。

刘敦桢：《北平智化寺如来殿调查记》，《中国营造学社汇刊》1932 年第 3 卷第 3 期。

刘敦桢：《河北省西部古建调查纪略》，《中国营造学社汇刊》1935 年第 5 卷第 4 期。

刘敦桢主编《中国古代建筑史》（第 2 版），北京：中国建筑工业出版社，1984 年。

刘敦桢：《刘敦桢全集》，北京：中国建筑工业出版社，2007 年。

刘杰：《湖州飞英塔空间结构分析》，《古建园林技术》2016 年第 2 期。

刘浦江：《宋代宗教的世俗化与平民化》，《中国史研究》2003 年第 2 期。

刘淑芬：《五至六世纪华北乡村的佛教信仰》，《历史语言研究所集刊》1992 年第 63 卷第 2 期。

刘淑芬：《灭罪与度亡：佛顶尊胜陀罗尼经幢之研究》，上海古籍出版社，2008 年。

刘淑芬：《中古的佛教与社会》，上海古籍出版社，2008 年。

刘翔宇、丁垚：《大同华严寺百年研究》，《建筑学报》2013 年第 S2 期。

刘翔宇：《大同华严寺及薄伽教藏殿建筑研究》，天津大学建筑学院博士学位论文，2015 年。

刘小平：《中古佛教寺院经济变迁研究》，北京：中央编译出版社，2016 年。

刘亚丁：《佛教灵验记研究——以晋唐为中心》，成都：巴蜀书社，2006 年。

刘友恒、杜平：《我国现存最早的转轮藏——正定隆兴寺宋代转轮藏浅析》，《文物春秋》2001 年第 3 期。

刘友恒、聂连顺：《河北正定开元寺发现初唐地宫》，《文物》1995 年第 6 期。

[美] 刘子健著，赵冬梅译《中国转向内在：两宋之际的文化转向》，南京：江苏人民出版社，2012 年。

路秉杰：《雷锋（峰）塔创建记——关于吴越王钱俶所书雷锋（峰）塔跋记的解读》，《同济大学学报》（社会科学版）2000 年第 2 期。

路秉杰、张毅捷：《从佛教的发展背景看镰仓时期石造宝箧印塔的形成》，《建筑史》2012 年第 2 期。

罗莉：《中国佛道教寺观经济形态研究》，北京：中央民族大学出版社，2007 年。

罗炤：《法门寺塔地宫及其藏品的几个问题》，中国古迹遗址保护协会石窟专业委员会、龙门石窟研究院编《石窟寺研究》第5辑，北京：文物出版社，2014年。

罗哲文：《石塔寺释迦如来真身宝塔》，《四川文物》1984年第4期。

罗振玉：《日本橘氏敦煌将来藏经目录》，《丛书集成续编》第71册，影印雪堂丛刻本，上海书店出版社，1994年。

吕澂：《佛典泛论》，上海：商务印书馆，1925年。

吕澂：《中国佛学源流略讲》，北京：中华书局，1979年。

吕澂编述《佛教研究法》，台北：老古文化事业公司，1984年。

毛颖：《镇江甘露寺唐代舍利瘗埋制度及舍利子研究》，《唐史论丛》第11辑，西安：三秦出版社，2009年。

南丰县博物馆：《南丰大圣舍利塔地宫清理简报》，《江西文物》1989年第2期。

南京市考古研究所：《南京大报恩寺遗址塔基与地宫发掘简报》，《文物》2015年第5期。

宁夏回族自治区文物管理委员会办公室、贺兰县文化局：《宁夏贺兰县宏佛塔清理简报》，《文物》1991年第8期。

宁夏回族自治区文物管理委员会办公室、贺兰县文化局：《宁夏贺兰县拜寺口双塔勘测维修简报》，《文物》1991年第8期。

宁夏回族自治区文物管理委员会办公室、青铜峡市文物管理所：《宁夏青铜峡市一百零八塔清理维修简报》，《文物》1991年第8期。

宁夏回族自治区文物考古研究所、贺兰县文化局：《宁夏贺兰县拜寺口北寺塔群遗址的清理》，《考古》2002年第8期。

宁夏文物考古研究所编著《西夏宏佛塔》，北京：文物出版社，2017年。

潘重规：《敦煌写本〈众经别录〉之发现》，《敦煌学》1979年总第4辑。

潘谷西、何建中：《〈营造法式〉解读》，南京：东南大学出版社，2005年。

潘浩：《永嘉霄梵寺出土的北宋大中祥符二年（1009）石阿育王塔》，《东方博物》第53辑，北京：中国书店，2014年。

潘吉星：《论一九六六年韩国发现的印本陀罗尼经的刊行年代和地点》，《传统文化与现代化》1996年第6期。

潘吉星：《论韩国发现的印本〈无垢净光大陀罗尼经〉》，《科学通报》1997年第10期。

彭一刚：《建筑空间组合论》（第2版），北京：中国建筑工业出版社，1998年。

齐心、刘精义：《北京市房山县北郑村辽塔清理记》，《考古》1980年第2期。

祁英涛：《祁英涛古建论文集》，北京：华夏出版社，1992 年。

钱存训著，郑如斯编订《中国纸和印刷文化史》，桂林：广西师范大学出版社，2004 年。

秦臻、张雪芬、雷玉华：《安岳卧佛院考古调查与研究》，北京：科学出版社，2015 年。

邱瑞中：《再论韩国藏〈无垢净光大陀罗尼经〉为武周朝刻本》，《中国典籍与文化》2000 年第 3 期。

邱宣充：《大理崇圣寺三塔》，《中国文化遗产》2008 年第 6 期。

冉万里：《中国古代舍利瘗埋制度研究》，北京：文物出版社，2013 年。

冉万里：《略论云南大理崇圣寺主塔发现的舍利容器及其瘗埋方式》，《文博》2017 年第 5 期。

任光亮、沈津：《杭州雷峰塔及〈一切如来心秘密全身舍利宝箧印陀罗尼经〉》，《文献》2004 年第 2 期。

任继愈主编《中国佛教史》，北京：中国社会科学出版社，1985 年。

任思音：《顺义辽无垢净光舍利塔出土文物资料整理与浅析》，《首都博物馆论丛》2015 年总第 29 辑。

荣新江：《敦煌藏经洞的性质及其封闭原因》，《敦煌吐鲁番研究》第二卷，北京大学出版社，1997 年。

荣新江：《辨伪与存真：敦煌学论集》，上海古籍出版社，2010 年。

沙武田：《敦煌藏经洞封闭原因再探》，《中国史研究》2006 年第 3 期。

沙武田：《敦煌画稿研究》，北京：中央编译出版社，2007 年。

山西省文物局、中国历史博物馆主编《应县木塔辽代秘藏》，北京：文物出版社，1991 年。

陕西省考古研究所、白水县文物管理委员会：《陕西白水北宋妙觉寺塔基及地宫的发掘》，《考古与文物》2005 年第 4 期。

陕西省考古研究院、法门寺博物馆、宝鸡市文物局等编著《法门寺考古发掘报告》，北京：文物出版社，2007 年。

陕西省文物管理委员会：《陕西所见的唐代经幢》，《文物》1959 年第 8 期。

尚永琪：《佛舍利崇拜的地理困境与感应舍利之起源——对佛教偶像崇拜历史分流之认识》，《文史哲》2016 年第 4 期。

邵军：《宏佛塔出土绢画题材内容再探》，《敦煌研究》2016 年第 4 期。

［美］沈雪曼：《辽与北宋舍利塔内藏经之研究》，台湾大学美术史研究集刊编辑委员会编《美术史研究集刊》第 12 期，台北：台湾大学艺术史研究所，2002 年。

沈阳市文物管理办公室、沈阳市文物考古工作队：《沈阳塔湾无垢净光舍利塔塔宫清理报告》，《辽海文物学刊》1986 年第 2 期。

圣凯：《中国佛教信仰与生活史》，南京：江苏人民出版社，2016 年。

石云涛：《东晋南朝佛教三宝供养风俗》，耿昇、戴建兵主编《历史上中外文化的和谐与共生：中国中外关系史学会 2013 年学术研讨会论文集（中外关系史论丛 第 21 辑）》，兰州：甘肃人民出版社，2014 年。

史永高：《材料呈现——19 和 20 世纪西方建筑中材料的建造、空间的双重性研究》，南京：东南大学出版社，2010 年。

释东初编著《中日佛教交通史·东初老人全集2》，台北：东初出版社，1970 年。

释慧正：《汉传佛教"方便智"研究：其内涵、分类、修证方法与功能》，《宗教学研究》2017 年第 3 期。

四川省文物考古研究院、四川省平武报恩寺博物馆、四川省平武县文物保护管理所编《平武报恩寺》，北京：科学出版社，2008 年。

宿白：《敦煌莫高窟中的"五台山图"》，《文物参考资料》1951 年第 5 期。

宿白：《元大都〈圣旨特建释迦舍利灵通之塔碑文〉校注》，《考古》1963 年第 1 期。

宿白：《凉州石窟遗迹和"凉州模式"》，《考古学报》1986 年第 4 期。

宿白：《南朝龛像遗迹初探》，《考古学报》1989 年第 4 期。

宿白：《敦煌莫高窟密教遗迹札记（上）》，《文物》1989 年第 9 期。

宿白：《中国石窟寺研究》，北京：文物出版社，1996 年。

宿白：《东汉魏晋南北朝佛寺布局初探》，《庆祝邓广铭教授九十华诞论文集》，石家庄：河北教育出版社，1997 年。

宿白：《隋代佛寺布局》，《考古与文物》1997 年第 2 期。

宿白：《唐宋时期的雕版印刷》，北京：文物出版社，1999 年。

宿白：《白沙宋墓》，北京：文物出版社，2002 年。

宿白：《试论唐代长安佛教寺院的等级问题》，《文物》2009 年第 1 期。

宿白：《中国古建筑考古》，北京：文物出版社，2009 年。

宿白：《汉文佛籍目录》，北京：文物出版社，2009 年。

宿白：《中国佛教石窟寺遗迹——3 至 8 世纪的中国佛教考古学》，北京：文物出版社，2010 年。

宿白：《汉唐宋元考古——中国考古学（下）》，北京：文物出版社，2010 年。

苏闽曙：《沙县宋故殿撰罗公墓志铭考释》，《福建文博》2011 年第 2 期。

苏勇强：《五代时期吴越国印刷文化传统》，《深圳大学学报》（人文社会科学版）2008 年第 5 期。

苏州博物馆编著《苏州博物馆藏虎丘云岩寺塔、瑞光寺塔文物》，北京：文物出版社，2006 年。

苏州市文物保管委员会：《苏州虎丘云岩寺塔发现文物内容简报》，《文物参考资料》1957 年第 11 期。

苏州市文物保管委员会编《苏州虎丘塔出土文物》，北京：文物出版社，1958 年。

苏州市文管会、苏州博物馆：《苏州市瑞光寺塔发现一批五代、北宋文物》，《文物》1979 年第 11 期。

孙昌盛、朱存世：《拜寺口北寺塔群的发现——兼论"擦擦"的用途》，《寻根》2000 年第 2 期。

孙机：《汉代物质文化资料图说（增订本）》，上海古籍出版社，2011 年。

孙继民：《宁夏宏佛塔所出幡带汉文题记考释》，《西夏研究》2010 年第 1 期。

孙晓峰：《天水麦积山第 127 窟研究》，兰州：甘肃教育出版社，2016 年。

孙毅华、孙儒僩：《中世纪建筑画》，上海：华东师范大学出版社，2010 年。

孙英刚：《大雁与佛教信仰》，《读书》2016 年第 1 期。

孙宗文：《吴越经塔（上）——禅林谈艺录之四》，《法音》1987 年第 5 期。

台州地区文管会、黄岩市博物馆：《浙江黄岩灵石寺塔文物清理报告》，《东南文化》1991 年第 5 期。

谭其骧主编《中国历史地图集》，北京：中国地图出版社，1982 年。

汤用彤：《汉魏两晋南北朝佛教史》，武汉大学出版社，2008 年。

汤用彤：《隋唐佛教史稿》，武汉大学出版社，2008 年。

天津市历史博物馆考古队、蓟县文物保管所：《天津蓟县独乐寺塔》，《考古学报》1989 年第 1 期。

万幼楠：《赣南古塔研究》，《南方文物》1993 年第 1 期。

万幼楠：《赣南古塔综述》，《南方文物》2001 年第 4 期。

王贵祥：《隋唐时期佛教寺院与建筑概览》，《中国建筑史论汇刊》第 8 辑，北京：清华大学出版社，2013 年。

王贵祥：《辽金寺院建筑配置与空间格局初探》，《中国建筑史论汇刊》第 11 辑，北京：清华大学出版社，2015 年。

王贵祥：《中国汉传佛教建筑史：佛寺的建造、分布与寺院格局、建筑类型及其变迁》，北京：清华大学出版社，2016 年。

王国维：《观堂集林》，石家庄：河北教育出版社，2001 年。

王晶辰主编《辽宁碑志》，沈阳：辽宁人民出版社，2002 年。

王静：《中古都城建城传说与政治文化》，北京：社会科学文献出版社，2013 年。

王静芬著，毛秋瑾译，王静芬、张善庆校《中国石碑——一种象征形式在佛教传入之前与之后的运用》，北京：商务印书馆，2011 年。

王力：《"宝箧印经塔"与吴越国对日文化交流》，《浙江大学学报》（人文社会科学版）2002 年第 5 期。

王丽苹：《温州博物馆藏龙泉东大寺双塔及金沙塔文物整理》，《东方博物》第 57 辑，北京：中国书店，2015 年。

王荣飞：《一件宏佛塔天宫装藏西夏文双面木雕版考释》，《西夏学》2016 年第 1 期。

王瑞：《宏佛塔建筑成就及出土文物价值探论》，《宁夏大学学报》（人文社会科学版）2010 年第 6 期。

王守栋：《唐代"权阉四贵"考析》，《求索》2007 年第 9 期。

王水根：《佛经文本崇拜论》，《宗教学研究》2011 年第 2 期。

王颂：《宋代华严思想研究》，北京：宗教文化出版社，2008 年。

王雪梅、黄征：《陕西神德寺塔出土文献 Y0067〈佛说随愿往生经〉校录考订》，《西华师范大学学报》（哲学社会科学版）2012 年第 3 期。

王毅：《北凉石塔》，《文物资料丛刊》第 1 辑，北京：文物出版社，1977 年，第 179～188 页。

王永平、张朝富：《隋炀帝的文化旨趣与江左佛、道文化的北传》，《江海学刊》2004 年第 5 期。

王宇：《旅顺博物馆收藏的日本法隆寺两件珍品》，《辽海文物学刊》1995 年第 2 期。

王重民：《中国目录学史论丛》，北京：中华书局，1984 年。

王重民：《敦煌古籍叙录》，北京：中华书局，2010 年。

魏道儒：《中国华严宗通史》，南京：凤凰出版社，2008 年。

文物编辑委员会编《文物考古工作三十年（1949～1979）》，北京：文物出版社，1979 年。

温州博物馆编《白象慧光：温州白象塔、慧光塔典藏大全》，北京：文物出版社，2010 年。

温州市文物处、温州市博物馆：《温州市北宋白象塔清理报告》，《文物》1987 年第 5 期。

［美］巫鸿著，郑岩、王睿编，郑岩等译《礼仪中的美术：巫鸿中国古代美术史文编》，北京：生活·读书·新知三联书店，2005 年。

［美］巫鸿著，李清泉、郑岩等译《中国古代艺术与建筑中的"纪念碑性"》，上海人民出版社，2008 年。

吴天跃：《日本出土的吴越国钱俶造铜阿育王塔及相关问题研究》，《艺术设计研究》2017 年第 2 期。

夏忠润：《济宁铁塔发现一批文物》，《文物》1987 年第 2 期。

咸晓婷：《元稹浙东幕僚佐生平考》，《中文学术前沿》2012 年总第 4 辑。

向达：《记敦煌出土六朝婆罗谜字因缘经经幢残石》，《现代佛学》1963 年第 1 期。

向远木：《四川平武明报恩寺勘察报告》，《文物》1991 年第 4 期。

萧默：《敦煌建筑研究》，北京：机械工业出版社，2003 年。

笑岩：《华藏世界转轮藏》，《五台山研究》1986 年第 1 期。

［法］谢和耐著，耿昇译《中国 5～10 世纪的寺院经济》，上海古籍出版社，2004 年。

谢彦卯：《一个保存完整的五代刻本——〈宝箧印陀罗尼经〉》，《华夏文化》2001 年第 3 期。

谢稚柳：《敦煌石室记》，1949 年。

解玉保：《大同华严寺薄伽教藏殿的辽塑及经橱》，《山西大同大学学报》（社会科学版）2009 年第 4 期。

辛德勇：《纵心所欲：徜徉于稀见与常见书之间》，北京大学出版社，2011 年。

辛德勇：《中国印刷史研究》，北京：生活·读书·新知三联书店，2016 年。

邢东风：《从〈金沙塔院记〉看龙泉华严塔》，《中国佛学》2016 年第 2 期。

徐苹芳：《唐宋塔基的发掘》，中国社会科学院考古研究所编《新中国的考古发现和研究》，北京：文物出版社，1984 年。

徐苹芳：《中国舍利塔基》，《中国大百科全书·考古学》，北京：中国大百科全书出版社，1986 年。

徐苹芳：《中国舍利塔基考述》，《传统文化与现代化》1994 年第 4 期。

徐苹芳：《僧伽造像的发现和僧伽崇拜》，《文物》1996 年第 5 期。

徐苹芳：《中国石窟寺考古学的创建历程——读宿白先生〈中国石窟寺研究〉》，《文物》1998 年第 2 期。

徐苹芳：《中国历史考古学论集》，上海古籍出版社，2012 年。

徐怡涛：《文物建筑形制年代学研究原理与单体建筑断代方法》，《中国建筑史论汇刊》第 2 辑，北京：清华大学出版社，2009 年。

［荷］许理和著，李四龙、裴勇等译《佛教征服中国：佛教在中国中古早期的传播与适应》，南京：江苏人民出版社，2017 年。

玄胜旭：《南北朝至隋唐时期佛教寺院经楼、钟楼布局变化初探》，《华中建筑》2013 年第 10 期。

闫雪：《北京智化禅寺转轮藏初探——明代汉藏佛教交流一例》，《中国藏学》2009 年第 1 期。

雁北文物勘查团：《雁北文物勘查团报告》，中央人民政府文化部文物局，1951 年。

杨泓：《法门寺塔基发掘与中国古代舍利瘗埋制度》，《文物》1988 年第 10 期。

杨泓：《中国佛教舍利容器艺术造型的变迁——佛教美术中国化的例证之一》，《艺术史研究》第 2 辑，广州：中山大学出版社，2000 年。

杨泓：《中国隋唐时期佛教舍利容器》，《中国历史文物》2004 年第 4 期。

杨泓：《中国古代和韩国古代的佛教舍利容器》，《考古》2009 年第 1 期。

杨泓：《束禾集——考古视角的艺术史》，北京：中国社会科学出版社，2018 年。

杨鸿勋：《杨鸿勋建筑考古学论文集》，北京：清华大学出版社，2008 年。

［美］杨咪咪著，杨增译《论平等院阿弥陀堂的杂融性》，《敦煌学辑刊》2007 年第 4 期。

［美］杨庆堃著，范丽珠译《中国社会中的宗教：宗教的现代社会功能与其历史因素之研究》，成都：四川人民出版社，2016 年。

杨松涛：《灵石寺塔〈佛说预修十王生七经〉考释》，《佛教文化研究》2015 年第 1 期。

杨维中：《法门寺金代经藏考略——与李发良君商榷》，《文博》1998 年第 1 期。

杨维中：《转轮藏之起源与金代的转轮藏——〈关于宋代寺院的转轮藏〉一文读后》，普门学报社发行：《2002 年〈普门学报〉读后感》，台北：普门学报社，2003 年。

杨雄：《大足石刻与傅大士》，《中国俗文化研究》第 5 辑，成都：巴蜀书社，2008 年。

姚名达：《中国目录学史》，北京：商务印书馆，1957 年。

姚兆余：《宋代文化的生成背景及其特点》，《甘肃社会科学》2001 年第 1 期。

叶恭绰：《历代藏经考略》，胡适、蔡元培、王云五编辑《张菊生先生七十生日纪念论文集》，北京：商务印书馆，1937 年。

殷光明：《敦煌市博物馆藏三件北凉石塔》，《文物》1991 年第 11 期。

殷光明：《美国克林富兰艺术博物馆所藏北凉石塔及有关问题》，《文物》1997 年第 4 期。

殷光明：《北凉石塔研究》，新竹：财团法人觉风佛教艺术文化基金会，2000 年。

游彪：《宋代寺院经济史稿》，保定：河北大学出版社，2003 年。

于飞：《汉传佛教寺院经济演变研究》，成都：巴蜀书社，2014 年。

于薇：《圣物制造与中古中国佛教舍利供养》，北京：文物出版社，2018 年。

余鸣谦：《河北正定隆兴寺转轮藏殿建筑的初步分析》，古代建筑修正所编印《历史建筑》1958 年第 1、2 期。

俞珊瑛：《东阳南寺塔出土北宋经函中的彩绘乐舞及相关问题》，《东方博物》第 29 辑，北京：中国书店，2008 年。

俞伟超：《考古学是什么：俞伟超考古学理论文选》，北京：中国社会科学出版社，1996 年。

袁泉：《舍利安置制度的东亚化》，《敦煌研究》2007 年第 4 期。

云南省文物工作队：《大理崇圣寺三塔主塔的实测和清理》，《考古学报》1981 年第 2 期。

曾中懋：《邛崃石塔的维修》，《四川文物》1984 年第 4 期。

翟小菊：《颐和园转轮藏建筑研究》，中国紫禁城学会编《中国紫禁城学会论文集》第 6 辑，北京：紫禁城出版社，2011 年。

张宝玺：《北凉石塔艺术》，上海辞书出版社，2006 年。

张伯元：《从早期雕像看印度佛教的像教崇拜》，《四川文物》1992 年第 3 期。

张采田：《玉溪生年谱会笺》，上海古籍出版社，2010 年。

张春雷：《"经台"辨考》，《宗教学研究》2014 年第 3 期。

张广达：《内藤湖南的唐宋变革说及其影响》，荣新江主编《唐研究》第 11 卷，北京大学出版社，2005 年。

张磊：《明代转轮藏探析——以平武报恩寺和北京智化寺转轮藏为例》，《文物》2016 年第 11 期。

张丽：《大同华严寺薄伽教藏殿的壁藏建筑艺术》，《山西大同大学学报》（社会科学版）2007 年第 2 期。

张丽：《大同华严寺辽代彩色泥塑赏析》，《文物世界》2009 年第 4 期。

张丽：《海内孤品 经典巨制——论辽代华严寺薄伽教藏殿壁藏建筑艺术》，《广西民族大学学报》（自然科学版）2009 年第 S2 期。

张明悟：《辽金经幢研究》，北京：中国科学技术出版社，2013 年。

张乃翥：《跋龙门石窟近藏长安三年、大中六年之幢塔刻石》，《敦煌研究》1998 年第 1 期。

张荣、李贞娥、徐世超：《安岳石窟经目塔 5.12 汶川大地震后抢救性修缮——兼论三维激光扫描、计算机模拟技术在文物保护中的运用》，《文物保护与考古科学》2010 年第 22 卷第 2 期。

张十庆：《中日佛教转轮经藏的源流与形制》，《建筑史论文集》第 11 辑，北京：清华大学出版社，1999 年。

张十庆：《五山十刹图与南宋江南禅寺》，南京：东南大学出版社，2000 年。

张十庆：《中国江南禅宗寺院建筑》，武汉：湖北教育出版社，2002 年。

张十庆：《张十庆东亚建筑技术史文集》，沈阳：辽宁美术出版社，2012 年。

张先堂：《古代佛教法供养与敦煌莫高窟藏经》，《敦煌研究》2010 年第 5 期。

张秀民：《五代吴越国的印刷》，《文物》1978 年第 12 期。

张秀民：《中国印刷史的发明及其影响》，上海人民出版社，2009 年。

张雪松：《唐前中国佛教史论稿》，北京：中国财富出版社，2013 年。

张勇：《傅大士研究》，台北：法鼓文化事业股份有限公司，1999 年。

张忠培：《浅谈考古学的局限性》，《故宫博物院院刊》1999 年第 2 期。

张子开：《傅大士研究（修订增补本）》，上海人民出版社，2012 年。

赵超：《式、穹窿顶墓室与覆斗形墓志——兼谈古代墓葬中"象天地"的思想》，《文物》1999 年第 5 期。

赵冬生、陈文秀：《山西高平县发现的两卷〈开宝藏〉及有关〈开宝藏〉的雕印情况》，《文物》1995 年第 4 期。

赵声良：《敦煌石窟艺术总论》，兰州：甘肃教育出版社，2013 年。

赵献超：《正定隆兴寺转轮藏》，中国古迹遗址保护协会石窟专业委员会、龙门石窟研究院编《石窟寺研究》第 2 辑，北京：文物出版社，2011 年。

赵献超：《平武报恩寺转轮藏形制源流与社会文化功能浅析》，《四川文物》2017 年第 2 期。

浙江省博物馆：《浙江瑞安北宋慧光塔出土文物》，《文物》1973 年第 1 期。

浙江省博物馆：《浙江两处塔基出土宋青花瓷》，《文物》1980 年第 4 期。

浙江省博物馆编《东土佛光》，杭州：浙江古籍出版社，2008 年。

浙江省博物馆编《天覆地载：雷峰塔天宫阿育王特展》，香港：中国文化艺术出版社，2009 年。

浙江省博物馆编《远尘离垢：唐宋时期的〈宝箧印经〉》，北京：中国书店出版社，2014 年。

浙江省博物馆、定州市博物馆编《心放俗外：定州静志、静众佛塔地宫文物》，北京：中国书店，2014 年。

浙江省文物管理委员会：《金华市万佛塔塔基清理简报》，《文物参考资料》1957 年第 5 期。

浙江省文物管理委员会编《金华万佛塔出土文物》，北京：文物出版社，1958 年。

浙江省文物考古研究所编著《雷峰遗珍》，北京：文物出版社，2002 年。

浙江省文物考古研究所编著《雷峰塔遗址》，北京：文物出版社，2005 年。

中国科学院自然科学史研究所编《中国古代建筑技术史》，北京：中国建筑工业出版社，2016 年。

中国历史博物馆、内蒙古自治区文化厅编《契丹王朝：内蒙古辽代文物精华》，北京：中国藏学出版社，2002 年。

中国社会科学院考古研究所编著《青龙寺与西明寺》，北京：文物出版社，2015 年。

中国社会科学院考古研究所文化遗产研究保护中心：《赣州慈云寺塔出土书画修复的探索》，《中国文物报》2012 年 5 月 4 日第 7 版。

中国社会科学院考古研究所、赣州市博物馆编《慈云祥光——赣州慈云寺塔发现北宋遗物》，北京：文物出版社，2019 年。

钟晓青：《北魏洛阳永宁寺塔复原探讨》，《文物》1998 年第 5 期。

钟晓青：《钟晓青中国古代建筑史论文集》，沈阳：辽宁美术出版社，2013 年。

周绍良：《得〈佛说大藏经目录〉因缘记——为启元白先生 90 华诞作》，《北京师范大学学报》（人文社会科学版）2002 年第 3 期。

周叔迦：《周叔迦佛学论著集》，北京：中华书局，1991 年。

周意群：《安吉五代灵芝塔》，《东方博物》第 53 辑，北京：中国书店，2014 年。

朱雷：《出土石刻及文书中北凉沮渠氏不见于史籍的年号》，文化部文物局古文献研究室编《出土文献研究》，北京：文物出版社，1985 年。

竺徹定輯錄《古經題跋》，早稻田大學圖書館藏抄本，1863 年。

［日］椎名宏雄：《宋元时期经藏的建立》，方广锠主编《藏外佛教文献》第 13 辑，北京：中国人民大学出版社，2010 年。

左拉拉：《云岩寺飞天藏及其宗教背景浅析》，《建筑史》第 21 辑，北京：清华大学出版社，2005 年。

外文部分

村田治郎：《中国山西省大同の大華厳寺》，《建築學研究》1931 年第 9 卷第 54 号。

大塚紀弘：《中世の寺社と輪藏—中国文化としての受容と拡大》，東京大学大学院人文社会系研究科：《中世政治社会論叢：村井章介先生退職記念》，東京大学大学院人文社会系研究科・文学部日本史学研究室，2013 年。

關野貞：《中国の建築と藝術》，東京：岩波書店，1938 年。

金井德幸：《宋代転輪蔵とその信仰》，《立正史學》第 104 号，立正大學史學會，2008 年。

麥谷邦夫編《唐玄宗金剛般若波羅蜜經注索引》，京都大學人文科學研究所附屬漢字情報研究センター，2007 年。

藤枝晃：《文字の歴史》，東京：岩波書店，1971 年。

田中淡：《中国建築と鳳凰堂——天宮樓閣，神仙の苑池》，《平等院大觀：第一卷：建築》，東京：岩波書店，1988 年。

禿氏祐祥：《東洋印刷史序說》，京都：平樂寺書店，1951 年。

野崎準：《日本の輪蔵についての覚書》，《黄檗文華》2007 年。

伊東忠太：《北清建築調査報告》，《建築雜誌》1902 年第 9 卷第 189 号。

永井政之：《傅大士と輪藏》，《曹洞宗宗学研究所紀要》1994 年第 8 期。

俞莉娜，小岩正樹：《日中輪蔵の型式分類について》，《日本建築学会計画系論文集》2017 年第 82 卷第 740 号。

俞莉娜：《輪蔵の変遷史における日中寺院の比較研究》，東京：早稲田大学博士学位論文，2018 年。

塚本善隆：《塚本善隆著作集第一卷：魏書釈老志の研究》，東京：大東出版社，1974 年。

中根勝著，日本印刷学会西部支部編：《百万塔陀羅尼の研究》，東京：八木書店，1987 年。

竹島卓一：《營造法式の研究》，東京：中央公論美術出版，1971 年。

竺沙雅章：《中國佛教社會史研究》，京都：同朋舎，1982 年。

竺沙雅章：《宋元佛教文化史研究》，東京：汲古書院，2000 年。

Adrian Snodgrass, *The Symbolism of the Stupa*, Ithaca, Cornell University, 1985.

Donald K. Swearer, *The Buddhist World of Southeast Asia*, 2nd ed. , Albany：State University of New York Press, 2010.

Erik Zürcher, Perspectives in the Study of Chinese Buddhism. *Journal of the Royal Asiatic Society of Great Britain &Ireland*, Vol. 114, No. 2, 1982.

John S. Strong, *The Legend of King Aśoka：A Study and Translation of the Aśokāvadāna*, Princeton：Princeton University Press, 2014.

Nancy Shatzman Steinhardt（夏南悉），*Liao Architecture*, Honolulu：University of Hawai'i Press, 1997.

Robert F. Campany, Notes on the Devotional Uses and Symbolic Functions of Sūtra Texts as Depicted in Early Chinese Buddhist Miracle Tales and Hagiographies. *Journal of the International Association of Buddhist Studies*, Vol. 14, No. 1, 1991.

Robert H. Sharf, On the Allure of Buddhist Relics. *Representations*, No. 66, 1999.

Sarah E. Fraser, *Performing the Visual: The Practice of Buddhist Wall Painting in China and Central Asia*, 618 – 960, Stanford: Stanford University Press, 2004.

Sören Edgren, The Printed Dharani – Sutra of A. D. 956. *Bulletin of the Museum of Far Eastern Antiquities*, No. 44, 1972.

Stephen F. Teiser, *The Scripture on the Ten Kings and the Making of Purgatory in Medieval Chinese Buddhism*, Honolulu: University of Hawai'i Press, 2003.

T. Griffith Foulk, "Religious Functions of Buddhist Art in China." In Marsha Weidner edited, *Cultural Intersections in Later Chinese Buddhism*, Honolulu: University of Hawai'i Press, 2001.

附　录

时代	洞窟	数字敦煌	《敦煌建筑研究》	《敦煌石窟全集 21》	《敦煌石窟全集 5》	《敦煌石窟全集 6》	《敦煌石窟全集 9》	《敦煌石窟全集 210》	《敦煌石窟全集 11》
盛唐	莫高窟 091 南壁——观无量寿经变		59	144					
盛唐	莫高窟 217 北壁——观无量寿经变	√	41	121	127				
中唐	莫高窟 361 南壁——阿弥陀经变		58	191					
中唐	莫高窟 231 南壁			196					
中唐	莫高窟 126 北壁			201					
中唐	莫高窟 158 东壁——思益梵天所问经变	√	69						161
中唐	莫高窟 112 北壁——药师经变			200		202			
中唐	莫高窟 231 北壁——药师经变			198		150			
晚唐	莫高窟 085 北壁——药师经变		63	204					
晚唐	莫高窟 085 南壁——无量寿经变				59				
晚唐	莫高窟 012 北壁——药师经变	√	62	205		144			
晚唐	莫高窟 012 南壁——观无量寿经变	√			230				
晚唐	莫高窟 018 北壁——药师经变					206			

续附录 1

时代	洞窟	数字敦煌	《敦煌建筑研究》	《敦煌石窟全集 21》	《敦煌石窟全集 5》	《敦煌石窟全集 6》	《敦煌石窟全集 9》	《敦煌石窟全集 210》	《敦煌石窟全集 11》
晚唐	莫高窟 107 北壁——阿弥陀经变	√			80				
晚唐	莫高窟 156 南壁——无量寿经变				58				
五代	莫高窟 061 北壁——密严经变	√						168	192
五代	莫高窟 061 北壁——药师经变	√	61	242					
五代	莫高窟 061 南壁——阿弥陀经变	√		242					
五代	莫高窟 098 北壁——药师经变					208			
五代	莫高窟 146 南壁——报恩经变						103		
五代	榆林窟 016 南壁——药师经变					209			
五代	榆林窟 019 南壁——思益梵天所问经变								179

附录 2　宋元时期的转轮经藏

序号	年号	公元年	今位置	寺院	文献来源
1	北宋初		河北正定	正定隆兴寺	梁思成：《正定古建筑调查纪略》，《中国营造学社汇刊》1933年第4卷第2期。
2	景德中	1004~1007	江西宜丰	新昌宝相寺	成化《新昌县志》卷一〇·寺观·宝禅寺。
3	大中祥符至庆历	1008~1048	四川成都	成都昭觉寺	李畋：《重修昭觉寺记》，《成都文类》卷三七。
4	天禧二年	1018	四川成都	成都觉城禅院	王曙：《觉城禅院记》，《成都文类》卷三七。
5	天禧五年	1021	浙江金华	兰溪县经藏广福院	黄潜：《经藏广福院记》，《黄潜集》卷二五。
6	景祐三年	1036	福州闽清	闽清县白云寺	洪迈：《夷坚志》癸四《千福藏宝珠》。
7	康定中	1040~1041	浙江杭州	严州桐庐县钟山寺	雍正《浙江通志》卷二三三，严州府·桐庐县。
8	至和元年	1054	浙江绍兴	秀州资圣禅院	陈舜俞：《秀州资圣禅院转轮藏记》，《都官集》卷八。
9	至和中	1054~1056	江苏镇江	丹阳普宁寺	黄震：《普宁寺修造记》，《黄氏日抄》卷八六。
10	至和中	1054~1056	江苏江阴	江阴乾明广福寺	嘉靖《江阴县志》卷一九，寺观·寺·乾明广福寺。
11	至和三年	1056	安徽芜湖	无为军崇寿禅院	释契嵩：《无为军崇寿禅院转轮大藏记》，《镡津文集校注》卷一四。
12	嘉祐二年	1057	江苏扬州	真州长芦寺	王安石：《真州长芦寺经藏记》，《王文公文集》卷五。
13	嘉祐六年	1061	上海松江	秀州华亭县布金院	陈舜俞：《秀州华亭县新建转轮经藏记》，《都官集》卷八。
14	治平元年	1064	上海松江	秀州华亭县海惠院	陈舜俞：《海惠院经藏记》，《都官集》卷八。
15	治平二年	1065	江苏常州	常州北观音院	成化《重修毗陵志》卷二八，寺观·寺·郡城。
16	熙宁四年	1071	江西樟树	临江军慧历寺	王莘：《慧力寺轮藏记》，《慧力寺志》卷一。

续附录 2

序号	年号	公元年	今位置	寺院	文献来源
17	熙宁六年	1073	上海	青龙镇隆平寺	陈林：《隆平寺经藏记》，《云间志》卷下。
18	熙宁七年	1074	浙江宁波	定海县妙胜院	郑俩：《妙胜院十方记》，《乾道四明图经》卷一〇。
19	熙宁九年	1076	浙江湖州	城山妙香禅院	刘一止：《湖州德清县城山妙香禅院记》，《刘一止集》卷二二。
20	熙宁十年	1077	浙江台州	台州顺感院	释元照：《台州顺感院轮藏记》，《朴续芝园集》。
21	熙宁中	1068～1077	安徽巢湖	巢县法轮寺	雍正《巢县志》卷一一，官观院寺庵。
22	熙宁中	1068～1077	浙江宁波	九峰山吉祥院	《宝庆四明志》卷一〇，昌国县志·寺院·禅院。
23	元丰元年	1078	浙江宁波	翠岩山宝积院	舒亶：《翠岩山宝积院轮藏记》，《乾道四明图经》卷一〇。
24	元丰元年	1078	浙江绍兴	绍兴宝林寺	秦观：《录宝林事实》，《淮海集笺注》卷三六。
25	元丰三年	1080	四川成都	大圣慈寺胜相院	苏轼：《胜相院经藏记》，《苏轼文集》卷一二。
26	元丰七年	1084	江西吉安	吉州隆庆禅院	黄庭坚：《吉州隆庆禅院转轮藏记》，《黄庭坚全集》正集卷一七。
27	元丰中	1078～1085	浙江婺州	义乌景德禅院	宗泽：《义乌景德禅院新建藏殿记》，《宗泽集》。
28	元丰至元祐	1078～1094	安徽马鞍山	褒禅山慧空禅院	杨杰：《褒禅山慧空禅院轮藏记》，《缁门警训》卷六。
29	元祐二年	1087	安徽宣城	宣州石盆寺	郭祥正：《和子中修撰石盆转轮藏》，《青山集》卷二八。
30	元祐三年	1088	浙江杭州	慧因寺（高丽寺）	《武林梵志》卷三，慧因讲寺。
31	元祐四年	1089	浙江杭州	余杭佛日净慧寺	周必大：《南归录》，《庐陵周益国文忠公集》卷一七一。
32	元祐四年	1089	上海松江	秀州华亭县白莲寺	释居简：《华亭白莲寺记》，《北磵文集》卷二。
33	元祐六年	1091	浙江台州	台州惠安院	杨杰：《惠安院结界记》，《两浙金石志》卷六。
34	元祐六年	1091	江西九江	江州东林寺	黄庭坚：《江州东林寺藏经记》，《黄庭坚全集》正集卷一七。

续附录 2

序号	年号	公元年	今位置	寺院	文献来源
35	元祐八年	1093	安徽芜湖	芜湖吉祥禅院	黄庭坚：《太平州芜湖吉祥禅院记》，《黄庭坚全集》正集卷一七。
36	元祐九年	1094	江西吉安	太和县普觉禅寺	黄庭坚：《普觉禅寺转轮藏记》，《黄庭坚全集》别集卷二。
37	绍圣元年	1094	湖南永州	永州法华寺	邹浩：《永州法华寺经藏记》，《道乡先生邹忠公文集》卷二六。
38	绍圣二年	1095	江西赣州	虔州崇庆禅院	苏轼：《虔州崇庆禅院新经藏记》，《苏轼文集》卷一二。
39	元符中	1098~1100	江西九江	分宁县云岩禅院	黄庭坚：《洪州分宁县云岩禅院经藏记》，《黄庭坚全集》正集卷一七。
40	建中靖国元年	1101	江西赣州	南安军常乐院	苏轼：《南安军常乐院新作经藏铭》，《苏轼文集》卷一九。
41	崇宁二年	1103	江苏常熟	常熟胜法寺	叶梦得：《胜法寺转轮藏记》，《吴郡志》卷三五。
42	崇宁四年	1105	四川成都	成都天宁寺	吴栻：《天宁寺转轮藏记》，《成都文类》卷三九。
43	崇宁五年	1106	浙江衢州	衢州开化县灵山寺	程俱：《衢州开化县灵山寺大藏记》，《北山小集》卷一八。
44	崇宁中	1102~1106	江西赣州	南安府宝界寺	李大正：《宝界寺景贤堂记》，嘉靖《南安府志》卷一二。
45	大观中	1107~1110	浙江宁波	慈溪县庐山普光院	《宝庆四明志》卷一七，慈溪县志·寺院·禅院。
46	政和五年	1115	浙江严州	建德县兴福院	江公望：《兴福院记》，《严陵集》卷八。
47	政和六年	1116	江西南昌	逍遥山万寿宫	《逍遥山万寿宫志》卷七，宋元·玉隆万寿宫。
48	崇宁二年至政和元年	1103~1111	江西上饶	信州天宁寺	释惠洪：《信州天宁寺记》，《注石门文字禅》卷二一。
49	政和中	1111~1118	浙江台州	天台山净慧寺	《天台山方外志》卷一八。

续附录 2

序号	年号	公元年	今位置	寺院	文藏来源
50	政和三年	1113	广东广州	广州光孝寺	彭惟节：《乾明禅院大藏经碑》，《光孝寺志》，《注石门文字禅》卷一〇。
51	宣和元年	1119	湖南长沙	长沙开福寺	释惠洪：《潭州开福寺转轮藏灵验记》，卷二一。
52	宣和二年	1120	福建沙县	栖云禅院	李纲：《栖云院新修印心堂名序》，《李纲全集》卷一三五。
53	宣和三年	1121	陕西西安	京兆府天宁寺	李构：《京兆府天宁寺华严经藏发愿文》，《续语堂碑录》。
54	宣和五年	1123	江西吉安	吉水县灵岩寺	刘诜：《灵岩寺重修藏殿》，《桂隐文集》卷···。
55	宣和五年	1123	江西吉安	庐陵郡报恩寺	周必大：《新复报恩善生院记》，《庐陵周益国文忠公集》卷四〇。
56	宣和末	约1125	浙江杭州	杭州妙行寺	《佛祖统纪校注》卷一五，德藏瑛法师法祠。
57	靖康元年	1126	江苏镇江	镇江府鹤林天宁寺	程俱：《镇江府鹤林天宁寺大藏记》，《北山小集》卷一八。
58	靖康元年	1126	江苏扬州	仪真天宁寺	孙觌：《径山妙空佛海大师塔铭》，《鸿庆居士文集》卷三二。
59	北宋		浙江宁波	明州育王山	《佛祖统纪校注》卷一五，建炎四年条。
60	北宋		江西九江	彭泽县广福寺	洪迈：《夷坚志》支乙卷第六，《广福寺藏》。
61	北宋		浙江台州	临海真如寺	洪迈：《夷坚志》支庚卷第五，《真如寺藏神》。
62	北宋		浙江宁波	明州大中祥符寺	《宝庆四明志》卷一一，郡志·寺院·废院。
63	北宋		浙江宁波	明州奉化县清莲院	《宝庆四明志》卷一五，奉化县志·寺院·教院。
64	北宋		浙江湖州	长兴四安镇慧院	《嘉泰吴兴志》卷一三，寺院·长兴县。
65	北宋？		浙江湖州	南浔浔溪祇园寺	丁昌朝：《浔溪祇园寺庄田记》，《吴兴艺文补》卷一八。
66	北宋？		安徽池州	青阳妙华寺	周必大：《南归录》，《庐陵周益国文忠公集》卷一七一。

续附录 2

序号	年号	公元年	今位置	寺院	文献来源
67	北宋		湖北黄冈	乌牙山灵峰寺	《舆地纪胜》卷四七。
68	北宋		河南开封	开宝寺上方院	《汴京遗迹志》卷一〇。
69	北宋		江西赣州	上犹县宝乘寺	嘉靖《南安府志》卷一八。
70	南末		安徽池州	池州报恩寺	喻良能:《池阳报恩寺新成轮藏应公出示鲍仲山诗因赠》,《香山集》卷一三。
71	南末		湖南常德	鼎州报恩光孝禅寺	洪迈:《夷坚志》辛集卷四,《鼎州寺藏心木》。
72	南末初		浙江宁波	鄞县大中祥符寺	《乾道四明图经》卷二。
73	南末		四川简州	甘泉安乐院	李石:《安乐院飞轮藏记》,《方舟集》卷一一。
74	建炎二年	1128	四川简州	简州天宁万寿禅寺	刘善海:《金石苑》第四册,《宋寿山福海铁器》。
75	建炎二年	1128	湖南澧州	夹山普慈禅院	李纲:《澧州夹山普慈禅院转轮藏记》,《李纲全集》卷一三三。
76	建炎四年	1130	福建汀州	南安岩均庆禅院	李纲:《江州南安岩均庆禅院转轮藏记》,《李纲全集》卷一三三。
77	绍兴初		江西庐山	江州普照寺	楼钥:《江州普照院记》,《楼钥集》卷五四。
78	绍兴初		浙江杭州	临安传法五藏院	《咸淳临安志》卷八一,寺院。
79	绍兴二年	1132	浙江台州	临海昌国寺	王以宁:《台州佛窟山转轮藏记》,《台州金石录》卷五。
80	绍兴三年	1133	江苏苏州	常熟县崇教兴福院	庄绰:《鸡肋编》卷中。
81	绍兴三年	1133	浙江杭州	诸天阁华严院	《咸淳临安志》卷七六,寺院·在城。
82	绍兴三年	1133	江苏常州	无锡开利寺	孙觌:《常州无锡县开利寺藏院记》,《鸿庆居士文集》卷二九。

续附录2

序号	年号	公元年	今位置	寺院	文献来源
83	绍兴三年	1133	浙江宁波	明州圣寿教寺	《乾隆鄞县志》卷二五，寺观·圣寿教寺。
84	绍兴四年	1134	浙江宁波	明州宝梵教寺	释法明：《宝梵教寺经藏记》，《象山县志》卷三。
85	绍兴四年	1134	浙江嘉兴	海宁安国寺	傅达可：《安国寺轮藏记》，《海宁州志稿》卷一九。
86	绍兴六年	1136	四川嘉州	洪雅县月珠寺	刘喜海：《金石苑》第四册，《末寿山福海铁器》。
87	绍兴七年	1137	江苏苏州	虎丘云岩寺	张孷：《云岩禅寺藏记》，《吴郡志》卷三二。
88	绍兴七年至十一年	1137~1141	湖南郴州	桂阳监永宁寺	胡寅：《桂阳监永宁寺轮藏记》，《斐然集》卷二〇。
89	绍兴十年	1140	福建福州	永福重光寺	吴元美：《重光寺记》，《万历永福县志》卷四。
90	绍兴十年	1140	重庆合川	合州濮岩寺	何麒：《北岩转轮藏记》，《重修合州志》卷一二。
91	绍兴十年	1140	江西抚州	宜黄上傅寺	雍正《江西通志》卷一一二，抚州府。
92	绍兴元年至十四年	1131~1144	浙江湖州	湖州景山寺	葛胜仲：《景山寺建大藏疏》，《丹阳集》卷一〇。
93	绍兴十四年	1144	江西吉州	吉州龙须山	王庭珪：《龙须山转经藏记》，《卢溪先生文集》卷三四。
94	绍兴十五年	1145	江西抚州	疏山白云寺	孙觌：《抚州疏山白云禅院大藏记》，《鸿庆居士文集》卷三二。
95	绍兴十六年	1146	江苏南京	建康府保宁寺	叶梦得：《建康府保宁寺轮藏记》，《石林居士建康集》卷四。
96	绍兴十六年	1146	重庆大足	大足北山山石刻	《大足石刻研究》。
97	绍兴十七年	1147	四川德阳	德阳安国寺	李流谦：《重修安国寺记》，《澹斋集》卷一六。
98	绍兴二十年	1150	浙江台州	台州普安寺	王之望：《台州重修普安禅寺记》，《台州金石录》卷五。
99	绍兴二十二年	1152	江苏常州	常州资圣禅院	孙觌：《常州资圣禅院兴造记》，《鸿庆居士文集》卷二二。
100	绍兴二十六年	1156	重庆奉节	夔州报恩寺	唐文若：《报恩寺行记》，《宋代蜀文辑存》卷五〇。

续附录 2

序号	年号	公元年	今位置	寺院	文献来源
101	绍兴二十六年	1156	浙江湖州	湖州石塚村青莲院	刘一止:《湖州石塚村青莲院记》,《刘一止集》卷二二。
102	绍兴二十九年	1159	浙江湖州	湖州报本禅院	刘一止:《跋莫君之书藏经》,《刘一止集》卷二七。
103	绍兴三十年	1160	江苏常州	无锡崇安寺	孙觌:《崇安寺五轮藏记》,《鸿庆居士文集》卷二二。
104	绍兴三十年	1160	湖南衡阳	衡州寿光寺	胡铨:《衡州寿光寺轮藏记》,《胡澹庵先生文集》卷一八。
105	绍兴三十一年	1161	安徽芜湖	无为军南禅寺	《三朝北盟会编》卷二二八。
106	绍兴中	1131~1162	江苏苏州	洞庭东山华严禅院	孙觌:《宋故武功大夫李公墓志铭》,《鸿庆居士文集》卷三九。
107	隆兴元年	1163	江西上饶	信州广教院	韩元吉:《广教院重修转轮藏记》,《南涧甲乙稿 附拾遗》卷一六。
108	乾道二年	1166	江苏镇江	镇江罗汉教院	熊克:《镇江重建罗汉教院记》,《至顺镇江志》卷九。
109	乾道四年	1168	浙江慈溪	慈溪朴陀院	张大圭:《重修藏记》,光绪《慈溪县志》卷四一。
110	乾道五年	1169	重庆合川	合川净果寺	龚廷万:《合川净果寺南末转轮经藏》,《四川文物》2017年第 2 期。
111	乾道五年	1169	浙江丽水	仙都山玉虚宫	《仙都志》卷上,祠宇·玉虚宫。
112	乾道八年	1172	江西抚州	乐安县福庆寺	曾丰:《福庆寺始末记》,《缘督集》卷九。
113	乾道九年	1173	安徽池州	池州景德寺	韩元吉:《景德寺五轮藏记》,《南涧甲乙稿 附拾遗》卷一六。
114	乾道九年	1173	安徽徽州	歙县城阳院	罗愿:《徽州城阳院五轮藏记》,《罗鄂州小集》卷三。
115	淳熙元年	1174	浙江杭州	上天竺灵感观音寺	洪迈:《上天竺灵感观音寺碑》,《咸淳临安志》卷八○。
116	淳熙二年	1175	四川都江堰	青城山建福宫	王家祐:《〈青城山道藏记〉校录记》,《成都文物》1991年第 2 期。

续附录 2

序号	年号	公元年	今位置	寺院	文献来源
117	淳熙三年	1176	浙江温州	乐清白石净慧院	叶适：《白石净慧院经藏记》，《水心先生文集》卷九。
118	淳熙五年	1178	江西吉州	永丰县隆山寺	曾丰：《隆山寺轮藏记》，《樽斋先生缘督集》卷一九。
119	淳熙六年	1179	江西抚州	抚州广寿禅院	陆游：《抚州广寿院经藏记》，《渭南文集校注》卷八。
120	南宋		江西吉安	安福县石泉寺	杨万里：《石泉寺经藏记》，《诚斋集》卷七二。
121	淳熙六年	1179	江西吉安	安福县兴崇院	杨万里：《兴崇院经藏记》，《诚斋集》卷七二。
122	淳熙七年	1180	浙江嘉兴	崇德县崇福寺	蔡开：《崇福寺经藏记》，至元《嘉禾志》卷六。
123	淳熙七年	1180	江西九江	都昌祇园禅院	尤袤：《（祇园院）轮藏记》，《梁溪遗稿》文抄补编。
124	淳熙八年	1181	浙江宁波	望春蓬莱观	戴机：《蓬莱观轮藏记》，《至正四明续志》卷一一。
125	淳熙八年	1181	浙江杭州	杭州兴福寺	刘庄士：《临安府在城兴福院记》，《两浙金石志》卷一〇。
126	淳熙八年	1181	四川江油	云岩寺飞天藏	黄石林：《四川江油窦圌山云岩寺飞天藏》，《文物》1991年第4期。
127	淳熙十年	1183	安徽徽州	歙县古岩院	罗颂：《古岩藏记》，《罗鄂州小集：附罗鄂州遗文》。
128	淳熙十年	1183	上海嘉定	嘉定留光寺	姚广孝：《嘉定县留光显庆禅寺修造疏》，《逃虚子集》类稿卷五。
129	淳熙十一年	1184	浙江湖州	湖州常照院	陆游：《湖州常照院记》，《渭南文集校注》卷二〇。
130	淳熙十四年	1187	江西抚州	曹山集善禅院	曾丰：《南曹山集善禅院轮藏记》，《樽斋先生缘督集》卷二〇。
131	淳熙中	1174～1189	福建汀州	长汀县西峰院	《临汀志》寺观·长汀县。
132	绍熙五年	1194	浙江杭州	四圣延祥观	《咸淳临安志》卷三，宫观·四圣延祥观。
133	庆元元年	1195	安徽徽州	休宁县齐祈寺	程珌：《齐祈寺释迦大殿记》，《洺水集》卷一一。

续附录 2

序号	年号	公元年	今位置	寺院	文献来源
134	庆元二年	1196	浙江余姚	余姚福昌院	孙应时:《福昌院藏殿记》,《烛湖集》卷九。
135	南宋	1197 前	浙江台州	临海福延丰院	释宝昙:《延丰院藏牓》,《橘洲文集》卷八。
136	庆元四年	1198	浙江杭州	杭州慈云寺	《两浙金石志》卷一三《城东慈云院甲乙传流住持部据府帖》。
137	庆元六年	1200	浙江嘉兴	嘉兴广福教院	鲍义叔:《东塔广福教院记》,《至元嘉禾志》卷二二。
138	嘉泰二年	1202	江西赣州	赣州丰乐寺	曾丰:《丰乐寺藏记》,《撙斋先生缘督集》卷二二。
139	嘉泰中	1201~1204	江西赣州	赣州宝华寺	释道璨:《重修宝华寺记》,《无文印》卷三。
140	开禧三年	1207	江苏镇江	镇江静明寺	钱德谦:《静明寺记》,《至顺镇江志》卷九。
141	嘉定初	1208	江苏常州	通真观万寿宁寺支院	《咸淳毗陵志》卷二五,官兴·官观·通真观。
142	嘉定元年	1208	福建莆田	仙游龙华万寿禅寺	王迈:《仙游龙华寺记》,《乾隆仙游县志》卷一七。
143	嘉定十一年	1218	江西宜春	奉新县昭德观	辛元龙:《新昊昭德观道藏记》,《松垣文集》卷六。
144	嘉定十三年	1220	江苏南京	方山上定林寺	朱琛庸:《方山上定林寺之记》,《江宁金石记》卷五。
145	嘉定十四年	1221	福建泉州	泉州金粟洞天	释居简:《泉州金粟洞天三教洞藏记》,《北磵文集》卷三。
146	嘉定十五年	1222	四川遂宁	通真澄心院	释居简:《澄心院经藏记》,《北磵文集》卷二。
147	嘉定十六年	1223	江西九江	江东延庆院	释居简:《江东延庆院经藏记》,《北磵文集》卷四。
148	嘉定十六年	1223	江苏南京	祈泽冶平寺	释宝华:《祈泽冶平寺建藏殿记》,《金石苹编》卷一五一。
149	绍定三年	1230	重庆奉节	夔州德英寺	释居简:《云安德英寺藏记》,《北磵文集》卷四。
150	绍定五年前	1232 前	浙江绍兴	天宝乡宝盖院	辛元龙:《新昌县天宝乡宝盖院轮藏记》,《松垣文集》卷五。
151	端平元年	1234	四川遂宁	通泉广福院	释居简:《通泉广福院记》,《北磵文集》卷四。

续附录 2

序号	年号	公元年	今位置	寺院	文献来源
152	嘉熙元年	1237	浙江湖州	乌程县报国寺	《吴兴金石记》卷一一《报国寺布施记碑》。
153	嘉熙四年	1240	江苏镇江	大慈乡轮藏院	《至顺镇江志》卷九，院·丹徒县。
154	南宋	约1225	浙江杭州	杭州清修院	唐士耻：《清修院建藏会疏》，《灵岩集》卷八。
155	淳祐四年	1244	安徽徽州	休宁县方兴寺	吕午：《休宁县方兴寺西院新建藏记》，《竹坡类稿》记。
156	宝庆至嘉熙	1225~1240	江苏宜兴	宜兴碧云崇明寺	释居简：《碧云藏殿记》，《北磵文集》卷四。
157	南宋	1246 前	浙江杭州	于潜县寂照寺	释居简：《钱塘江上寂照寺千佛殿藏榜》，《北磵文集》卷八。
158	南宋	1246 前			释居简：《广照建藏殿榜》，《北磵文集》卷八。
159	南宋	1246 前			释居简：《梵天建藏殿并藏疏》，《北磵文集》卷八。
160	南宋	1246 前	上海松江	华亭南禅寺	释居简：《华亭南禅展圭三门藏殿钟阁疏》，《北磵文集》卷八。
161	南宋	1246 前	浙江诸暨	诸暨掸头寺	释居简：《诸暨掸头寺建藏于田接待藏》，《北磵文集》卷九。
162	淳祐三年	1243	浙江杭州	开宝仁王寺	程公许：《重建开宝仁王寺记》，《咸淳临安志》卷七六。
163	淳祐三年	1243	浙江杭州	仙林慈恩普济教寺	《咸淳临安志》卷七六，寺院·在城。
164	淳祐七年	1247	浙江杭州	太平兴国传法寺	《咸淳临安志》卷七六，寺院·在城。
165	景定元年	1260	江西南丰	南丰寺长安观	赵崇鉷：《长安观轮藏记》，《南丰县志》卷三。
166		1262 前	江西高安	瑞州府太平兴国寺	姚勉：《经藏院化缘建轮藏疏》，《雪坡舍人集》卷三。
167	咸淳六年	1270	广东广州	广州光孝寺	陈宗礼：《法宝轮藏记》，《光孝寺志》卷一〇。
168	南宋中后期		福建漳平	永福重光寺	张世南：《游宦纪闻》卷四，《永福下乡张圣者》。
169	南宋中后期		浙江宁波	明福景福寺	释道璨：《景福寺轮藏记》，《无文印》卷三。

续附录 2

序号	年号	公元年	今位置	寺院	文献来源
170	南宋		江西九江	南康军罗汉院	《舆地纪胜》卷二五，罗汉院。
171	南宋		湖南永州	永州太平寺	《舆地纪胜》卷五六，太平寺。
172	南宋		四川遂宁	遂宁府报恩寺	《舆地纪胜》卷一五五，报恩寺。
173	南宋		江西南昌	洪州奉新新慧安院	释明河：《惠渊首座传》，《补续高僧传》卷二二。
174	金皇统四年	1144	山东临沂	沂州普照寺	仲汝尚：《沂州普照禅寺兴造记》，乾隆《沂州府志》卷二一。
175	金大定十一年	1171	河北磁县	磁州大明寺	翟炳：《长清县灵岩寺宝公禅师塔铭》，《金文最》卷一一一。
176	金大定二十九年至明昌六年	1189～1195	山东济宁	济州普照寺	赵沨：《济州普照禅寺照公禅师塔铭》，《金文最》卷一一一。
177	金承安五年	1200	陕西西安	扶风法门寺	杨维中：《法门寺金代经藏考略》，《文博》1998年第1期。
178	金兴定二年	1218	山西长治	云岩山崇庆院	杜飞卿：《增修云岩山崇庆院记》，《山右石刻丛编》卷二三。
179	元初		江西樟树	清江县灵峰院	任士林：《清江县玉泉山灵峰院记》，《松乡集》卷一。
180	至元三十一年	1294	上海松江	松江普照寺	张之翰：《普照寺藏殿记》，《西岩集》卷一六。
181	元贞二年	1296	江西瑞州	妙高峰北乾明寺	任士林：《瑞州路妙高峰北乾明尼寺记》，《松乡集》卷一○。
182	至元三十年至延祐六年	1293～1319	福建泉州	泉州开元寺	《泉州开元寺志》建置。
183	大德十年	1306	江西庐陵	宝龙祥符禅寺	刘将孙：《西峰宝龙祥符禅寺重修记》，《养吾斋集》卷一七。

续附录 2

序号	年号	公元年	今位置	寺院	文献来源
184	至大三年	1310	福建汀州	汀州定光吉祥寺	黄仲元:《汀州路重造府治定光吉祥寺记》,《黄仲元四如先生文稿》卷一。
185	延祐六年	1319	江苏镇江	丹阳广教寺	赵孟頫:《丹阳广教兴复记》,《江村销夏录》卷二。
186	延祐六年	1319	安徽池州	池州报恩寺	释大欣:《池州路报恩光孝禅寺碑铭》,《蒲室集》卷一。
187	至治元年	1321	浙江杭州	龙兴祥符戒坛寺	黄溍:《龙兴祥符戒坛寺记》,《黄溍集》卷一五。
188	延祐至至正	1314~1368	江苏无锡	无锡寿圣禅院	至正《无锡志》卷三。
189	天历二年	1329	四川遂宁	蓬溪县金仙寺	《光绪蓬溪县志续志》卷一。
190	元统元年	1333	浙江宁波	奉化大中岳林寺	黄溍:《岳林寺经藏记》,《黄溍集》卷一四。
191	元统二年	1334	湖北武汉	洪山崇宁万寿寺	黄溍:《武昌大洪山崇宁万寿寺记》,《黄溍集》卷一五。
192	至元二年	1336	广西桂林	灵川县大雄寺	杨宗瑞:《重修大雄寺碑》,《粤西诗文载》卷四。
193	至元五年	1339	广西桂林	阳朔鉴山寺	雍正《广西通志》卷四三,桂林府·阳朔县。
194	至元六年	1340	山东泰山	长清县灵岩寺	张起岩:《大元泰山灵岩寺岩岩禅寺创建龙藏记》,《中国佛教史迹评解》卷一。
195	至正四年	1344	江苏苏州	平江承天能仁寺	黄溍:《平江承天能仁寺记》,《黄溍集》卷一五。
196	至正中	1341~1357	浙江余姚	松山普明寺	黄溍:《松山普明寺记》,《黄溍集》卷一五。
197	至正十九年	1359	浙江宁波	宁波天童寺	危素:《朝元阁记》,《危太仆文续集》卷一。
198	元			定光寺	任士林:《定光寺立经藏记》,《松乡集》卷一○。

图 1.1 莫高窟第 91 窟南壁观无量寿经变中的经台（采自敦煌研
究院主编《敦煌石窟全集 21：建筑画卷》，第 144 页）

图 1.2 莫高窟第 217 窟北壁观无量寿经变中的经台（采自敦煌
研究院主编《敦煌石窟全集 21：建筑画卷》，第 121 页）

图 1.3　莫高窟第 61 窟南壁阿弥陀经变局部（采自数字敦煌：www.e-dunhuang.com）

图 1.4　莫高窟第 61 窟北壁密严经变局部（采自数字敦煌：www.e-dunhuang.com）

图 1.5　莫高窟第 61 窟北壁药师经变局部（采自数字敦煌：www.e-dunhuang.com）

图 1.6　莫高窟第 12 窟南壁观无量寿经变中的经台（采自数字敦煌：www.e-dunhuang.com）

图 1.23　敦煌弥勒经变中的兜率天宫之一（采自敦煌研究院主编《敦煌石窟全集 21：建筑画卷》，第 193 页）

图 1.24　敦煌弥勒经变中的兜率天宫之二（采自敦煌研究院主编《敦煌石窟全集 21：建筑画卷》，第 194 页）

图 1.26　莫高窟第 215 窟弥勒经变中的堂阁（采自敦煌研究院主编《敦煌石窟全集 21：建筑画卷》，第 78 页）

图 1.27　莫高窟第 331 窟弥勒经变中的堂阁（采自敦煌研究院主编《敦煌石窟全集 21：建筑画卷》，第 79 页）

图1.28 莫高窟第341窟阿弥陀经变中的堂阁［采自敦煌文物研究所编《中国石窟：敦煌莫高窟》（第三卷），图版5］

图1.31 莫高窟第148窟东壁观无量寿经变局部（采自敦煌研究院主编《敦煌石窟全集21：建筑画卷》，第133页）

图2.5 隆兴寺转轮藏藏轴顶部与藏殿关系（赵献超摄）

图2.6 隆兴寺转轮藏藏殿底层结构与转轮藏关系示意图（赵献超绘）

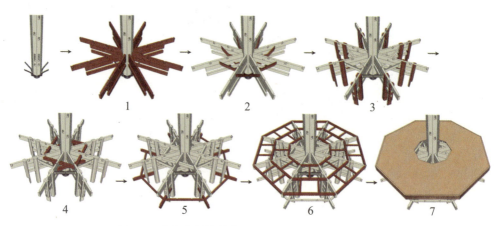

图2.7 隆兴寺转轮藏藏座构造示意图（赵献超绘）

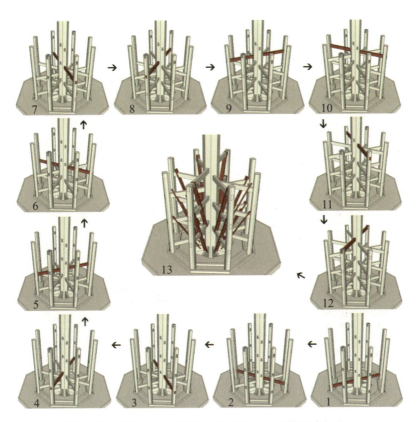

图 2.12　隆兴寺转轮藏藏身内槽横辐布局示意图（赵献超绘）

图 2.17　安岳石窟孔雀洞经目塔四大部经名（赵献超摄）

图 3.9　相国寺沙门德神所进《开元释教大藏经目录》［采自国际敦煌项目（IDP）］

图 3.13　孔雀洞经目塔一层和二层北面檐枋上残存刻字情况（彭冰摄）

图 4.4 莫高窟第 61 窟西壁五台山图中的 "清凉院瑞经论藏" （采自敦煌研究院编，
赵声良主编《敦煌壁画五台山图》，第 97 页）

图 4.9 内蒙古庆州白塔出土法舍利塔（采自中国历史博物馆、内蒙古自治区文
化厅编《契丹王朝：内蒙古辽代文物精华》，第 324、332 页）

图 4.13　钱俶造乙卯岁（955 年）铜阿育王塔（采自黎毓馨主编《吴越胜览：唐宋之间的
　　　　东南乐国》，第 229、221 页）

图 4.14　浙江绍兴出土钱俶造乙丑岁（965 年）铁阿育王塔（采自浙江省博物馆编《远尘
　　　　离垢：唐宋时期的〈宝箧印经〉》，第 64 ～ 65 页）

图 4.15　浙江绍兴出土钱俶造乙丑本（965 年）《宝箧印经》（采自黎毓馨主编《吴越胜览：唐宋之间的东南乐国》，第 159 页）

图 4.21　白塔峪塔地宫刻九圣八明王八塔（采自辽宁省辽金契丹女真史研究会编《辽金历史与考古》第 4 辑，图版三 -2）

图 4.22　白塔峪塔地宫顶部刻毗卢遮那佛（采自辽宁省辽金契丹女真史研究会编《辽金历史与考古》第 4 辑，图版四 -2）

图 4.25　浙江东阳中兴寺塔出土经函及函盖内题记（采自浙江省博物馆编《东土佛光》，第 175、176 页）

图 4.27　苏州虎丘云岩寺塔第三层出土石函、铁函和铁阿育王塔（采自苏州博物馆编著《苏州博物馆藏虎丘云岩寺塔、瑞光寺塔文物》，第 34 ~ 37 页）

图 4.29　苏州虎丘云岩寺塔第二层出土鎏金镂花包边楠木经函（左图采自苏州博物馆官网；右图采自苏州博物馆编著《苏州博物馆藏虎丘云岩寺塔、瑞光寺塔文物》，第 33 页）

图 4.30　苏州瑞光塔天宫出土嵌螺钿木经函（采自苏州博物馆编著《苏州博物馆藏虎丘云岩寺塔、瑞光寺塔文物》，第 169 页）

图 4.31　苏州瑞光塔出土碧纸金书《法华经》（采自苏州博物馆编著《苏州博物馆藏虎丘
　　　　云岩寺塔、瑞光寺塔文物》，第 160 页）

图 4.34　苏州瑞光塔天宫出土装幢内木函、真珠舍利宝幢及其局部（采自苏州博物馆编著
　　　　《苏州博物馆藏虎丘云岩寺塔、瑞光寺塔文物》，第 76、135、149 页）

图 4.35　温州慧光塔出土识文描金堆漆檀木舍利函（采自温州博物馆编《白象慧光：温州白象塔、
　　　　慧光塔典藏大全》，第 192 ～ 193 页）

图 4.36　温州慧光塔出土识文描金堆漆檀木经函（采自浙江省博物馆编《东土佛光》，第 179 页）

图 4.37　温州慧光塔出土描金内经函及其内金书《宝箧印陀罗尼经》（采自温州博物馆编《白象慧光：温州白象塔、慧光塔典藏大全》，第 196～197、212 页）

图 4.42　宣化辽墓 M1 "备经图"（采自河北省文物研究所：《宣化辽墓：1974～1993 年考古发掘报告》，彩版六二）

图 4.43　宣化辽墓 M4 "备经图"（采自河北省文物研究所：《宣化辽墓：1974～1993 年考古发掘报告》，彩版九四）

考古新视野

考古新视野
青年学人系列

2016 年

彭明浩：《云冈石窟的营造工程》

刘　韬：《唐与回鹘时期龟兹石窟壁画研究》

朱雪菲：《仰韶时代彩陶的考古学研究》

于　薇：《圣物制造与中古中国佛教舍利供养》

2017 年

潘　攀：《汉代神兽图像研究》

吴端涛：《蒙元时期山西地区全真教艺术研究》

邓　菲：《中原北方地区宋金墓葬艺术研究》

王晓敏　梅惠杰：《于家沟遗址的动物考古学研究》

2018 年

王书林：《北宋西京城市考古研究》

肖　波：《俄罗斯叶尼塞河流域人面像岩画研究》

袁　泉：《蒙元时期中原北方地区墓葬研究》

李宏飞：《商末周初文化变迁的考古学研究》

2019 年

罗　伊:《云南地区新石器时代考古学文化研究》

赵献超:《二至十四世纪法宝崇拜视角下的藏经建筑研究》

2020 年

周振宇:《水洞沟遗址石制品热处理实验研究》

张　旭:《内蒙古大堡山墓地出土人骨研究》

2021 年

马　强:《泾水流域商周聚落与社会研究》

金蕙涵:《七至十七世纪墓主之位的考古学研究》

2022 年

邱振威:《太湖流域史前稻作农业发展与环境变迁研究》

仪明洁:《细石叶技术人群的流动策略研究》

2023 年

马　伟:《固原地区粟特裔墓葬研究》

龙静璠:《石寨山文化墓地研究》

2024 年

魏　镇:《汉代官吏墓丧葬礼制研究》

马伯垚:《北朝隋唐石葬具的考古学研究》